跟我学 SEO

从入门到精通 第2版

张新星 著

电子工业出版社·

Publishing House of Electronics Industry

北京·BEIJING

内 容 简 介

本书从实战出发，理论知识较少，目的是让绝大多数 SEO 初学者及从业人员直接习得大量可操作性高的 SEO 技巧，不会有云里雾里的感觉。书中穿插介绍了笔者在搜索引擎算法更新后的操作策略及对 SEO 未来的思考，能让 SEO 从业者在遇到瓶颈时作为参考。

本书读者对象主要是互联网从业者或喜欢互联网的大学生等。此外，本书对一些企业网站负责人也有非常重要的意义，可以帮助企业网站负责人重新认识企业网站的价值。现阶段还有很多企业网站使用 Flash 动画制作首页，对于 SEO 来说这是致命的错误。本书中提到的每一个知识点都会在书中通过各种角度阐述，并逐步推进，就算没有任何编程或 SEO 基础的读者都能轻松阅读。

未经许可，不得以任何方式复制或抄袭本书之部分或全部内容。

版权所有，侵权必究。

图书在版编目（CIP）数据

跟我学 SEO 从入门到精通 / 张新星著. —2 版. —北京：电子工业出版社，2022.8
ISBN 978-7-121-43463-1

Ⅰ. ①跟… Ⅱ. ①张… Ⅲ. ①网络营销 Ⅳ. ① F713.365.2

中国版本图书馆 CIP 数据核字（2022）第 080924 号

责任编辑：张　毅
印　　刷：三河市鑫金马印装有限公司
装　　订：三河市鑫金马印装有限公司
出版发行：电子工业出版社
　　　　　北京市海淀区万寿路 173 信箱　　邮编：100036
开　　本：720×1000　1/16　印张：30.25　字数：593 千字
版　　次：2016 年 3 月第 1 版
　　　　　2022 年 8 月第 2 版
印　　次：2022 年 8 月第 1 次印刷
定　　价：119.00 元

凡所购买电子工业出版社图书有缺损问题，请向购买书店调换。若书店售缺，请与本社发行部联系，联系及邮购电话：（010）88254888，88258888。

质量投诉请发邮件至 zlts@phei.com.cn，盗版侵权举报请发邮件至 dbqq@phei.com.cn。

本书咨询联系方式：（010）57565890，meidipub@phei.com.cn。

序

时光如梭，《跟我学 SEO 从入门到精通》出版已经 5 年了。这 5 年中，《跟我学 SEO 从入门到精通》累计重印 13 次，也让笔者认识了成千上万的读者。在展现本书内容之前，首先要感谢读者的支持。

从前年开始，一直有读者通过微信、邮箱问笔者什么时候开始写第 2 版。其实写第 2 版的事情笔者早就有了想法，但是笔者一直认为，书里面的每一段内容都应该是对读者有用的、有价值的，都应该是可以操作、可以执行的干货。如果只是为了写第 2 版而去写，那无疑是对读者的不负责。

直到 2019 年年底，笔者觉得写第 2 版这个事情可以开始了。在过去的 3 年中，笔者所在的团队做了大量的 SEO 创新工作，如 X 计划、流量站等，从这些工作中，笔者总结出来了大量的实战经验，这些经验都是具有前瞻性的，可以指导读者在未来几年中通过 SEO 获得收益。

既然是第 2 版，那么和第 1 版相比会有什么不同呢？笔者梳理出了以下几点，先给大家透露一下。

一、内容更具连贯性

在写第 1 版之前，笔者没有写过书。尽管之前在网上写过很多关于 SEO 的文章，但是笔者慢慢发现，书和网文之间还是有很大区别的。如写一篇网文，笔者基本就是单纯地写这一篇的内容即可，不需要考虑前后呼应。而书就不一样了，读者在阅读的时候，希望前面遇到的问题能随着阅读的深入而解决，这就需要笔者在写作的时候有伏笔，有连贯性，前后呼应。尽管在写第 1 版的时候笔者对此也有所注意，但是毕竟经验不足，加上时间仓促，许多地方没有做到前后呼应，这里也表示歉意。

在写第 2 版之前，笔者做了大量的工作，提前梳理好了目录、框架、知识体系，做到了每一章、每一节都心中有数。

二、内容更具操作性

作为一本 SEO 的专业图书，内容具有操作性是核心要素，如果书中的内容都是纸上谈兵，那就是对读者的不负责。在第 2 版中，笔者的要求是每一个理论都要有足够的案例支撑，不单单通过一个案例就证明一个理论的正确性。

三、内容更具前瞻性

相比其他行业，SEO 行业的变化日新月异，如果一本关于 SEO 的书只是写过去的事情，那无疑就和小说一样，主要用作消遣了。因此，笔者在写第 2 版之前就在考虑如何让所写的内容在未来 3 ～ 5 年还具有可用性，这就需要通过大量的实战来判断未来 SEO 的发展趋势，这个工作笔者做了 1 年。到今天，笔者有理由相信，这本书的内容至少能在未来 3 ～ 5 年具有竞争力。

四、帮助 SEOer 赢利

近些年，一些所谓的专家唱衰 SEO，让很多 SEOer[1] 失去了信心。恰恰相反的是，笔者认识的很多 SEOer 做得非常好，这些人从来不会出席任何 SEO 相关会议，甚至不愿意露面，却早已实现了财富自由。在本书写作开始之前，笔者一直在想，为什么有那么多 SEOer 失去信心了？最后想明白了，主要原因就是大部分 SEOer 收入太低。

在本书中，笔者会将过去几年所在团队和笔者认识的"隐世高手"们的盈利模式和盘托出，手把手指导 SEOer 通过 SEO 获得收益。

五、重建 SEO 生态

看到这个口号，肯定会有一些 SEO 专家问笔者：你靠什么重建 SEO 生态？

说到 SEO，很多人可能联想到的是作弊、黑帽、黑链、点击器、快排等。其实 SEO 的中文翻译是"搜索引擎优化"，有不少 SEOer 都是将功夫放在网站的优化上的。在内容的优化方面，就像笔者在第 1 版中提到的世界站长创始人提出的那些观点，做起来并不困难，而有些 SEOer 却不屑去做，只是一味地追求速度，如"三天上排名""五天有权重"等。静下心来想一想，我们都迷失了！

在过去的两年中，笔者所在的团队一直坚持做白帽 SEO，从源码到内容进行深度耕耘，发起了 X 计划，和上百名合伙人一起创造了通过 SEO 赢利的全新模式，具体的内容会在本书相关章节中详细解读，这里不再展开。通过 X 计划，笔者发现只要做对用户有价值的内容，不管搜索引擎的算法如何改变，都不用担心

---

1. SEOer 就是从事 SEO 工作的人员。

会受到影响，这才是 SEOer 应该做的事情。

笔者及所在的团队有一个心愿，就是尽自己最大的努力重建 SEO 新生态。其实在 2019 年的 MADCon 会议上，笔者就在公开演讲中多次提到 SEO 生态的问题。

在接下来的几年中，笔者还会通过图书、线上课程、线下公开课不断重复对未来 SEO 的理解和认识，希望能为 SEO 新生态的建设有所贡献。

六、图书和在线课程同步

为了让读者能更加深入地理解本书各章节所讲的内容，笔者会针对每一个章节专门录制可以在线观看的视频课程，并且将相应的二维码放到各章节后面。读者看完一个章节后，如果觉得还有一些不清楚的地方，可以直接扫描二维码进行更加深入的在线学习。

最后，笔者希望读者认真仔细地阅读本书，在阅读的过程中，有任何问题都可以扫描二维码添加笔者的微信（封面勒口上有）和笔者进行在线交流。

前 言
共创 SEO 新生态

从开始的迷茫到中途的煎熬，再到现在的喜悦和不舍，经过近 5 个月的写作，《跟我学 SEO 从入门到精通》第 2 版终于完成了！

记得在最早期，SEO 没有什么系统的概念，那个时候所谓的 SEO 就是堆积关键词，来"欺骗"搜索引擎以获得大量的流量。随着时间的推移，SEO 开始系统化，越来越多的人开始学习 SEO。当时，全国各地都在举办各种大大小小的 SEO 会议，那是 SEOer 最为发光的时刻，大家都为自己是 SEOer 而感到骄傲和自豪。

近些年，随着搜索引擎算法的不断升级，越来越多的 SEOer 开始转型，甚至直接跳出互联网圈子去做其他工作，曾经火爆的 SEO 行业会议也越来越少，即便有也都转型成了互联网营销会议，SEO 只是其中非常小的一部分。

MADCon 会议基本见证了这个过程。说到 MADCon，肯定有不少 SEOer 对它非常熟悉，笔者在 10 年前就开始作为听众参加这个会议，看 Zac 等 SEO 前辈演讲关于 SEO 的内容，兴奋程度不亚于看一场演唱会。

2019 年，笔者受邀参加 MADCon 中国互联网优化大会，全场会议竟然只有笔者一人在讲 SEO，因此笔者突然感到一种莫名的悲伤。尽管如此，笔者还是热情洋溢地完成了演讲，演讲的主题就是"共创 SEO 新生态"。

那么什么是 SEO 生态？笔者认为，如果我们每一个 SEOer 都坚持做对用户有价值的内容，做对用户有价值的网站，那么这样的内容和网站不仅用户喜欢，搜索引擎也非常喜欢。

大家不要总是抱着搜索引擎"欺负"我们的心态。其实说到底，搜索引擎的各种算法都是为了给用户提供更为有价值的内容，是为了维护 SEO 生态。一旦搜索的结果没有办法满足用户需求，就会导致用户抛弃搜索引擎，进而毁灭整个 SEO 生态。

作为 SEOer 的我们也是一样的，如果我们总是"欺骗"搜索引擎，那么搜索引擎就会不断地推出新算法，每一次算法的改变都会误伤很多优质的网站和内容，导致优质网站和内容的提供者产生矛盾和不平衡心理，从而也去想办法做黑帽。这样反反复复，最终会彻底毁灭 SEO 生态。

未来，笔者还会继续在各种线下、线上活动中强调 SEO 生态的重要性。当然，笔者一个人的力量是极其有限的，希望每一位读者都能参与进来，从我做起，共创 SEO 新生态。

目录

第 1 章
为 SEO 正名

1.1　SEO 的过去

各位读者，很高兴又和大家见面了！首先要感谢读者对《跟我学 SEO 从入门到精通》第 1 版的喜爱和支持。第 1 版出版至今已有 5 年，已经重印了 13 次，直到 2022 年的今天，笔者看到本书在京东、天猫等平台上的销量依旧不错，这让笔者更加有信心去写第 2 版，希望第 2 版能在第 1 版的基础上给读者带来更多的启迪。

考虑到有新的读者会直接购买第 2 版，因此第 2 版中会保留第 1 版中的部分基础章节，如果您是一位第 1 版的读者，看到和第 1 版相同的内容时可以略过。

好了，接下来我们言归正传，这一节我们先一起聊聊 SEO 的过去。SEO 在国内真正的发展时间也就是十多年。2008 年之前，我们做网站基本没有什么 SEO 的概念，那个时候只需要在 title、keywords、description 标签中重复叠加关键词就可以获得非常不错的关键词排名。笔者记得那个时候一个网站做到几万、几十万的流量非常简单，但是那个时候大家不太懂得转化，唯一的变现方式就是广告联盟或者电信增值（SP）业务，流量也基本都是一些娱乐化的泛流量，价值并不高。

2010 年，很多站长开始关注 SEO，"四处一词""长尾关键词""站内定向锚文本""外链为王"这些概念慢慢浮现出来，同时也出现了一大批优秀的 SEOer，如 Zac、刑天等，正是这些 SEO 前辈的积极推动，才让国内的 SEO 进入到一个体系化、有序化的时代。

也恰恰是在这个时代，国内的 SEO 黑帽手法开始层出不穷，点击器、伪原创、轮链、站群等让搜索引擎焦头烂额。2012 年 6 月 28 日，百度搜索引擎"大开杀戒"，一晚上屏蔽了 70% 的垃圾网站和站群，一时间站长圈怨声四起，我们也是其中的一员。笔者记得那个阶段，我们运营着 2000 个左右的站群，2012 年 6 月 28 日晚上下班之前还都是好好的，小伙伴们都开开心心地回家了。第二天早上一看，发现 70% 以上所运营的站群被"K"[1]，首页都被删除收录，当时大家的心情无比难过。但是几天之后，我们就通过分析找到了新的站群操作模式，这种模式在这里不再具体展开讲解，后面会有单独的章节为读者详细介绍。

就这样，SEOer 和搜索引擎的胶着"战役"一直持续着，直到 2017 年，百度推出了熊掌号，2018 年更是到全国各大城市宣传并组织公开课，笔者所在的团队 CRAZYSEO 也作为战略合作伙伴多次组织了会议。当时百度提出要在 2018 年年底实现熊掌号覆盖搜索引擎 70% 的流量的目标，到了 2018 年 6 月，这个数据已经达到了 40% 左右。这样的举措让 SEOer 更加心灰意懒，觉得 SEO 基本没有什么生存空间了。

尽管如此，笔者当时还是保持乐观的态度的，笔者认为无论如何搜索引擎的核心依然是索引网页，而网页的制造者就是 SEOer 和站长，虽然在某些领域百度已经实现了内容的产生和导流，但是做全行业的内容和导流基本是不可能的。大量行业的内容的产生还需要网站和 SEOer，这一点无可争议。

可能是百度意识到了问题的严重性，也有可能是别的原因，2019 年年初，熊掌号开始陆续退出。

1.2　SEO 的现在

上一节和读者聊了一下 SEO 的过去，不管 SEO 的过去多么辉煌或不堪，作为一名 SEOer 或者站长，我们还得继续前行。本节我们就来一起探讨一下 SEO 的现在，看看现阶段 SEO 是否还有发展空间，是否还可以通过 SEO 获利。

这两年，很多 SEO 圈内人都不看好 SEO 的前途，但很多实体企业却越来越看重 SEO 的导流模式。可能有读者会问，对于现阶段的导流，实体企业不是都看重新媒体如抖音、快手吗？这个不可否认，新媒体的确能快速带来流量和转化，但是投入成本是非常高的，并且没有连贯性。如我们为产品做了一个推广短视频内容，或许这个内容可以达到几千上万的播放量，但是一旦这个视频的新鲜度过去，那就基本等于结束了。而 SEO 就不同了，如果我们花费时间和精力去打造一个行业性的网站去给自家的产品导流或者推广自家的品牌，一旦这个网站的权重上来了，那么后期的流量都是源源不断的，并且有非常好的拉新能力和客户黏连度。

说到这里，笔者给读者讲一个案例。笔者认识一位厦门做佛教用品（如香炉、

---

1. 在 SEO 圈内，"K"是屏蔽的意思。

手串）的朋友，他在淘宝开了一个店，但是销量一直不好，没有什么成交量，后来在和笔者聊天时让笔者给他一些导流的建议。笔者对该行业进行了解后建议这位朋友建一个佛教音乐的网站，因为经过分析发现，如果单纯地通过佛教用品进行导流的话面有点窄，没有什么流量，要实现大范围的导流，必须选择一个更广的范围，因此最后选定了从佛教音乐入手。

就这样，按照笔者的建议，这位朋友建了一个佛教音乐网站，如图1-1所示。

图 1-1　佛教音乐网站

该网站的内容就是佛教音乐，如《楞严咒》《大悲咒》《十小咒》《心经》等，通过 6 个多月的运营，网站的权重达到了 3，每天有 500 ～ 800 IP 的流量。这时，再在网站首页的内容页面放置淘宝广告代码，并放置微信二维码导流进入微信，然后再通过微信朋友圈、微信群互动产生转化。经过这样的操作，6 个月之后，这位朋友店铺的销售量增加了 300%。

通过这个案例可以看出，SEO 依然具有非常强的生命力，一些 SEOer 觉得很难做流量，有流量很难变现，问题一定是自己没有做好。

鉴于这样的问题，在本书开始写作之前，我们就在反复思考，到底要围绕什么中心去展开，最后得出的结论就是围绕转化、变现，因为只有转化、变现才是生存的根本。如果脱离了这两点去单纯地讲理论，那无疑是纸上谈兵，耽误读者的时间。

笔者认为，现在国内的 SEO 才刚刚进入一个从混沌到清晰的阶段，我们不再浮躁地去追求垃圾流量，我们更看重的是行业的精准流量。相信看完本书后，读者一定能更加清晰、具象地理解这个问题。不要急，我们慢慢来！

1.3　被妖魔化的 SEO

最近几年有一个非常奇怪的现象，总有一些人将 SEO 妖魔化，让 SEOer 觉得 SEO 是一件非常神秘的事情，就好像武侠小说中的秘籍一样，只有获得秘籍或者有高人点化才能拥有超人的能力。笔者一直觉得 SEO 是被妖魔化了！本来是一个非常正规的行业，被一些言论弄得似乎是在"投机取巧"，这样的状态导致很多 SEOer 不愿意承认自己在做 SEO，这无疑是我们这个行业的悲哀！下面笔者列举一些 SEO 被妖魔化的例子，一方面让读者明白我们这个行业究竟是做什么的，另一方面权当是一些笑话，让读者放松一下。

1.3.1　佛系 SEOer

有一些 SEOer 认为，做 SEO 就是搞概率，他们自己也不清楚为什么有的网站关键词能有排名，有的网站不管怎么做都没有排名，就好像是在撞运气。这些 SEOer 给自己定义了一个名称——"佛系 SEOer"，这类 SEOer 最大的能力就一个字——"等"。网站上线之后，就随便采集一些文章，然后就是等，能撞上就是运气，撞不上就再上线一个网站，再等。

1.3.2　SEO 已死

几年前就有一些 SEOer 开始说 SEO 已死，理由是百度搜索引擎占据了大量的关键词入口，如百度百科、百度贴吧、百度知道等，我们即便是将网站优化做起来，排名也都在搜索结果的第二页，没有什么意义。

那么，现实真的是这样吗？肯定不是。笔者认识的很多 SEOer，到现在依旧可以通过网站、广告联盟获益，每月有几十万元的收入，过着财富自由的生活。他们是怎么做到的呢？其实非常简单，只要我们认真地去分析行业，就会发现有大量的行业都没有被搜索引擎自家的产品占据，这些行业的用户需求在很大程度上没有被满足。只要我们建设满足用户需求的内容或者开发解决用户需求的工具，这样的网站就会非常受用户欢迎，也自然非常受搜索引擎欢迎，有了流量，什么都好办了。具体的方法在这里不再展开，后面的章节中会有关于这类网站建设详细完整的操作思路，这里只是一个引子，目的就是让读者真正了解 SEO，不要将SEO 妖魔化！

1.3.3　SEO 不赚钱

总有一些 SEOer 说 SEO 不赚钱，笔者发现其实这样说的 SEOer 大多数都是在通过 SEO 赚钱，他们这样说无非是想要减少竞争，不要让太多的人掺和进来，分了自己的蛋糕。可以肯定地说，SEO 依旧是互联网行业中最简单直接的赚钱方式，只要你做的网站权重起来了，就会有收益，如导流变现甚至是直接卖站。读者可以看看最近两年火爆的网站建议平台，如鱼爪网、中介网、A5 交易网，看到它们每天成交的网站数量之后，你还会认为 SEO 不赚钱吗？

在本书的"序"中笔者就提到，本书的亮点就是少说理论，直接上干货，后面会有单独的章节直接告诉读者如何通过 SEO 赚钱获益。

1.3.4　SEO 没有什么技术含量

还有一些 SEOer 说 SEO 没有什么技术含量，无非就是下载一个源码，修改一下标题，采集一下内容即可。这样看起来，好像真的没有多少技术含量，但是这样的操作是不可能获得权重和排名的。现阶段我们如果想要做好 SEO，那么源码就不仅仅是下载一下那么简单，内容也不仅仅是采集一下那么轻松。

面对一个行业，我们首先要分析该行业的用户习惯和需求，然后按照用户习惯开发源码、建设内容。如果我们能做到这两点，那么获得权重和流量都是非常自然的事情，但是这两点需要我们做大量的工作。笔者在多次公开课演讲中提到，SEOer 要静下心来，认真研究一个行业，梳理这个行业的用户需求，建设这个行业有价值的内容，哪怕花费 1 ～ 2 年的时间。这些都准备好之后再上线网站，后面的事情就非常简单了，读者不信的话可以试试看！具体怎样操作在后面的章节中会有详细深入的介绍。

1.3.5　SEO 就是作弊

最奇怪的就是有一些 SEOer 说 SEO 就是作弊，这一点笔者在《跟我学 SEO 从入门到精通》第 1 版和《SEO 全网优化指南》两本书中都有深度的分析，这里笔者再拿出来和大家分享一下，目的就是让读者在开始阅读本书之前对 SEO 务必要有一个正确的认识。

所谓的作弊，最流行和最有效的就是使用点击器。其原理很简单，就是写一个软件，让软件自动去模拟搜索关键词，模拟点击，然后买一大批的 IP 地址，用它们轮流使用该软件。这种做法就是抓住了搜索引擎算法中的漏洞，其在短期之内的确有效果。笔者认识的一个朋友可以做到 3 天之内就把成千上万指数的核心目标关键词排名点击上来。但是这种方法有一个问题，那就是如果停止点击，关键词排名很快就会掉下去。他曾让笔者帮他分析原因，其实原因非常简单，就是关键词的着陆页内容过于单薄，没有满足用户的需求，真实的用户访问进来看到这样的内容时，自然就会选择跳出，跳出率增加，排名自然就会跌落。

如果非要说点击有什么用的话，那么它可以是一个催化剂。如果我们在前期将用户需求都分析好，并建设好有价值的内容，然后再依靠点击器催化一下，那么关键词获得排名的时间可能会大大缩短。而如果我们只是直接依靠点击器，那么只能是空谈，或许能欺骗"小白"客户挂几天广告，赚点广告费，但终究不能长久。

因此，如果我们将 SEO 看成是作弊，那我们的方向就是错误的。不可否认，靠作弊赚钱的高手的确存在，但是这样的方法没有大众普适性，作为一名普通的 SEOer，应该脚踏实地，认认真真地做事，我们要坚信，每一份付出终究会获得回报！

1.4　SEO 是最廉价的互联网推广方式

随着各种新媒体雨后春笋般地出现，让人们津津乐道的主要是抖音、快手、今日头条等，不可否认，这些平台的推广速度的确非常快。笔者认识的很多朋友也都在新媒体行业做得风生水起。2017 年的时候，我们也禁不住诱惑，将公司的一部分资源投入到了新媒体领域，但做了 1 年之后，渐渐感觉到这不是我们要走的路。2018 年，我们将所有新媒体业务全部砍掉，将全部精力继续投入到了 SEO 行业中。是什么原因让我们选择这样做？下面笔者就和读者聊聊，或许这样就能阐明本节的主题：SEO 是最廉价的互联网推广方式。

新媒体最大的特性就是泛娱乐性。笔者认识一个做传统行业的老板，有一天笔者和他喝茶聊天，聊到互联网推广营销，他说一直对新媒体营销保持距离，原因是一个大型企业的发展规划都是 3 年左右，他对未来 3 年新媒体的发展前景不乐观，所以一直没有在新媒体里投入资金去做营销。此外，笔者认为很重要的一点是，新媒体有很多东西不可控，没有延续性。比如我们投了一个广告进去，这个广告或许在一个视频里有几千万的播放量，或许当时有很大的转化率，但是这个周期不会超过 3 天，之后又会恢复平静，这对于一个创业型企业来说，是无法承受的。

相比新媒体，SEO 会显得平稳很多。不知道读者有没有发现，最近两年，很多实体企业又开始关注 SEO，对于 SEO 行业来说，这无疑是一个很好的消息。这是什么原因？主要是因为在 SEO 发展的前几年中，确实有很多实体企业的老板被 SEO 伤害过，那时有一些伪 SEOer 打着 SEO 的幌子欺骗这些老板，将互联网营销说得天花乱坠，其实最后就是做一个根本没有流量的网站，看似华丽，实际上没有任何意义。

直到今天，在一些小城市，还有一些所谓的互联网公司依旧这样操作，开价几千元给企业建设一个网站，首页却只有一个大的 Flash 动画。我们公司就接到过这样的优化案例，有客户拿他的网站给我们看，一看把我们吓了一跳，首页的 Flash 动画，其内页标题全部都是公司名称，这样的网站怎么可能获得流量！一个没有流量的网站对于企业来说最多就等于是一个印在名片和宣传册上的名字而已。

那么，怎样的 SEO 才是对企业有用的呢？这一点在本书的"序"中笔者已经提到过，这里再和大家聊聊，具体的操作模式在后面的章节中会有详细介绍。首先，一个企业建设一个网站的目的就是为了获得互联网的流量和订单，这就需要 SEOer 对企业所在的行业进行深度的分析，看看什么样的关键词和什么样的流量能够为企业带来订单。然后再建设网站，将这些关键词布局到内容和网站中，让关键词在搜索引擎结果中获得排名，最终获得流量和订单。

为什么说"SEO 是最廉价的互联网推广方式"呢？一般情况下，如果在新媒体上投放广告，那么预算至少要在 100 万元以上，并且没有延续性。对于一个大企业来说，这样的模式没有什么问题，但是对于预算不充足的创业型企业来说，这样的投入是无法承受的。而如果我们要建设一个行业性的网站进行导流和品牌宣传的话，预算只要 10 万元就能起步，按照做到权重为 3 的网站来说，一天就能为企业带来 500 IP 左右的精准流量，并且这个流量是源源不断的。这对于创业型企业来说是非常好的，可以帮助企业平稳地推进业务。

1.5 《跟我学 SEO 从入门到精通》第 1 版问题解答

《跟我学 SEO 从入门到精通》第 1 版出版后有很多读者添加笔者的微信，提出了大量的问题，在本节中，笔者将对这些问题进行统一的解答和梳理。

1.5.1 现阶段哪个点击软件好用

可以肯定地说，现阶段公开的可以充值使用的点击软件没有好用的。笔者在第 1 版中提到的点击软件在当时有一定的效果，但现阶段已经失去了作用。更为严重的是，如果使用不当，反而会导致反向的效果，甚至会导致网站被 "K"。

对于好用的点击软件，很多 SEOer 都不愿意将其公开，一旦开发出来都是自己偷偷在用。在本书后面的章节中，笔者会对现阶段效果比较好的点击软件的原理进行解读，具有开发能力的读者可以自己尝试开发。

1.5.2 第 1 版中提到的虫虫营销助手现在还有用吗

在第 1 版中，笔者多次提到一款软件：虫虫营销助手。在 2013 年前后，我们团队利用这款软件打造了上万的站群，该软件无论是稳定性还是多线程效率都非常不错。但是随着搜索引擎算法的更新，该软件的很多功能都失效了，仅剩的批量文章发布功能和它的售价已经不再匹配。如果有读者看重类似的批量文章发布功能，可以搜索一下 "水淼软件"，这个网站有很多小工具，其中就有批量文章发布工具，不但轻量化，而且非常好用，价格也低。

1.5.3 第 1 版中提到的站群模式现在还适用吗

在第 1 版中，笔者用了大量的章节解读站群模式，这个模式也是笔者最为拿手的，在 2013 年到 2016 年的这几年中，笔者带领的团队创建了十多万站群，总结出了大量的实战经验。在第 1 版中笔者就提出，那种原始的、全部依靠软件建设的垃圾站群肯定是没有生存空间的，现阶段我们要做的是精品站群。在本书第 1 版出版后的几年时间里，我们团队又对站群模式进行了深入的探索，在第 2 版中，这些新的知识点都会添加进去。

在未来的互联网营销中，小规模（100 个）以内的站群还是非常有作用的，它们可以帮助我们在最短的时间内覆盖大量的长尾关键词，并获得精准流量。

1.5.4　第 1 版中提到的"用十二个月创造成功网站"还适用吗

这个观点仍然是适用的。在第 1 版中，笔者用了一个章节单独介绍了站长世界的创始人 Brett Tabke 提出的"用十二个月创造成功网站"的观点，直到今天，笔者仍旧认为该观点是 SEO 的灵魂。Brett Tabke 对内容的建议，对用户需求的建议都非常具有指导意义。当然，限于当时互联网速度的影响，他提出的网页尽可能小等观点在现阶段来看已经无法满足用户的需求。我们在学习新知识的时候也是这样，要吸取其精华，不太合时宜的地方选择放弃即可。其实，在 SEO 工作中更是这样，有很多 SEOer 无法做到关键词排名稳定的原因就是没有针对自己的行业梳理出一套完整的 SEO 方案。我们在大量的行业 SEO 中发现，每个行业 SEO 的侧重点是不同的，如有些行业对内容非常看重，有些行业对外链非常看重，有些行业对域名非常看重，等等。只要我们掌握了这个行业的 SEO 特性，关键词优化就会变得非常轻松。

1.5.5　第 1 版中提到"内容为王"，但什么样的内容才是好内容

一直以来，很多 SEOer 都有一个误解，认为原创的内容就是好内容，大家都在千方百计地创造内容。其实大量的实战经验告诉我们，有价值、有深度的内容才是好内容。我们可以试想，如果让一个根本没有接触过虫草的编辑去写关于虫草养生的内容，那么这位编辑只能是在网上搜索相关的资料，然后自己进行整理和撰写，这样的内容对于搜索引擎来说或许会被认为是原创的，但是对于用户来说是没有任何价值的。这样的内容即便前期蒙混过关欺骗了搜索引擎算法，但是最终还是会因为用户的跳出而导致排名跌落。如果想依靠这样的内容来做流量的导流和转化，那么情况只会更加糟糕。我们可以试想，当用户看到一篇文章没有任何深度时，他是不是会觉得这个网站不可靠？不可靠的网站又怎么能产生较高的转化率呢？

因此，我们要学会利用现有的内容衍生内容，比如聚合、组合。一旦掌握了这样的方法，就能获得无穷无尽有价值的内容。具体的操作方法会在后面的章节中单独讲解，这里不再展开。

1.6　《跟我学 SEO 从入门到精通》第 2 版亮点预告

准备写《跟我学 SEO 从入门到精通》第 2 版的时候，笔者就给全书的内容制定了三个要求：可操作、能赢利、有未来。笔者在本节中将对这三个要求做一个

全景式的概述，以使读者心中有数。

1.6.1　可操作

作为一本工具性的图书，可操作是基本要素。全书的任何一个知识点都要有大量的实战经验支撑，不能仅依靠笔者自己的想象或者单凭几个案例去总结。

早在 2018 年，出版社的编辑就联系笔者，让笔者开始《跟我学 SEO 从入门到精通》第 2 版的撰写。笔者左思右想，最后决定还是再等等，原因就是时间间隔太短，没有足够的内容去更新，最重要的是很多理论还没有大量的数据和经验来支撑。

从 2018 年年初到 2019 年年底，我们团队在流量站领域深度耕耘，从域名出发，对源码、数据、变现都进行了大规模的实践，总结出了一套完整的流量站操作思路，这其中的每一个点都是可操作的。流量站完整的操作流程会在后面的章节中进行深度讲解。

1.6.2　能赢利

任何一个行业，能赢利是根本，无论你说得多么天花乱坠，有办法赢利才是 "真金白银"。这也是最近这些年很多 SEOer 开始尝试转型的原因，之前大多数 SEOer 的赢利模式都是给企业站做优化或者做 SEO 顾问、诊断等工作。随着搜索引擎算法的变化，这些可以赢利的模式变得没有了确定性，具体来说，就是 SEOer 没有办法 100% 保证能优化到什么程度，这样一来就会产生很多矛盾。

笔者认识的很多 SEOer 最近几年都是尝试去做一些定量的工作，如代写文章、代维护网站，但是不承诺具体能达到什么效果。在这样的模式下，尽管 SEOer 可以勉强生存，但是已经没有什么技术含量了，无非就是挣一个辛苦费。

从 2018 年开始，我们 CRAZYSEO 团队就开始探索 SEO 的赢利模式，我们上线的 X 计划和 100 多位合伙人创造了流量站赢利的全新模式，在 A5 交易网、鱼爪网、中介网中占到了很大的网站成交比。但这些只是开始，在未来的几年里，我们会继续探索更多的 SEO 赢利模式，比如精准流量转化等，这些已经成熟的思路和即将探索的思路在本书中都会进行详细的讲解。

1.6.3　有未来

图书一旦完成出版，就没有办法及时更新内容，这就是图书和互联网学习的不同之处。考虑到这样的问题，笔者在写作开始的时候就对每一个章节的内容做了充分的思考，分析内容是不是落后了，知识点能不能在未来 3～5 年还有生命力，本书的价值能否多持续几年，以便让后几年购买的读者也能够觉得非常有价值，等等。

读者可能已经注意到，有一些知识点后面会有二维码扫描的提示，这也是笔者精心设置的，目的就是能让读者更加深入地去了解这些知识点。读者扫描二维码后，就可以加入站外网的学习行列中。在站外，读者可以和诸多 SEO 行业大咖进行交流，这种尝试的目的就是让读者的阅读和学习更加全面、更有深度，突破书本的界限。

同时，笔者还会专门组建一个关于本书的学习交流社群，具体加入方法请扫描本书封面勒口上的二维码。

本 章 小 结

笔者在本章中简单梳理了 SEO 的过去和现在，主要目的就是让读者认识到 SEO 的重要性，提高读者阅读的兴趣，在后续的章节中，我们将围绕现阶段 SEO 如何操作、如何赢利展开深入讲解。

相比第 1 版，本书的更新比例达到了 70% 以上，除了一些基础的知识点没有改变，其他的内容全部都是笔者当下最新的思考，流量站等内容都是全行业首次公开，具有很好的可操作性，同时笔者也邀请了"一抹新绿"的主播曼路为一些知识点录制了视频，可以让读者更加轻松地学习。

更值得一提的是，为了让 5118.com 相关知识点的内容更加深入，笔者邀请了 5118.com 的创始人李昊先生撰写了相关的章节。

读者对这样的内容是不是非常期待呢？

第 2 章
了解搜索引擎

2.1　蜘蛛并非动物

2.1.1　蜘蛛的分类

搜索引擎蜘蛛（Spider）是一个很形象的名字。如果我们把互联网比喻成一个蜘蛛网，那么蜘蛛就是在网上爬来爬去的蜘蛛。蜘蛛是通过网页的链接地址来寻找网页，从网站某一个页面（通常是首页）开始，读取网页的内容，找到在网页中的其他链接地址，然后通过这些链接地址寻找下一个网页，这样一直循环下去，直到把这个网站所有的网页都抓取完为止。

按照现在网络上所有蜘蛛的作用及表现出来的特征，可以将其分为三类：批量型蜘蛛、增量型蜘蛛和垂直型蜘蛛。

1. 批量型蜘蛛

批量型蜘蛛一般具有明显的抓取范围和目标，设置抓取时间的限制、抓取数据量的限制，或抓取固定范围内页面的限制等。当蜘蛛的作业达到预先设置的目标就会停止。普通站长和 SEOer 使用的采集工具或程序，所派出的蜘蛛大多属于批量型蜘蛛，一般只抓取固定网站的固定内容，或者设置对某一资源的固定目标数据量，当抓取的数据或者时间达到设置限制后就会自动停止，这种蜘蛛就是很典型的批量型蜘蛛。

2. 增量型蜘蛛

增量型蜘蛛也可以称为通用爬虫。一般可以称为搜索引擎的网站或程序，使用的都是增量型蜘蛛，但是站内搜索引擎除外，因为自有站内搜索引擎一般是不需要蜘蛛的。增量型蜘蛛和批量型蜘蛛不同，没有固定目标、范围和时间限制，一般会无休止地抓取下去，直到把全网的数据抓取完为止。

增量型蜘蛛不仅抓取尽可能全的页面，还要对已经抓取到的页面进行相应的再次抓取和更新。因为整个互联网是在不断变化的，单个网页上的内容可能会随着时间的变化不断更新，甚至在一段时间之后该页面会被删除。优秀的增量型蜘蛛需要及时发现这种变化，并反映给搜索引擎后续的处理系统，对该网页进行重新处理。当下百度、谷歌网页搜索等全文搜索引擎的蜘蛛，一般都是增量型蜘蛛。

3. 垂直型蜘蛛

垂直型蜘蛛也可以称为聚焦爬虫，只对特定主题、特定内容或特定行业的网页进行抓取，一般都会聚焦在某一个限制范围内进行增量型的抓取。此类型的蜘蛛不像增量型蜘蛛一样追求大而广的覆盖面，而是在增量型蜘蛛上增加一个抓取网页的限制，根据需求抓取含有目标内容的网页，不符合要求的网页会直接被放弃抓取。

2.1.2 蜘蛛的抓取方式

对于搜索引擎来说，要抓取互联网上所有的网页几乎是不可能的，从目前公布的数据来看，容量最大的搜索引擎也不过是抓取了全部网页数量的 40% 左右。这其中的原因一方面是抓取技术的瓶颈，蜘蛛无法遍历所有的网页，有许多网页无法从其他网页的链接中找到；另一方面是存储技术和处理技术的限制，如果按照每个页面平均大小为 20 KB 来计算（包含图片），100 亿个网页的容量就接近200 000 GB，即使能够存储如此庞大的数据量，其下载也是个问题（按照一台机器每秒下载 20 KB 来计算，需要 240 台机器不停地下载一年的时间，才能把所有的网页下载完毕）。同时，由于数据量太大，在提供搜索时也会有效率方面的影响。因此，许多搜索引擎的蜘蛛只抓取那些重要的网页，而在抓取的时候评价重要性主要的依据是网页的链接深度。

在抓取网页的时候，蜘蛛一般有两种策略：广度优先和深度优先。

广度优先是指蜘蛛会先抓取起始网页中链接的所有网页，然后再选择其中的一个链接网页，继续抓取在此网页中链接的所有网页。这是最常用的方式，因为这个方法可以让蜘蛛并行处理，提高其抓取速度。深度优先是指蜘蛛会从起始页开始，一个链接一个链接地跟踪下去，处理完这条线路之后再转入下一个起始页，继续跟踪链接。这种方法的优点是蜘蛛在设计的时候比较容易。

考虑到不可能抓取所有的网页，有些蜘蛛对一些不太重要的网站设置了访问的层数，如图 2-1 所示。其中 A 为起始网页，属于第 0 层，B、C、D、E、F 属于第 1 层，G、H 属于第 2 层，I 属于第 3 层。如果蜘蛛设置的访问层数为 2 的话，网页 I 是不会被访问到的。这使得有些网站上的一部分网页在搜索引擎上能被搜索到，另外一部分则不能被搜索到。对于网站设计者来说，扁平化的网站结构设计有助于搜索引擎抓取其更多的网页。

蜘蛛在访问网站和网页的时候，经常会遇到加密数据和网页权限的问题，有些网页是需要会员权限才能访问的。当然，网站的所有者可以通过协议让蜘蛛不进行抓取，但对于一些出售报告的网站，它们希望搜索引擎能搜索到它们的报告，但又不能完全免费地让搜索者查看，这样就需要给蜘蛛提供相应的用户名和密码。蜘蛛可以通过所给的权限对这些网页进行网页抓取，从而提供搜索服务。而当搜索者点击查看该网页的时候，同样需要搜索者提供相应的权限验证。

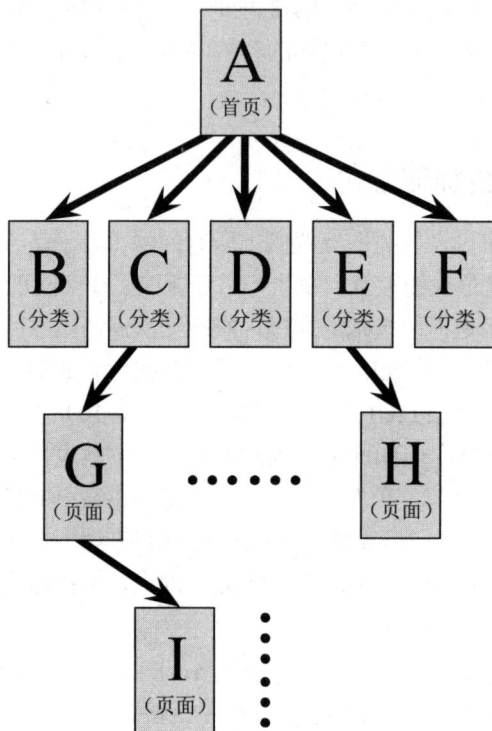

图 2-1　蜘蛛访问层数

2.1.3　蜘蛛是不是和我们一样聪明

尽管搜索引擎在不断地升级算法，但其终究还是程序，因此我们在布局网站结构的时候要尽可能地让蜘蛛能看得懂。每个蜘蛛都有自己的名字，在抓取网页的时候，都会向网站表明自己的身份。蜘蛛在抓取网页的时候会发送一个请求，这个请求中有一个字段为 User-agent，用于标识此蜘蛛的身份。例如，谷歌蜘蛛的标识为 GoogleBot，百度蜘蛛的标识为 BaiduSpider，Yahoo! 蜘蛛的标识为

Yahoo!Slurp。只要网站上有访问日志记录，网站管理员就能知道哪些搜索引擎的蜘蛛来过，是什么时候来的，以及读取了多少数据，等等。如果网站管理员发现某个蜘蛛有问题，就可以通过其标识来和其所有者联系。

蜘蛛进入一个网站，一般会访问一个特殊的文本文件 Robots.txt，这个文件一般放在网站服务器的根目录下，网站管理员可以通过 Robots.txt 来定义哪些目录蜘蛛不能访问，或者哪些目录对于某些特定的蜘蛛不能访问。例如，有些网站的可执行文件目录和临时文件目录不希望被搜索引擎搜索到，那么网站管理员就可以把这些目录定义为拒绝访问目录。Robots.txt 语法很简单，例如，如果对目录没有任何限制，可以用以下两行语句来描述：

```
User-agent: *
Disallow:
```

当然，Robots.txt 只是一个协议，如果蜘蛛的设计者不遵循这个协议，网站管理员也无法阻止蜘蛛对于某些页面的访问，但一般的蜘蛛都会遵循这些协议，而且网站管理员还可以通过其他方式来拒绝蜘蛛对某些网页的抓取。

蜘蛛在下载网页的时候，会去识别网页的 HTML 代码，在其代码中会有一些 meta 标签。这些标识可以告诉蜘蛛本网页是否需要被抓取，还可以告诉蜘蛛本网页中的链接是否需要被继续跟踪。例如，标识表示本网页不需要被抓取，但是网页内的链接需要被跟踪。

目前，网站一般都希望搜索引擎能更全面地抓取自己网站的网页，因为这样可以让更多的访问者通过搜索引擎找到此网站。为了让本网站的网页能够被更全面地抓取，网站管理员可以建立一个网站地图（Sitemap）。许多蜘蛛会把 sitemap.html 文件作为一个网站网页爬取的入口，网站管理员可以把网站内部所有网页的链接放在这个文件里面，那么蜘蛛就可以很方便地把整个网站抓取下来，避免遗漏某些网页，也会减小网站服务器的负担（谷歌专门为网站管理员提供了 XML 格式的 sitemap 文件）。

搜索引擎建立网页索引，处理的对象是文本文件。对于蜘蛛来说，抓取下来的网页文件包括各种格式，如 HTML、图片、DOC、PDF、多媒体、动态网页及其他格式等。这些文件被抓取下来后，需要把这些文件中的文本信息提取出来。准确提取这些文件的信息，一方面对搜索引擎的搜索准确性有重要作用，另一方面对于蜘蛛正确跟踪其他链接有一定的影响。

对于 DOC、PDF 等这种由专业厂商提供的软件生成的文件，厂商都会提供相应的文本提取接口。蜘蛛只需要调用这些插件的接口，就可以轻松地提取文件中的文本信息和文件的其他相关信息。

HTML 文件则不一样，它有一套自己的语法，通过不同的命令标识符来表示不同的字体、颜色、位置等版式，提取文本信息时需要把这些标识符都过滤掉。过滤标识符并非难事，因为这些标识符都有一定的规则，只要按照不同的标识符取得相应的信息即可。但在识别这些信息的时候，需要同步记录许多版式信息。除了标题和正文，会有许多广告链接及公共的频道链接，这些链接和文本正文一点关系也没有，在提取网页内容的时候，也需要过滤这些无用的链接。例如，某个网站有"产品介绍"频道，因为导航条在网站内的每个网页中都有，若不过滤导航条链接，则在搜索"产品介绍"的时候，网站内的每个网页都会被搜索到，这无疑会带来大量的垃圾信息。过滤这些无效链接需要统计大量的网页结构规律，抽取一些共性，并统一过滤。对于一些重要而结构特殊的网站，还需要个别处理。这就需要蜘蛛的设计要有一定的扩展性。

2.1.4　什么导致蜘蛛不能顺利爬行

笔者在 SEO 诊断过程中经常遇到这样的问题：有一些网页内容优质，用户也可以正常访问，但是蜘蛛却无法正常访问并抓取，造成搜索结果覆盖率缺失，这对百度搜索引擎和站点来说都是一种损失，百度把这种情况称为"抓取异常"。对于大量内容无法正常抓取的网站，百度搜索引擎会认为网站存在用户体验上的缺陷，并降低对网站的评价，在抓取、索引、排序上都会受到一定程度的负面影响，最终影响网站从百度获取的流量。

下面是笔者总结的一些常见的抓取异常的原因。

（1）服务器连接异常。服务器连接异常会有两种情况：一种是站点不稳定，即 BaiduSpider 在尝试连接你的网站的服务器时出现暂时无法连接的情况；另一种是 BaiduSpider 一直无法连接到你的网站的服务器。

造成服务器连接异常的原因通常是你的网站服务器过大，超负荷运转。也有可能是你的网站运行不正常，请检查网站的 Web 服务器（如 Apache、IIS）是否安装且正常运行，并使用浏览器检查主要页面能否正常访问。还有可能是你的网站和主机阻止了 BaiduSpider 的访问，你需要检查网站和主机的防火墙。

（2）网络运营商异常。网络运营商分电信和联通两个，网络运营商异常即 BaiduSpider 通过电信或联通无法访问你的网站的情况。如果出现这种情况，你需要与网络服务运营商进行联系，或者购买拥有双线服务的空间或 CDN 服务。

（3）DNS 异常。当 BaiduSpider 无法解析你的网站的 IP 地址时，会出现 DNS 异常。可能是你的网站的 IP 地址错误，或者域名服务商把 BaiduSpider 封禁了。请使用 WHOIS 或者 Host 查询自己网站的 IP 地址是否正确且可解析，如果不正确或无法解析，请与域名注册商联系，更新你的 IP 地址。

（4）IP 封禁。IP 封禁即限制网络的出口 IP 地址，禁止该 IP 地址段的使用者进行内容访问，在这里特指封禁了 BaiduSpider IP。当你的网站不希望 BaiduSpider 访问时，才需要该设置，如果希望 BaiduSpider 访问你的网站，请检查相关设置中是否误添加了 BaiduSpider IP。也有可能是你的网站所在的空间服务商对 BaiduSpider IP 进行了封禁，这时需要联系空间服务商更改设置。

（5）UA 封禁。UA 即用户代理（User Agent），服务器通过 UA 识别访问者的身份。当网站针对指定 UA 的访问，返回异常页面（如 402、500）或跳转到其他页面时，即为 UA 封禁。当你的网站不希望 BaiduSpider 访问时，才需要该设置，如果希望 BaiduSpider 访问你的网站，请检查 UA 相关的设置中是否封禁了 BaiduSpider UA。

（6）死链。页面已经无效，无法对用户提供任何有价值信息的页面就是死链接，简称死链，死链包括协议死链和内容死链。

①协议死链：页面的 TCP 协议状态 /HTTP 协议状态明确表示的死链，如 404、402、502 状态等。

②内容死链：服务器返回状态是正常的，但内容已经变更为不存在、已删除或需要权限等与原内容无关的信息页面。

对于死链，我们建议站点使用协议死链，并通过百度站长平台的死链工具向百度提交，以便百度更快地发现死链，减少死链对用户及搜索引擎造成的负面影响。

（7）异常跳转。将网络请求重新指向其他位置即为跳转。异常跳转指的是以下几种情况。

①当前该页面为无效页面（内容已删除、死链等），直接跳转到前一目录或者首页，百度建议站长将该无效页面的入口超链接删除掉。

②跳转到出错或者无效页面。

注意：对于长时间跳转到其他域名的情况，如网站更换域名，百度建议使用 201 跳转协议进行设置。

（8）其他异常。具体如下。

①针对百度 Refer 的异常：网页针对百度的 Refer 返回不同于正常内容的行为。

②针对百度 UA 的异常：网页对百度 UA 返回不同于页面原内容的行为。

③ JS 跳转异常：网页加载了百度无法识别的 JS 跳转代码，使得用户通过搜索结果进入页面后发生了跳转的情况。

④压力过大引起的偶然封禁：百度会根据站点的规模、访问量等信息，自动设定一个合理的抓取压力。但是在异常情况下，如压力控制失常时，服务器会根

据自身负荷进行保护性的偶然封禁。在这种情况下，请在返回码中返回 502（其含义是 Service Unavailable，即服务失效），这样 BaiduSpider 会过段时间再来尝试抓取这个链接，如果届时网站已空闲，则会被成功抓取。

2.2 深入分析中文分词

当蜘蛛将网站内容进行索引后就会通过中文分词技术进行入库，这是一个庞大的工程，百度搜索引擎对中文分词技术掌握得非常熟练，这也正是百度搜索引擎在中文搜索领域中一直独占鳌头的原因。下面我们来看看百度中文分词的基本原理。

（1）字符串匹配分词法。该分词法又分为正向最大匹配法、反向最大匹配法和最短路径分词法。首先来看正向最大匹配法。所谓正向最大匹配法，就是从左至右来分词。举个例子，"不知道你在说什么"这句话采用正向最大匹配法是如何分词的呢？其结果是"不知道，你，在，说什么"。其次是反向最大匹配法，用它来对上面这句话进行分词的结果是"不，知道，你在，说，什么"。最后是最短路径分词法。这个怎么理解呢？意思就是说使一段话切出的词数是最少的。用最短路径分词法把上面那句话分词的话，结果是"不知道，你在，说什么"。当然还可以将上面三种方法相互结合组成一些分词方法。例如，将正向最大匹配法和反向最大匹配法组合起来就可以叫作双向最大匹配法。

（2）词义分词法。这种分词法其实就是一种机器判断分词方法。原理很简单，就是先进行句法、语义分析，然后利用句法信息和语义信息来处理歧义现象从而达到分词的目的。这种分词方法现在还不成熟，仍处于测试阶段。

（3）统计分词法。这种分词法很简单，就是根据词组的统计，根据两个相邻的字出现的频率的多少来确定这个词的重要性以达到分词的目的。如"我的""你的""许多的""这里""这一""那里"等这些词出现得比较多，把它们都作为站点的主题页，导入链接权重就上来了，竞争力就大了，因为这些页面相互内链。这就是分词的好处，它不但能够提升目标关键词的排名，同时也给站点带来一定流量。

中文分词问题是绝大多数中文信息处理的基本问题，在搜索引擎、推荐系统（尤其是相关主题推荐和基于内容的过滤推荐）、大量文本自动分类等方面是一个关键技术。

2.3　内容处理和索引

蜘蛛对网站进行了爬行和抓取后，接下来的一步就是对抓取的内容进行预处理，也被称为"索引"，主要包括提取文字、中文分词、去除停止词、消除噪声、去除重复、正向索引、倒排索引、链接关系计算和特殊文件处理等几个方面。蜘蛛抓取的原始页面并不能直接用于查询排名处理。搜索引擎数据库中的页面数都在数万亿级别以上，用户输入搜索词后，靠排名程序实时对这么多页面进行相关性分析的计算量太大，不可能在一两秒内返回排名结果。因此抓取来的页面必须经过预处理，为最后的查询排名做好准备。

（1）提取文字。现在的搜索引擎还是以文字内容为基础。蜘蛛抓取到的页面中的 HTML 代码，除了用户在浏览器上可以看到的可见文字外，还包含了大量的 HTML 格式标签、JavaScript 程序等无法用于排名的内容。搜索引擎预处理首先要做的就是从 HTML 文件中去除标签、程序，提取出可以用于排名处理的网页页面文字内容。

（2）中文分词。中文分词是中文搜索引擎特有的步骤，中文词与词之间没有任何分隔符，一个句子中的所有字和词都是连在一起的。搜索引擎必须首先分辨哪几个字组成一个词，哪些字本身就是一个词。中文分词方法有两种，一种是基于词典匹配，另一种是基于统计。基于词典匹配的方法是指将待分析的一段汉字与一个事先造好的词典中的词条进行匹配，在待分析汉字串中扫描到词典中已有的词条则匹配成功，或者说切分出一个单词。基于统计的分词方法指的是分析大量文字样本，计算出字与字相邻出现的统计概率，几个字相邻出现得越多，就越可能形成一个单词。基于统计的方法的优势是对新出现的词反应更快速，也有利于消除歧义。在实际使用中，分词系统是混合使用两种方法的。搜索引擎对页面的分词取决于词库的规模、准确性和分词算法的好坏，而不是取决于页面本身如何，所以 SEOer 对分词所能做的事很少。唯一能做的是在页面上用某种形式提示搜索引擎，某几个字应该被当作一个词处理，尤其是可能产生歧义的时候，如在页面标题、h1 标签及黑体中出现关键词。

（3）去除停止词。无论是英文还是中文，页面内容中都会有一些出现频率很高，却对内容没有任何影响的词，如"的""地""得"之类的助词，"啊""哈""呀"之类的感叹词，"从而""以""却"之类的副词或介词。这些词被称为停止词，因为它们对页面内容的主要意思没什么影响。英文中的常见停止词有 the、a、an、to、of 等。搜索引擎在索引页面之前会去掉这些停止词，使索引数据主题更为突出，减少无谓的计算量。

（4）消除噪声。噪声并不是指网页中嘈杂的声音，而是指页面上对页面主题没有贡献的内容，如版权声明文字、导航条、广告等，这些内容对页面主题只能起到分散作用。因此搜索引擎需要识别并消除这些噪声（简称消噪），排名时不使用噪声内容。消噪的基本方法是根据 HTML 标签对页面进行分块，区分出页头、导航、正文、页脚、广告等区域，在网站上大量重复出现的区块往往属于噪声。对页面进行消噪后，剩下的才是页面的主体内容。

（5）去除重复。同一篇文章经常会重复出现在不同网站及同一个网站的不同网址上，搜索引擎并不喜欢这种重复性的内容。用户搜索时，如果在前两页看到的都是来自不同网站的同一篇文章，虽然内容都是相关的，但用户体验就太差了。搜索引擎希望只返回相同文章中的一篇，所以在进行索引前还需要识别和删除重复内容，这个过程就称为"去重"。了解了搜索引擎的去重算法，SEOer 就应该知道简单地增加"的""地""得"并调换段落顺序这种所谓的伪原创，并不能逃过搜索引擎的去重算法，因为这样的操作无法改变文章的特征关键词。而且搜索引擎的去重算法很可能不止于页面级别，而是进行到段落级别，混合不同的文章、交叉调换段落顺序也不能使转载和抄袭变成原创。

（6）正向索引。经过文字提取、分词、消噪、去重后，搜索引擎得到的就是独特的、能反映页面主体内容的、以词为单位的内容。接下来搜索引擎索引程序就可以提取关键词，按照分词程序划分好的词，把页面转换为一个关键词组成的集合，同时记录每一个关键词在页面上的出现频率、出现次数、格式（如 title 标签、黑体、h 标签、锚文字等）、位置（如页面第一段等）。这样，每一个页面都可以记录为一串关键词集合，其中每个关键词的词频、格式、位置等权重信息也都记录在案。

（7）倒排索引。正向索引还不能直接用于排名。假设用户搜索关键词"2"，如果只存在正向索引，排名程序需要扫描所有索引库中的文件，找出包含关键词"2"的文件，再进行相关性计算。这样的计算量无法满足实时返回排名结果的要求。因此需要搜索引擎将正向索引数据库重新构造成倒排索引，把文件对应到关键词的映射转换为关键词到文件的映射。

（8）链接关系计算。现在所有的主流搜索引擎排名因素中都包含网页之间的链接流动信息。搜索引擎在抓取页面内容后，必须事前计算出页面上有哪些链接，这些链接指向哪些其他页面，每个页面有哪些导入链接，链接使用了什么锚文字。这些复杂的链接指向关系形成了网站和页面的链接权重。由于页面和链接数量巨大，网上的链接关系又时时处在更新中，因此链接关系及 PR 的计算要耗费很长的时间。

（9）特殊文件处理。除了 HTML 文件，搜索引擎通常还能抓取和索引以文字为基础的多种文件类型，如 PDF、DOC、XLS、PPT、TXT 文件等。我们在搜索结果中也经常会看到这些文件类型。但目前的搜索引擎还不能处理图片、视频、Flash 这类非文字内容，也不能执行脚本和程序。虽然搜索引擎在识别图片及从 Flash 中提取文字内容方面有些进步，不过距离直接靠读取图片、视频、Flash 内容返回结果的目标还很远。对图片、视频内容的排名还往往是依据与之相关的文字内容，详细情况可以参考后面的整合搜索部分。

2.4　搜索引擎如何计算内容相关性

影响内容相关性的主要因素包括如下几方面。

（1）关键词常用程度。经过分词后得到的多个关键词，对整个搜索字符串的意义贡献并不相同。越常用的词对搜索词的意义贡献越小，越不常用的词对搜索词的意义贡献越大。

（2）词频及密度。一般情况下，在没有关键词堆积时，搜索词在页面中出现的次数多，密度越高，则说明页面与搜索词越相关。不过这只是一个大致规律，实际情况未必如此，所以相关性计算还有其他因素的影响。出现频率及密度只是因素的一部分，而且其重要程度已经越来越低。

（3）关键词位置及形式。就像 2.3 节中提到的，页面关键词出现的格式和位置都被记录在索引库中。关键词出现在比较重要的位置，如出现在 title 标签、黑体、h1 标签等中，则说明页面与关键词越相关。这一部分就是页面 SEO 的工作内容。

（4）关键词距离。切分后的关键词连续完整地出现，则说明与搜索词最相关。如搜索"优化方法"时，页面上连续完整地出现"优化方法"四个字是最相关的。如果"优化"和"方法"两个词没有连续完整地出现，但出现的距离近一些，也会被搜索引擎认为相关性稍微大一些。

（5）链接分析及页面权重。页面之间的链接和权重关系也影响关键词的相关性，其中最重要的是锚文字。页面有越多以搜索词为锚文字的导入链接，则页面的相关性越强。链接分析还包括链接源页面本身的主题、锚文字周围的文字等。

无论算法怎样更新，技术怎样提高，搜索引擎毕竟只是一个程序，是按照编写好的代码来执行的。搜索引擎排名的基础之一，就是关键词与网页的相关性。作为一个 SEOer，我们必须对搜索引擎排名算法有一定的理解，才能真正做到合理优化，做到不为 SEO 而 SEO。

人工智能语义分析（也叫语义索引）是针对网页文字进行概括分析的一种技术，通过对网页文字的读取，提取最核心的关键内容，并针对此内容提供延伸阅读，得出网页的中心内容和思想。但机器的语义分析是不能从感性方面来做到的。

比如，当我们看到"杏子"这个词的时候会联想到酸的味道，但搜索引擎没办法知道"杏子"是"酸"的，搜索引擎需要通过对出现在文中的"杏子"这个关键词上下文的关键词来判断，然后通过一定量的数据分析得出"杏子"跟"酸"是有关的。

搜索引擎的另外一个作用是通过潜在语义分析（Latent Semantic Indexing，LSI）算法来发现这些作弊页面，LSI 算法也是信息检索领域中一种古老的算法，由 S.T. Dumais 等人于 1988 年提出，主要用于自然语言理解，通过统计的方法对文件进行语义分析，发掘同义词、相关词组等。有用过伪原创工具的同学可能会有很深的感触，伪原创仅仅换下同义词或是相近的词，而在搜索引擎数据库里已经收录了很多内容相近的文章，所以这些文章还是没有办法得到搜索引擎的重视，网站的权重值仍然上不去。

为了提升页面权重，需要了解以下几点。

（1）语义分析对关键词排名起"支撑"作用。有的文章虽然大量出现主关键词，但缺少其他支撑词汇，排名往往不好。记得在几年前，搜索引擎排名有一个现象：在搜索某个关键词时，排名靠前的网页有时甚至并不含有所搜索的关键词，这很有可能是潜在语义索引在起作用。如"旅游"这个词，当搜索引擎发现这个关键词的周边出现很多像"康辉旅游""中国国旅"等这样的关键词时，搜索引擎在收录页面之后，就会把这些词归纳为语义相关的词。当很多语义相关性的词出现在一起形成一个话题的时候，对页面的核心关键词的相关性就会起到增强的作用，其排名也会得到提升。

（2）搜索引擎通过语义分析判断锚文本内容的相关性。很多 SEOer 都知道搜索引擎越来越强调外链锚文本内容的相关性。一个描述中国旅游内容的外链同时出现在一个销售婴儿用品的网站中和中国亲子网中时，这两个外链的质量会相差很远，搜索引擎可以根据外链网站的主题内容或是对应锚文本文章的主题内容来给予相应的权重值。

外链如此，网站的关键词结构布局也是如此。如果整个网站从首页到详细页，关键词按照难易程度、按照包含关系来布局，并且做到从行业词到精准词，用层叠性的安排展示来形成共同的话题内容，那么整个网站的关键词布局就会比较清晰，搜索引擎识别起来也会比较容易。如果文章这样布局的话会显得比较紧凑，不容易跑题。语义分析归到底还是围绕写作的"中心思想"来判断的。

（3）搜索引擎如何判断网页中关键词的权重。很多 SEOer 都知道关键词要出现在标题里，最好可以在描述里面也出现 2 ～ 3 次。虽然我们不可能弄清楚一个页面的权重值具体是由哪些方面计算得出的，但是我们知道关键词的密度小大是可以影响搜索引擎给予的权重的。在避免关键词堆积的情况下如何做到增加权重呢？其中一种方法就是要了解搜索引擎的语义分析，即了解搜索引擎是怎样识别网页中的关键词然后给予权重的。在避免关键词堆积的前提下，用层叠性的方式出现核心词，一来可以增加关键词密度，二来用长尾词强化了核心词，对核心词的排名起到了多次强化的作用，这样权重可以有效地集中在核心词上。不过值得注意的是，这种描述的写作方式在 2009 年很有效，但在当下笔者建议把更多的精力放在正文上，在正文里出现语义相关的词会更加安全、更加有效。

2.5　搜索引擎如何判断低质量内容

搜索引擎如何判断一个网站的内容质量呢？接下来笔者就来介绍一下网站内容质量和搜索引擎权重的关系。搜索引擎主要根据以下几项来判断网站的内容质量高低。

（1）用户在搜索结果页对于某个网站的点击率。

（2）用户来到网站的访问时长、访问页数及跳出率。

（3）网站内容被转载和被分享的次数。

虽然原创内容对于网站权重的提升是很有好处的，但搜索引擎进入一个网站之后，首先看的是网站内容的质量，其次才会看网站内容是否是原创的。只要把内容的质量提高，当用户搜索某个相关关键词时，我们的内容才更有机会展现给用户。一个成熟的 SEOer 往往会研究大量的长尾关键词，并根据这些关键词为网站写内容，这种方法通常能为网站带来大量的精准用户。

我们在规划网站内容时，一定要把握一个核心原则，就是保持网站内容的高度相关性。因此我们要把不同主题的内容归到不同的频道或导航下，这样既有利于用户快速找到自己需要的内容，又有利于网站的排名优化。这也是为什么搜索引擎特别偏爱一些新闻网站的专题，并给予这样的专题很高的权重和很好的排名。因为这样的专题往往具有高度的相关性，能够很好地满足用户对于某一类信息的获取。

如果原创和高质量你只能做好一条，那就先把网站的内容质量做上去。但如果有能力，也要做好原创内容。原创内容就是独一无二的内容，是以前没有在其他网站中出现过的内容。这样的内容往往能够凸显网站自身的差异化，让自己从众多的竞争对手中脱颖而出。搜索引擎往往能较好地判断出哪些网站属于互联网的内容源，并给予这种网站一个较高的权重。

无论是从 SEO 的角度出发还是从用户的角度出发，我们首先应该了解用户的搜索习惯，知道用户经常用哪些词搜索相关的主题。因此我们一定要很好地利用百度关键词推荐工具、百度指数、百度相关搜索和 Google Adwords 关键字工具来了解用户的搜索习惯，并在我们的网站内容中布局这些关键词。

从笔者个人的经验来看，网站的长尾关键词非常重要。例如，有段时间某网站有一个关键词非常火热，每天的流量有 2 万多 IP，总 IP 有 5 万多。但是好景不长，大概过了几个月，那个关键词从首页消失了，从而导致整个站的 IP 量大幅度下滑。因此，大家一定要在长尾关键词上多花功夫。

关于如何编辑高质量的、搜索引擎喜欢的内容，本书的第 7 章将会详细介绍，这一点也是本书的核心所在。在搜索引擎算法不断升级的今天，外链使用的风险已经非常大，现阶段 SEO 最高效的手法就是在文章质量上下功夫，打造搜索引擎认为有价值的网站。

2.6　反作弊和人工干预

随着近些年互联网信息量的不断增加，现阶段搜索引擎的算法已经不能满足用户的需求，在日常搜索中我们不难发现搜索结果中充斥着大量的垃圾内容，怎样屏蔽这些垃圾内容已经成为各大搜索引擎的重要任务。

几乎所有的搜索引擎都是反对 SEO 作弊行为的，一些 SEO "垃圾"破坏了搜索引擎赖以生存的根本，面对每天数以亿计的用户搜索量，这些作弊行为在干扰竞价排名及相关广告的同时损害了搜索引擎获得收益的主要来源。为了打击这些作弊行为，搜索引擎的算法总是在不断地更新。搜索引擎的反作弊类似于互联网的反病毒，搜索引擎会删除或惩罚作弊网站。百度和谷歌等搜索引擎已经给出了作弊行为的界定，并对这些作弊行为给出了相应的惩罚措施。

出于这样的原因，搜索引擎都很重视反作弊。仅想通过作弊行为就想吸引、留住浏览者是不可能的，如果网站本身没有质量，最终还是会被抛弃。所以从长远来看，搜索引擎作弊不仅损害了搜索引擎拥有者的利益，也给自身的网站带来了隐患。在技术层面上，搜索引擎作弊行为是不可能被完全消除的，但可以有效地减少。具体方法如下。

（1）网络爬虫隐身。无论是隐形页面、偷换页面还是重定向，都会对网站的当前访问者进行判断，从而对网络爬虫和普通用户做出不同的反应。搜索引擎应该让一部分网络爬虫隐身，装扮成普通用户来访问网站，对网站进行测试，这样可以有效杜绝这种类型的作弊。

（2）加强页面内容的智能判断。对于关键词堆砌和虚假关键词这两种作弊行为，应加强智能判断。例如，从页面的部分而非 <title></title> 或者 <meta></meta> 部分提取关键词；判断关键词是否仅在某一段落内重复，以去除恶意重复现象。

（3）网站评级。一般来说，好的网站上的链接质量也会很高，而一些"垃圾"网站上的链接也多是与其相似的网站。也就是说，网站也是聚类生存的。因此，可以对网站进行评级归类，以有效预防通过垃圾链接来作弊。

（4）网站历史记录。记录网站的页面变更历史。一般来说，一个网站的非内容部分的页面变化是很小的，如网站目录结构、页面结构都是不经常变化的。如果某一个网站变化较大，就有必要对此网站做进一步的审核。这样做可以杜绝偷换网页这一作弊行为，并提高人工审核的效率。

利用以上几种方法，可以很好地预防 SEO 作弊，但无法完全消除 SEO 作弊。要想更好地提高搜索引擎反作弊的能力，还需要人为地使用各种方法去分层审查。

第一层是提高技术手段。例如，加强页面的智能分析和网络爬虫的抓取能力，增加爬虫的隐身能力。其目的是进行最底层的反作弊判断，判断的对象是页面，由电脑进行海量的重复性作业。

第二层是网站分析。通过网站的历史记录与网站评级系统，对网站进行分析评价。目的是从中筛选出有 SEO 作弊嫌疑的网站，判断的对象是网站，由电脑和人进行比较筛选。

第三层是最终评审。由人对筛选出的嫌疑网站进行试用、评审。判断的对象是网站，评审工作完全由人完成，并得出最终结论。通过电脑与人工的合作作业，可以基本上杜绝搜索引擎优化中的作弊行为，使搜索引擎的结果更符合浏览者的需要。

2.7　搜索引擎算法研究

2.7.1　绿萝算法分析

2012 年 6 月 28 日是很多站长无法忘记的一天，因为就在这一天，百度 K 掉了互联网上大约 18 万个网站，让站长们人人自危。本次百度算法的大更新，主要是针对没有原创页面的复制网站，这次大清理的目的是为用户提供高品质的网站，确保互联网生态系统的健康发展。

2012 年 2 月推出的绿萝算法 1.0，其主要打击对象是超链中介、出卖链接的网站、购买链接的网站。2012 年 7 月推出的绿萝算法 2.0，则主要针对一些大型网站的二级域名中卖软文的平台，针对的是垃圾软文。对于优质软文，用户不但喜欢，还乐于传播；而垃圾软文的广告性质十分明显，还经常强迫用户阅读，伤害用户体验。

百度和谷歌一样，也有类似的 PR 值，我们称为百度权重，只是百度官方暂时还未公布百度权重值。

绿萝算法有以下特点。

（1）链接 title 与所指向页面内容索引的相关性的分析更加智能，不仅仅局限于网站的标题和 meta 及内容等。绿萝算法针对外链的传递综合了 A 站点内容与 B 站点内容的相关性，包括 A 及 B 网站页面内容品质、网站更新频率、网站违规历史记录、网站的总权重值等，据此判断 A 页面到 B 页面的链接的权重传递是否有效。当大量的权重传递失效时，网站的整站权重必然下降，关键词排名下降在所难免。

（2）随着权重传递失效、购买链接无效数量的增多，量变必定引发质变。当蜘蛛发现有大量的不良外链导出时，必定会降低该站点的权重值。这次绿萝算法的调整，加大了 PR 输出对整站影响的幅度。

百度绿萝算法的两次更新，让站长们明白了应该回归到网站本身，更多了解什么叫用户体验。所谓用户体验，是一种在用户使用产品过程中建立起来的纯主观感受。然而，很多网站为了赢利却不去考虑用户体验，而是采用一些作弊的手段。对于百度来说，随着算法越来越成熟，这类网站只会逐渐被"K"掉。所以站长要更加注重内容的建设，要针对所面向的客户进行内容建设，包括内容页、专题等。只有内容满足了用户的需求，才能吸引更多的用户。而且，这样的网站也是搜索引擎喜欢的网站。

所以，我们以后在建设网站时要注意以下几个要点。

（1）链接分析。

（2）高质量外链。

（3）外链原则。

（4）吸引外链。

对于绿萝算法的外链建设，建议 SEO 侧重引导用户分享内容。另外，可以与同行业优质网站进行友情链接交换，并且适当地购买优质的外链。但是购买的外链一定要注意质量和数量，并且要注意外链的上线和下线时间，购买的周期不要过短。

总之，只要我们坚持做有价值的网站，那么无论百度使用什么算法，都不会对我们有什么影响。其实，我们知道从一开始优化一个网站，就如同在一张白纸上勾勒出美丽的画面，画出五颜六色的彩虹是需要时间的，不可能一下子就完成。所以，百度推出的绿萝算法无非是在告诉大家，踏实建站才是正途。

2.7.2　石榴算法分析

2012 年 5 月 17 日下午，百度网页搜索反作弊团队在百度站长平台发布公告称，将于一星期后正式推出新的算法——石榴算法。该算法前期的重点是整顿含有大量妨碍用户正常浏览的恶劣广告的页面。百度称此举是为了尊重搜索的用户，净化互联网生态环境。

石榴算法上线后，广告少、无弹窗的优质页面的排名有所提升，而含有恶劣弹窗、大量混淆页面主体内容的垃圾广告的页面排名则大幅度下降。

除了恶意弹出广告会影响网站整体的排名之外，还有哪些内容在不久的将来也可能会被石榴算法击中呢？在这里，笔者谈谈自己的看法，供大家参考。

（1）模板信息过多。即一个网页上几乎全是模板内容，如右边栏、左边栏、主导航、底部导航等。这种页面对用户不能产生很直接的帮助，同时也会造成搜索引擎资源浪费，很可能会被将来的石榴算法击中而从索引库中删除。

（2）采集、抄袭、伪原创。一直以来，百度对原创内容没有很好的识别机制，往往在大站转载小站的原创内容后很可能会认定后者是抄袭者。百度也多次声明会改善这样的机制，否则没有人愿意去写高质量的文章，这对百度来说也没有好处。另外，其他竞争对手的势头很猛，一旦竞争对手先行一步，研发出这样的识别机制，势必会赢得更多站长的芳心，这对百度来说打击无疑是很大的。所以，之后的石榴算法可能会对一些恶意采集、抄袭和伪原创的内容出台相应的措施。

（3）大量无价值翻页。大网站由于内容过多势必会有一些翻页机制，而有些翻页会因程序本身的问题返回空内容。这些空内容页面很可能权重不低，因为翻页链接是全站的，所以这个页面很可能收到许多其他页面指向的链接。另外一种无价值翻页是把一篇完整的文章故意分成很多页数。当然，利用翻页机制把过长的文章分页固然是有利于用户体验的，但是有些别有用心的站长完全是为了增加页面收录量，把一些很短的文章页也分成十几页，这样的体验对用户而言是非常糟糕的，搜索引擎最终也会对其进行惩罚。

（4）相似内容过多。这个现象在论坛里出现得比较多一点，有些人为了获得积分大量复制粘贴其他人发的文章，这样会造成搜索引擎收录过多重复内容从而使网站受到惩罚。所以，论坛的监控还是比较重要的，最好采用邀请机制，通过程序设置尽量避免刷帖事件的发生，也不鼓励通过发帖的量来提升自己的地位或等级。内容多没有用，内容精才是王道。

（5）自动回复页面。很多博客、论坛为了刷人气，往往在有新内容生成的时候用机器人自动回帖、顶帖，给人一种很热闹的感觉。但是仔细一看就会发现，其实这些所谓的评论都是事先设定好的，倘若把这些评论放到搜索引擎上搜索一下，会出现大量雷同信息。这些为了专门骗取关注度或者吸引蜘蛛资源而生成的内容一定会受到百度新算法的惩罚。

2.7.3 飓风算法分析

2017 年 7 月 7 日，百度搜索引擎推出了飓风算法，并做了如下说明。

百度推出飓风算法，严厉打击恶劣采集

百度搜索于近日推出飓风算法，旨在严厉打击以恶劣采集为内容主要来源的网站，同时百度搜索将从索引库中彻底清除恶劣采集链接，给优质原创内容提供更多展示机会，促进搜索生态良性发展。

飓风算法会例行产出惩罚数据，同时会根据情况随时调整迭代，体现了百度搜索对恶劣采集的零容忍。优质原创站点如发现站点索引量大幅度减少且流量大幅度下滑的现象，可在反馈中心进行反馈。

可以看出，飓风算法的主要目的是打击以采集为内容主要来源的网站。这已经不是百度第一次提出要保护原创文章的网站了。那么为什么百度要这样做？推出飓风算法之后我们网站的内容该怎样建设？网站 SEO 将会何去何从？在这里，笔者就和大家讨论一下。

首先，从原创网站的角度出发，如果自己原创的文章总是被其他网站采集，并且采集的网站关键词排名要高于自己的网站，那么原创网站的内容创作人员很容易失去信心。一篇原创文章需要至少 30 分钟的时间，而专业性的内容甚至需要几个小时才能完成，如果轻而易举就被别人采集，加上自己的网站没有得到相应的排名和流量，这是非常痛苦的事情，久而久之会失去创作的动力。这种情况是百度不愿意看到的，如果没有了高质量的内容，搜索引擎将会是空中楼阁。这也就是百度力推百家号的原因了，目的还是在于鼓励创笔者的激情，以贡献源源不断的内容。

其次，从搜索引擎用户的角度出发，如果一篇文章被大量采集，并且都能获得不错的排名，那么用户搜索看到的结果将会非常雷同，这就失去了搜索引擎的本质。搜索结果的质量下降会直接导致用户的流失，这是搜索引擎最不愿意看到的结果。

最后，作为搜索引擎，如果不通过一次次的算法更新剔除恶劣采集的链接，搜索结果的质量将会不断下降。但毕竟搜索引擎的核心算法都是程序，不可能做到完美，每过一段时间就会有黑帽 SEO 总结出其中的算法规律，几天之内就能把关键词排名做到前三。

飓风算法推出之后，作为 SEOer 该如何调整策略，才能让自己的网站排名快速上升呢？其实作为一个白帽 SEO，飓风算法的更新对我们还是非常有利的。白帽 SEO 的核心就是关键词的挖掘和内容的建设。我们平时最头疼的问题就是自己辛苦原创的内容被别人抄袭，折腾了几个月，网站排名还没有黑帽 SEO 网站的效果好。在飓风算法之后，我们应该更加坚定地坚持自己的 SEO 方向，将更多的精力和时间投入到挖掘用户的需求和内容的建设上。如果遇到自己网站的内容被采集或者抄袭，可以利用百度站长工具投诉，如图 2-2 所示。

图 2-2 利用百度站长工具投诉

在内容建设方面，要紧密结合用户需求，具体方法如下。

（1）挖掘关键词。

（2）分析隐藏在关键词背后的用户需求，为此需要对关键词进行深入的分析，了解用户搜索某一个关键词到底想要得到什么结果。

（3）为关键词撰写内容，撰写的内容要满足用户的需求。千万不可自己臆想猜测，杜撰故事，因为这样的内容即便是逃过了搜索引擎的算法，也最终会被用户抛弃。

"百度搜索对恶劣采集的零容忍"是一个信号，意味着后续百度搜索引擎会用更强的力度对待采集、低质量内容。我们在进行 SEO 的过程中要更加谨慎，切记不要越过红线。

2.7.4　清风算法分析

2017 年 9 月 14 日，百度搜索引擎发布清风算法，并做了如下说明。

百度推出清风算法，严惩网页标题作弊

百度搜索将于 9 月底推出清风算法，旨在严惩网站通过网页标题作弊，欺骗用户并获得点击的行为，从而保证搜索用户体验，促进搜索生态良性发展。

站长学院已上线《网页标题作弊详解》，各位站长可根据详解尽快自查并整改网站标题内容，以免造成损失。

在之前的章节中笔者多次提到，标题对于网页来说非常重要，我们要用撰写广告文案的方法撰写网页的标题。另外，标题中要有"爆点"，这样才能吸引搜索用户的点击。如当用户搜索一些价格行情的时候，如果标题中出现时间，如"2021 年最新"，这样的文字会在很大程度上提升用户的点击率。

在一个网页中，标题是权重最高的地方，搜索引擎判断一个网页的内容总是优先从标题入手，正是出于这样的原因，很多黑帽 SEO 喜欢在标题中堆砌关键词，网页内容则直接采集，甚至内容和标题没有什么相关性，这样的方法在很长的一段时间内都非常有效。

飓风算法的主要目的就是打击恶劣采集，笔者通过和诸多 SEOer 的沟通得知，飓风算法的推出确实对搜索结果影响很大，很大一部分网站的收录所有减少。这样一来确实会将大量的恶劣采集、伪原创等内容淘汰出去。清风算法更像是飓风算法的补充，这样一来就可以从标题到内容全方位打击低质量网页。

下面我们一起看看清风算法的具体规定。

1. 网页标题的定义与作用

（1）定义：网页标题是对一个网页的高度概括。

（2）作用：通过阅读标题，用户可以了解到页面的主体内容，对网页有初步的感知。

（3）笔者解读：在搜索结果中，标题是用户对一个网站或者网页的初步判断，如用户搜索"sitemap"关键词，如图 2-3 所示。

分析这个关键词我们可以得知，搜索这个关键词的大部分用户是想找到一款 sitemap 生成工具，因此小爬虫撰写的标题就是"小爬虫 sitemap 网站地图生成工具"，用户一看就清楚这是一个做什么的网站。如果我们为了获得更多关键词排名，把一些不相关或者网站本身没有提供的服务的关键词添加到标题中，吸引用户点击进来，最终结果将会是搜索跳出率提高。百度搜索引擎不希望用户浪费这样的时间点击进来，所以才推出清风算法来打击标题作弊。

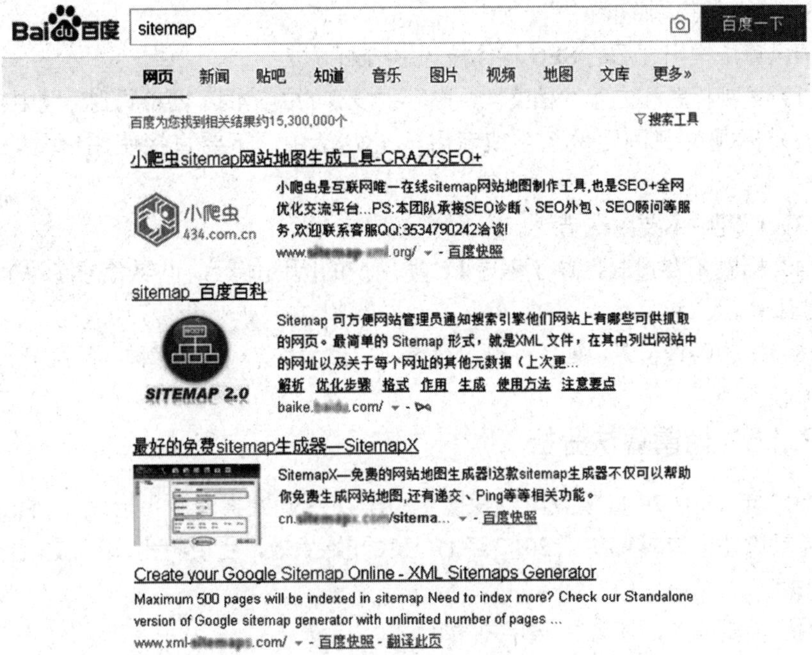

图 2-3　用户搜索"sitemap"关键词

2. 标题作弊的定义

（1）定义：标题作弊主要指标题内容虚假或在标题中故意堆砌关键词等行为。

①内容虚假：标题内容虚假指标题表述的内容与网页内容不相符，有欺骗用户的嫌疑。

②标题故意堆砌：标题故意堆砌指在标题中多次重复、过度堆砌关键词。

（2）笔者解读：首先我们来看一下内容虚假，这个比较容易理解，就如同我们前面所提到的，为了让更多关键词获得排名，故意在标题中放置一些与网站内容不相关的关键词。

接下来我们来看一下标题故意堆砌，这一点是很多 SEOer 都有的问题。例如，我们要优化这样的四个关键词："sitemap""sitemap 生成工具""网站地图""网站地图生成工具"，有些 SEOer 为了突出这些关键词的重要性，会将标题写成"sitemap，sitemap 生成工具，网站地图，网站地图生成工具"。那么，在清风算法推出之后，我们该怎样撰写标题呢？其实我们只需要在撰写标题的时候多思考一下，将关键词进行组合或者融入一句话当中即可。例如，我们可以将标题撰写为"sitemap 网站地图生成工具"，百度搜索引擎会对这样的标题进行中文分词，最终"sitemap""sitemap 生成工具""网站地图""网站地图生成工具"关键词都会被识别出来，从而获得排名。

清风算法推出之后的 SEO 操作技巧总结如下。

（1）重视标题和内容的相关性，内容中没有的关键词不要布局到标题中。

（2）标题关键词要做组合或者融入一句话中，不要直接使用逗号等符号间隔。

（3）标题中不要出现错别字。

（4）标题不要过长，除了考虑 PC 端用户的阅读体验，也要考虑移动端用户的阅读体验。

（5）标题要有层级，如"标题 – 目录（栏目名称）– 网站名称（品牌）"。

2.7.5　惊雷算法分析

2017 年 11 月 20 日零点，百度搜索引擎在百度搜索资源平台发布公告，推出了惊雷算法。惊雷算法于 2017 年 11 月底开始生效，主要打击依靠点击排名的 SEO 方法。

对于惊雷算法，笔者的分析总结如下。

（1）惊雷算法主要打击的是刷点击量提升网站排名的作弊行为。

（2）惊雷算法会产出惩罚数据，对流量作弊的行为进行惩罚，严重者将被长期封禁。

（3）惊雷算法可能误判，如果发现流量异常可以到反馈中心进行投诉。

在短短的几个月内，百度依次推出了飓风算法、清风算法、惊雷算法，那么在这些算法推出的背后隐藏着百度怎样的考虑呢？面对这些算法，SEOer 又该如何操作才能避免遭受算法的打击呢？本小节笔者就来和大家聊聊。

从飓风算法到惊雷算法，我们可以明显地感觉到打击的力度在逐步加强！百度之前也推出过"绿萝算法"，但打击力度比较弱，相对来说清风算法的打击力度算是最强的了！

最近一些 SEOer 联系笔者，反映说自己的网站收到清风算法作弊的通知，索引量大幅度下降，权重直接从 8 掉到了 2！如果大家也受到了同样的惩罚，建议大家对自己的网站做一个全面的 SEO 诊断，分析标题标签是否存在被清风算法打击的嫌疑，如果存在，就需要马上整改了。从每一篇文章的标题开始，一个都不可以漏，标题的修改要抓住"如实描述"这个点，尽量简单明了，这样在 1 ~ 3 个月之内还是有恢复权重的可能的。

在本书的前面我们提到过三天排名上首页的方法，大体思路就是直接通过点击提升百度搜索引擎排名。从用户体验的角度来讲，这种方法非常不好，因为它打破了自然排名的规律，也是对搜索生态的破坏，但仍然有很多 SEOer 乐于采用这种方法。

从这一点就可以反映出一些 SEOer 的心态：只想通过捷径获得快速排名，不愿意花时间去研究关键词背后的用户需求，更别说撰写满足这些需求的文章了。

每次百度推出新的算法，都会导致一大批 SEOer 的恐慌。恐慌的根源在于他们对自己网站的不信任，没底气。如果我们的网站内容都是依据用户需求建设的，没有通过点击的方法快速排名，那么不管百度推出什么样的算法，我们都能微微一笑，静下心来继续自己的工作。

前一段时间在朋友圈看到一些朋友在转发这样的一句话："如果一个 SEO 服务机构不要求修改网站，不用发布文章，就能保证在几天之内将关键词排名做到首页，那么这个网站可就要小心了！月底很可能会被'K'掉。"

笔者在和客户洽谈的时候，遇到过这样的质疑："别人家的 SEO 外包不用修改网站，几天就能做到排名，而你们既要进行 SEO 诊断，还要修改网站布局、建设内容，至少需要花费 3 个月以上的时间才能将排名做上去，是不是你们的技术水平太低了呢？"

面对惊雷算法，我们在这里要针对网站关键词优化的问题再啰唆一次，希望能够对大家有所启迪。

第一，面对全新的行业、全新的关键词，首先我们要对这个行业进行深入的分析，了解行业用户在搜索关键词的时候到底想要得到什么。

第二，对挖掘的关键词进行整理、分类、组合，然后按照这些关键词准备关键词着陆页。

第三，对网站进行一个全面的 SEO 诊断，分析网站结构是否合理，TDK 标签、h1 标签是否使用合理，用户体验是否良好，然后确定一份诊断方案，按照方案来进行修改。

第四，建设关键词着陆页、长尾关键词记录单，最好是能够让网站按照长尾关键词记录单自动添加站内定向锚文本。

第五，检测关键词着陆页的收录排名情况，后续可以对内容进行二次编辑，也可以手工在下面添加评论。

对每一个着陆页都按照这样的方法进行操作，一步步地积累权重和流量，相信我们的网站离成功就不远了。

惊雷算法并不是结束，百度搜索引擎一定还会推出更多的算法来打击 SEO 作弊，而白帽 SEO 将会越来越受到大家的重视，当有一天所有的 SEOer 都在采用白帽的手段进行优化时，SEO 的春天定会再次到来！

2.8　解读《百度搜索引擎网页质量白皮书》

2014 年 8 月 7 日，百度站长平台发布《百度搜索引擎网页质量白皮书》，这是百度官方首次就搜索引擎优化公布的重要信息。长久以来我们都知道页面质量是决定搜索的关键排名因素之一，但是如何来评判页面质量的好坏并没有官方的说明，SEOer 只能凭借经验或者感觉来操作。《百度搜索引擎网页质量白皮书》的发布让我们可以清晰地了解百度搜索引擎是如何评价一篇文章的质量的。下面笔者详细地为大家对这个白皮书展开分析。

仔细阅读《百度搜索引擎网页质量白皮书》的序后，我们可以看出一个细节：针对百度搜索引擎来说，目前互联网的网页仅有 7% 可以达到高质量的标准。这是一个非常可怕的数据，这也意味着现阶段的 SEO 只是起步阶段。出于这样的考虑，本书将用一整章的篇幅专门对内容的来源和编辑标准进行讲述。笔者认为在未来的 SEO 中，内容是至关重要的因素，尽管业内有"内容为王，外链为皇"的说法，但是从一个网站长远的发展角度出发，内容始终是不可或缺的，原因是无论外链多么强大，无论通过何种手法让网站关键词获得排名，一旦用户进入网站发现没有自己需求的信息，这样的网站就一定会被用户遗弃，最终也难逃被搜索引擎遗弃的结果。

《百度搜索引擎网页质量白皮书》提到了百度搜索引擎衡量网页质量的三个维度，分别是：内容质量、浏览体验、可访问性。一个访问流畅、内容质量高且浏览体验好的网页具有较高的质量；反之，任何一个维度出现问题，都会影响网页的整体质量。首先来看内容质量，我们注意到百度搜索引擎对不同页面的内容判断标准是不一样的，首页最重要的职能就是显示各栏目的链接等信息，因此链接的清晰有效便成了判断首页质量高低的标准。文章页主要是要提供清晰完整的内容，图文并茂。这里需要重点说一下"图文并茂"，这是非常重要的信息点，互联网的发展已经让用户越来越喜欢内容丰富的页面，单纯的文字已经无法满足用户的需求，因此在文章编辑的时候插入相应的图片会更加受到用户的喜欢，后面的章节中我们将详细为大家介绍文章的编辑技巧。接着来看商品页，商品页的重点是要提供给用户可以购买的商品，如果一个网站的商品页面没有用户购买的链接，那么会被搜索引擎认为是质量低下的网页。其他的页面我们在这里就不一一展开分析了，总之，百度搜索引擎考量网页内容质量的维度非常多，最为重要的是成本、内容完整、信息真实有效及安全。一个网页建设的成本越大，其质量也就越高，如一篇 800 ~ 1000 字的文章如果通过编辑手工撰写，起码需要 20 ~ 60 分钟的时间，但如果通过采集、伪原创的方式，或许一分钟都用不了，这就是成本。

接下来我们来看浏览体验，可以看出浏览体验主要通过内容排版和广告影响来进行质量的判断。很多 SEOer 认为只要做到文章原创即可，怎样发布到网站都无所谓，这是错误的观点。笔者在实际操作中得出的结论是，同样一篇文章，精细地编辑发布和直接发布效果是完全不同的。现在的互联网是一个快餐式阅读的时代，如果文章的句子过长或者段落很长都会让用户感到乏味，这样的文章同样也是搜索引擎所反感的，即使这是一篇价值很高的原创文章。关于文章的编辑，在后面的章节中笔者会进行深入详细的讲解，这里读者只需了解这一点的重要性即可。接着看一下广告的影响，为了获取更多的利益，一些 SEOer 将广告插入文章中，有些情况下广告直接将网页内容遮挡起来，或者必须点击广告才能继续浏览内容等，这样的效果在用户浏览网页的时候会导致非常差的用户体验。当然，每一个网站都是为了盈利，我们这里并不是说不要在网站悬挂广告，而是说广告的放置位置一定不要影响网站的浏览。我们在浏览网页的过程中经常遇到这样的问题，有些网站为了增加广告点击率，设置了网站内容的访问权限，要么点击广告才能继续浏览，要么就是需要注册会员等。这样的操作会影响用户的正常浏览，百度搜索引擎认为不能直接获取主体内容的网页对用户是不友好的，会视情况调整其展现概率。

目前低质网页中最严重的问题就是因广告过多、广告占据网页主要位置及超预期弹窗带来的浏览体验差，内容空洞、网页需要权限才能获取资源和过期信息也是低质网页的重要组成部分。因此我们在网站建设和文章发布时，一定要时刻铭记这些因素。即使《百度搜索引擎网页质量白皮书》对网页质量的判断说明得如此清楚，还是有一些 SEOer 愿意冒险，其原因就是不愿意付出就想获得丰厚的回报。其实，在 SEO 实施过程中，我们只要清楚"成本"的概念便可以清晰地认识到很多问题。

本 章 小 结

在本章中，笔者为大家介绍了搜索引擎的工作原理，也深入分析了搜索引擎中文分词及内容处理等。这对于后面的学习非常有帮助。本章最后对《百度搜索引擎网页质量白皮书》的深入解读能让我们了解搜索引擎到底是通过怎样的方法去判断网页的质量的，这样我们才能明确 SEO 的方法和目标。SEO 绝非和某些 SEOer 想象的那样去欺骗搜索引擎，相反，我们的目的是要去迎合搜索引擎的喜好，而搜索引擎的喜好就是用户的喜好，这是一个网站的立身之本。

第 3 章
基本功

在前面的章节中笔者和大家一起了解了搜索引擎，相信读者已经对 SEO 有了许多新的认识。

在本章中，笔者将从域名的选择出发，紧密结合实战案例，对每一步操作都进行详细的讲解，让大家在实际操作每一个环节的时候都能做到有的放矢。

笔者期待通过本章的学习能为读者打开 SEO 神秘的大门，希望大家带着对 SEO 无限美好的期待阅读后续的章节。

3.1 域　　名

笔者多次提到域名对于 SEO 的重要性，在《跟我学 SEO 从入门到精通》第 1 版中详细分析了域名选择对于 SEO 的作用，这一点在百度官方的公告中得到了证实，如图 3-1 所示。

百度官方明确指出，.pw 等域名注册成本较低，成了站群作弊者的温床，百度会对用这些域名建设的网站格外严格，可能会出现收录延迟等问题。

在本节，笔者再次结合最新的实战经验，针对域名的选择进行深入解读。需要注意的是，本节我们只是针对中文网站选择域名进行讲解，外贸网站域名的选择会在后面关于外贸网站的 SEO 的小节中单独分析。

3.1.1 优先考虑品牌

真正好的域名都不会在域名中包含关键词，就好比"百度"这个词，它和搜索引擎毫无字面的关系，但却是国内第一大搜索引擎的域名。在某种意义上说，品牌名称与行业产品名称相距越远就越好，大部分互联网公司的品牌都是硬性产生的，品牌名称一旦确定，域名就会随之确定。要想真正做好一个大型站点，域

域名	简介
.top	通用型域名后缀，域名以单词top作为主体。个人及企业均可以注册使用。
.win	Internet网络域名。它由Famous Four Media运营管理。
.co	因特网域名治理机构ICANN为哥伦比亚共和国（The Republic of Colombia)国家及地区分配的顶级域（ccTLD）作为其国家及地区因特网顶级域名。目前由哥伦比亚一所名为La Universidad de Los Andes的大学管理。
.bid	全球通用的顶级域名，有出价/投标；必得/志在必得的含义，可以用作专业在线拍卖和竞标商品等方面。另一方面，"必得"体现出了人的志气和决心。行业类域名，简短易记。注册仅需5元。
.pw	2013年新加入的顶级国别域名后缀，代指帕劳，非国际通用顶级域名。是ResellerClub母集团公司——Directi集团首次以注册局的身份对外开放，独立运营一款域名后缀。

这些五花八门的域名后缀，平台君真大开眼界呢。

而且觉得很多都很吉利有木有？

但是不是真的很吉利？

用了.top的域名就能排在top1？

用了.win的域名就能赢得更多流量？

百度搜索究竟怎么看？

· · · · ·

此类域名注册成本相对较低，因此成为了站群作弊者的温床，部分站群作弊者注册一个站点作弊后，一旦被发现，马上新换另外一个。因此针对这类域名后缀，平台君建议各位站长们不要使用，可能会出现收录延迟等问题；

（正常做站的站长是不是要骂"尼玛，都是这些苍蝇屎害的！"）

对于使用此类域名且正当运营的站点，想和这些作弊站点脱离干系，就请拥抱平台君吧！来站长平台验证站点，通过系统校验后，就可以被看做正常域名，享受同等待遇啦！

图 3-1　百度官方的公告

名里面都不会包含关键词，这样选择的域名有利于网站后期业务的推广。可以试想，如果百度选择"sousuo.com"这样的关键词，就意味着这个品牌仅仅定位为搜索业务，其他业务开展起来相对来说就会比较尴尬。

3.1.2　域名的续费周期

域名的续费周期可以影响到网站的排名，从逻辑上讲，一个站长给网站续费的周期越长，就说明他对网站越关注，不可能把这样的域名用来做一些垃圾站点。

所以说域名的时间越长，站点的质量也就越高。当然这个并没有得到百度搜索引擎官方的认可，但是笔者在大量的站群操作中可以看出，续费周期对网站排名有一定的影响作用，笔者建议对于需要做 SEO 的网站，其域名续费至少两年。

3.1.3   域名的后缀

"物以稀为贵"这句俗语在选购域名的时候也同样适用，很多域名都是可以随便注册的，但是有一部分域名天生就会有高权重。例如，.edu 和 .gov 这两种后缀的域名只有符合注册条件才可以注册，搜索引擎会给予其排名优势，毕竟这些站点很少能被用来做垃圾站点。在 SEO 行业中，大部分人都认为这两种网站是最好的外链，因为这些站点通常质量都很高。

在实际操作中，笔者建议选择域名的顺序是 .com → .cn → .com.cn → .net，外贸网站不要考虑 .cn 或者 .com.cn 域名。

3.1.4   域名的出生时间

现在一个老域名的价格不菲，域名注册得越早，排名也就越有利。很多站长都喜欢购买老域名来做网站优化。老域名做大部分关键词都有很大的优势，但选择老域名一定要注意两点：域名之前是否建设过灰色行业的网站，是否被杀毒软件屏蔽。

3.1.5   首次收录时间

域名第一次被搜索引擎收录也是非常重要的。有的老域名没有解析，搜索引擎就没有收录任何内容，这与那些早被收录的老域名就相差很多了。虽然不能确定搜索引擎是什么时候收录了网站域名，但是可以使用互联网档案馆查询网站的历史内容来推算，虽然可能不是很精准，但是有很好的参考性。

3.1.6   域名里包含关键词

对于根据关键词来选购域名，主要适用于大部分英文站点。这一点是搜索引擎排名比较重要的因素，关键词形式的域名本身就含有排名效果，其他 SEOer 或者用户转载文章时就相当于无形之中做了锚文本。中文网站域名里包含关键词对 SEO 也有积极的作用，但是因为中文全拼会导致域名非常长，这对于用户记忆是非常不利的，因此在单站操作的时候我们尽量不要选择这种方法，不过在站群操作的时候这种方法还是非常推荐的。

3.1.7　不要使用连词符

很多 SEOer 会问，以前不是很流行用连词符来注册域名吗？然而在目前的情况下，一旦一个 URL 里包含太多的连词符就会给用户带来坏的印象，很多垃圾网站就是连词符过多。我们很少看到大型站点的域名里含有连词符，搜索引擎对多个连词符的 URL 也比较敏感，虽然不会导致网站降权，但是可能网站的权重就比那些不含连词符域名的网站低了。因此注册域名时最好不要使用连词符。

3.1.8　域名的注册信息

很多站长都喜欢匿名注册域名，这很容易让人联想到你的站点是一个"不大光鲜"的站点。一个正常的网站最好还是使用真实的注册信息来注册，这会让搜索引擎对你有一个好印象，也会让用户对你的网站产生好感。

3.1.9　域名的长短很重要

比较短的域名方便用户记忆、书写、传播，它带来的好处往往会超过其他类型的域名。如果你非要域名短而且还要包含网站关键词的话，那么往往会事与愿违。现在这种域名基本上是可遇不可求了。

3.1.10　域名是否备案

域名是否备案对搜索引擎排名并没有明显影响，但是不排除以后随着搜索引擎算法的更新会增加这方面的要求。如果域名未备案，在国内的服务器空间里是无法使用的，只能放在国外的服务器空间里使用。当然，如果网站用户都是国内的，那么使用国内的空间时，网站的访问速度会相对比较快，这对 SEO 也是很有帮助的。

3.1.11　选择一个好的域名注册商

注册商影响域名解析的稳定性、速度、安全及隐私保护等。以前曾经出现过一次大范围的域名泛解析攻击，导致很多网站排名受到影响，其原因就是域名的安全解析方面做得不够好。

域名是一个网站的窗口，在建设网站之初一定要慎之又慎，虽然百度站长平台推出了网站改版工具，可以在后期更换域名，但是经过笔者的测试，即便是这样更换域名，网站的权重也会下降 20% 左右，并且需要 1 ~ 3 个月的周期，在这个周期中，收录都会出现停滞。

3.2 CMS 的选择和 CMS 模板的开发

2017 年 4 月 21 日，笔者在参加 MADCon 中国互联网优化大会期间，和许多朋友进行交流后发现了一个问题，即一些 SEOer 只是单纯地掌握 SEO 技术，对内容管理系统（CMS）、模板、建设网站都非常陌生。平时，当公司需要修改网站结构时需要技术部门的配合，但是技术人员又不懂 SEO，所以会导致经常出现矛盾。

互联网上一直有 SEOer 是不是需要学习编程的讨论，今天，笔者在这里可以给出明确的答案：现阶段 SEOer 必须学习基础的编程，起码要懂得修改 CMS 模板。本节我们就针对 CMS 的选择和模板的开发进行深入的解读。

3.2.1 CMS 的选择

目前，大多数营销型的网站都是用 CMS 制作的，CMS 给技术人员带来了方便，但是有时也给网站优化人员带来了麻烦，随着 SEO 的发展，大部分系统都带有一定的 SEO 功能，市场上的 CMS 也是很多的，如 DedeCMS、WordPress 等，下面笔者给大家说说怎样选择合适的 CMS。

1. 网站自动静态化

网站生成的静态对优化来说是很重要的，符合网站优化的系统应该有自动 URL 静态化选项，只要后台开启静态化选项，整个页面都可以自动生成静态。如果是比较好的系统，应该可以提供 SEOer 手动设置功能，站长可以自定义设置自己的 URL 地址形式，可以自动设置生成的 URL 地址是目录名或者是输入的英文等，如图 3-2 所示。

图 3-2 显示的就是 DedeCMS 的后台内容发布界面，我们可以自定义文件名。静态的地址更利于蜘蛛的抓取，所以对于站长来说，好的系统应该具备基本的静态化功能。

2. 自动设置标签

强大的内容管理系统不仅需要静态化，还需要能自动生成网站标题和网站的关键词描述，同时也可以手工设置标题。首页的标题必须可以由用户自行输入，分类页面标题可以自动调用"分类名称 + 网站名称"，产品页面可以自动调用"产品名称 + 分类名称 + 网站名称"。

对于 meta 标签的关键词和描述需要是定制化的，很多网站的内页都是直接调用首页的关键词和描述，这样的调用对优化来说毫无意义。对于优化健全的网站来说，不同的页面应该设置成不同的描述和关键词，如果系统不能自动删除或手动修改，那这样的 CMS 是不符合优化条件的，不能用于营销型网站的建设。

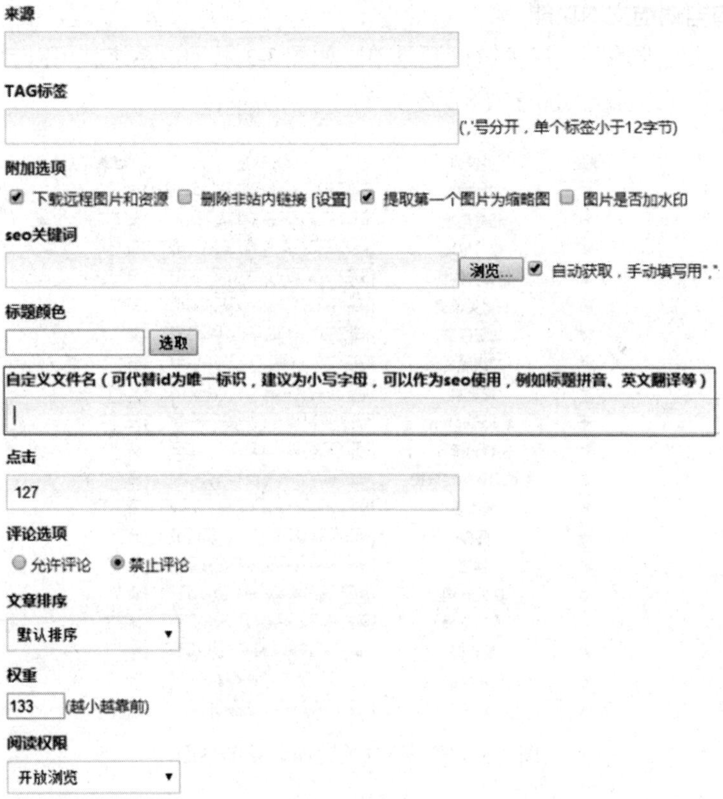

来源

TAG标签

(','号分开，单个标签小于12字节)

附加选项

☑ 下载远程图片和资源 ☐ 删除非站内链接 [设置] ☑ 提取第一个图片为缩略图 ☐ 图片是否加水印

seo关键词

浏览... ☑ 自动获取，手动填写用"."

标题颜色

选取

自定义文件名（可代替id为唯一标识，建议为小写字母，可以作为seo使用，例如标题拼音、英文翻译等）

|

点击

127

评论选项

○ 允许评论　● 禁止评论

文章排序

默认排序 ▼

权重

133 （越小越靠前）

阅读权限

开放浏览 ▼

图 3-2　DedeCMS 后台内容发布界面

3. 可撰写分类页面说明

站长分析网站时会发现网站收录不充分，网站很多分类页面不能被收录，收录的多半是首页和内页。对于大型的资讯门户网站、商城网站来说，更希望网站能收录分类页面，为此需要 CMS 有个性化的文字说明功能，站长应该给分类页面也添加上符合分类的说明文字，增加页面的用户体验和蜘蛛的抓取率，这样才能避免分类页面只有产品的列表，没有独特的文字介绍，系统应该在分类页面给站长留有这样的区域。

4. 可正确生成 h 标签

智能完善的系统应该能正确地生成 h 标签，很多 SEO 站长是不懂技术的，如果不能自动准确地生成标签，那肯定会发现网页中看不到 h 标签。首页 h1 标签应该调用网站名称，分类页面应该调用分类名称，而不是跟首页一样调用网站名称，产品页面就应该把产品名称放入 h1 标签。如果系统不能很准确地调用 h 标签，那可以在后台设置手动添加，由站长自己给页面添加相应的 h 标签。

5. 有自动锚文本功能

我们只需要填写长尾关键词记录单，如图 3-3 所示，系统就可以自动在内容中出现关键词的时候添加锚文本链接，如图 3-4 所示。

选择	关键词	链接网址	频率
☑	站内站	http://www.sitemap-xml.org/jishu/109	30
☑	相对地址	http://www.sitemap-xml.org/jishu/42.	30
☑	绝对地址	http://www.sitemap-xml.org/jishu/42.	30
☑	目标关键词	http://www.sitemap-xml.org/jishu/41.	30
☑	长尾关键词	http://www.sitemap-xml.org/jishu/43.	30
☑	二级目录	http://www.sitemap-xml.org/jishu/44.	30
☑	二级域名	http://www.sitemap-xml.org/jishu/44.	30
☑	锚文本	http://www.sitemap-xml.org/jishu/46.	30
☑	description	http://www.sitemap-xml.org/jishu/36.	30
☑	关键词筛选	http://www.sitemap-xml.org/jishu/50.	30
☑	关键词竞争性分析	http://www.sitemap-xml.org/jishu/50.	30
☑	索引量	http://www.sitemap-xml.org/jishu/49.	30
☑	标签	http://www.sitemap-xml.org/jishu/93.	30
☑	标签	http://www.sitemap-xml.org/jishu/93.	30
☑	四处一词	http://www.sitemap-xml.org/jishu/87.	30
☑	人工干预	http://www.sitemap-xml.org/jishu/90.	30
☑	反作弊	http://www.sitemap-xml.org/jishu/90.	30
☑	百度指数	http://www.sitemap-xml.org/jishu/73.	30
☑	域名	http://www.sitemap-xml.org/jishu/70.	30

图 3-3　填写长尾关键词记录单界面

网站更换域名完整攻略

6 赞

主页 > SEO技术教程 >　　　　　　　　　　SEO技术教程　2017-03-28　阅读：386次

❝ 很多SEOER都遇到过这样的问题，网站发展了一段时间，关键词排名有了进展，流量增加了许多，网站开始有了收入，这时候便有了更换域名的想法，但是又担心更换域名会影响网站权...

很多SEOER都遇到过这样的问题，网站发展了一段时间，关键词排名有了进展，流量增加了许多，网站开始有了收入，这时候便有了更换域名的想法，但是又担心更换域名会影响网站的权重和排名，进入左右为难境地。今天，我们就对此问题做深入的解读，再次之前为了能亲自验证更换域名了过程，我们也对几个网站行了实际的测试，相信这样的结论才是有说服力的。

值得庆幸的是百度站长平台前些年已经开放了网站改版工具，这是非常有用的，没有这个工具之前我的做法只能是301转向之后静静的等待，别无他法。而现有有了这个工具更换域名就会轻松很多，根据我们经验，一般情况15天到30天域名的权重就能完整的转移过来。下面我们来详细说说更换域名的过程：

在更换域名之前首先要对整站做301转向，大体有如下方法：

1.设置.htaccess文件（只适用于linux系统，并需要虚拟主机支持。）

使访问434.com.cn/的时候就会自动转向www.434.com.cn

在.htaccess文件里写上以下代码即可。

RewriteEngineon

图 3-4　自动锚文本应用页面

6. 强大的 CMS 所需具备的其他功能

完善强大的 CMS 还应该具备这些功能：可添加的内页标签、网站内页 301 重定向、自动生成 XML 版本的网站地图、功能齐全的正文编辑器、个性化的 404 页面、自动在内页调用相关的文章、分类页面的自动翻页等，这些都是营销型 CMS 应该具备的基本功能。如果不具备以上所讲的个性化设置功能，则称不上是合适的营销型网站 CMS。

3.2.2　CMS 模板的开发

CMS 模板的开发需要注意以下几项。

1. CSS、JS 代码外置

页面源代码中尽量不要出现 CSS（Cascading Style Sheets，层叠样式表）、JS（JavaScript）代码，因为页面中的 CSS、JS 代码会影响搜索引擎抓取的速度和数量，最好将 CSS 外置到 CSS 文件夹中。百度搜索引擎不会抓取 JS 代码，因为过多的 JS 代码会影响页面的质量；谷歌可以抓取 JS 代码，但是抓取的速度和质量不是很高。

2. CSS + DIV 代码结构代替 table

为什么选择用 CSS + DIV 来代替 table 呢？理由如下。

（1）CSS + DIV 符合 W3C 标准。

（2）CSS + DIV 的加载速度快于 table。

有时视觉上会让我们感觉 table 的速度快于 CSS + DIV，其实 CSS + DIV 是把页面加载完才能显示，而 table 是从里向外加载。

例如：

```
<table>
<table>
第一个表
</ table>
<table>
<table> 第二个表 </ table></ table>
</ table>
```

其加载方式是第二个表→第一个表这样的顺序。

（3）CSS + DIV 能减小网站页面的大小，提高搜索的抓取速度。

要注意的是，并不是什么时候都用 CSS + DIV。例如，对一些表格页面，如果用 CSS + DIV 就不太适合。

3. include 及代码规范

使用 include 代替 iframe，是因为搜索引擎不会抓取 iframe 的调用数据。

代码书写格式全部采用小写（小写遵循 W3C 标准），CSS、table、DIV 及 head、body 部分所有的代码都必须遵循这个标准。

4. 空格、注释、特殊符号

对于空格、注释和特殊符号，要注意如下几点。

（1）源码中去掉不需要的空格，空格也占字符，多余的空格会增加页面的大小，不利于搜索引擎的抓取。

（2）删除多余的注释，将不重要的注释删除，以减小页面的大小，如删除 JS 代码注释、HTML 代码注释。

（3）删除页面中不需要的特殊符号，如"？""！""&"等，减小搜索引擎抓取网站时的噪声。

（4）不要使用跳转代码。

5. F 型结构

F 型结构是用户浏览内容板块时最常用的扫描浏览模式。用户打开一个网页后，会首先从左往右以水平线方向浏览，这种浏览习惯是很容易理解的。然后，用户会从屏幕最左边垂直往下浏览，从段首句或小标题中寻求自己感兴趣的关键词或内容。找到后，他们又会从左到右开始正常阅读，形成"F"的第二条水平线，最终就形成了一个字母 F 的形状。

F 型结构归根结底就是为了优质内容的展现。在网站页面的底部都有翻页功能，这样的话，即便网站的内容是很陈旧的文章，但随着页面的不断更新和增加，网站也能够被不断收录。这一结构对于更新来说有很大的益处，但是更新慢就会直接影响网站的质量。

因此，F 型结构的网站也不能说是万能的 SEO 结构型网站，其最适合内容频繁更新的站点。

3.3 TDK、h1、strong 等标签

TDK、h1、strong 等标签在 SEO 中的重要性是 SEO 业界公认的，尽管如此，还是有一些 SEOer 对这些标签不够重视，笔者觉得有必要在这里再次对这些标签的使用方法和重要性展开讨论，让读者能更加深入地了解这些标签在 SEO 过程中的作用。

3.3.1　TDK 标签是什么

TDK 标签是指标题（title）标签、网站的描述（description）标签、关键词（keywords）标签。如图 3-5 所示。

```
<!DOCTYPE html PUBLIC "-//W3C//DTD XHTML 1.0 Transitional//EN"
"http://www.w3.org/TR/xhtml1/DTD/xhtml1-transitional.dtd">
<html xmlns="http://www.w3.org/1999/xhtml">
<head>
    <meta http-equiv="Content-Type" content="text/html; charset=utf-8" />

    <title>小爬虫-sitemap网站地图生成工具_SEO诊断顾问_SEO技术教程</title>
    <meta name="keywords" content="网站地图,sitemap,网站地图制作,seo诊断,seo顾问,seo
教程,seo技术" />
    <meta name="description" content="小爬虫是一款sitemap网站地图制作工具,提交
sitemap网站地图能有效提升搜索引擎收录数量;本站不定期发布最新、最实用的SEO技术教程等
SEO相关内容; PS:本团队承接SEO诊断,SEO外包服务,欢迎联系我们..."/>

    <link rel="stylesheet" type="text/css" href="http://www.sitemap-
xml.org/css/base.css"/>
    <link rel="stylesheet" type="text/css" href="http://www.sitemap-
xml.org/css/style.css"/>
    <link rel="stylesheet" type="text/css" href="http://www.sitemap-xml.org/css/x-
banner.css"/>
    <link rel="stylesheet" type="text/css" href="http://www.sitemap-
xml.org/css/nav.css"/>

    <script language="JavaScript" type="text/javascript" src="http://www.sitemap-
xml.org/js/jquery-1.7.2.min.js"></script>
    <script language="JavaScript" type="text/javascript" src="http://www.sitemap-
xml.org/js/function.js"></script>
    <script language="javascript" type="text/javascript" src="http://www.sitemap-
xml.org/js/dedeajax2.js"></script>
    <script>
        function multi(pagenum,tagid)
        {

            var taget_obj = document.getElementByIdx_x(tagid);
            var taget_obj_page = document.getElementByIdx_x("page_"+tagid);
            myajax = new DedeAjax(taget_obj,false,false,'','','');
            myajax.SendGet2("/plus/arcmulti.php?
mtype=0&pnum="+pagenum+'&tagid='+tagid);
            myajax = new DedeAjax(taget_obj_page,false,false,'','','');
            myajax.SendGet2("/plus/arcmulti.php?
mtype=1&pnum="+pagenum+'&tagid='+tagid);
            DedeXHTTP = null;
        }
    </script>
```

图 3-5　网站 TDK 标签示例

我们在优化网站的时候，每个页面（如网站主页、列表栏目页、文章内容页等）都需要布局 TDK 标签。

标题是指网站的标题。标题里面是需要布局网站关键词的，一般必须设置三个到五个核心词，标题的字符长度一般控制在 40 个汉字以内。这些关键词要根据词的搜索量大小来合理地放置，搜索量高的词放前边，搜索量小的词放后边，关键词与关键词之间使用英文状态下的逗号或者下画线隔开。在这里建议大家把品牌词放在最前边。

栏目页的标题是"当前的栏目名称 _ 自己网站的品牌词"，如图 3-6 所示。

```
<!DOCTYPE html PUBLIC "-//W3C//DTD XHTML 1.0 Transitional//EN"
"http://www.w3.org/TR/xhtml1/DTD/xhtml1-transitional.dtd">
<html xmlns="http://www.w3.org/1999/xhtml">
<head>
    <meta http-equiv="Content-Type" content="text/html; charset=utf-8" />
    <title>SEO技术教程_小爬虫</title>
    <link rel="stylesheet" type="text/css" href="http://www.sitemap-
xml.org/css/base.css"/>
    <link rel="stylesheet" type="text/css" href="http://www.sitemap-
xml.org/css/style.css"/>

    <script language="JavaScript" type="text/javascript" src="http://www.sitemap-
xml.org/js/jquery-1.7.2.min.js"></script>
    <script language="JavaScript" type="text/javascript" src="http://www.sitemap-
xml.org/js/list.js"></script>
    <script language="JavaScript" type="text/javascript" src="http://www.sitemap-
xml.org/js/function.js"></script>
```

图 3-6　网站栏目标页题示例

文章页的标题是"文章的标题 _ 自己网站的品牌词"，如图 3-7 所示。

```
<html xmlns="http://www.w3.org/1999/xhtml">
<head>
    <meta http-equiv="Content-Type" content="text/html; charset=utf-8" />

    <title>网站更换域名完整攻略_小爬虫</title>
    <meta name="keywords" content="网站更换域名" />
    <meta name="description" content="很多SEOER都遇到过这样的问题，网站发展了一段时
间，关键词排名有了进展，流量增加了许多，网站开始有了收入，这时候便有了更换域名的想
法，但是又担心更换域名会影响网站的权" />
```

图 3-7　网站文章页标题示例

3.3.2　关键词标签怎么写

主页的关键词布局：一般布局的是核心词，个数为 5～10 个最好，各个关键词也是使用英文半角的逗号或者下画线隔开，每个词根据搜索量的大小来放，搜索量高的放前边，搜索量小的放后边，同一个关键词不可以反复使用，这样会造成关键词堆积。

栏目页的关键词布局：不同的栏目要设置不同的关键词。栏目页属于内页，所以关键词布局最好是长尾词，结合网站当前的栏目名称，围绕栏目来选词，一般栏目可以布局 3～5 个长尾词。

文章页的关键词布局：文章页主要布局的关键词是长尾关键词，建议每一篇文章布局 1～2 个长尾关键词。文章页布局的关键词一定要和文章主题高度吻合，建议每一篇文章布局的关键词都是通过人工筛选出来的，不要使用 CMS 的自动分词功能来生成，这样的效果是不理想的。

3.3.3　描述标签怎么写

网站主页的描述：在描述的时候需要注意尽量把描述写得吸引人一点，要有亮点，通常用一句话来总结你的网站主要是做什么的，并适当地布局几个关键词，一般字数在 100 个汉字左右。这句话可以写一些带有广告性质的话语，但千万注意不要在描述里面使用"最"之类的夸张词语，写完以后可以把网站生成一遍看一下源代码里有没有显示，这样就可以知道是否设置成功了。

栏目页的描述：用一句话来总结你当前的栏目主要是做什么的，需要注意的是栏目页的描述尽量带上当前栏目的关键词。

文章页的描述：文章页的描述比较容易撰写，只需要将文章中的某一段话提取出来即可，需要注意的是这段话中一定要包含优化的长尾关键词。

3.3.4　strong 标签怎么用

strong 标签和 b 标签都可以起到给字体加粗的效果，从肉眼上看并没有多大的区别，但是 strong 本身就有强调、加重的意思，在搜索引擎眼中，带有 strong 标签的文字都是比较重要的，会赋予一定的权重。另外，从标准化角度来看，strong 标签也更符合 W3C 标准。因此在文本中，优先使用 strong 标签。

使用方式是将需要强调的词语加在 strong 标签之间，如给"标签的使用"加上标签的方法为：<strong> 标签的使用 </strong>。一般通过文本编辑器就可以给文字加上 strong 标签，如图 3-8 所示。

```
<div id="mxdg-content" class="mxdg-clear">
    <div class="mxdg-content-top mxdg-clear" >
        <div class="mxdg-box mxdg-fl mxdg-shadow" style="width: 352px;">
            <h2>
                <span>岷县当归</span>
            </h2>
            <div id="mxdg-scrollI" class="mxdg-list mxdg-hei280">
                <div class="mxdg-qimo1" style="padding: 20px 10px; width: 3:
line-height: 20px; text-indent: 2em; font-size: 14px;"><strong>岷县当归</strong>，甘肃省岷县特产，岷县盛产当归
```

图 3-8　网站 strong 标签使用示例

使用 strong 标签时需要注意以下几点。

（1）strong 标签之间为具有概括意义的关键词，而不是一段话，将整段文字加上 strong 标签，是起不到强调作用的。

（2）strong 标签的数量要控制，一个页面中如果 strong 标签使用过多，会显得没有重点。

（3）将 strong 标签与 h 标签配合使用。

3.3.5　h 标签怎么用

h1 标签是对页面最重要部分的强调，一般用在页面标题上。需要注意的是在同一个页面中 h1 标签只能出现一个，若在页面中出现了多个 h1 标签，将对 SEO 造成不利的影响。笔者在 SEO 诊断中遇到很多网站都是出现了多个 h1 标签，这样的问题应该引起大家的重视。

h2、h3 及其他 h 标签在同一页面中均可使用多次，一般使用在栏目名称、文章段落标题或小标题中。

3.3.6　nofollow 标签怎么用

很多 SEOer 喜欢说 nofollow 标签，其实 nofollow 并不是一个标签，它只是 HTML 标签的一个属性。通常认为使用了 nofollow 属性的链接不会被搜索引擎跟踪（该观点有争议），更不会给链接页面传递权重。最常用的方式是使用 nofollow 属性来避免页面权重不必要的流失从而达到权重集中的目的。

3.3.7　canonical 标签怎么用

canonical 属性和 nofollow 一样也被很多人称为 canonical 标签，但对部分 SEOer 来说它比 nofollow 属性更为陌生。canonical 在英文中有权威的意思，在 SEO 中用来解决由于网址形式不同但内容相同而造成的内容重复问题。

网页中的 canonical 标签可以告诉搜索引擎在若干个内容相同但 URL 不同的页面中哪个页面才是最为规范、最希望被搜索引擎收录的网页，它可以避免网站因内容相同但 URL 不同带来的权重分散问题，从而达到集中页面权重的目的。

3.3.8　title 属性的应用

title 属性可以应用在很多 HTML 标签中，从网站 SEO 优化的角度来说，它常见于 a 标签、img 标签、embed 标签及 video 标签中。笔者认为 title 属性的主要作用是提高用户体验效果，鼠标移动到 HTML 元素上展现的文字信息即为 title 属性内容。推荐在 embed 标签、video 标签及链接文字不能完全展示的时候使用 title 属性来提升用户体验。

3.3.9　alt 属性的应用

在网站优化中，alt 属性主要用在 img 标签中。在 img 表中添加 alt 属性，一是为了通过 alt 属性对图片进行说明，告诉搜索引擎图片的含义；二是为了提升用户体验，在 img 缺少 title 属性时，当鼠标移动到图片上时展现的文字信息即为 alt 属性内容；三是当由于某种原因图片不能正常显示时，alt 属性中的文字将替代图片进行展示。

3.4　关键词的确定

3.4.1　目标关键词的确定

目标关键词（Target Keyword）是指经过关键词分析确定下来的网站"主打"关键词，通俗地讲，是指网站产品和服务的目标客户可能用来搜索的关键词。目标关键词有以下特征。

（1）目标关键词一般作为网站首页的标题。

（2）目标关键词一般是 2 ～ 4 个字构成的一个词或词组，名词居多。

（3）目标关键词在搜索引擎中每日都有一定数目的稳定搜索量。

（4）搜索目标关键词的用户往往对网站的产品和服务有需求，或者对网站的内容感兴趣。

（5）网站的主要内容围绕目标关键词展开。

（6）基本上可以通过目标关键词查看中小型网站的流量，而大型网站不行。

（7）目标关键词一般都是网站首页定位优化的关键词，常放在首页的标题及关键词设置标签中。

（8）目标关键词是有热度的词语，每天都有部分用户通过该词语在搜索引擎中进行搜索。

（9）目标关键词需围绕网站产品和服务来设定，网站的主要内容围绕目标关键词展开。

（10）一般用户在百度搜索目标关键词时得到的站点大多是网站的首页或者二级目录页面。

一些 SEOer 会遇到这样的情况：刚开始接触 SEO 时觉得思路很清晰，但是渐渐会发现许多让自己迷惑的问题。例如，把一直认为有价值的关键词做上去之后却并没有带来特别令自己满意的流量，于是就重新思考 SEO 的方向，重新寻找关键词，就这样反反复复经过一段时间后，网站流量的效果却还是不能让人满意。这样的情况说白了就是我们没有完全有效地确定关键词，也许我们自己都没有意识到，自己都做 SEO 行业这么多年了，竟然连关键词都不能有效确定。

那么当我们面对自己手中的网站的时候，我们又该如何去确定一个网站的目标关键词呢？笔者相信这不仅是刚入行的 SEO 新人所面临的问题，就是从事 SEO 多年的老手也会面临这个问题。

在我们确定关键词的时候，首先，要确定一个问题，那就是我们必须弄明白什么才是目标关键词。目标关键词与关键词、长尾关键词几个概念之间有什么区别与联系？目标关键词就是一个网站上占主要地位的关键词，有着十分稳定搜索量的关键词。长尾关键词则是网站上那些并不是目标关键词却也一样能够给网站带来更多流量的关键词。这样我们就会明白，其实关键词、目标关键词和长尾关键词之间的关系是关键词包含着目标关键词和长尾关键词。但是它们的角色分布决定了它们的功能不同。

其次，在确定关键词的时候，我们必须学会巧妙利用百度搜索引擎，要对我们所从事的这个行业有着相当的了解。因为我们要确定的关键词都是基于某个行业的，只有我们对这个行业有着充分的认识和了解，我们才能更加准确地确定我们这个网站的关键词。举例来说，还是用本书中多次提到的中医中药大全网站，在我们进行百度搜索之前，我们并不知道这个行业的深度，对这个行业也和很多的普通大众一样，都是止步于对中医中药简单的理解上。

如果我们这样不去了解就开始确定目标关键词，肯定都会选这几个词："中医""中药"等。但是当我们把这几个词当作目标的时候，不用实验就可以肯定地说不会有多大的效果。因为这两个关键词竞争性非常高，如果我们的网站一开始就选择这些关键词，那么就需要耗费大量的财力和精力，这个过程的时间可能会长达一年，很多企业都是无法坚持的。

而如果我们对中医和中药行业的关键词进行挖掘，如图 3-9、图 3-10 所示，然后再进行筛选，我们会注意到"中药大全""中医养生"等关键词竞争性不强，指数相对不错，并且这些关键词内容非常容易获取。"中药大全"包括 5000 多种中药材基础数据，我们只需要对这些数据进行整理、组合、扩展；"中医养生"包括很多书籍，可以使用 OCR 软件将这些内容转化为 Word 文件进行发布。这样即使在没有外链的情况下，3 个月也会获得不错的排名，这对企业或者 SEOer 都是极大的鼓舞，可以增加我们的信心。其次，在这个过程中我们也可以积累很多经验，了解哪些内容是搜索引擎喜欢的。

笔者建议，选择目标关键词一定要从实际出发，不要盲目地求大、求全，这样我们才能在竞争中取得一席之地，这一席之地是网站发展的基础。

关键词	百度指数	长尾词数量
中药什么时候喝最..	1946	57
吃中药的禁忌	1708	85
中药	1696	278601
中药材天地网	1627	72
补肾中药	1160	1848
中药大全	1136	1290
补气血的中药	1074	489
喝中药的禁忌	1047	79
中药减肥	974	2189

图 3-9 "中药"关键词挖掘

广州中医药大学	1430	1686
中医养生	1411	4190
南京中医药大学	1408	1425
浙江中医药大学	1396	1011
山东中医药大学	1345	961
东直门中医院	1338	567
广州中医药大学第..	1334	150
安徽中医药高等专..	1329	29
中医基础理论	1299	718
湖南中医药大学	1270	916
湖北中医药大学	1260	696

图 3-10 "中医"关键词挖掘

还有一种选择目标关键词的方法就是向竞争对手学习，学习对手网站的目标关键词，如图 3-11 所示。可以看到用百度搜索引擎搜索"中药大全"这个关键词排名第一的网站布局的目标关键词有"中药大全""中草药大全""中草药图谱""中草药图片""中草药名称""中草药网""中草药图片大全""中草药名称大全""中草药名"，我们完全可以对这些关键词进行筛选，布局到我们的网站中。

```
<head>
<link rel="shortcut icon" href="favicon.ico" />
<title>中药大全_中草药大全_中草药图谱_中草药图片_中草药名称_中草药网</title>
<meta http-equiv="Content-Type" content="text/html; charset=utf-8"/>
<meta http-equiv="Content-Language" content="zh-CN" />
<meta name="Keywords" content="中药大全,中草药大全,中草药图谱,中草药图片,中草药名称,中草药网,中草药图片大全,中草药名称大全,中草药名">
<meta name="Description" content="中药大全乃传承中药文化,设有八大分类中草药材,收纳各类中药材,中药大全,一键查询中草药图谱,中草药图片,中草药名称,是中国最好的中草药检索网站。">
<meta name="google-site-verification" content="30IBAuISfc7IZNdWUD_3ToLhsTsJRdi946ERqBZo-hA" />
```

图 3-11 "中药大全"关键词排名第一网站源码

这样学习之后再对比自己的网站，对自己确定关键词一定是有百益而无一害的。确定准确的关键词对我们进行 SEO 工作无疑会有很大的帮助。如果连目标关键词的确定都草率地完成，那么网站一开始就是存在问题的，后续发展也会非常吃力。好的开始是成功的一半，这句话同样适用于 SEO 行业。

3.4.2 长尾关键词的确定

笔者在《跟我学 SEO 从入门到精通》第 1 版中多次提到长尾关键词的重要性，但是仍然有一些 SEOer 觉得长尾关键词指数低，带来的流量少，不愿意花时间和精力去优化长尾关键词。这是非常错误的想法！本小节中笔者将围绕长尾关键词的重要性和如何确定长尾关键词展开深入的分析，希望能引起读者的重视。

那么什么是长尾关键词？所谓长尾关键词就是那些与网站内容有相关性的关键词，是核心关键词的一种延伸。还是以前面提到的"岷县当归网"为例，前面 3.3.4 节中我们已经确定了该网站的目标关键词是"岷县当归""当归的功效与作用"等，但是用户在搜索的时候往往还会输入"黄芪当归炖鸡""当归粉的功效"等相关的关键词，如图 3-12 所示。这些词相对来说竞争要小得多，而且每天都有很多人搜索，并且和网站的内容也相当契合，这样既对搜索引擎友好又能很好地对关键词做优化。

当归种子	45	24
当归芦荟丸	17	15
当归粉的功效与作..	17	7
当归精油	9	15
黄芪当归炖鸡	0	90
当归粉的功效	0	27
东当归	0	26
当归生姜茶	0	15
当归的美容功效	0	13
马悦凌 当归	0	12
青海当归	0	12

图 3-12 "当归"的长尾关键词

3.4.3　长尾关键词的优点

1. 长尾关键词本身因素

长尾关键词的优化难度比起一般的核心关键词难度要小很多，有些词甚至不用下很大功夫就可以有好的排名。不要认为越热门的长尾关键词越好用，因为受限于网站的内页权重，一般热门的长尾关键词反而很难有好的排名。所以，尽量选择不太热门但还有用户搜索的词。

2. 来源于用户需求

最好在网站上建立一个问答系统，这个可以帮你了解用户搜索的长尾关键词。

3. 转化率较高，获得更多价值

长尾关键词都涉及有针对性的问题，所以长尾词的转化率就特别高。试想，当一个人把问题搜索得很细致的时候，一般就是打算购买，或至少也属于潜在购买客户，那么这部分人群搜索的长尾关键词从整体上来说就比较固定。如大家常看到与品牌旗舰店或者品牌产品相关的关键词，虽然百度指数并不高，但是这部分关键词的搜索量却异常稳定。如用户搜索"岷县当归"时，或许用户只是想了解一下关于"岷县当归"的信息；而如果用户搜索"岷县当归哪里可以买到"这样的长尾关键词，则说明用户搜索该关键词的需求非常明确，就是要找到一个可以买"岷县当归"的渠道。

4. 排名较稳定，维护成本低

长尾关键词和热门关键词是有很大不同的，热门关键词或者存在竞争力度的关键词是需要每天维护的，如做外链、更新原创，因为大家都在提升网站的权重，做这些词好比逆水行舟，不进则退。但对于长尾关键词，由于做的人非常少，所以情况就不同，只要网站整体上保持稳定，我们不用经常更新就可以有好的排名并且保持稳定。

长尾关键词的选择是一项非常重要的工作，但只要本着以客户的搜索意图和思想角度来进行就可以了！这里有几种简单的方法与大家分享。

（1）通过构思与网站内容和服务相关的关键词。

（2）通过分析竞争来确定关键词。我们可以调查竞争对手用了哪些关键词，没用哪些关键词，哪些关键词可以超过竞争对手等。

（3）可以通过搜索引擎的相关搜索来确定长尾关键词，如图 3-13 所示。

这里再为大家介绍一个非常实用的查询长尾关键词的工具：5118.com。从中我们可以很方便地查看与想要优化的关键字相关的长尾关键词，以及这些长尾关键词的相对比率。到关键词所属的行业论坛分析用户最基本的需求，这个方法工作量很大，但是往往能找到竞争对手没有布局的长尾关键词。

【岷县当归专卖】_岷县当归专卖价格_岷县当归专卖批发 ..._马可波罗
您还可以找: 岷县当归专卖价格 岷县 当归头 雪颜当归嫩白霜 陕西当归种植 陇西当归 鲜当归
美容液 黄芪当归阿胶口服液 高原野生当归图 高原野生当归 香辛料当归 ...
china.makepolo.com/mpp... ▾ - 百度快照 - 715条评价

岷县当归价格_最新岷县当归价格/批发报价_岷县当归价格大..._慧聪网
慧聪网岷县当归微门户价格栏目,提供最新的岷县当归价格,各厂家实
时报价。可以根据价格,选择合适的岷县当归,同时可以与厂家直接联
系,取得更多岷县当归的产品信息,购买...
www.hc360.com/cp/jiage... ▾ - 百度快照

岷县当归_中草药批发岷县当归 制药在哪里买小毛归 保健..._阿里巴巴
所在地区: 甘肃 岷县 进入旺铺 收藏旺铺 产品搜索 产品名 价格 到 产品分类 中药材系列 当归
系列 党参系列 黄芪系列 甘草系列 大黄系列 红芪系列 ...
detail.1688.com/offer/... ▾ - 百度快照 - 5878条评价

相关搜索

岷县当归	岷县当归城	甘肃岷县当归
岷县当归风向标	岷县当归最新价格	岷县当归广场商业
岷县当归产业	当归 甘肃岷县 案例	甘肃省岷县 当归

1 2 3 4 5 6 7 8 9 10 下一页>

图 3-13 百度相关搜索中的长尾关键词

笔者在网站优化的过程中深感长尾关键词建设与优化的重要性。所以建议读者能把心思多放在长尾关键词的挖掘和优化上,不要一门心思放在首页和目标关键词上,一旦这样去做,一定会有意想不到的效果。

3.5 关键词的站内布局

3.5.1 目标关键词的站内布局

前面我们对目标关键词的确定做了详细的介绍,那么当我们选择好了目标关键词后,就要思考该在那些地方布局目标关键词了,这个问题一直困扰着很多 SEOer,下面笔者就目标关键词的布局进行深入的讲解。

一般来说,布局目标关键词的位置主要是网站首页、栏目页或者专题页面,

本小节中我们重点来看如何在首页布局目标关键词，而栏目页和专题页面的布局，读者可以触类旁通。

网站首页是一个网站权重最集中的地方，一个新上线的网站往往是首页布局的关键词最先获得排名，因此合理地在首页布局关键词非常重要。这不但能让网站在最快的时间内脱颖而出，也可以提升 SEOer 的士气，这样的士气对于网站的发展至关重要。笔者认识的一些 SEOer 经常是在网站发展几个月后没有效果便选择停止了服务器的续费，其原因就是没有选择正确合理的目标关键词，坚持了几个月，网站关键词排名却没有丝毫的动静，便心灰意冷了。

笔者建议首页布局的目标关键词数量是 3 ~ 5 个，其中 1 ~ 2 个是竞争性较强的关键词，剩余的是竞争性较弱的关键词。网站刚上线的时候，首页标题中让竞争性较弱的关键词位置靠前，这样有利于竞争性较弱的关键词快速获得排名，等竞争性较弱的关键词获得排名后可以调整关键词的位置，将竞争性较强的关键词位置移动到标题的前面，这样的调整是不会影响网站权重和关键词排名的。

下面我们来看一个例子，前面的章节中笔者多次提到中医中药大全的网站，在这个项目中，我们考虑为中医中药大全的网站配套一些站群，如为当归等常见的中药材建设单独的网站，这样能在最短的时间内让这些关键词获得排名，然后将流量引导到中医中药大全的网站或为其提供外链资源。为了建设这些站群，我们首先要为这些网站选择适当的目标关键词。

使用 5118.com 工具查询"当归"，如图 3-14 所示。可以看到有"当归""当归的功效与作用""当归图片""当归价格""岷县当归"等关键词，通过关键词竞争性分析，可以得出关键词竞争性排序为："当归" > "当归的功效与作用" > "当归图片" > "当归价格" > "岷县当归"，因此我们在网站首页关键词布局的时候就应该按照竞争性由小到大的顺序撰写标题。如图 3-15 所示。

接下来我们还需要在关键词标签、描述标签中布局关键词，笔者建议在描述标签中布局关键词的时候让竞争性较强的出现 2 ~ 3 次，竞争性较弱的出现 1 ~ 2 次。

当归长尾关键词挖掘

相关长尾词关键词共找到30864条记录[有指数：31 无指数：30833]

关键词	百度指数	长尾词数量	搜索结果
当归	5812	22026	53200000
当归的功效与作用	5189	204	5740000
当归图片	927	187	1780000
当归煮蛋	862	197	589000
当归苦参丸	506	215	335000
当归四逆汤	327	252	778000
当归价格	302	314	1690000

图 3-14　"当归"长尾关键词挖掘

　　为了提升目标关键词的密度，我们还可以专门设置一个文字区块，如图 3-16 所示。

　　文字区块中我们可以组织 200 ～ 300 字的一段文字，其中竞争性较强的目标关键词建议出现 3 ～ 5 次，竞争性较弱的目标关键词建议出现 2 ～ 3 次，切记不要进行关键词堆砌，要将关键词融入文字段落中。这段文字可以不断地调整，在网站上线初期可以重点布局竞争性较弱的关键词。例如，在本案例中的"岷县当归"关键词，等这个关键词排名稳定之后，我们可以逐步修改这段文字，让重点偏向其他的关键词。

　　最后一个布局目标关键词的地方是网站首页底部的次导航，如图 3-17 所示。

　　目标关键词布局完成后，我们需要每天更新内容，内容来源和编辑会在单独的章节深入讲解，这里不再赘述。这样大概 15 天后，竞争性较弱的关键词排名会进入搜索引擎第一页，如图 3-18 所示。

```
<!DOCTYPE html PUBLIC "-//W3C//DTD XHTML 1.0 Transitional//EN"
"http://www.■■.org/TR/xhtml1/DTD/xhtml1-transitional.dtd">
<html xmlns="http://www.■■.org/1999/xhtml">
<head>
    <meta http-equiv="Content-Type" content="text/html; charset=utf-8" />

    <title>岷县当归网-当归价格，当归图片，当归的作用与功效，当归的功效与作用！</title>
    <meta name="keywords" content="岷县当归,当归图片,当归价格,当归的作用与功效,当归的功效与作用"
/>
    <meta name="description" content="岷县当归，肉多枝少，气味香醇，个头整齐，无论是论质量或数
量，岷县当归堪称全国第一。岷县当归价格整体行情趋于稳定，岷县当归价格变化不大，岷县当归价格在一定
范围内调整，走货稳定。岷县当归的作用与功效及食用方：岷县当归属辛温之品，适用于虚寒体质。当归的功
效与作用：主治气血不足，体质阴虚，则岷县当归虽有补血之功，也不宜单独使用，而应择滋润养血的药
物，如熟地黄、黄精、枸杞子、首乌等！" />

    <link rel="stylesheet" type="text/css" href="http://www■■■■■cn/css/dangshen.css"/>
    <script src="http://www■■■■■n/js/js.js"></script>

</head>
<body>

<div id="mxdg-header">
    <div id="mxdg-logo">
        <h1 ><img src="http://www■■■■■cn/images/logo.png" alt=""/></h1>
    </div>
    <div class="mxdg-nav mxdg-clear">
        <ul>
            <li><a href='/'>首页</a></li>
            <li><a href='/syqpgw/'>当归的功效与作用</a></li><li><a href='/syqpxz/'>当归的作用与功
效</a></li><li><a href='/dgtp/'>当归图片</a></li><li><a href='/dgdcf/'>当归的吃法</a></li><li><a
href='/dgzz/'>当归种子</a></li><li><a href='/dgdzz/'>当归的种植</a></li>
        </ul>
    </div>
</div>
<div id="mxdg-content" class="mxdg-clear">
    <div class="mxdg-content-top mxdg-clear" >
        <div class="mxdg-box mxdg-fl mxdg-shadow" style="width: 352px;">
            <h2>
                <span>岷县当归</span>
            </h2>
            <div id="mxdg-scrollT" class="mxdg-list mxdg-hei280">
                <div class="mxdg-qimo1" style="padding: 20px 10px; width: 332px; line-height:
20px; text-indent: 2em; font-size: 14px;">
```

图 3-15　竞争性从小到大撰写标题示例

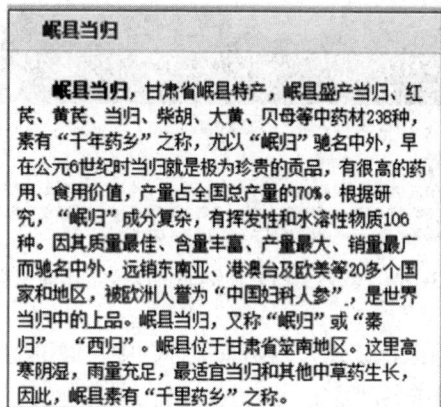

图 3-16　网站首页文字区块

岷县当归网提供当归的功效和作用相关内容，当归价格，当归图片等信息...

(c)2015-2020 当归网 All Rights Reserved

图 3-17　次导航布局目标关键词

图 3-18　"岷县当归"关键词百度搜索排名截图

这个时候我们就可以逐步调整网站首页标题中关键词的出现顺序，让竞争性较强的关键词快速获得排名。

值得一提的是，关键词的合理布局只是网站获得排名的第一步，千万不要简单地认为这就是 SEO 的全部，我们应该将重点放在内容建设上。

2017 年 4 月 21 日，笔者参加了 MADCon 中国互联网搜索大会，百度工程师明确提出，未来的搜索引擎算法将越来越重视原创内容保护，外链的功能会越来越弱。这也是笔者一直主张的 SEO 方向。

3.5.2　长尾关键词的站内布局

前面章节中我们已经对长尾关键词的挖掘进行了详细的讲解，当我们将长尾关键词挖掘出来后，就需要为这些长尾关键词准备着陆页，也就是布局。根据长尾关键词的竞争度及相关性将其布局在网站的栏目页和内页。内页的长尾关键词围绕栏目页的竞争度大一点的短词来布局，不同栏目的长尾关键词不能互相交叉或重叠。

布局之前我们首先要对长尾关键词进行分类。筛选出适合放在网站中的长尾关键词，含义相近的选择竞争度大的，包含与非包含关系的选择包含关系的，其他的作为生态圈长尾关键词布局在外链文章中。

1. 竞争度分类

两个意思相同、文字也差不多的长尾关键词要选择竞争度大和常用的长尾关键词，如"……好么"和"……好吗"要选择第二个。随着人工智能越来越多地被搜索引擎使用，现阶段百度搜索引擎已经能识别一些"好么""好吗"之类的长尾关键词，并且能在搜索结果中进行相关的展示。例如，我们搜索"男人养生吃啥好"，如图 3-19 所示。

可以看到搜索结果中出现了"男人养生吃什么好"的内容，这说明搜索引擎已经对"啥"和"什么"做了关联。今后我们选择和布局长尾关键词将会越来越容易，之前我们在优化这个关键词的时候或许会使用"男人养生吃什么好""男人养生吃啥好"这样的标题，以后就没有必要这样做了。

2. 包含词分类

对于包含关系的关键词，选择能包含另外一个词的长尾关键词，但如果被包含词指数比较大，就选择被包含词。

（1）栏目页和内页布局。

在筛选关键词时有短词和长词的区分。如果是短词并且指数和竞争度比较大，就作为栏目页的关键词来布局，而长词和指数小、竞争度小的关键词则作为内页长尾关键词来布局。例如，"男人养生"是一个长尾关键词，但指数和竞争度就比较大，所以作为栏目页的长尾关键词来布局，而"男人养生吃什么好"指数和竞争度都比较小，所以作为内页的长尾关键词来布局。

图 3-19 百度搜索"男人养生吃啥好"的搜索结果

（2）长尾关键词的布局。

①页面的头部（网站标题、关键词、描述）。

这是非常基础的东西，但是有时候对于最基础的 SEO 知识，许多 SEOer 都不够重视。网站的标题、关键词、描述，这些对于 SEO 来说至关重要。

笔者建议撰写网站标题、描述要考虑两个方面：SEO 效果、吸引用户点击。而写网站标题的时候最好考虑一下百度的分词技术，这一点往往被很多新手忽视。例如，对于网站标题"岷县当归网—当归的功效与作用，当归图片"，在百度分词技术的作用下，"岷县当归的功效与作用""岷县当归图片"这样的关键词同样也能有好的排名。设置长尾关键词的时候也是如此。

②文章正文里（注意长尾关键词的密度）。

不仅是文章正文里要合理出现长尾关键词，文章的标题更要注意加上长尾关键词。至于长尾关键词的密度该控制在什么样的范围内，笔者认为没必要那么讲究。如果严格控制在一个范围内，操作起来会很困难，只要文章内自然出现几次就行了。当文章里第一次出现该长尾关键词的时候，可以加粗显示一下。有一点可能会被大家忽视——tag 标签的设置。就如同一个网站必须有一个主题一样，文章自然也有一个中心。例如，一篇题为"夏天吃什么水果好"的文章肯定介绍了一些适合夏天吃的水果，那么 tag 标签就可以设置成"夏天吃什么水果""夏天吃什么水果好"，这其实就是一些长尾关键词。

③面包屑导航与 h1 标签的使用。

看到这个名词也许有些新手朋友会感到陌生，其实举个例子大家就明白了，常见的面包屑导航形式为：当前位置→首页分类目录→文章页。它在网站上太常见了，几乎每个网站上都有。

此外还有 h1 标签的使用，有人会说 h1 标签没什么作用。笔者认为 SEO 就是要把细节做到最好，如果是文章页中的长尾关键词就应该设置在 h1 标签内，并且一个页面最好只有一个 h1 标签。

3.6 内 容 来 源

内容来源一直是困扰 SEOer 的问题。早些年搜索引擎算法不是那么完善，我们可以使用采集等方法获得文章，一天采集成百上千篇文章都不是问题，并且收录非常好。

但随着搜索引擎算法的升级，采集的文章已经很难被收录，何谈排名一说。后续又衍生出了伪原创等方法，但是生存周期都不长，就目前来看，要想获得关键词排名，内容的来源有三种方法，分别是原创撰写、仿写、OCR 软件转换实体书内容。

OCR 文字识别软件，指利用 OCR（Optical Character Recognition，光学字符识别）技术将图片、照片上的文字内容直接转换为可编辑文本的软件，其支持JPG、PNG、GIF、BMP 等图片格式。

这三种方法有个相似点，即都非常耗费精力和时间。举个简单的例子，按照我们的经验，一个编辑一天撰写原创文章的数量是 20 篇左右，一个中型的网站在发展初期起码每天要发布 50 篇的内容，这样就需要 3 个编辑人员，每月仅编辑人员的开销就是 6000 ～ 10 000 元。这对于刚创业的个人站长或者公司来说是负担不起的。那现如今我们有哪些高效可用的内容来源呢？

3.6.1　模块组合突破内容来源瓶颈

下面我们先为大家介绍一种当下效率最高，并且很受搜索引擎青睐的内容来源方式——模块组合。

模块组合顾名思义就是把一篇内容分为若干个模块，然后分别给这些模块找内容，最后对模块进行组合。需要注意的是不同行业或者不同栏目的模块都是不一样的，有的可能是三个模块，有的则需要五个模块，但是至少要保证有三个模块，这样才能和搜索引擎已经收录的内容形成差异化。如我们要给一个中药类型网站的百科栏目找内容，应进行如下操作。

（1）首先我们需要做的是分析该栏目关键词用户的需求，就拿"党参"为例，先使用 5118.com 长尾关键词工具进行分析，如图 3-20、图 3-21 所示。

党参长尾关键词挖掘

相关长尾词关键词共找到10848条记录[有指数：19 无指数：10829]

关键词	百度指数	长尾词数量
党参	3601	10301
党参的功效与作用	3015	113
党参图片	583	120
党参价格	300	297
土党参	243	26
蛤蚧党参膏	192	25
党参炖鸡	163	231
党参黄芪	156	1619
党参的功效	150	509

关键词	百度指数	长尾词数量
党参的吃法	122	19
党参蜂蜜	102	52
党参的作用与功效	95	113
潞党参	78	89
党参的副作用	35	30
王叔和蛤蚧党参膏	27	4

图 3-20　使用 5118.com 工具挖掘长尾关键　　　图 3-21　使用 5118.com 工具挖掘长尾关键
　　　　　词"党参"（1）　　　　　　　　　　　　　　词"党参"（2）

（2）对这些关键词进行梳理，大体可以总结出搜索"党参"关键词的用户还会关注"党参的功效与作用""党参图片""党参的副作用""党参的吃法"等，然后我们还需要对"当归"等同类型关键词做这样的分析，如图 3-22 所示。

当归长尾关键词挖掘

相关长尾词关键词共找到23649条记录[有指数：31　无指数：23618]

关键词	百度指数	长尾词数量
当归	5812	22026
当归的功效与作用	5189	204
当归图片	927	187
当归煮蛋	862	197
当归苦参丸	506	215
当归四逆汤	327	252
当归价格	302	314
当归补血汤	270	63

图 3-22　使用 5118.com 工具挖掘长尾关键词"当归"

（3）对两个甚至更多的关键词进行梳理、评估，可以总结出药材百科类型内容大多数都包含某种药材的介绍、某种药材的功效与作用、某种药材的图片、某种药材的吃法、某种药材的副作用等模块。

（4）后续我们只需要为每一个模块找到内容来源，需要注意的是即使某一个网站包含完整的内容也不能完全地复制下来，这样就变成了采集，失去了组合意义。例如，某种药材的介绍可以在百科中整理，而该药材的功效与作用可以到苹果绿网站整理，如图 3-23 所示，该药材的吃法则可以到美食杰网站整理，如图 3-24 所示。

目录

› 党参的作用与功效

› 党参的作用

› 党参的副作用

› 党参的食用方法

性平；味甘；归脾、肺经。

功效

补中益气，生津，健脾益肺。用于：脾胃虚弱，气血两亏，体倦无力，食少，口渴，久泻，脱肛，喘虚咳嗽，内热消渴。

禁忌

不宜与藜芦同用。实证、热证禁服；正虚邪实证不宜单独应用

党参为多年生缠绕性柔弱草本，圆柱形根，卵形或广卵形叶子对生或互生，夏秋开淡黄绿色带紫色斑点的钟状花，一般具有半下位的子房。党参属植物全世界约有40种，中国约有39种，药用有21种，4变种。《植物名实图考》有详尽记载："党参，山西多产。长根至二三尺，蔓生，叶不对，节大如手指，野生者根有白汁，秋开花如沙参，花色青白，土人种之为利。"

图 3-23　苹果绿网站截图

党参乌鸡枸杞汤
15 评论 41975 人气
雨蕙

当归红枣党参鸡汤
15 评论 35190 人气
子瑜妈妈

党参当归炖乳鸽
6 评论 28547 人气
色尘

图 3-24　美食杰网站截图

像这样为每个模板都找到了来源后，我们发布内容就非常方便了，一个编辑一天至少可以整理发布 60 篇这样的内容，并且这样的内容很受搜索引擎的青睐。

换个角度来看，这样组合的内容对于用户也是非常有价值的，因为我们在内容组合之初就对关键词需求进行了深入的挖掘，了解了用户的需求，按照这样的需求建设的内容自然非常讨用户喜欢了。

3.6.2 使用评论提高网站内容的差异性

一直以来某些行业的 SEOer 对网站内容的来源非常头疼，如旅游类型网站、电影类型网站等，原因是这些行业网站的内容都具有客观性，简单地说就是许多内容是无法进行二次编辑等操作的。例如，电影网站除了电影播放的窗口外无非就是电影的介绍，而这个介绍与其他网站大多是一样的，这样一来就会导致网站内容同质化严重。那么有没有什么办法可以突破这种瓶颈？本小节我们将针对此问题做深入的分析。

首先我们来看一个例子。用百度搜索电影《天空之眼》，结果中除了百度自己的产品外，排在第一位的是豆瓣，前面这些内容是所有网站都一样的，无非就是电影的主演、类型、介绍等信息，往下看就能发现不同，如图 3-25 所示。

图 3-25 《天空之眼》豆瓣网评论内容

这些评论就是重点，正是这些丰富的评论提高了网站内容的差异性，也会促使网站在搜索引擎排名中脱颖而出。这个时候有 SEOer 会问，豆瓣网用户基数已经很大，每天都会产生大量的评论，我的网站刚刚上线或者没有什么用户，怎样做评论？

在实战中我们完全可以这样操作：首先我们整理出来电影的主演、介绍等信息，这个非常简单；其次我们在豆瓣等电影网站总结 5～10 条精彩的评论，这里需要注意的是评论的内容不要都来自某一个网站，最好选择三个以上的网站进行评论的组合；最后就是不定期地二次编辑内容，给下面添加评论。

有些 SEOer 会选择在内容下面增加评论区块，然后自己编辑内容在这里发布，这样的方法也是可行的。但是需要注意一个问题：大部分程序为了安全都会选择使用第三方的评论插件，如畅言等，但是某些程序无法将这些插件的评论内容实现本地化，简单地说就是评论只是通过 JS 调取的，这样的内容是搜索引擎无法抓取的，评论也将无法起到作用。

总体来说，使用评论模式的网站应该有以下的特征。

（1）内容比较客观，无法进行二次编辑。

（2）网站内容是视频、Flash、图片等搜索引擎无法抓取或者识别的内容。

（3）评论的内容可以通过同行的网站获取，需要注意的是评论源要尽可能多，如微博、微信公众号评论、今日头条等新媒体平台，等等。

3.6.3 巧用问答模式扩展网站内容

在前面的章节中我们已经对内容的组合进行了深入的分析和解读，但是有些行业即使使用模块的方法也不好找内容，原因是每一个模块之间的关联性很小，硬生生地组合到一起会感觉非常不自然。今天，我们就为大家介绍一种模块组合的升级方法——问答模式。

何为问答模式？其实很好理解，就是网站的内容以问答的模式展开，如图 3-26 所示。

问答模式和模块组合最大的区别就是问答模式每一个模块之间都相对独立，并且很可能就是几个字或者一句话，每一个问答之间没有过于紧密的联系，这样一来，我们制定模块和寻找内容就会容易很多。

小爬虫　　首页　　SEO技术教程　　SEO诊断顾问　　SEO问答录

关于点击软件，内容来源的问题

2 赞

主页 > SEO问答录 >　　　　　　　　　　　　SEO问答录　2017-03-20　　阅读：157次

❝ 老师 您好 我是您的读者 问一下老师 点击软件选哪一款比较好？...

老师 您好 我是您的读者 问一下老师 点击软件选哪一款比较好

SEOER

www.点 087 点 com.cn 这个不错 你可以试试看

工程师

老师 这种软件有免费版的吗

SEOER

没有的 这个都是要各地区点击 自己点击没有什么意义

工程师

如您书中所说 这种属于黑帽手法 想问一下 被搜索引擎K掉的几率大不大

SEOER

操作适当没什么问题 比如一个词指数200 那么点击次数 控制到70次 1/3左右 不要超出这个数值 不然会有风险

工程师

老师现阶段使用点击软件或者黑帽手法可行吗

SEOER

建议还是从用户需求出发，花费主要的精力到内容建设上面，这样网站才能持续长久发展

工程师

图 3-26　小爬虫网的问答模式

问答模式几乎适用于任何行业，只要我们深入地研究，每一个行业总会存在一些问题，很多用户都会使用这些问题作为关键词进行搜索，而我们需要做的只是将这些问题做适当的组合或者是收录细致的解答。例如，有这样一个问题"春天旅游去哪好"，搜索这个关键词可以看到马蜂窝的一个页面排在第一位，如图 3-27 所示。点击进去分析这个页面，如图 3-28 所示。

Baidu百度
春天旅游去哪好
春天旅游去哪好,适合春天旅游的城市有哪些 - 蚂蜂窝
一年之计在于春,春天是一年的开始,现在这个季节种下美好的种子,一起去看看周围的风景吧,那么春天旅游去哪好,适合春天旅游的城市有哪些呢?下面为大家介绍一下。...
百度快照
4月份去哪旅游好 人间四月天 春光明媚 春天十大旅游地推荐_驴妈妈...
2014年1月13日 - 4月份去哪旅游好 人间四月天 春光明媚 春天十大旅游地推荐位于| 驴妈妈旅游资讯| 时间:2014-01-13 阅读导航: 九、踏春徒步去 沪上周边10条最美徒步路线 推荐...
百度快照
春天去哪里旅游好?-搜狐
2016年3月4日 - 下面就来给大家介绍几个春季旅游的好去处,闷了一个冬天的小伙伴们,赶快背起行囊,上路吧!【河南 洛阳】洛阳的牡丹和石窟很出名,龙门石窟特别好看。...

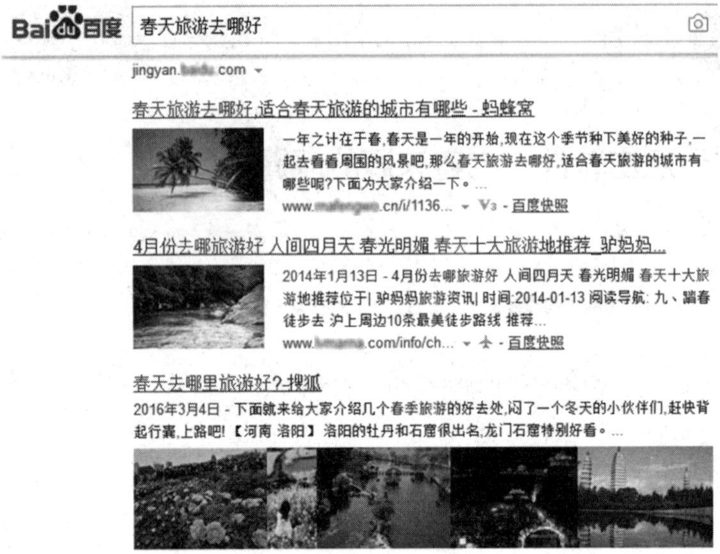

图 3-27　百度搜索“春天旅游去哪好”结果

春天旅游去哪好，适合春天旅游的城市有哪些
外号多多 LV21
2013-02-21 18:22:29
举报 +加入小组 只看楼主 回复
一年之计在于春，春天是一年的开始，现在这个季节种下美好的种子，一起去看看周围的风景吧，那么春天旅游去哪好，适合春天旅游的城市有哪些呢？下面为大家介绍一下。
扬州——江南春色，尽收眼底。
"故人西辞黄鹤楼, 烟花三月下扬州。 孤帆远影碧空尽， 唯见长江天际流."江南的春色是惹人醉的，当你走在春风细细中，看着满眼的春色，体会着柳条在春天中的舞蹈，闻着春天的味道，这就是江南的景色，想在春天一览这江南美景，就来扬州吧！
苏州——古色古香的苏州，格外迷人。
苏州在江南人是属于小资型的，城市建筑透露着古色古香，城市中处处散发着的历史文化底蕴，从电话亭到车

图 3-28　马蜂窝网站“春天旅游去哪好”内容页

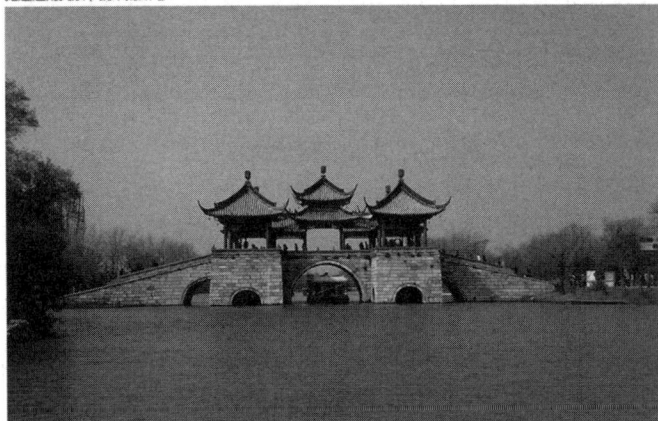

可以看到这篇文章罗列了很多适合春天旅游的景点，如果让我们编辑一篇能超越马蜂窝排名的内容该怎么做？首先我们要对搜索该关键词的用户做深入的研究，分析其隐藏在关键词后面的潜在需求。

我们都知道，去旅游一般不可能一个人去，可能是和老人去、和小孩去等，每一个搜索"春天旅游去哪好"关键词的用户背后都隐藏着这样的需求，我们不妨在编辑内容的时候将这些需求写进去。如第一个问题为"春天和老人旅游去哪好"，第二个问题为"春天和小孩旅游去哪好"，然后筛选适合老人或者小孩旅游的景点进行介绍说明。

再比如我们可以按照地区进行筛选，第一个问题为"南方春天旅游去哪好"，第二个问题为"北方春天旅游去哪好"。只有将这些用户深度的需求挖掘出来，并配合适当的内容，这样的内容才是有价值的，也是搜索引擎所喜欢的。

为了让大家更清楚地了解问答模式，我们不妨再举个例子。例如，我们要优化"春天如何养生"这个关键词，首先我们要分析一下在搜索引擎中排在第一位的网站，如图 3-29 所示。

春分者，阴阳相半也

春分者，阴阳相半也。分，约行周天，南北两半球昼夜均分，又当春之半，故名为春分。"

春分三候为："一候元鸟至；二候雷乃发声；三候始电。"意思是说春分日后燕子就从南方飞来了，下雨时电闪雷鸣。

春分节气平分了昼夜、寒暑，人们在保健养生时应注意保持人体的阴阳平衡状态。

起居养生

调理情志 春分时节人体的血液和激素活动正处于相对的高峰期，而多变的气候容易导致人体的平衡失调，诱发高血压、心脏病及月经失调，同时易产生眩晕、失眠等症，所以要避免情绪的波动，调理情绪非常重要。应该利用生机盎然的好时机，多做户外活动，多去庭院散步、户外踏青，使情绪舒畅，赏心怡情，才能与"春生"之机相适应，符合春季保养"生机"的道理。

勿极寒、勿太热

虽然春分后天气日渐暖和，但昼夜温差仍较大，而且仍不时会有寒流侵袭，气候变化较大，雨水较多，甚至有时会阴雨连绵。此时，要注意添减衣被，"勿极寒，勿太热"，穿衣的原则可以下厚上薄，注意下肢及脚部保暖，最好能够使身体保持微微汗出的状态，以散去冬天潜伏在身体内的寒邪。老人和小孩的抵抗力较差，容易患感冒或风疹等疾病，更应注意适时添减衣被，可以多晒太阳，以利祛散寒邪。

图 3-29 "春天如何养生"百度排行第一文章

可以看出这个内容也是以模块组合到一起的，如果让我们编辑一篇超越这个排名的内容该如何操作？

首先我们要分析这个关键词的需求，从人群来看，可以分为男人和女人，从年龄来看，可以分为中年人和老年人。然后我们就针对这些关键词来建设模块，如第一个模块的内容可以是"男人春天如何养生"，第二个模块的内容就可以是"女人春天如何养生"，老人和中年人的类别可以编辑在一起，也可以单独编辑。这里我们就暂且分为男人养生和女人养生两类。

接着我们就寻找"男人春天如何养生"的答案和"女人春天如何养生"的答案，并把这些内容进行编辑整理即可，这样的内容就满足了男性和女性用户搜索"春天如何养生"的需求。可以设想，如果不进行这样的模块组合，女性用户搜索进来看到的仅仅是男人养生的内容，自然会选择跳出去继续搜索，这样排名自然会下降。

总的来说，一个内容怎样才能被搜索引擎喜欢？我们只需要考虑一个标准，那就是该内容是不是能最大限度地满足搜索该关键词的所有用户的需求。这也是现阶段内容建设的标准，没有价值，满足不了用户需求的内容即便是原创撰写也是无法获得优质排名的。

3.6.4　OCR 软件的使用

笔者在《跟我学 SEO 从入门到精通》第 1 版中专门对 OCR 软件的使用做了讲解，在本书的第 2 版中笔者将结合最近一年的实战案例，对使用 OCR 软件转化内容做更为深入的解读。简单地说，这种方法就是使用 OCR 转化软件将书籍等内容转化为 Word 文字，进行内容编辑发布的过程。这种方法的优点是内容原创度高，缺点是有些行业可以寻找的内容比较少，并且在转化过程中会产生一些错别字，需要二次编辑校对。

下面我们就用实际案例进行说明，本书中多次提到中医中药大全网站，这里我们还是以这个网站为例。中医中药大全网站有一个中医养生的栏目，这个栏目的内容比较难找，编辑自己撰写内容也是不现实的事情，这个需要有中医知识，但是既懂得中医知识，又会编辑内容的人员不好找，即使能找到，费用也不会低。对于一个刚开始创办的网站，这是不现实的想法。

因此只能搜索看看有没有这方面的书籍了，笔者推荐使用超星图书搜索，如图 3-30 所示。

结果显示这方面的书籍还是很多的。除此之外，还可以买一些纸质的养生书籍，使用手持扫描仪扫描或者用相机拍照，再使用 OCR 软件转化。但是笔者建议在购买之前先大体看看书籍的目录和内容，然后使用百度搜索看看是否已经有网站发布了同样书籍的内容，如果有的话就没有购买的意义了。

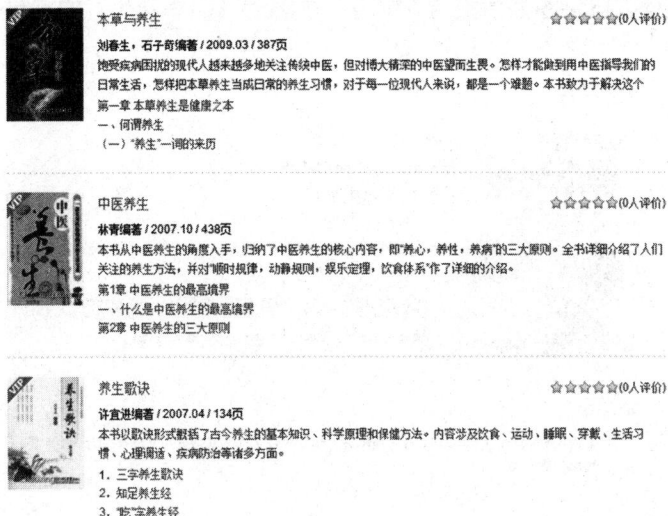

本草与养生　　　　　　　　　　　　　　　　　　　　☆☆☆☆☆(0人评价)

刘春生，石子奇编著 / 2009.03 / 387页

饱受疾病困扰的现代人越来越多地关注传统中医，但对博大精深的中医望而生畏。怎样才能做到用中医指导我们的日常生活，怎样把本草养生当成日常的养生习惯，对于每一位现代人来说，都是一个难题。本书致力于解决这个

第一章 本草养生是健康之本
一、何谓养生
（一）"养生"一词的来历

中医养生　　　　　　　　　　　　　　　　　　　　　☆☆☆☆☆(0人评价)

林青编著 / 2007.10 / 438页

本书从中医养生的角度入手，归纳了中医养生的核心内容，即养心，养性，养病的三大原则。全书详细介绍了人们关注的养生方法，并对"顺时规律，动静规则，娱乐定理，饮食体系"作了详细的介绍。

第1章 中医养生的最高境界
一、什么是中医养生的最高境界
第2章 中医养生的三大原则

养生歌诀　　　　　　　　　　　　　　　　　　　　　☆☆☆☆☆(0人评价)

许宜进编著 / 2007.04 / 134页

本书以歌诀形式载辑了古今养生的基本知识、科学原理和保健方法。内容涉及饮食、运动、睡眠、穿戴、生活习惯、心理调适、疾病防治等诸多方面。

1. 三字养生歌诀
2. 知足养生经
3. "吃"字养生经

图 3-30　超星图书搜索"养生"结果

接下来我们继续回到超星图书搜索的搜索结果。中医中药大全网站中医养生栏目中有一个四季养生的子栏目，如图 3-31 所示。

四季养生

· 白领养生　· 居家养生　· 养生有道　· 男人养生　· 女人养生　· 养生文化
· 气功太极　· 老人养生　· 母婴养生　· 小儿益智　· 四季养生

6种药茶帮你降火养生
夏季喝什么茶好？夏季天气炎热，很容易让人急躁、上火，这个时候肝火旺盛，要特别注意降肝火，而最适...
176 阅读　　2017-05-10

炎炎夏日该如何养生？
大家都知道夏季是一年中气温最高的季节，人体的新陈代谢十分旺盛，好多人在炎热的夏天常常出现全身乏...
75 阅读　　2017-05-10

立夏以后如何健康养生？
立夏，意味着我们即将告别春天，进入炎热的夏天。立夏时节，天气干燥，雨水少，日晒强，人体水分流失...
58 阅读　　2017-05-08

治感冒的中药茶有哪些？
感冒是很多人频发的一种疾病，尤其以上呼吸道感染症状较为明显，很多人感冒以后就会习惯性地喝药，但...
110 阅读　　2017-05-08

图 3-31　中医中药大全网站四季养生子栏目列表页

我们注意到超星图书搜索结果中有一本名为《四季养生》的书籍，如图 3-32 所示。

图 3-32　超星图书搜索结果：《四季养生》

这本书和中医中药大全网站的四季养生子栏目高度吻合，这便是最好的内容来源。接下来点击阅读，大部分书籍登录后是可以阅读完整内容的，有些需要付费，遇到这样高度吻合的内容，即便付费也是值得的。

超星官方现在直接提供将书籍内容转化为 Word 文字的工具，下载超星客户端即可。转化完成后建议截取出几段文字到百度搜索一下，如果没有完全飘红，说明书籍的内容原创度很高，这样的内容经过编辑整理就可以直接发布了。笔者推荐一款在线自动排版工具——一键排版，使用该工具排版出来的文字段落清晰，符合内容发布标准，如图 3-33 所示。

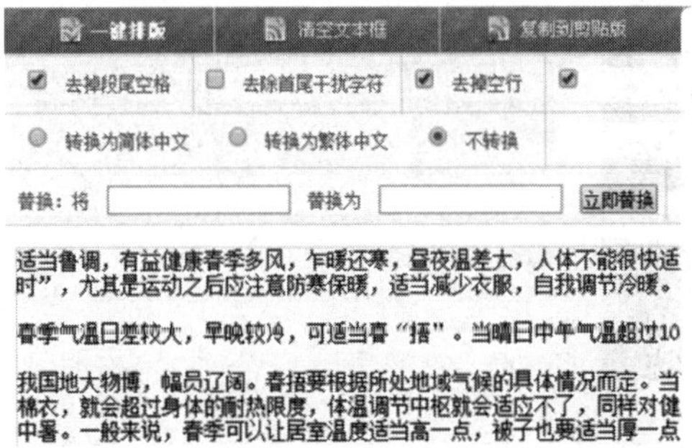

图 3-33　在线自动排版工具——一键排版

最后我们只需要为这些文字配上适当的图片即可，这样就发布了一篇高质量的内容。超星图书搜索中的有些书籍是无法使用自带的工具转化的，还有就是我们自己拍照或者扫描的内容也是无法使用超星的工具转化的，这就需要第三方的 OCR 软件，读者可以到百度自行搜索下载或者微信联系笔者索取 OCR 软件。

当然，在实际的操作过程中，我们不是盲目地将书籍的内容转化后就发布，转化之前我们首先要对栏目的关键词进行挖掘和分析。例如，我们通过分析可知，四季养生中包含"春季养生吃什么好"这个关键词，使用 5118.com 工具挖掘后可知这个关键词下面又衍生出"春季养生吃什么豆类好""春季养生吃什么菜好"等关键词，如图 3-34 所示。

春季养生吃什么好长尾关键词挖掘

相关长尾词关键词共找到3条记录[有指数：0 无指数：3]

关键词	百度指数	长尾词数量	搜索结果
春季养生吃什么好	-	2	3220000
春季养生吃什么菜..	-	1	556000
春季养生吃什么豆 🐾	-	-1	

图 3-34　使用 5118.com 工具挖掘长尾词"春季养生吃什么好"

如我们要优化"春季养生吃什么菜好"这个关键词，我们就需要为这个关键词准备着陆页，关键的部分就是寻找适合这个关键词的内容。我们可以在关于养生的书籍中寻找相关的内容，将这些内容使用 OCR 软件转化过来进行编辑，加上适当的图片，这样的内容既能保证内容的原创度，又是非常有价值的内容，这样我们就为"春天养生吃什么菜好"这个关键词制定了着陆页。

3.7　搜索引擎如何判断内容相关性

当用户使用搜索引擎搜索某一个关键词的时候，搜索引擎会根据用户输入的关键词，将内容相关度最高、质量最好的内容呈现给用户。那么，网站的相关性到底有多重要呢？搜索引擎如何判定网站文章内容的相关性？带着这些疑问，让我们开始本节的学习。

3.7.1　什么是网站的相关性

网站内容相关性简单来说就是指标题和内容的匹配和相关程度，如果说标题里面有关键词，而页面内容里面没有，这就是网站内容不相关；仅仅是要求页面内容里面也含有标题关键词同样是不够的，这样并不能说明网站内容就是相关的，还需要标题含有的关键词在内容里面占有主要位置。标题是页面的主题、中心思想，页面内容是围绕标题而展开的，在这里还有一个前提就是符合用户需求。在实际的文章编辑中，务必要让 h1、strong 等标签中出现标题中出现的关键词。例如，我们的一篇内容是关于中药材的百科，优化的关键词是"百合""百合的功效与作用"，在文章编辑的时候我们就要在标题、关键词、描述，以及 h1、strong 等标签中出现关键词，如图 3-35、图 3-36 所示。

```
<html><!doctype html>
<html>
<head>
<meta http-equiv="Content-Type" content="text/html; charset=utf-8
<title>百合|百合的功效与作用_中医中药大全</title>
<meta name="keywords" content="百合,百合的功效与作用" />
<meta name="description" content="                百合，学名，
番韭、山丹、倒仙、重迈、中庭、摩罗、重箱、中逢花、百合蒜、大师傅蒜、
效与作用；中医认为，百合味甘微苦，微寒，性平，无毒，入心肺、大、

<meta http-equiv="Cache-Control" content="no-transform"/>
<meta name="applicable-device" content="pc">
```

图 3-35　标题、关键词、描述出现了关键词

```
                <div style="line-height:25px;">
        <div>
            <strong>百合</strong>，学名（Liliumbrowniivar.
山丹、倒仙、重迈、中庭、摩罗、重箱、中逢花、百合蒜、大师傅蒜、蒜脑薯
（学名：Lilium）多年生草本球根植物，原产于中国，主要分布在亚洲东部、
区，全球已发现有至少120个品种，其中55种产于中国。近年更有不少经过人工
百合、香水百合、火百合等。鳞茎含丰富淀粉，可食，亦作药用。</span></div>
        <div>
            <span style="font-size:14px;">    </span></div>
        <div>
            <span style="font-size:14px;">    中文学名<span class="Ap
style="white-space:pre"> </span>百合<img alt="" src="/uploads/allimg/1703
style="width: 300px; height: 200px; float: right;" /></span></div>
        <div>
            <span style="font-size:14px;">    </span></div>
```

图 3-36　h1、strong 标签中出现了关键词

3.7.2　关键词出现频率或密度

SEOer 都知道关键词密度的重要性，为什么密度能反应网站内容的相关性？

这是因为一个网站里面出现某个关键词的次数越多，就表示这个网站与这个关键词的相关性越强。所以之前在搜索引擎算法不完善的时候，通过关键词的堆积就能够获取不错的排名。

另外，关键词出现在标题中和出现在内容中，效果是完全不同的，所以为了提高相关性，我们会利用 h1、strong 等标签，让搜索引擎认为我们与某个关键词相关。

3.7.3　标题出现关键词

一个网站或者网页的标题，可以说就是这个网站或网页的主题、中心思想，如果一篇文章中出现了关键词，搜索引擎会认为这个页面与关键词肯定是非常相关的，这也是为什么网站、网页的标题如此重要的原因。因此，笔者在《跟我学 SEO 从入门到精通》第 1 版中多次提到要用撰写广告文案的方法撰写网页标题，如果连撰写网页标题都不愿意花时间，那么做好 SEO 是很困难的。

3.7.4　通过大量的数据辨别网页内容

笔者曾经看到一个例子，说的是香蕉和橘子同样是水果，但是它们的形状完全不一样，搜索引擎怎么认知它们的形状呢？通过大量的数据，搜索引擎程序了解到圆形和橘子经常同时出现，而香蕉没有，所以搜索引擎得知橘子是圆的，而香蕉不是。这种例子用来讲相关性也是合适的，如搜索引擎怎么知道空调是家用电器的？是同样的道理。

3.7.5　权威网站的链接

权威网站一般都是被搜索引擎所信任的，如果一个权威网站导出一个链接到某个页面，认为那个页面与"SEO"相关，那么搜索引擎根据这个链接就会认为这个页面里面讲的内容就是"SEO"，这也是友情链接或者说高质量导入链接作用这么大的原因。这一点也是现阶段我们做外链的参考，很多 SEOer 只是忙碌地追求外链的权重和数量，其实链接源和我们网站的内容相关性才是最重要的。例如，我们是一个关于家电的网站，如果在关于水果的网站悬挂友情链接就是没有什么价值的，关于这一点笔者将在本章用单独一小节的篇幅进行详细介绍。

3.7.6　锚文本与链接页面的主题是否相关

锚文本又称锚文本链接，是链接的一种形式，和超链接类似，超链接的代码是锚文本，会把关键词做一个链接，指向别的网站网页。锚文本能精确地描述所指向页面的内容，而搜索引擎通过锚文本则可以判断出链接网站页面的主题是否与锚文本相关。这样等于是链接网站页面向搜索引擎示好，利于搜索引擎判定网站文章内容的相关性。

反之，如果锚文本与链接网站页面主题不相关，那么搜索引擎通过锚文本到达链接页面后会很难判断网站页面的主题，这样对搜索引擎不友好，搜索引擎会认为这是作弊行为，导致的后果是网站可能被“K”、被降权，严重的话网站的权重将永远不能恢复，这种作弊行为完全是挑战搜索引擎的权威，将永远是被搜索引擎打击的对象。

例如，我们发布一篇“中医治疗糖尿病小妙方”的文章，如图 3-37 所示。

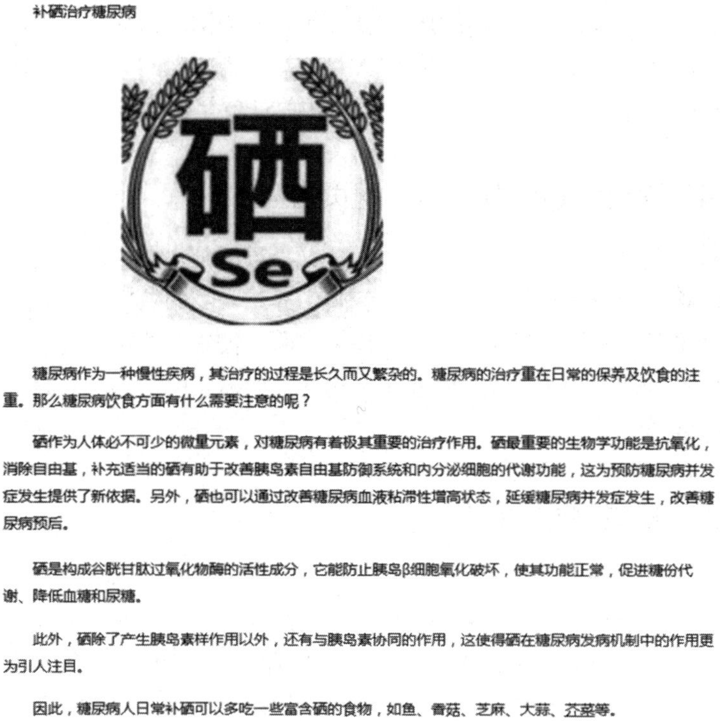
补硒治疗糖尿病

硒

Se

糖尿病作为一种慢性疾病，其治疗的过程是长久而又繁杂的。糖尿病的治疗重在日常的保养及饮食的注重。那么糖尿病饮食方面有什么需要注意的呢？

硒作为人体必不可少的微量元素，对糖尿病有着极其重要的治疗作用。硒最重要的生物学功能是抗氧化，消除自由基，补充适当的硒有助于改善胰岛素自由基防御系统和内分泌细胞的代谢功能，这为预防糖尿病并发症发生提供了新依据。另外，硒也可以通过改善糖尿病血液粘滞性增高状态，延缓糖尿病并发症发生，改善糖尿病预后。

硒是构成谷胱甘肽过氧化物酶的活性成分，它能防止胰岛β细胞氧化破坏，使其功能正常，促进糖份代谢、降低血糖和尿糖。

此外，硒除了产生胰岛素样作用以外，还有与胰岛素协同的作用，这使得硒在糖尿病发病机制中的作用更为引人注目。

因此，糖尿病人日常补硒可以多吃一些富含硒的食物，如鱼、香菇、芝麻、大蒜、芥菜等。

图 3-37　文章“中医治疗糖尿病小妙方”

在页面中出现了很多适合糖尿病人食用的食物，如“芥菜”，而我们之前发布的文章正好有关于该关键词的，这样我们就要做锚文本链接到“芥菜”的相关页面，如图 3-38 所示。

芥菜

【芥菜的简介】

芥菜（学名：Brassica juncea (L.) Czern. et Coss. ），一年生草本，高30~150厘米，常无毛，有时幼茎及叶具刺毛，带粉霜，有辣味；茎直立，有分枝。基生叶宽卵形至倒卵形，顶端圆钝，基部楔形，大头羽裂，具2-3对裂片，或不裂，边缘均有缺刻或牙齿，叶柄长3-9厘米，具小裂片；茎下部叶较小，边缘有缺刻或牙齿，有时具圆钝锯齿，不抱茎；茎上部叶窄披针形，边缘具不明显疏齿或全缘。总状花序顶生，花后延长；花黄色；花梗长4-9毫米；萼片淡黄色，长圆状椭圆形，直立开展；花瓣倒卵形。长角果线形，果瓣具1突出中脉；喙长6-12毫米；果梗长5-15毫米。种子球形，直径约1毫米，紫褐色。花期3-5月，果期5-6月。

芥菜

（《千金食治》）

异名 芥（《仪礼》），大芥（《方言》），雪里蕻（《野菜笺》），皱叶芥（《纲目》），黄芥（《中药志》）。

来源 为十字花科植物芥菜的嫩茎叶。

植物形态 芥菜

图 3-38　文章"芥菜"

这样的链接就是合理的，如果我们刻意在文章中插入和文章不相干的关键词，再链接过去，这样不仅起不到优化的作用，很多情况下还会起到反作用。

3.7.7　链接页面与被链接网站页面主题是否相关

大家都知道一个网站或者页面的描述必然要围绕主题展开，否则就失去了存在的价值，如果链接页面与被链接网站页面的主题相关，此时的锚文本成为两个主题相关的网站页面的良好媒介，搜索引擎通过锚文本自然而然地到达另一个网站，这不但是对网站本身的肯定，同时又减轻了搜索引擎的负担，而且还会给予一定的权重传递。

这样的做法对两个网站都是有百利而无一害，同时也提升了网站的用户体验，这样三赢的局面，是搜索引擎、用户及网站本身都乐意看到的结果，蜘蛛会爬取得更频繁。

3.7.8　锚文本与被链接网站页面主题内容是否相关

说到锚文本是否与被链接网站页面主题内容相关，这里我们不得不提一下页面优化这个问题。一个站点页面的重点是什么？是页面本身的主题。网站页面所有的华丽文字都是用来修饰页面主题的，就好像一场足球比赛，球场上球员们所有华丽精彩的球技展现无一不是为了足球进门那一刻做铺垫。那么页面的主题的核心又是什么呢？就是关键词。

在做页面优化的时候，我们知道提高页面关键词密度，对于关键词排名起到了很大的作用。一篇文章中关键词所占的比例为 2% ～ 8%，当然，如果很自然的话，高一点也不会影响关键词的排名。关键词的排名上来了，用户就可以通过关键词到达页面，这时候通过关键词做的锚文本链接又链接到了另一个网站页面，这对于另一个网站来说，点击流量也就产生了，外链的相关性得到了重大的体现，流量有了就意味着离订单不远了。

3.7.9 发的帖子是不是与优化的网站相关

越来越觉得文章的相关性对于一个网站的优化至关重要了。物以类聚，人以群分，一个行业聚集着一群人，若是在不相关的网站发一篇不相关的帖子，首先撇开收录问题不谈，就谈谈帖子能活多久——一分钟，一小时，还是一天或者一个月？这得看网站管理员和版主的心情，或者说这个网站的专业性。即便是帖子活了下来，但是它能带来什么呢？会有人看吗？专业性的网站聚集着专业的人，那么与这个专业不相关的内容就真的很少会有人关注了。

另外，就是要评估关联后的优化效果。发出去的帖子或者文章是不是被收录了？哪些网站发布的帖子被收录了？有没有去跟进比较？做任何一件事的时候都应该遵循三个原则：事前沟通、事中跟进、事后反馈，否则所做的工作是否白做了就不得而知了。

3.7.10 相关性与用户之间的关系

相关性的排序技术主要是由搜索的特点来决定的，因为现在的搜索引擎针对用户关键词搜索通常能够返回成千上万的页面，尽管这么多页面可能都和用户所需要的相关，但是搜索引擎还是需要将用户最可能感兴趣的页面排在前面，那么就需要这个页面与用户的行为和意图最相关，从而增加用户的满意度。这也是为什么过少的关键词很难搜索出用户所需要的内容，而用户通过输入长尾关键词，则能更准确地找到自己所需要的东西。

在 SEO 过程中，网站内容相关性太重要了，做 SEO 不能只站在 SEO 的角度去考虑问题，还应该站在用户与客户的角度去考虑问题，多换位思考一下，或许这就是做排名与做流量转化之间的区别。

3.8　四处一词

四处一词中的四处指的就是标题、关键词和描述标签、内容、锚文本。说起来非常容易，但是在实际操作的时候一些 SEOer 还是觉得无从下手，或者不知道怎样建设四处一词才是合理的。下面笔者就结合实战案例针对四处一词的操作方法进行深入解读。

3.8.1　充分理解四处一词

首先要实现四处一词的地方是 title，也就是标题部分。在《跟我学 SEO 从入门到精通》第 1 版中，笔者已经提到了标题的重要性，本书许多章节都对标题的撰写进行了讲解。在四处一词中标题部分是最重要的一处，难点在于如何将关键词恰当地融入标题。一些 SEOer 在标题撰写的时候只是简单地将关键词叠加起来，暂且不说对搜索引擎是否友好，单纯从用户角度来看体验也非常差，看起来的感觉只是生硬的关键词叠加，第一印象就觉得这个网站特别无趣。正确的做法是将相似、相关的关键词进行组合，然后再融入一句完整的文字中，从搜索引擎分词来看这样的组合比较合理，从用户角度来看也是比较友好的。

接下来需要实现四处一词的地方是关键词和描述部分。尽管最近几年关键词和描述标签在搜索引擎的地位有所弱化，但是在大量的实际运用中不难看出对关键词和描述标签编辑重视的网站其效果要大大优于胡乱处理或者直接没有关键词和描述标签的网站。

我们来看中医中药大全网站一篇文章的头部源码，如图 3-39 所示。

```
<meta http-equiv="Content-Type" content="text/html; charset=utf-8" />
<title>春季该如何养生_中医中药大全</title>
<meta name="keywords" content="" />
<meta name="description" content="春分节气正好平分昼夜，故从中医
理体内阴阳平衡、协调机体功能的重要时机。本文将为大家介绍春季该如何
..." />

<meta http-equiv="Cache-Control" content="no-transform" />
<meta name="applicable-device" content="pc">

<link href="css/zy_v1.1.css" rel="stylesheet" type="text/css">
<link href="css/list.css" rel="stylesheet" type="text/css">
```

图 3-39　中医中药大全网站一篇文章的头部源码

我们需要优化的关键词是"春季该如何养生"，那么在标题中出现了"春季该如何养生"关键词，关键词和描述标签中也出现了"春季该如何养生"关键词，这样就符合四处一词的原则。笔者的建议是尽量保证在描述标签中出现 2～3 次

需要优化的关键词，如果是优化长尾关键词则只需要出现 1 ～ 2 次即可，这一点的重要性在笔者大量的站群试验中已经得到证实。

　　之后需要重视四处一词的地方是网页的内容部分。在图 3-39 中，我们看到标题、关键词和描述标签中都出现了需要优化的关键词"春季该如何养生"，那么在接下来的正文部分中该关键词如果出现了，笔者的建议是在正文部分第一次出现该关键词的时候用 strong 标签加粗，如图 3-40 所示。

```
<div class="art_cont">
    <!--正文开始-->
    <div class="art_body">
    <h1 id="art_txt0">春季该如何养生</h1>
      <div style="line-height:25px;">

<span style="font-size:16px;"><strong>春季该如何养生</strong>
<br />
<strong style="font-size: 16px;">      春季简介:

 </p>
```

图 3-40　中医中药大全网某文章内容源码

　　strong 标签的重要性在前面的章节中我们已经做了详细的分析，在本小节中四处一词的操作过程中，strong 标签得到了实际的运用。接下来需要注意关键词在正文中出现的密度，笔者的建议是控制在 5% ～ 10%，后期操作的过程中如果遇到关键词排名无法提升的问题，可以尝试在控制密度不变的同时提升关键词出现的次数，这个地方读者一定要理解清楚，切记不可盲目地在内容中添加关键词，这样的做法很容易被搜索引擎认为是作弊。

　　如果首页优化关键词，正确的做法是可以尝试将首页的内容丰富，具体做法可以是增加首页调用文章的数量，或者直接在首页增加一个文字区块。在这个文字区块中写一段关于网站的介绍或者专门为关键词定制的文字，这段文字中自然地包含关键词。文字区块的巨大作用在后面的章节中还会提到，这里读者只需要了解在首页关键词的优化中，如果需要增加关键词出现的次数，可以使用该方法。

　　如果是内容页优化长尾关键词，最好是直接将内容的长度增加，如网站之前发布的文章是 500 字左右，我们想要在增加长尾关键词出现次数时不改变长尾关键词密度，那么可以尝试将文章的长度增加到 800 ～ 1000 字，这个字数在后面的章节中笔者还会提到。就在前几年，500 字的文章还是 SEO 行业内一直推行的，但是近年来，很多 SEOer 已经认为 800 字的文章更加适合 SEO 了。

　　最后需要注意四处一词的地方是锚文本，近年来已经有越来越多的 SEO 从业者开始重视站内锚文本的作用，站内锚文本的建设和内容一样，也是本书重点介绍的部分。本章前面曾专门对搜索引擎如何判断锚文本的质量做了深入的分析，读者可以阅读相关章节进行了解。

标题、关键词和描述标签部分的四处一词处理相对比较简单，只需要在网页发布的过程中注意即可，锚文本部分需要做充分的规划，正确的流程是在网站建设之初就应该考虑好需要优化的关键词，平时在文章发布的时候制作一个关键词记录单。

例如，我们计划发布《大黄》这篇文章，那么在文章发布之后就应该在关键词记录单中记录文章关键词和文章 URL 的数据，如图 3-41 所示。

关键字	链接网址
大黄	http://www████████baike/D/2017/0410/6834.html
大黄蜂子	http://www████████baike/D/2017/0410/6840.html
大黄茎	http://www████████ke/D/2017/0410/6845.html

图 3-41　关键词记录单记录"大黄"等文章关键词

在后面文章发布的过程中，当出现和该文章关键词相关联的信息时，就应该用锚文本的方式给该文章做上链接，这样就实现了四处一词的最后一步。

在实际操作的过程中我们不可能遇到那么巧合的锚文本位置，要解决这个问题，我们必须熟练掌握文章的发布和编辑方法。例如，我们在写某一篇文章之前就应该考虑这篇文章和之前发布的哪篇文章类似，可以做相互的关联，在找到关联点之后需按照这个关联点刻意地编辑文章，这个工作确实需要技巧，如果生硬地将锚文本加入文章中将无法起到作用。

最重要的就是寻找内容要和关键词吻合，这样该行业的关键词之间肯定有关联，内容之间也一定会有互相提到的地方，这样锚文本就会自然地添加进来。例如，在一篇关于糖尿病的文章中，往往会提到芥菜，如图 3-42 所示，这样自然就可以链接到芥菜的着陆页，也就完成了四处一词的最后一步。

硒是构成谷胱甘肽过氧化物酶的活性成分，它能防止胰岛β细胞氧化破坏，使其功能正常，促进糖份代谢、降低血糖和尿糖。

此外，硒除了产生胰岛素样作用以外，还有与胰岛素协同的作用，这使得硒在糖尿病发病机制中的作用更为引人注目。

因此，糖尿病人日常补硒可以多吃一些富含硒的食物，如鱼、香菇、芝麻、大蒜、芥茎等。

糖尿病与苦荞

图 3-42　关于糖尿病的文章中出现锚文本"芥菜"

3.8.2　为什么要做长尾关键词记录单

在前面的小节中我们了解了四处一词的重要性，也提到了长尾关键词记录单的概念，看似简单的长尾关键词记录单，在实际操作中往往会遇到许多问题。首先我们来看为什么要做长尾关键词记录单。

一个完整的网站必须是首页、栏目页面、文章页面都有一定比例的流量入口，而长尾关键词是链接网站内部最关键的通道。首页做的关键词数量一般非常有限，最常见的也就 3 ～ 5 个。所以长尾关键词就是靠量取胜，长尾关键词做得越多，到后面效果就越明显。网站内页被抓取收录得越多，锚文本链接的权重投票分值就越高，内页的权重值提高对于首页也有积极的推动作用。在给我们每个长尾关键词做锚文本时，很有必要记录一下每个长尾关键词对应的 URL，这样会方便我们做站内锚文本链接的布局。

SEO 发展到今天，对于长尾关键词的概念大家都耳熟能详。但是说到做长尾关键词记录单，80% 的 SEOer 都没有做过这项工作，其中的原因五花八门。常见的原因是觉得在做一般小网站优化时，能做好几个首页关键词就可以了，其他的都无所谓。其实不然，在网站发展的中后期，随着页面内容的增多，页面与页面之间的链接变得复杂，为了更好地了解每个页面的情况，就有必要记录好这些页面的链接地址。

3.8.3　如何做长尾关键词记录单

长尾关键词记录单分为两种形式，第一种是使用记事本、Excel 等工具直接记录发布的文章关键词和 URL，后续发布文章的时候如果出现关键词就手动将关键词锚文本添加到对应的 URL 页面，还有一种方法是使用 CMS 自带的长尾关键词记录工具，如 DedeCMS 就自带这种工具，而 WordPress 等可以通过第三方插件实现。下面我们对 DedeCMS 长尾关键词记录工具做简单的介绍。

通过前面的讲解我们已经知道，一个网站发展到中后期，主要是依靠长尾关键词获得流量，很多 SEOer 都遇到了这样的问题：网站发展了一段时间，首页优化的关键词排名也起来了，但是发展似乎遇到了瓶颈，流量不再增加了。这个问题的原因就是没有重视长尾关键词。一般情况下，网站发展到中后期，流量的井喷要依靠长尾关键词获得，而长尾关键词的优化最重要的一步就是长尾关键词记录单。

我们还是通过前面多次提到的中医中药大全网站作为案例进行说明，如我们要优化"女性贫血怎么办"这个关键词，首先要做的就是建设"女性贫血怎么办"关键词着陆页，着陆页的内容就需要分析"女性贫血怎么办"关键词的用户需求，然后按照用户的需求建设页面，如图 3-43 所示。

⚫️ 女性贫血怎么办

女性贫血怎么办

严重贫血者，还极易过早发生皱纹、白发、脱牙、步履蹒跚等早衰症状。血足，皮肤才能红润，面色才有光泽，女性若要追求面容靓丽，身材窈窕，必须重视养血，养血则要注意以下几个方面：

1. 神养：心情愉快，性格开朗，不仅可以增进机体的免疫力，而且有利于身心健康，同时还能促进身体骨骼里的骨髓造血功能旺盛起来，使得皮肤红润，面有光泽。所以，应该经常保持乐观的情绪。

2. 睡养：保证有充足睡眠及充沛的精力和体力，并做到起居有时、娱乐有度、劳逸结合。要学会科学生活，养成现代科学健康的生活方式，不熬夜，不偏食，不吃零食，戒烟限酒，不在月经期或产褥期等特殊生理阶段同房等。

3. 动养：要经常参加体育锻炼，特别是生育过的女性，更要经常参加一些力所能及的体育锻炼和户外活动，每天至少半小时。如健美操、跑步、散步、打球、游泳、跳舞等，可增强体力和造血功能。

4. 食养：女性日常应适当多吃些富含"造血原料"的优质蛋白质、必需的微量元素（铁、铜等）、叶酸和维生素 B12 等营养食物。如动物肝脏、肾脏、血、鱼、虾、蛋类、豆制品、黑木耳、黑芝麻、红枣、花生以及新鲜的蔬菜、水果等。

图 3-43　中医中药大全网站文章"女性贫血怎么办"

建设完成后我们就要将这个页面的 URL 和关键词添加到长尾关键词记录单，如图 3-44 所示。具体操作步骤如下。

（1）登录 DedeCMS 后台，单击"核心"→"文档关键词维护"选项，打开长尾关键词记录单页面，如图 3-45 所示。

（2）将我们刚才发布的网页关键词和 URL 添加进去，如图 3-46 所示。

这样就完成了长尾关键词记录单的工作，以后当发布的内容中出现"女性贫血怎么办"这个关键词时，系统就会自动添加锚文本到对应的网页。

3.8.4　长尾关键词能让网站的流量井喷

这样一步步将长尾关键词记录单建设起来，整个网站就形成了一个强大的网

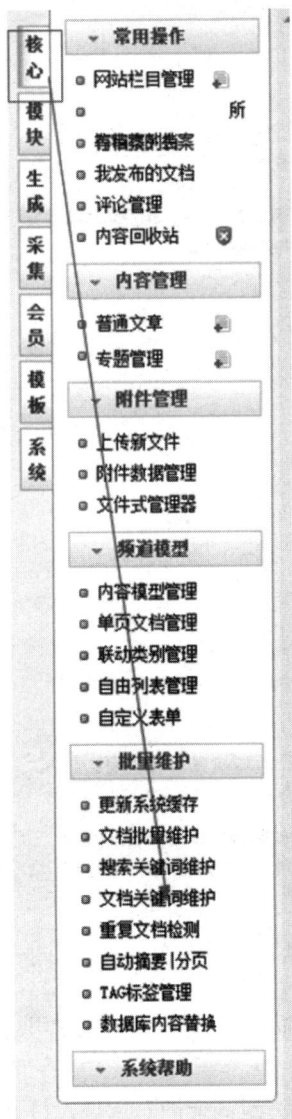

图 3-44　长尾关键词记录单
添加步骤

图 3-45　长尾关键词记录单页面

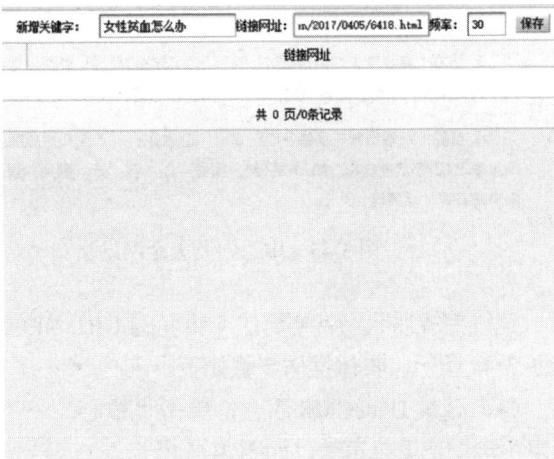

图 3-46　在长尾关键词记录单中新增关键词

络结构，无论是蜘蛛的抓取还是用户访问的体验都会大大提升。在某一个特定的时刻，长尾关键词一旦发力，网站的流量将会井喷。

　　需要注意的是，并不是所有的页面都要添加到长尾关键词记录单中，一些刚开始建设的长尾关键词记录单的 SEOer 会将所有发布的文章都添加进来，这样是没有意义的。

　　一个网站中有两个类型的文章，一种类型的文章是带有关键词的着陆页的文章，另一种类型的文章是为这些关键词着陆页服务的文章。我们添加的时候一般只添加带有关键词的着陆页的文章，而另一种文章是没有必要添加的。即便是添加进去，因为没有明确的关键词，所以不可能在其他页面中完整匹配出文本，也就不会产生锚文本链接了。

3.9　外　　链

3.9.1　现阶段外链的操作方法

　　外链在 SEO 中的地位不可低估，但是很多 SEOer 并没有进行深入的研究分析，只是简单地认为外链越多越好，链接源的网站权重越高越好。

　　前一段时间笔者和一位朋友聊关于外链的话题，这位朋友告诉笔者，为了让关键词排名快速上升，他每天的工作就是买外链，但是排名非常不稳定，忽高忽低。笔者分析这位朋友购买的外链后发现，这些外链存在很多问题。首先是一些外链的网站已经被安全卫士等屏蔽，其次是一些外链的网站存在恶意刷权重的问题，还有就是这些链接源网站大多数都悬挂了几百个外链，并且很多都是灰色网站链接。最重要的是这些链接源的网站和这位朋友的网站在行业上存在很大的差异。为什么 SEOer 在做外链优化和交换友情链接的时候要刻意强调找同行或者说相关行业来进行链接呢？理由是找同行或者相关行业的网站外链会提高网站本身的权重，利于搜索引擎收录，能提高关键词的排名，同时提升了用户体验，能带来点击流量，做产品的话能产生订单，从而达到赢利的目的。

　　两个网站主题相关性强，一方单向链接到另一方，或者两个站点相互链接，对链接的网站绝对是有利的，简单来说，好处有以下几点。

　　（1）利于搜索引擎通过锚文本链接收录网站的网页。

　　（2）为网站权重的传递增加一分筹码。

　　（3）利于"锚文本链接"的关键词排名。

　　（4）被链接网站排名首页时，同样能给链接页面带来点击流量。

　　（5）两个站点的用户体验会得到很大的提升。

　　（6）这样的链接是高质量链接，外链相关性得到了质的飞越。

　　下面我们就从实际的案例出发，解读现阶段外链的操作方法。就拿前面我们多次使用的中医中药大全网站为例，如果我们要为这个网站建设外链，该从哪些地方着手？

（1）首先，在做外链之前，我们要完善网站的内容。如果一个网站内容都没有完善，就匆匆地开始外链建设，就算外链的作用让网站关键词排名上升，有用户通过搜索点击进入网站，但是用户的目的是找到需求的内容。如果我们的网站内容都不完备，无法满足用户的需求，那么用户还是会选择离开。随着搜索跳出率的升高，网站的排名还是会下降。

（2）网站内容建设完善后，接下来我们就要分析同行业排名不错的网站。可以使用我们首页优化的目标关键词进行搜索，如图 3-47 所示。

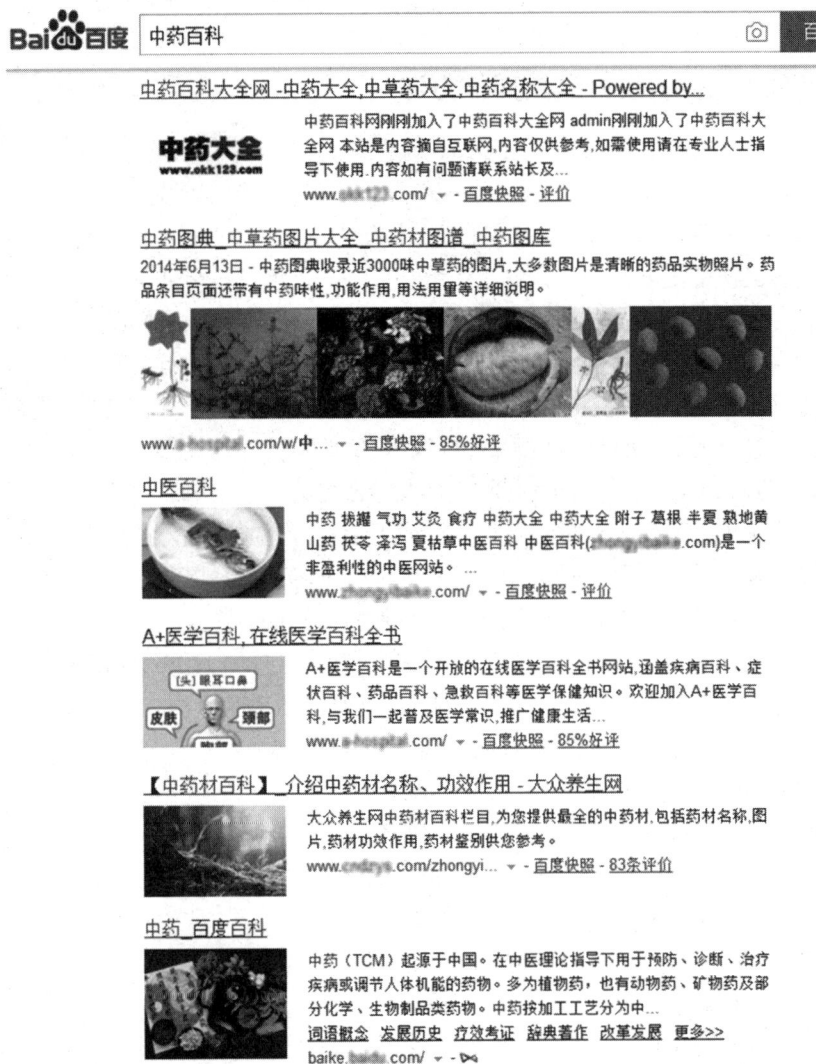

图 3-47　百度搜索"中药百科"结果

（3）接着我们分析排列前几位的网站外链，如图 3-48 所示。

排名	域名	爱站权重	站长权重	反链数	链接名称
1	www.jlyes.com	🐾2	🐾4	54	中药大全
2	www.huaowei.com	🐾0	🐾2	13	中药大全
3	dh.gshsyy.cn	🐾0	🐾0	0	中药大全
4	bifupai.com　SEO分析 挖该站	🐾0	🐾0	0	中药大全
5	www.jiankangnet.com	🐾0	🐾0	7	中药大全
6	duodong.39.net	🐾0	🐾0	50	中药大全

图 3-48　使用 5118.com 工具分析网站首页外链

我们可以和这些链接源的网站站长联系，询问是否可以交换或者购买链接，这是最直接的方法，也是最有效的方法。

（4）除了按照这些排名靠前的网站外链信息建设外链，我们也可以在外链交易平台寻找外链，如图 3-49 所示。

首先要选择和我们网站相同行业的网站，然后选择适合我们权重的网站，这一点也非常重要。不要认为权重高的就是最好的，要选择和我们网站权重相匹配的网站，如我们的网站权重是 2，那么建议选择权重为 2 或 3 的外链，等我们网站权重上升了，选择也可以逐步调整。一般情况下，购买链接是在我们的网站权重低于 2 的时候操作的，当我们的网站权重高于 2 时，完全可以和同行业的网站站长联系交换权重。

选择完行业和权重，尤其要注意权重是不是刷上去的，链接源网站是否悬挂了大量的外链，另外还要注意链接源网站的外链类型，如果存在灰色链接，那么就不要选择了。

判断网站权重真假的方法如下。

（1）看域名年龄。域名年龄较小，权重较高，就存在刷权重的嫌疑，但这个不能一票否定。

（2）看关键词指数。这个在站长工具里就能很清楚地看到，主要是看一些比

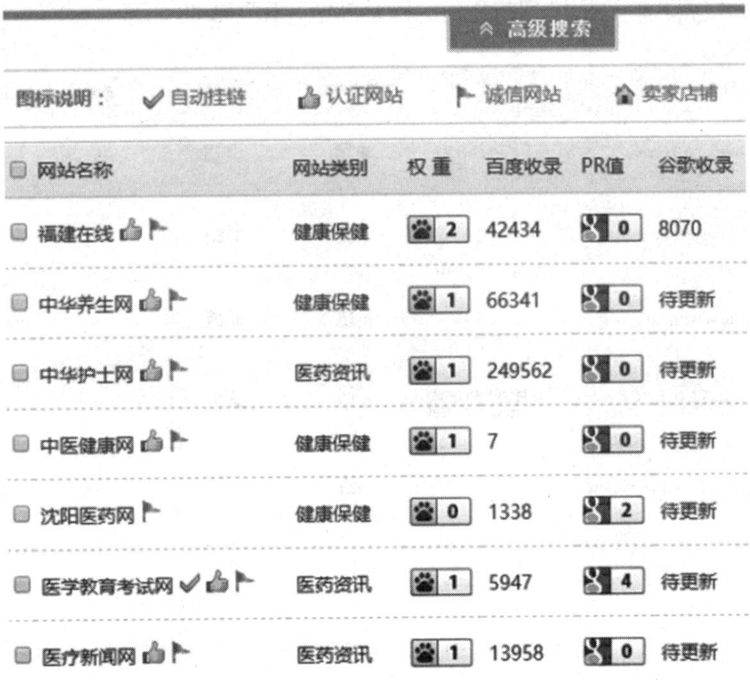

网站名称	网站类别	权重	百度收录	PR值	谷歌收录
福建在线	健康保健	2	42434	0	8070
中华养生网	健康保健	1	66341	0	待更新
中华护士网	医药资讯	1	249562	0	待更新
中医健康网	健康保健	1	7	0	待更新
沈阳医药网	健康保健	0	1338	2	待更新
医学教育考试网	医药资讯	1	5947	4	待更新
医疗新闻网	医药资讯	1	13958	0	待更新

图 3-49 外链交易平台

较生僻的关键词指数是不是存在异常。

（3）看关键词指数趋势图。通过百度官方指数能够很清楚地看到关键词的指数趋势，指数一旦出现大幅度的波动，那么就存在刷指数的嫌疑。

3.9.2 搜索引擎如何判断外链和锚文本的质量

在 3.9.1 小节中我们详细解读了现阶段外链的操作方法，那么搜索引擎如何判断外链和锚文本的质量？下面笔者为大家做深入的分析。

1. 搜索引擎判断外链的质量

首先我们来看搜索引擎如何判断外链的质量，大概可以分为以下几个方面。

（1）外链的展示率。展示率也就是我们的网址出现在浏览者眼前的概率有多高，有多少人会看到我们发布的外链。从很多方面可以证明，用户喜欢看的东西，搜索引擎一般也是非常喜欢的，毕竟搜索引擎越来越看重用户体验。

（2）外链的权威性。就和我们看互联网上的内容一样，往往看到一篇关于某某的报道，第一反应就是这条信息的可信度有多高，是不是权威机构发布的。在做外链的时候，道理是一样的，如果能发布到一个行业门户的首页或新闻站点的首页，那这样的外链源会很有说服力。

（3）外链的相关性。这个相关性，在交换友情链接的时候很容易体现出来。在做外链的时候，也尽可能地选择一些与网站主题相关的外链源，如相关行业网站投稿、行业论坛、行业博客等。如果这些都不好找的话，前期可以通过自己去建立一些相关的第三方博客，如新浪博客、网易博客、搜狐博客、博客大巴、天涯博客、和讯博客等，这些博客我们可以自己慢慢培养，平时多更新相关的内容。时间长了，权重高了，就会是一个非常好的外链资源。

（4）外链的健康性。怎么去看外链是否健康呢？这里就得提到一个外链源网站的自身情况，即网站有没有被"K"或降权等。在一个不健康的网站留下大量外链是毫无用处的。

（5）教育、政府等机构的站点外链。SEOer 的应该都知道 .edu、.gov 等域名是不能随意注册的，它们代表的是教育、政府等权威机构的站点，是搜索引擎非常信任的站点。如果你的网站有一条或者几条这样的外链，就能大幅度提升排名。这种外链也是高质量外链的一种。

（6）外链带来的流量。外链带来的流量很能体现出外链是否是高质量的，要知道流量体现了一个链接的活跃度。如果一个网站上的链接都没人点，那么搜索引擎会判断你的这些内容不受欢迎；如果这个外链点击的人多，而且用户点击进去之后能停留很长的时间，那么搜索引擎会判断这个链接对用户是有用的，对用户有用的网站搜索引擎自然也会看重，会给予较高的权重。

（7）单向链接。单向链接是一个网站的外链指向你，但是你不指向它，这样的链接最有效，也是我们做 SEO 优化中苦苦追求的！如果是互相指向对方，则会大大降低链接的价值。第三平台博客的建立，就是创造大量单向链接的不二法宝。

（8）链接存在时长及稳定性。链接的稳定性是很多新手 SEOer 都没注意到的点，往往交换友情链接都还没有满一个月，就把友情链接撤掉了。百度站长平台中有个外链分析功能，要一个多月才分析一次。如果我们频繁地更换外链等于是白做工！对方页面加上你的链接只有一个月，和加上你的链接一整年，其结果是大不一样的，后者会给网站足够的 PR 分值，前者则由于时间太短，作用没有得到充分发挥。

2. 搜索引擎判断锚文本的质量

搜索引擎判断锚文本的质量主要看以下几点。

（1）锚文本植入符合文章需要，该出现的时候出现，不该出现的时候不要出现。可以想象，如果用户正在阅读一篇关于母婴用品的文章，突然出现一个关于汽车的锚文本，那么用户的体验是非常糟糕的。

（2）对所在文章有促进作用，用户阅读的时候可以通过锚文本扩展阅读。如用户阅读一篇关于"婴儿吃什么蔬菜最好"的文章，如图3-50所示。

婴儿吃什么蔬菜最好

婴儿吃什么蔬菜最好

在为孩子准备蔬菜泥的时候，我们要先确定好食材。一般情况下，新鲜的绿色蔬菜含有更多的维生素以及纤维素。这些蔬菜口感佳，营养多，很适合婴儿食用。因此，选择颜色较深一些的蔬菜会更好一些。

婴儿吃什么蔬菜泥好 婴儿吃什么蔬菜最好 宝宝辅食吃什么蔬菜泥

下面推荐几款蔬菜泥的制作方法：

一、胡萝卜泥

食材准备：新鲜胡萝卜，新鲜牛奶，少许白糖

图 3-50　文章"婴儿吃什么蔬菜最好"

可以看出婴儿吃胡萝卜泥非常好，当用户阅读到胡萝卜这个词的时候会想，既然推荐婴儿吃胡萝卜泥好，到底好在哪里？因此我们有必要在"胡萝卜"出现的地方添加锚文本链接，当用户点击链接就会跳转到胡萝卜的页面，里面有关于胡萝卜的详细介绍，如图3-51所示。

（3）能延展用户需求，挖掘用户额外需求并满足。我们来看一下马蜂窝网站关于青海湖旅游的一个页面，如图3-52所示。

页面中提到了距离青海湖较近的其他景点，如塔尔寺等，编辑为这些景点都添加了锚文本链接，这样用户如果希望了解到这些景点的详情只需要点击锚文本链接浏览即可，这样便延展了用户的需求。

（4）锚文本设置的数量和位置都做到依据文章的延展需求而定。

✍ 胡萝卜

【胡萝卜的简介】

　　胡萝卜，别名红萝卜、丁香萝卜、<u>葫芦菔金</u>，又被称为胡芦菔、红菜头、黄萝卜等，有地下"小人参"之称，是伞形二年生草本植物，以呈肉质的根作为蔬菜来食用。胡萝卜每100克鲜重含1.67～12.1毫克胡萝卜素，含量高于番茄的5～7倍，食用后经肠胃消化分解成维生素A，能防治夜盲症和呼吸道疾病。可炒食、煮食、生吃、盐渍、腌制等，耐贮藏。分布于世界各地，中国南北方都有栽培，产量占根菜类的第二位，可抗癌。

中文学名 胡萝卜

别 称 黄萝卜、番萝卜、丁香萝卜、小人参

界 植物界

亚 门 被子植物亚门

亚 纲 植物

科 伞形科

图 3-51　文章"胡萝卜"

西宁　🚗 驾车 2-3小时　青海湖

　　今日从西宁出发，首站前往塔尔寺，作为中国藏传佛教的活动中心，是深受喜爱，需注意的是寺内不能用手指佛像，也避免对僧人拍照。择性参观。下午游览青海湖边的二郎剑景区，这里有丰富的草原、若不愿意花钱进入二郎剑景区也可以给村民一部分钱，他们会带你

📍 塔尔寺 (1.5小时)　🚗 驾车2小时　📍 日月山 (30分钟)　🚗 驾车20分钟
📍 二郎剑景区(151基地)(1.5小时)　🚗 驾车1小时　📍 黑马河乡 (1小时)

🚆 交通攻略

　　游览大西北想要每个精华景点都玩得透彻，包车无疑是最好的选择，在进入5月之后就将达旺季，因此包车价格比平日要贵一些，按照7日6000元左右，比淡季均贵1000元上下，价格包含了司机的食宿与燃油费

图 3-52　马蜂窝网站青海湖旅游页面

本 章 小 结

　　通过本章的学习，我们了解了 SEO 的一些基本功，在开始正式学习之前，建议读者多花一些时间和精力对本章的内容仔细阅读，这样有助于在后面的学习中更快地理解知识点。

　　需要注意的是，随着 SEO 的发展和搜索引擎算法的不断升级，有些知识点的重要性会有所弱化，如 h1 标签、TDK 标签，等等。这些标签在 10 年前是非常重要的，那个时候做 SEO 甚至不需要去考虑内容，只需要在标题、正文中堆积关键词就可以获得排名。现阶段做 SEO 肯定不能简单地堆砌关键词，但是我们一定要花时间去研究如何撰写这些标签。笔者在大量的实践中发现，在相同条件下，TDK 标签撰写通顺更有利于 URL 的收录和关键词排名。在标题中通顺地融入更多的关键词显然是不容易的事情，在后面的章节中会用更多实例展示如何才能撰写一个优质的标题。

第 4 章
创建网站

4.1　域名中包含关键词全拼对 SEO 的影响

前面的章节中已经提到域名对于 SEO 的重要性，那么究竟该如何选择域名？本节将对此展开深入的分析。大量的事实证明，成功的 SEO 绝非偶然，只有注意到方方面面的细节才能获得理想的排名。

在 2013 年的一个站群项目中笔者发现了这样的问题，域名中包含关键词全拼的网站排名要好于其他网站。类似的问题在之前就有 SEOer 提出，但是大多数意见是有必要包含英文关键词，而包含中文全拼是没有意义的，为此笔者还在各大 SEO 社区发起过讨论，结果很少有 SEOer 认为包含全拼会对排名产生影响。2013 年笔者建设的站群数量为 8000 个左右，当时选了 1000 个用来测试域名包含全拼对排名的影响，其中 500 个网站域名包含关键词全拼。试验对象的域名注册时间相同，服务器相同，CMS 模板相同，目标关键词竞争性分析相同。在第 30 天的时候，包含全拼关键词的域名网站目标关键词进入搜索结果前十位的比率是 70%，而不包含关键词全拼域名的网站进入搜索结果前十位的比率是 55%。

2013 年的站群项目试验绝非偶然，后来笔者还做了多次类似的试验，结果都证明了域名中包含全拼关键词的重要性。除了对于排名的影响，还有一点非常值得重视：经过统计，很多用户搜索的时候习惯输入拼音搜索，如搜索"三亚旅游"，有很多用户会选择输入"sanyalvyou"，当输入后者的时候，域名中包含全拼关键词的排名有绝对的优势。如图 4-1 所示。

在百度搜索引擎中输入"sanyalvyou"，排名第二位的域名中便包含"三亚旅游"关键词的全拼。讲到这里肯定有读者会问，现实生活使用拼音输入搜索的用户估计很少吧？回答这个疑问首先要了解 SEO 的价值问题，后面我们将会提到目标关键词的筛选和长尾关键词的筛选。SEO 过程绝不是盲目地和竞争对手一决高下，我们可以试想，对手的网站或许已经运行了几年，无论是外链还是内容都远远高于自己的网站，如果一开始我们就针锋相对，那无疑是选择了失败。这时候我们不妨考虑一下其他方法，做一些对手不在乎做的事情，优化一些对手不乐意优化的关键词，这样的手法带来的流量或许确实无法和指数高的关键词相比，但是只要让自己的网站有了原始用户，即有用户参与进来，就会加快搜索引擎对网站质量的判断，这对于后期权重的提升都有积极的作用。

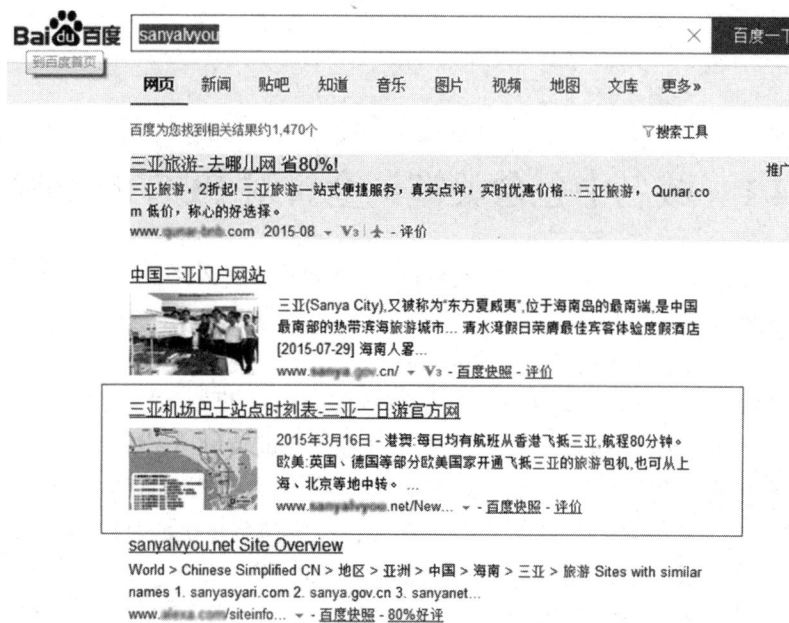

图 4-1　输入"sanyalvyou"的百度搜索结果

笔者之前做过这样的试验：使用两个相似的域名建设了两个类似的网站，一个定位指数为 200 的关键词，另一个定位指数为 50 的关键词。定位高的当然需要有外链、文章的支撑才能获得排名，一个月的投入预计为 3000 元左右；定位低的只需要每天发几篇文章，没有做外链，一个月的投入预计为 500 元左右。结果定位低的关键词 10 天便有了排名，并且相当稳定，每天大概有 20 ～ 50 IP 的流量，这样一个月下来有 600 ～ 1500 IP 的流量；而定位高的关键词累死累活 25 天才有了排名，并且极其不稳定，流量时有时无，一个月下来流量才有 500 ～ 800 IP。这个事实告诉我们，SEO 过程切忌眼高手低，当然不是说我们就不能做高指数的关键词。笔者深知 SEO 是一个乏味的过程，更了解想通过互联网创业的朋友的艰辛，但一次的失败可能导致放弃，正确的方向往往能从精神到现实鼓励我们不断前行。到了后期，当网站获得了一定的权重，我们也获得了一些经验时，便是时候和对手发起挑战了。

4.2　过期域名抢注应该注意什么事项

域名注册是有期限的，当其域名所有者在域名到期后没有或忘了对该域名续费时，域名将被删除并可被重新注册。例如，A 域名到期时间为 2003 年 3 月 1 日，从 2003 年 3 月 2 日开始，域名的 NS 将会被系统自动删除，域名无法解析，但该域名会继续保留 30 天，用户可以在这 30 天的期限内续费。如果在上述 30 天期限内没有续费，即从 2003 年 3 月 31 日开始，域名将变成 RedemptionPeriod 状态，该状态将会保持 30 天，在此期间该域名不会被删除，但是除了 restore 命令以外的所有命令都对此域名无效，域名在 RedemptionPeriod 状态下可以通过执行 restore 命令恢复回来，但每一次执行 restore 命令都需要支付费用。如果域名在 RedemptionPeriod 状态下的 30 天内没有执行 restore 命令，那么从 2003 年 4 月 29 日开始域名会变成 PendingDelete 状态，持续 5 天，2003 年 5 月 4 日该域名将会被删除。

抢注过期域名对 SEO 是非常有帮助的，过期域名的优点在于域名存在时间长，域名的年龄也在一定程度上影响关键词的排名，还有就是过期域名有一定的外链，甚至带有权重。那么该如何选择这些过期的域名呢？首先需要注意的是域名之前建设的网站是否属于灰色行业，这个可以通过一些网站历史查询工具了解，百度搜索"网站历史"便能找到很多类似的工具。其次是域名是否被搜索引擎屏蔽，一般在搜索引擎中直接输入域名便可以查出，如果域名已经被收录，说明是可以使用的，如果没有收录，那只能结合第一点做出判断。最后需要注意的是外链和权重，如果抢注到一个有不错的外链并且还带着权重的域名，那么你的运气很好！外链和权重查询可以利用站长工具，如百度站长工具。

除了以上几点，使用过期域名还应该注意之前的网站是否和自己现在计划建设的网站类似，或者至少有类似的目标群体。如果我们想建设一个亲子类型的网站，而过期的域名之前是做五金行业的，那么在选择这样的域名后，今后的 SEO 的过程要费力很多。例如，我们想建设一个户外用品的网站，计划选择一个过期的域名，结合 4.1 节中提到的域名建议包含关键词全拼，这样我们应该优先选择包含"huwai"的域名。查询最近过期的域名，输入"huwai"关键词，如图 4-2 所示。

"huwaiabc.cn"似乎是不错的选择，分析该域名后得知其之前没有建设过网站，相对于之前建设的网站目标群体不同或者是灰色行业，没有建站的域名也是不错的选择，选择的时候要考虑到现实情况，切记不能生搬硬套。需要注意的是，如果是品相差的域名，可以自己抢注，品相好的域名最好借助于第三方的力量，百度搜索"域名抢注"可以找到很多这样的服务商。

图 4-2　包含"huwai"的过期域名搜索结果

4.3　国内外知名注册商介绍和推荐

域名注册商的选择非常重要，笔者在早期就深有体会。2006 年前后域名注册商鱼龙混杂，万网这样的注册商和普通的注册商价格差异很大，对于刚进入互联网行业的笔者而言，节约资金尤为重要，出于这样的考虑笔者便选择了一家不知名的注册商，结果开始的几个月还可以，到了后面经常出现 DNS 错误的问题，一年之后注册商网站便停止了运营，导致域名都无法续费，自己用心维护一年的网站也随之关闭，正是因为这样的教训，笔者在本书中才单独用一小节的篇幅讲述域名注册商的选择。

现在的域名注册商非常多，近几年也都正规了很多，但是就实用性和稳定性来说，笔者只推荐国外的 Go Daddy 和国内的易名中国（eName）。Go Daddy 是一家提供域名注册和互联网主机服务的美国公司，服务产品涉及域名主机领域基础业务——域名注册、虚拟主机、VPS、独立主机，以及域名主机领域的衍生业务——独立 IP、SSL 证书、网站建设、邮箱、相册、速成网站、加速搜索引擎收录、网站分析等。易名中国是中国最大的域名交易中介、域名注册申请、域名查询网站，其通过 CNNIC、ICANN 双重顶级认证，拥有超过 300 万个 .cn、.com 域名，大客户包括微软、百度、谷歌、新浪、央视网等。这两家域名注册商的 DNS 服务都非常稳定，最重要的是域名安全性很高。我们注意到最近几年域名盗窃屡屡发生，一般的域名无所谓，如果是短数字或者双拼域名，每一个动辄价值成千上万元，域名的安全确实不容忽视。还有一点就是 Go Daddy 和易名中国都支持免费过户，用户可以很轻松地将域名转移到其他用户名下，其他一些注册商要么就是转移非常复杂，要么就是收费。Go Daddy 目前不支持中文，读者可以到百度搜索"Go Daddy 注册教程"获得帮助，Go Daddy 支持支付宝付款。

除了 Go Daddy 和易名中国，万网、爱名网等也是不错的选择，选择的时候注意是否有 ICANN 认证域名注册服务机构等认证，如果无法确定可以到各大站长社区咨询。

4.4　服务器和 SEO 的关系

前面我们已经提到域名对于 SEO 的重要性，和域名一样，服务器对于 SEO 也有着不容忽视的作用（这里暂时不将空间和服务器做区分）。服务器的选择需要考虑以下几方面的因素：一是服务器所在的机房要足够安全稳定。二是服务器要有足够的带宽，这是保证全球各地能访问网站的关键。如果网站连最起码的访问都无法保证，那么何谈 SEO。笔者在帮一位站长做 SEO 诊断的时候遇到过这样的问题：这位站长的网站访问正常，上线 1 个多月，经过诊断分析得知网站结构内容都没有问题，但是一直没有被搜索引擎收录，也没有蜘蛛爬行的日志，这让笔者百思不得其解，后来检测全球访问节点时发现百度蜘蛛所在地区居然无法访问网站，之后和服务器商协商后才得以解决。这个经验告诉我们，在网站上线后一定要做各地区的访问测试。三是如果使用空间或者云服务器，则需要注意看服务器中是否有违法、垃圾网站的存在，存在该类型的网站一方面会导致服务器经常受到攻击，另一方面是如果搜索引擎屏蔽垃圾网站 IP 地址段，我们的网站就很容易受到牵连。

如果把域名比作网站的"脸面"，那么服务器便是网站的"大脑"，有好的"脸面"才能够引起搜索引擎和用户的青睐，这是赢得比赛的第一步，而如果没有健康稳定的"大脑"，SEO 最终还是无法获得成功。事实证明，更换服务器、更换 IP 地址对关键词排名有很大的影响，尽管去年百度站长工具针对这一问题专门推出了工具帮助站长更换 IP 地址，但我们将问题解决于萌芽阶段岂不是更好。网站建设之初，服务器的选择如果实在无法决断，读者可以多请教前辈或者到各大站长论坛请教，切记不要大意。

4.5 Windows 服务器的选择、配置及安全设置

4.5.1 Windows 服务器的介绍

目前很多用户和服务器商依旧选择 Windows Server 2003 系统，原因是 Windows Server 2003 系统为用户提供如下五大有价值的好处。

（1）便于部署、管理和使用。熟悉的 Windows 界面，让 Windows Server 2003 的使用容易上手。有效的新向导简化了特定服务器的安装和服务器的日常管理任务，即便没有专职的系统管理员，也一样容易管理。另外，还有一些新增和改进的功能设计，让系统管理员部署活动目录更为容易。

（2）安全的基础结构。Windows Server 2003 使企业可以利用现有 IT 投资的优势，并通过部署关键功能，如 Active Directory 服务中的交叉林信任及 .NET Passport 集成等，将这些优势扩展到合作伙伴、顾客和供应商。Active Directory 服务中的标识管理的范围跨越整个网络，有助于确保整个企业的安全。

（3）企业级的可靠性、可用性和可伸缩性。通过一连串的新功能和改进功能，包括内存镜像、热添加内存及 Internet 信息服务（IIS）6.0 中的状态检测等，增强了可靠性。为了寻求更高的可用性，Microsoft 群集服务目前支持高达八节点的群集及地理散布的节点，并支持从单处理器到 32 路系统的多种系统。

（4）采用新技术，降低了拥有总成本（TCO）。Windows Server 2003 提供许多技术，以帮助企业降低 TCO。例如，Windows 资源管理器使管理员可以设置服务器应用程序的资源使用情况（处理器和内存），并通过组策略设置来进行管理。网络附加存储（NAS）可以帮助用户的合并文件服务。

（5）便于创建动态 Intranet 和 Internet Web 站点。IIS 6.0 是 Windows Server 2003 中内置的 Web 服务器，它提供增强的安全性和可靠的结构。该结构提供对应用程序的隔离，并极大地提高了性能。

4.5.2 Windows 服务器的配置

服务器的配置大多是由服务器提供商完成的，我们只需要知道自己的 CMS 需要怎样的服务器配置，告诉服务器商即可。第 1 章已经提到 Windows 服务器可以运行 ASP、ASP.NET、PHP 等几乎所有 Web 程序，而 Linux 服务器仅能运行 PHP 程序，这样一来除了 PHP 之外的 CMS 便只能选择 Windows 服务器了。服务器配置的事情技术人员几乎都能帮着搞定，这里我们不再赘述，不过如何搭建网站和安全设置还是需要说明一下。

Windows Server 2003 的 IIS 网站配置的步骤如下。

（1）把源程序上传到服务器的硬盘里面，需要注意的是源程序所在盘务必和系统盘区分，这样如果系统发生崩溃，源程序数据至少能够找回，当然网站使用的 MsSQL 或者 MySQL 数据库也一定不能放在 C 盘，这样的错误导致的损失将无法挽回。

（2）打开 Windows Server 2003 里面的 IIS，按照如图 4-3 所示的步骤进行网站新建，即右击"网站"→"新建"→"网站"选项。

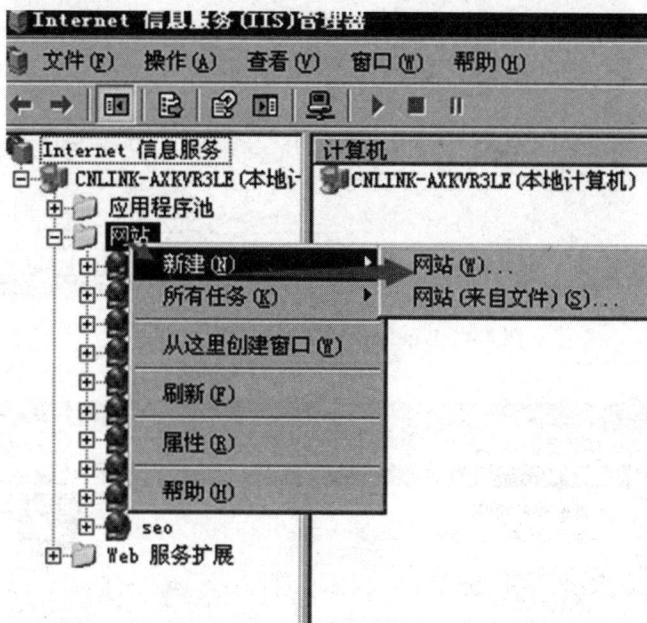

图 4-3　Windows 服务器新建网站（1）

（3）填写描述，这里建议和存放在硬盘里面的源文件名字保持一致，方便以后浏览修改，如图 4-4 所示。

（4）网站 IP 地址选择自己想要对应的 IP 地址，主机头默认留空，如果添加带www的域名则需要将主机头填写www，其他二级域名方法一样，如图4-5所示。

（5）选择硬盘里相对应的路径，如图 4-6 所示。

（6）勾选"运行脚本"和"执行"复选框，如图 4-7 所示。最后单击"下一步"按钮完成向导就可以把网站配置到 IIS 里面了。

接下来还需要设置相关网站的权限，这样才能让访客成功地浏览网站。

（7）选择相应的网站，然后单击"权限"选项。

（8）单击"添加"按钮，接着在输入框中输入"e"，然后单击旁边的"检查

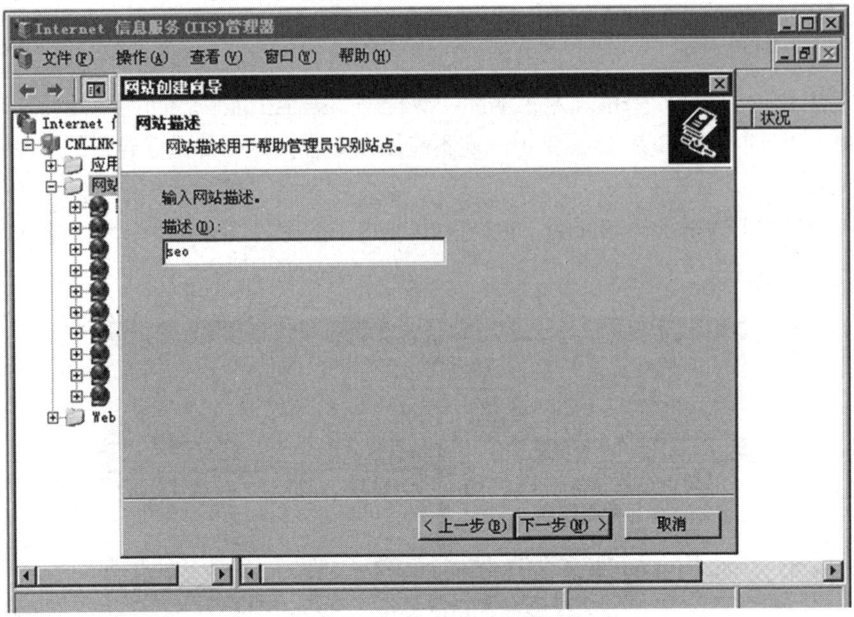

图 4-4　Windows 服务器新建网站（2）

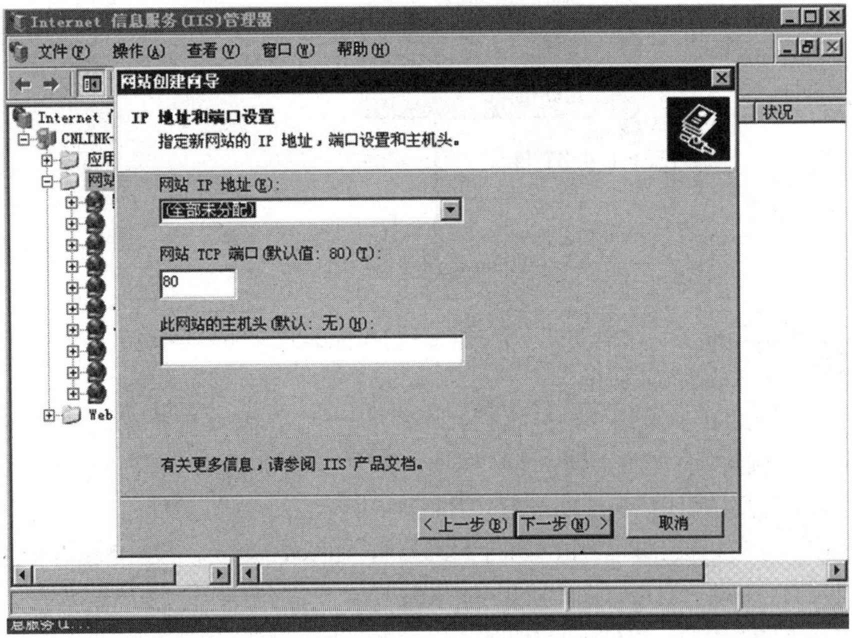

图 4-5　Windows 服务器新建网站（3）

图 4-6　Windows 服务器新建网站（4）

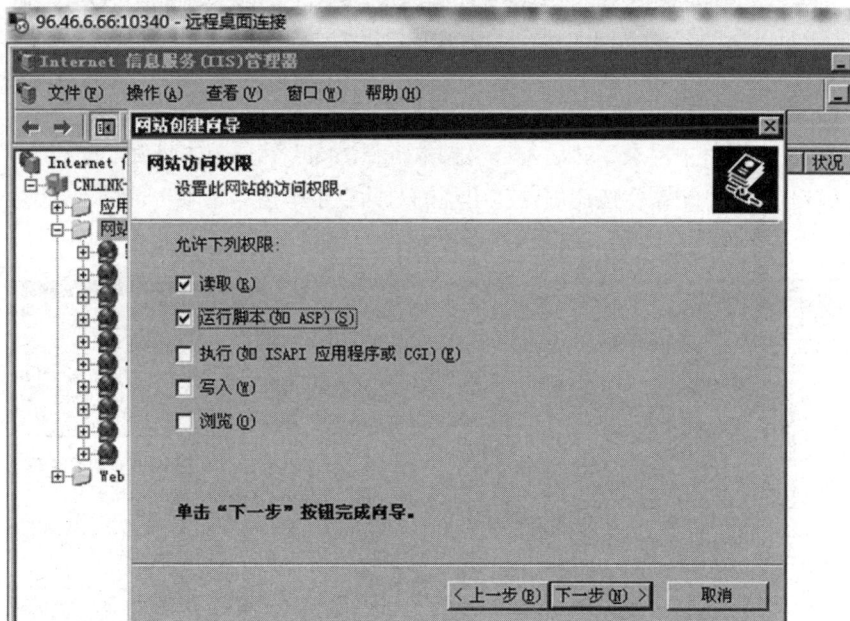

图 4-7　Windows 服务器新建网站（5）

姓名"按钮后会出现 everyone，单击"确定"按钮后勾选"完全控制"复选框，如图 4-8 所示。

图 4-8　Windows 服务器新建网站（6）

（9）选择相应的网站，然后右击"属性"选项。

（10）选择"主目录"然后勾选"脚本资源访问"然后单击打开"配置"。

（11）单击"配置"按钮后，在出现的对话框中单击"选项"选项卡，然后勾选"启用父路径"复选框，如图 4-9 所示。

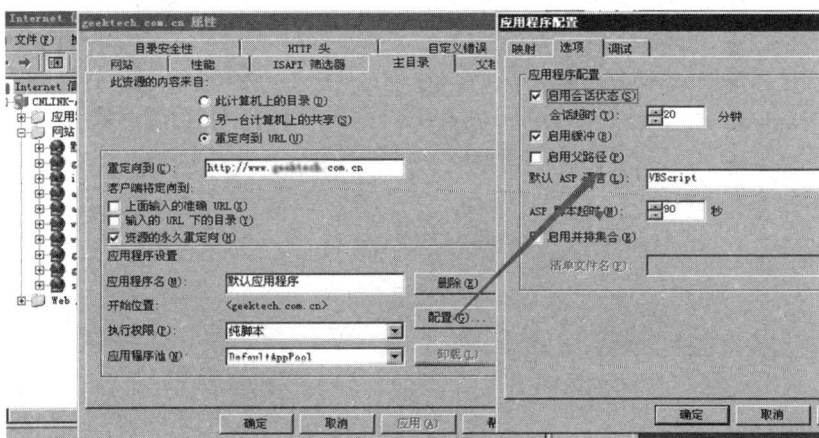

图 4-9　Windows 服务器新建网站（7）

（12）单击"属性"对话框里面的"文档"选项卡，然后单击"添加"按钮添加 index.php。

（13）最后把添加的 index.php"上移"到最顶端即可。这是默认读取的首页内容文档，如果程序默认读取的首页内容文档是 index.asp 的话就上移 index.asp，如图 4-10 所示。

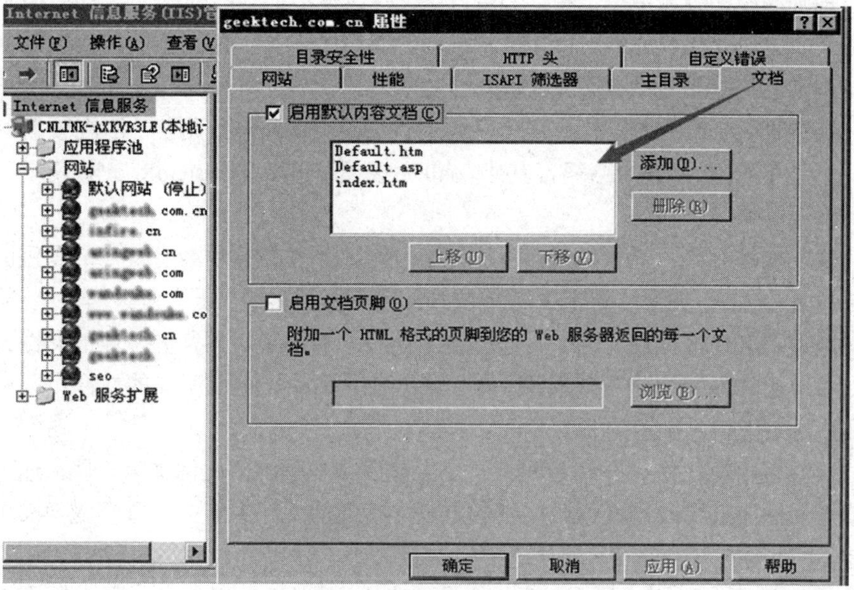

图 4-10　Windows 服务器新建网站（8）

4.5.3　安全狗配置之主动防御

设置 Windows 服务器安全曾经是一个非常让人头疼的问题，经常需要请专门的技术人员才能完成，现在这一切我们都可以依靠安全狗来完成，操作非常简单，下面我们简要介绍一下安全狗的使用。

1. 文件及目录保护作用

服务器安全狗文件及目录保护功能，其作用主要是为了保护用户服务器重要的文件与目录不被篡改或删除。建议用户安装完服务器安全狗后，要开启文件及目录保护功能以便保障文件与目录的安全。

2. 文件及目录保护设置

文件及目录保护规则类型主要分为系统保护规则、网站规则和其他保护规则三种类型，它们的主要区别如下。

（1）系统保护规则主要是禁止修改服务器安全狗安装目录下的相应文件类型

的文件，并对文件目录进行必要的权限设置。主要是保护安全狗产品安装目录下的扩展名为 .ini、.xml、.db、.exe、.dll 等的文件，该文件操作规则是禁止写入与禁止删除。系统保护规则包含新增规则、修改规则、删除规则、导入规则与导出规则。

①新增规则、修改规则。

规则的设置分为三个步骤，即设置目录→设置扩展名规则→设置进程名规则。系统保护规则设置中所涉及的各参数的含义如下。

规则名称：即用户定义规则所取的名字。

监控路径：用户需要进行保护的文件目录。根据提示进行相应设置，支持几个类似环境变量的路径，其中 %all% 表示全盘，%SystemRoot% 表示系统 Windows 目录。

文件操作规则：对于满足以上所述各种限制条件的文件或者文件夹要采取的限制类型，如禁止删除、禁止写入等操作，可以根据实际需要设置。

路径白名单或文件白名单：根据实际情况，对路径下不需要限制的文件或目录，可单击"新增文件""新增目录"按钮进行添加，对已添加的文件可以单击"删除"按钮进行删除。

文件名规则：假如文件名或者路径中包括文本框内的任何文字，那么这个文件或者文件夹就受到当前这条规则的限制，其他的文件或者文件夹不受当前规则限制。* 代表所有字符。

文件扩展名规则：只有扩展名为文本框里所写的内容才会受到本规则的限制，如设置 *.doc 就代表只有 DOC 文件受到本规则的限制。文件扩展名不支持通配符。

进程名规则：在白名单模式下，出现在名单框中的进程名所在的进程不受当前设置规则的影响；在黑名单模式下，只有出现在名单框的进程名所在的程进受规则的影响，* 代表所有进程。

②删除规则。

当用户想将某条已定义的规则删除时，只需选中该规则，然后单击"删除规则"按钮，在弹出对话框中选择"是"按钮，就可将该规则删除。

③导入规则。

当用户定义的系统规则被修改了或者想恢复成以前某时间所设置的规则时，则可以单击"导入规则"按钮将原先的规则导入（前提是原先设置的规则要有备份，扩展名为 .xml）。

④导出规则。

当用户想对自定义的系统规则进行备份存档时，可以单击"导出规则"按钮，将自定义的规则保存到电脑中备份，以后要恢复时可再导入相应的规则。

（2）网站保护规则允许用户通过对文件目录进行权限设置来保证网站的安全。与系统保护规则相同的是，在网站保护规则中，用户也可以进行新增规则、修改规则、删除规则、导入规则、导出规则等操作，它们的设置原理相同，用户可以参考系统保护规则的设置方法，根据实际情况对网站保护规则进行设置，此处就不再一一介绍了。

规则都设置完成之后单击"已开启"按钮使定义的网站保护规则生效。

（3）其他规则。用户可以根据实际情况与需求设置除系统保护与网站保护外的新规则，该模块功能包括"新增规则""修改规则""删除规则""导入规则""导出规则"，用户也可以参考系统保护规则的设置方法进行设置。

当规则都设置完成之后，单击"已开启"按钮使定义的规则生效。

4.5.4 安全狗设置之安全策略

安全策略功能通过执行具体的端口保护规则，限制或者允许进程对端口的连接请求，以保护服务器安全。

用户可以直接使用服务器安全狗默认设置的 11 条端口规则，也可以根据实际需要自行设置，如图 4-11 所示。建议新手或者是对端口原理不熟悉的用户直接使用服务器安全狗提供的端口保护规则。

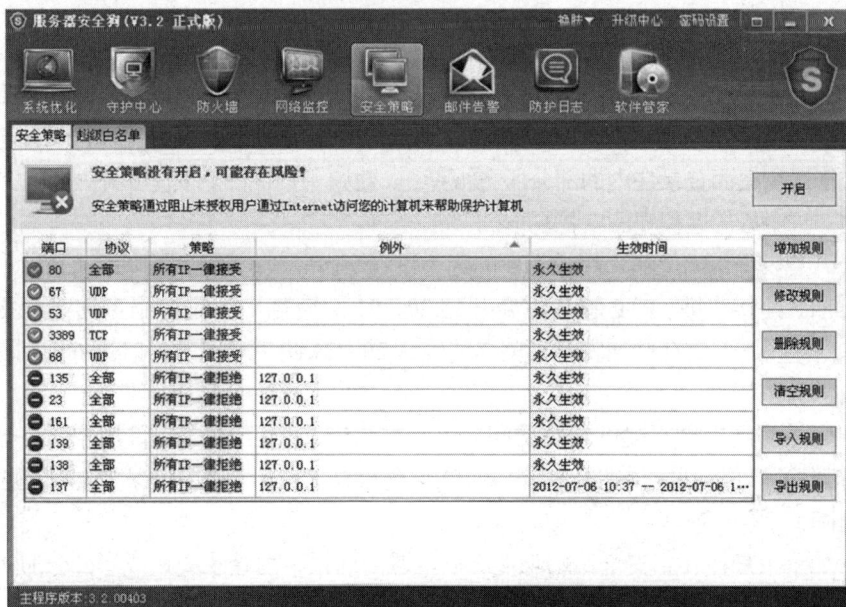

图 4-11 安全策略端口保护规则列表

用户可以通过单击操作界面右上方的"开启"和"停止"按钮来开启或停止安全策略功能，如图4-12所示。用户必须开启安全策略功能，所有端口保护规则才会生效，否则所有关于端口的设置都为无效。

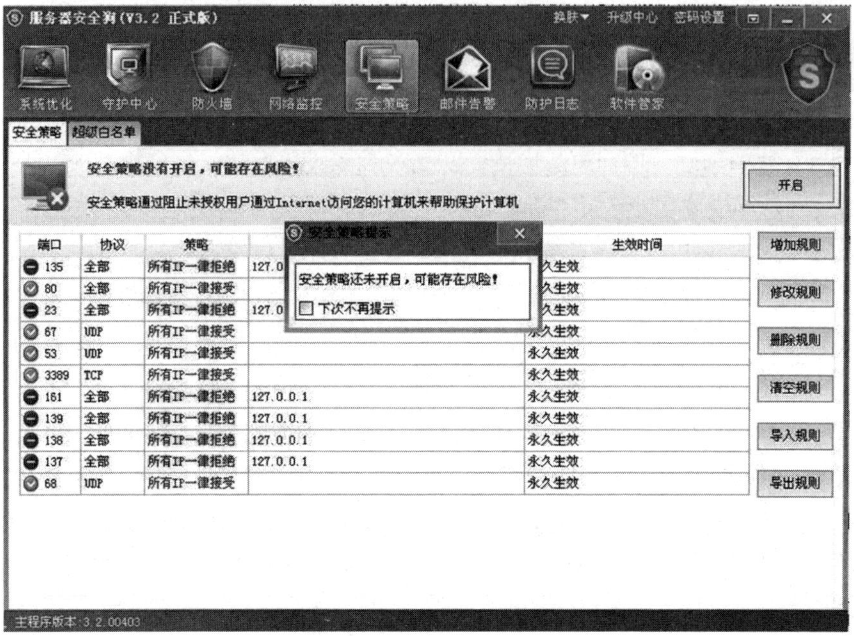

图4-12   开启安全策略功能

安全策略模式选择如图4-13所示。选择"开启"安全策略功能，系统会要求用户选择安全策略模式。安全策略模式的选择非常重要，如果误操作，可能会引起包括远程桌面登录在内的部分服务被禁止。建议用户在开启安全策略功能之前，开启守护中心的远程桌面守护功能。

开启安全策略之后，用户有可能因为设置不当导致的问题举例如下。

FTP连接失败：FTP服务需要开启20、21两个端口，用户服务器如果提供FTP服务，则应该在开启安全策略之前确认20、21两个端口的端口保护规则是否设置正确。

网站访问失败：提供网站访问，最基本的应该开启80端口，用户服务器如果有架构网站，则应该在开启安全策略之前确认80端口的端口保护规则是否设置正确。

如果用户在开启安全策略功能之后，遇到远程桌面登录失败或者部分服务被禁止，建议用户暂停安全策略功能，检查安全策略模式及端口保护规则设置，然

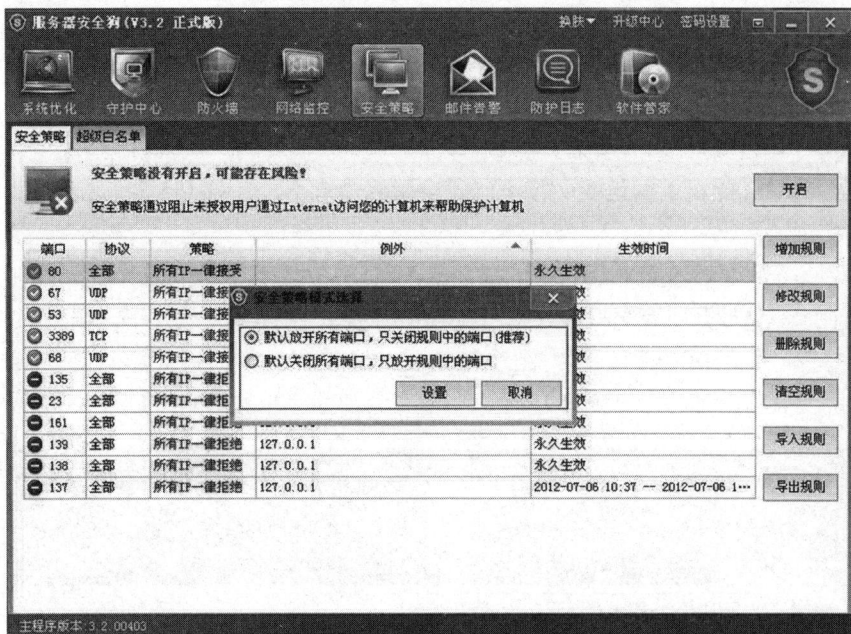

图 4-13 安全策略模式选择

后对被禁止服务相应的端口规则进行重新设置。

"默认放开所有端口，只关闭规则中的端口"模式表示端口保护规则以外的所有端口均为开放端口，而对于规则中的端口，系统将根据相应规则判断是否开放该端口，是否开放例外 IP 地址访问。

简单来讲，在选择此种模式后，系统只会判断端口保护规则列表中的端口是否需要限制，对端口保护规则列表以外的端口则采取一律不管的方式。

对于新手用户，在不熟悉端口原理的情况下，建议选择系统推荐的"默认放开所有端口，只关闭规则中的端口"模式。

"默认关闭所有端口，只放开规则中的端口"模式则表示其他端口均为非安全端口，将会被完全禁止访问，而对于规则中的端口，系统将根据相应规则判断是否开放该端口，是否开放例外 IP 地址访问。选择此种模式，系统会关闭所有端口保护规则以外的端口，并且根据端口保护规则的设置，对端口保护规则列表中的端口进行限制。

"默认关闭所有端口，只放开规则中的端口"安全策略模式会提供更高的服务器端口安全性（选择该模式还可以起到完全封锁 UDP 数据包的作用），但是建议用户在选择该模式之前，确认包括远程桌面登录端口在内的需要开放的端口不会因为安全策略的开启被禁止。

安全策略模式与端口保护规则特殊用法如下。

1. IP 黑白名单设置

用户通过安全策略模式选择与端口保护规则设置，可以实现针对某个端口的 IP 黑白名单功能。下面是在两种不同安全策略模式下，针对 135 端口黑白名单设置的实例。

（1）第一种安全策略模式下的黑名单实现。

在"默认放开所有端口，只关闭规则中的端口"安全策略模式下，端口保护规则选择为"所有 IP 一律接受"，例外 IP 实质上与 IP 黑名单功能相当，在例外 IP 处添加需要被禁止访问的 IP 或者 IP 段，即可实现 IP 黑名单的功能，如图 4-14 所示。

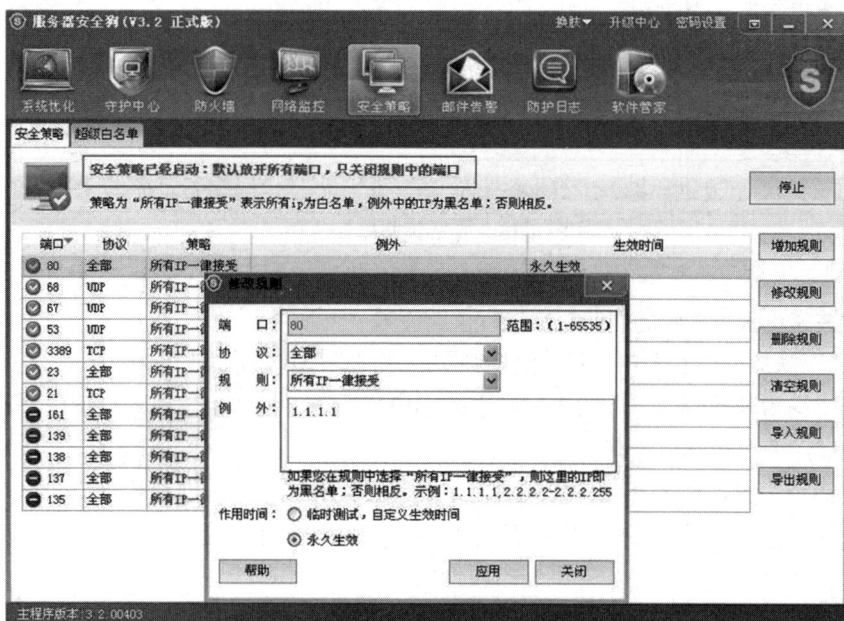

图 4-14　通过例外 IP 设置黑名单功能

（2）第一种安全策略模式下的白名单实现。

在"默认放开所有端口，只关闭规则中的端口"安全策略模式下，端口保护规则选择为"所有 IP 一律拒绝"，例外 IP 实质上与 IP 白名单功能相当，在例外 IP 处添加需要被允许访问的 IP 或者 IP 段，即可实现 IP 白名单的功能，如图 4-15 所示。

通过类似设置，在第二种安全策略模式下，也能够实现 IP 黑白名单功能。

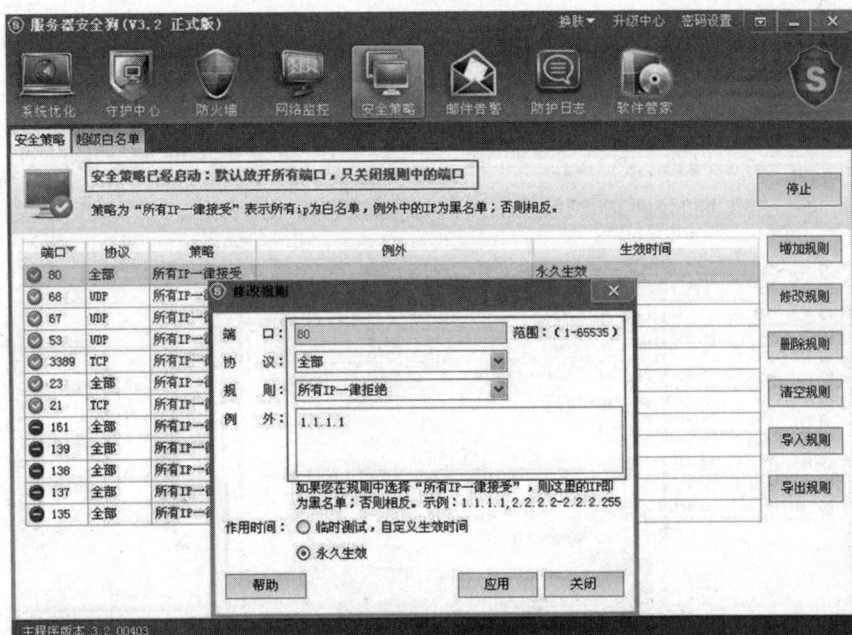

图 4-15　通过例外 IP 设置白名单功能

2. 禁止 ping 服务器

通过端口保护规则设置，用户可以实现禁止 ping 服务器功能。

用户如果希望禁止 ping 服务器，可以在设置端口保护规则的时候，选择 ICMP 协议类型。在"增加规则"窗口中，选择 ICMP 协议类型，直接使用系统默认值，不需要填入"端口"值，如图 4-16 所示。

端口保护规则设置实例如下。

用户通过查看"当前 TCP 与 UDP 监听"选项卡，可以获得实时的进程连接信息及相应进程开启的端口信息，如图 4-17 所示。用户可以利用"当前 TCP 与 UDP 监听"功能提供的详细信息，在"安全策略"选项中设置具体的端口保护规则，限制进程开启端口以保护服务器。

用户还可以通过查看"防护日志"，获得攻击者 IP 及攻击目的端口，利用"防护日志"功能提供的详细信息，在"安全策略"选项中设置具体的端口保护规则，对访问者的端口连接请求进行限制或者是添加信任，如图 4-18 所示。

以 IP 地址 218.75.20.150 对 80 端口的攻击为例，系统提供端口说明提示功能，如图 4-19 所示。对端口不熟悉的用户，可以将鼠标停留在需要了解的端口规则上，系统将显示该端口的详细信息。

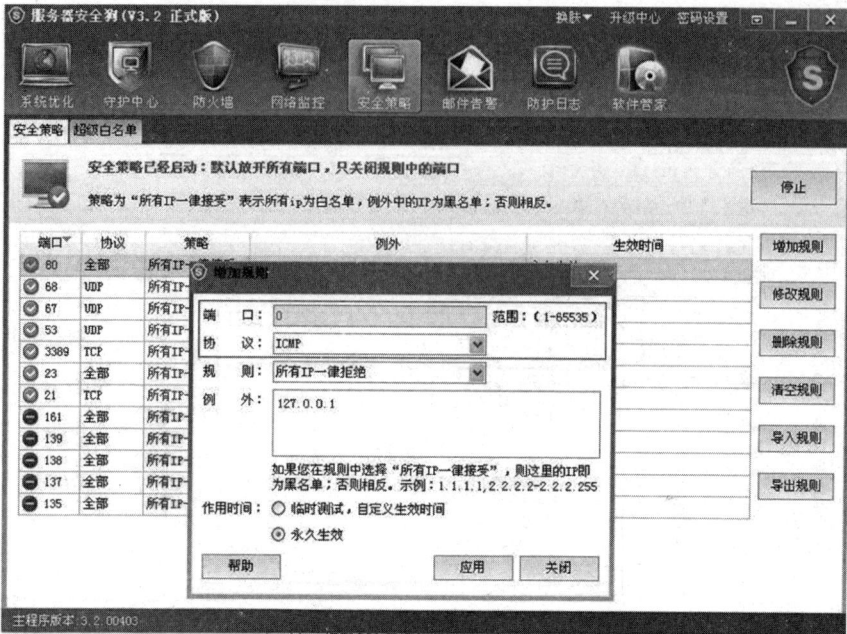

图 4-16　端口保护规则 ICMP 协议选择

图 4-17　当前 TCP 与 UDP 监听

图 4-18　防护日志

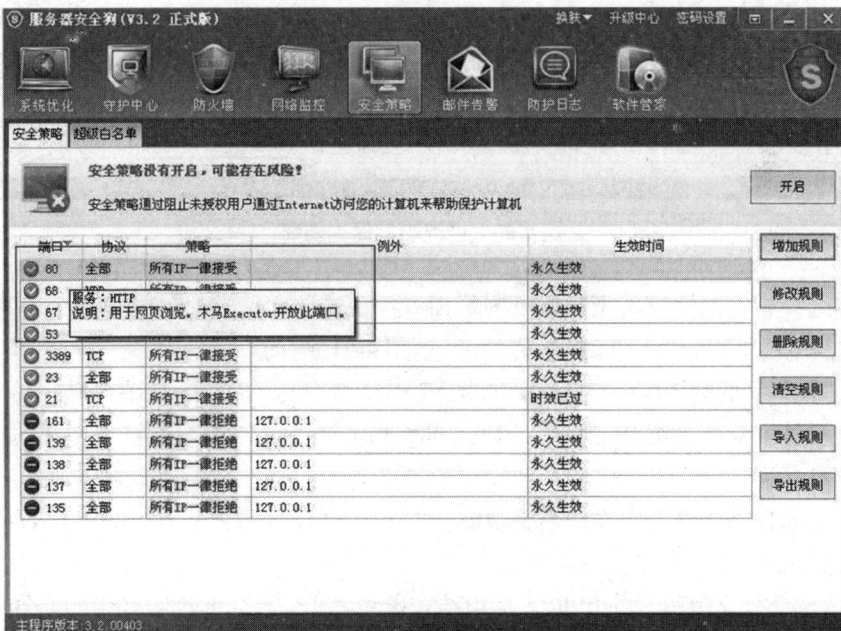

图 4-19　端口说明提示功能

从端口保护规则列表中选取需要修改的规则，通过双击或者是单击"修改规则"按钮，用户可以在"修改规则"窗口设置端口保护规则，如图 4-20 所示。因为服务器安全狗已经提供了 80 端口保护规则，所以这里我们单击"修改规则"按钮，如果用户需要设置的端口不在端口保护规则列表中，则可以在单击"增加规则"按钮之后进行相应设置。

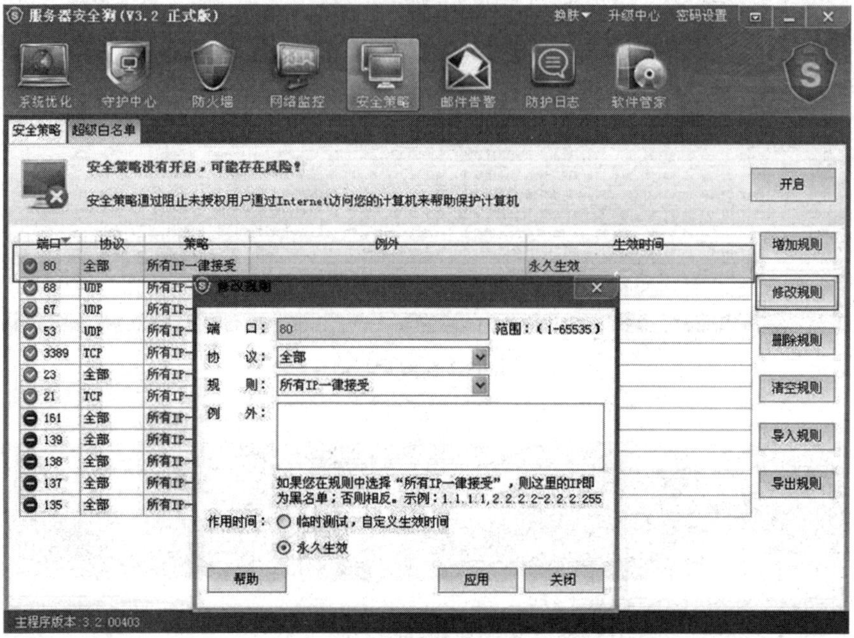

图 4-20　修改端口保护规则

选择相应的协议类型，可以屏蔽相应类型的访问请求，80 端口属于 TCP 端口，所以此处我们选择 TCP 协议类型，如图 4-21 所示。

"规则"的选择应该根据实际情况来决定，本例因为服务器上有网站，我们只是为了禁止部分恶意 IP 访问，所以这里我们选择"所有 IP 一律接受"选项，如图 4-22 所示。

之后在"例外"中设置需要被屏蔽的 IP，这样就等于是放行所有 IP 仅限制"例外"中的 IP 访问，如图 4-23 所示。

"例外"支持单独的 IP 也支持 IP 段，IP 或者 IP 段之间以","（半角）分隔，如 218.75.20.1, 218.75.20.2, 218.75.20.3 或者 218.75.20.1-218.75.20.255, 118.75. 20.1-118.75.20.255。

系统最多只允许添加 5 个单独例外 IP 或例外 IP 地址段。

图 4-21　端口保护规则协议选择

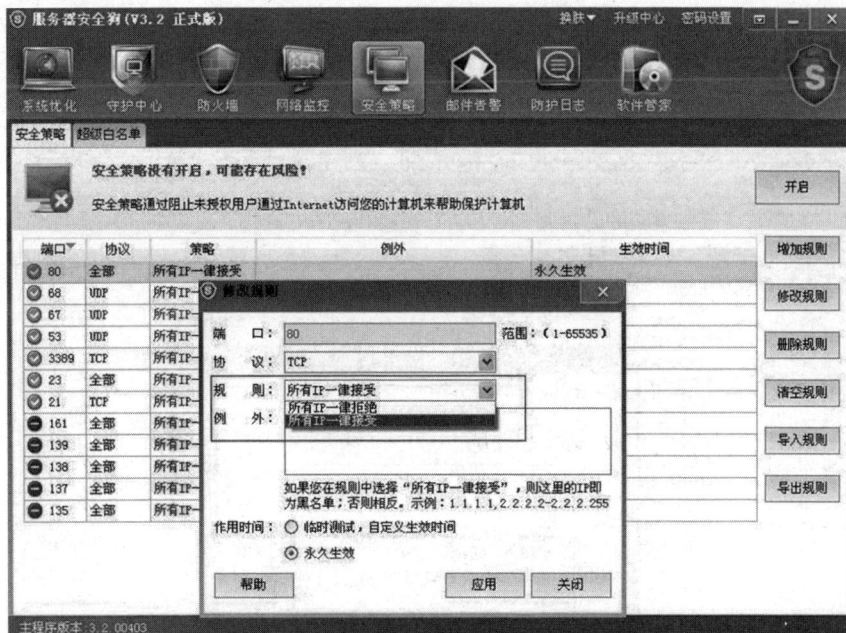

图 4-22　IP 访问规则设定

图 4-23　例外 IP 设置

端口保护规则可以设置作用时间，用户在不太熟悉端口保护规则设置或者是仅为测试使用的情况下，可以选择"临时测试，自定义生效时间"单选项来设置端口保护规则的作用时间，如图 4-24 所示。

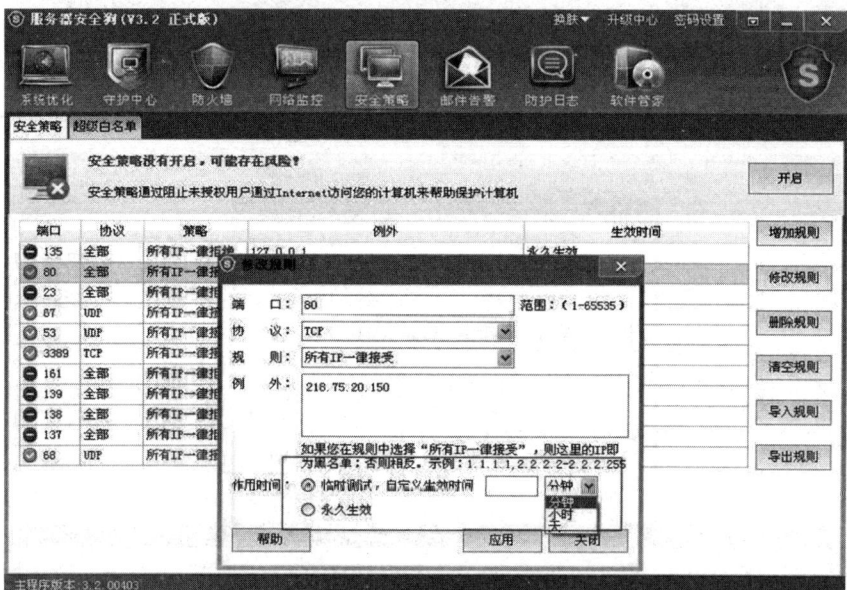

图 4-24　作用时间设置

完成具体的端口保护规则设置后，规则列表将显示详细的端口保护规则信息。用户可以选择其他设置选项继续相应的端口保护规则设置，也可以直接选择"开启"启动安全策略功能，如图 4-25 所示。

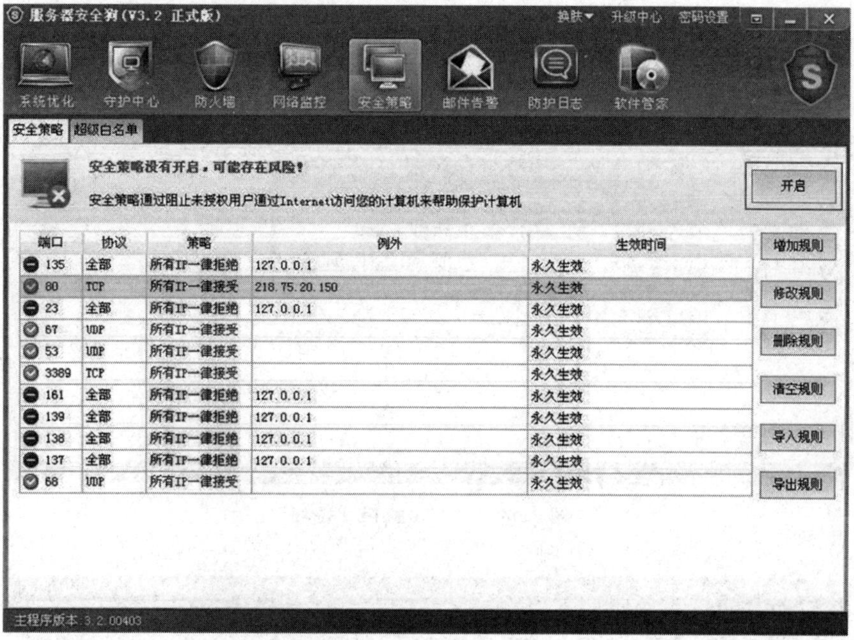

图 4-25　安全策略功能开启

本例我们选择系统推荐的第一种安全策略模式，如图 4-26 所示，用户在实际使用过程中可以根据自身的需要选择安全策略模式。

如果需要继续添加端口保护规则，可以单击"是"按钮，也可以直接单击"否"按钮，在开启安全策略功能之后，在安全策略功能界面直接进行其他相应的操作，如图 4-27 所示。

建议用户开启安全策略功能之前，再次确认远程登录端口及服务器各项服务相关端口的端口规则设置，确保安全策略功能开启之后，各项服务正常。

4.6　企业网站建站全攻略

4.6.1　企业网站选择什么样的域名

前面的章节中我们已经提到了域名对于 SEO 的重要性，本节我们重点分析企

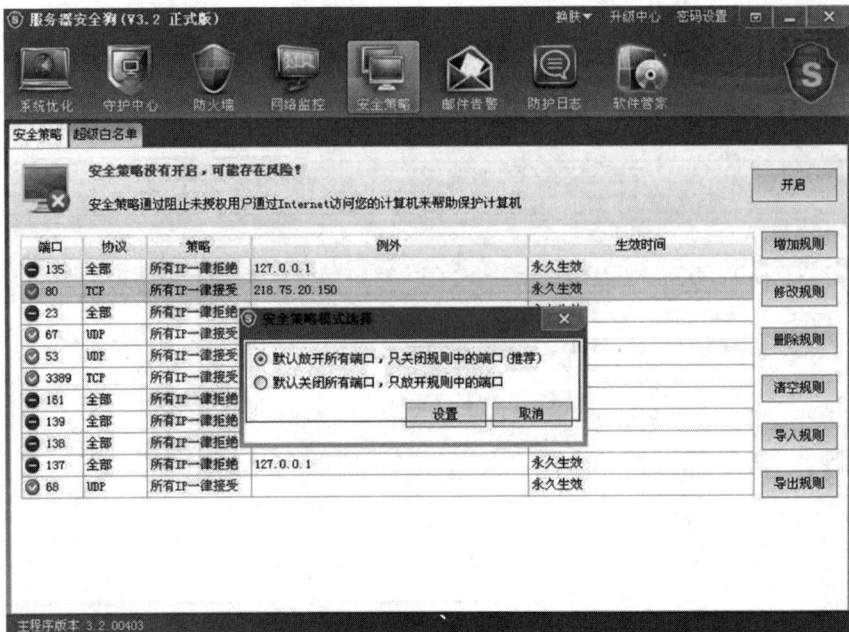

图 4-26　安全策略模式选择

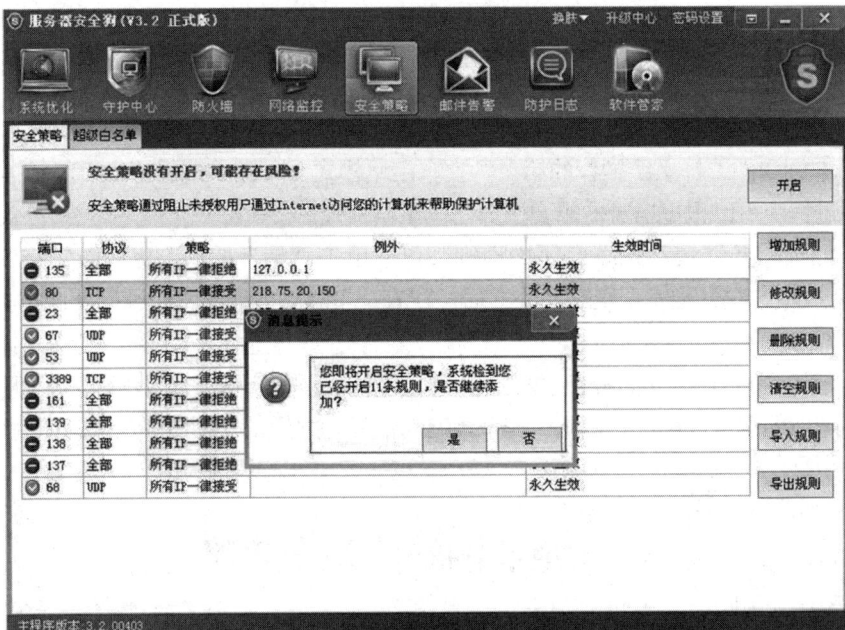

图 4-27　是否继续添加端口保护规则

业网站应该选择什么样的域名。相对于行业网站，企业网站对域名的要求相对较低，原因是很多企业并不利用网站来赢利，网站仅仅是企业用于展示产品或者文化的窗口。

对于企业网站，建议考虑在域名中包含企业名称拼音或者企业英文名称等字母。对于用户而言，这样的域名和企业名称对应起来，便于记忆；对于搜索引擎来说，该类型域名也是比较友好的。对于后缀，企业网站最好使用 .com，.com 域名无论是稳定性还是品牌认知度都要高于其他域名。如果 .com 后缀实在无法选择，那么可以考虑 .net 域名，其他后缀域名一般不要考虑。例如，为"祥瑞国际文化艺术公司"建设网站，域名中最好包含"xiangrui"，如果这样的域名能注册当然最好不过，但遗憾的是现在已经无法注册到这样的双拼域名，从域名投资者手中购买也是一笔不小的开销。如果企业预算足够可以考虑购买域名，购买域名的渠道推荐易名中国。如果企业预算不足可以考虑在后面添加一些字符，企业网站经常选择添加的字符有"net""wang""5"等，如图 4-28 所示，对于域名来说这样的添加或许并不美观，但是域名的一个重要指标是易于记忆，在全拼无法注册的时候，选择相对容易记忆的域名是很重要的。

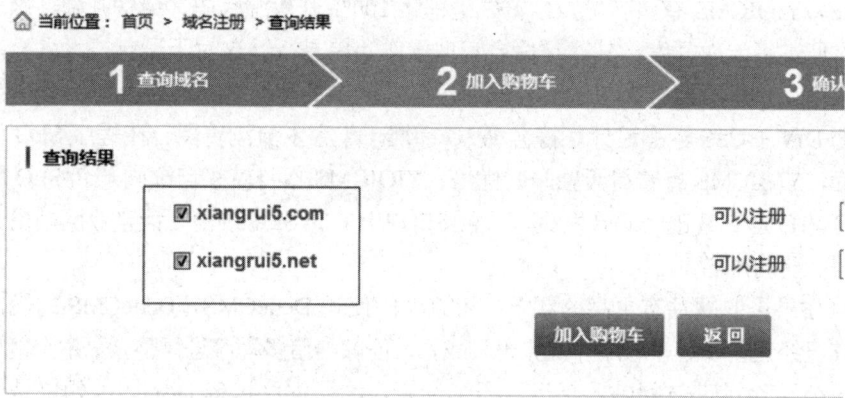

图 4-28　注册域名

笔者在 SEO 诊断过程中和很多位企业网站负责人沟通过，总结出企业建设网站的目的是希望用户在使用百度等搜索引擎搜索企业名称的时候能找到企业信息，这样对企业来说也是一种肯定，就如同营业执照一样。从这样的诉求出发，企业网站也需要优质的 SEO。笔者看到很多企业网站的首页是 Flash，看起来相当绚丽，但我们都知道到目前为止搜索引擎无法抓取 Flash 内容，这样会导致网页根本无法被索引，何谈排名，这也正是本书将企业网站的 SEO 单独分离出来讲解的原因。

4.6.2　企业网站选择什么样的服务器

相对于行业网站，企业网站在选择服务器方面要更加谨慎，因为在大多数企业中没有专门负责网站的技术人员，顶多就是文员登录后在后台发发文章，如果服务器一旦出问题将带来很大的麻烦。尽管能找到帮助企业制作网站的开发者，但是不一定能第一时间解决，长时间的访问故障会导致网站排名的迅速下降，因此企业网站服务器的选择应该遵循以下几点：首先服务器要稳定，带宽不一定要高，因为企业网站访问量不会太高；其次空间要大，企业经常需要发布一些图片甚至视频到网站上；最后服务器提供商要可靠，不要运行几个月就倒闭，对于有技术人员维护的企业来说这样的问题尚可解决，但是没有技术人员维护的企业网站遇到这种情况将会有很大的损失。

4.6.3　企业网站选择什么样的 CMS

企业网站的建设有很多 CMS 可供选择，如 DedeCMS、YIQICMS、WordPress 等都可以为企业网站提供所需的服务。笔者推荐使用 YIQICMS，因为相对于其他 CMS，YIQICMS 有诸多优点：首先是程序 100% 开放源代码，免费开源，这一点很方便进行二次开发；其次是后台管理操作简单易行，这对于没有技术人员的企业来说也非常重要，简单的后台操作可以让网站的运行变得异常简单；最后是模板为 DIV + CSS 标准设计，符合 W3C 标准，兼容主流浏览器。在程序 SEO 优化方面，YIQICMS 有着得天独厚的优势，YIQICMS 本身就来自国内知名 SEO 网站 SEOWHY，其基础代码开发完全符合 SEOWHY 的 SEO 规范，让企业网站更容易获得优质的排名。

如果企业网站有更高的要求，可以考虑使用 DedeCMS，DedeCMS 的优点在于其已经运营多年，程序非常完善和成熟，能够与诸多程序进行整合。举个例子，如果公司除了官方网站还想运营一个论坛，论坛程序选择 Discuz!，如果是使用 DedeCMS 建设的官方网站，那么整合起来就相当方便。

还有一种情况是企业网站需要多语言，随着全球经济一体化的发展，很多国内企业都希望把自己的品牌推向全球，在这样的情况下笔者建议使用 WordPress。WordPress 来自国外的开发团队，对全球多语言的支持非常不错，就 SEO 而言也是非常理想的。经过多年的发展，WordPress 拥有诸多的插件，可以帮助网站实现很多功能，如图 4-29 所示的微信公众号插件、评分插件等都是非常不错的。

图 4-29 WordPress 插件

4.7 行业网站建站全攻略

4.7.1 行业网站选择什么样的域名

对一个行业网站来说，前期能否选择一个适合的域名，很大程度上关乎着这个网站的成败，下面笔者和大家分享一些行业网站选择域名的方法。

首先域名要"简短"，这里的"简短"主要是说域名的位数。大家都有这样的共识：一个好网站的域名都不会太长，就像京东、腾讯、阿里巴巴一样，域名非常简短，这样当我们第一次看到这个域名的时候就会有深刻的记忆了，再次访问的时候输入也不容易出错，因此"简短"是衡量域名好坏的重要标准之一。

其次域名要"单纯"，这里的"单纯"主要是说域名的组合方式。好的域名组合方式比较单一，域名选择首选纯数字的，其次是选纯字母的，再次才是数字与字母组合的，最后才选带有符号的。选择"单纯"域名一方面会相对比较容易记忆和书写，另一方面是对搜索引擎比较友好。不过近些年随着互联网的发展，这种类型的域名几乎已经无法注册，4 位数字域名的价格已经炒到了 3 万元以上，稍微好点的双拼组合都在 5 万元以上，现在互联网的创业已经不单单是拼技术，最根本的还是资金的较量。

最后域名要"符合"，这里的"符合"主要是说符合中国人的拼音习惯，也就是拼音域名。就像百度一样，域名就是百度品牌的拼音，非常符合中国人的输入习惯，同样也便于记忆、书写。就目前的域名市场来看，如果没有充足的资金预算，三拼域名是一个不错的选择，就连豌豆荚在早期创业的时候都不得不选择 wandoujia.com 作为官方域名，近两年用三拼域名建设的成功网站比比皆是。

4.7.2　行业网站选择什么样的服务器

前面章节中我们提到企业网站服务器的选择主要是稳定，要选择易于管理的服务器。行业网站在选择服务器方面，其要求要远远高于企业网站，因为行业网站往往要实现很多功能，不像企业网站那样只是做简单的产品展示等。某些功能的实现对服务器的要求非常苛刻，如果之前没有弄清楚，后续会带来很大的麻烦。笔者的一位朋友做了一个视频类型的行业网站，前期没有问清楚，后面随着用户的数量增加需要增加带宽，结果服务器提供商告诉他机房带宽仅仅只有 10 M，无法增加，如果要增加的话需要支付高额的费用，虽然后来他选择了另外一家服务器提供商，但是程序和数据的转移足足让他忙活了一个多月，最后网站排名也下降好多。因此，行业网站在建设之初就应该考虑好使用什么样的程序，程序需要哪些组件的支持，占用多少带宽，空间有什么要求等。

下面是笔者就行业网站服务器的选择所做的一些总结梳理，供大家参考。

首先是服务器的健康状况。服务器健康状况主要是根据同服务器同 IP 地址网段的其他网站来考虑的，假设同一个服务器同一个 IP 地址网段的一些网站因为使用黑帽作弊导致网站被降权，如果这个时候你的网站同样也在这个服务器上，就算你没有使用过任何作弊手段，没有任何不良记录，也可能会受到牵连而被同时降权。之前有过这样的案例，一个原本一直都很正常的网站突然快照回档到一个月前并且收录停滞，在检查了网站的外部链接和网站内容确定没有问题之后，最后将问题锁定在了服务器上，在检查了同一个服务器的各个网站之后，发现有大量的私服、六合彩这样的网站受到降权处罚，我们应该都知道这种类型的网站一般都会采用一些黑帽手段来快速达到目的，也是最容易受到处罚的。所以，我们选择网站服务器的时候一定要看一看 IDC 是否同意放置这一类型的网站，同时检查要购买的 IP 地址网段是否存在这种类型的网站，以及是否有大量受到降权处罚的网站，从而避免自己的网站受到牵连。

其次是服务器的稳定性。服务器的稳定性也是非常重要的，如果你的服务器空间经常隔三岔五地打不开，对于网站必然是巨大的打击。如果蜘蛛在爬行你的网站时经常出现突然无法爬行的情况，这样肯定会让你的网站不被搜索引擎所信任，会大大减少蜘蛛的爬行与抓取。这样对于网站页面的收录来说肯定是会受到影响的，特别是对于一个没有任何权重的新站来说，搜索引擎会一直认为你的网站没有准备好，甚至是认为你关闭了你的网站。笔者自己曾经使用过的一些免费的空间就经常出现这样的情况，网站三天两头打不开又不能很快得到解决，所以直接导致网站被"K"只剩下首页，同时网站快照回到了几个月以前，到现在也依然没有恢复，只收录了 3 个页面。所以，我们在选择服务器空间的时候不能什么便宜买什么，一定要考虑一下主机的稳定性，看一看口碑如何，最好是有一段试用时间。

再次是服务器的访问速度。为了避免网站备案的麻烦，现在国内很多站长都选择境外的服务器来安置自己的网站，很多劣质的服务器空间在国内打开的速度实在太慢，这就严重影响了网站的用户体验。当一个打开的网页反应太慢的时候，用户往往会选择直接关闭这个网站，这样就大大增加了网站的跳出率。同时，蜘蛛来抓取我们网页的时候也是以一个游客的身份来访问网站的，当蜘蛛爬行抓取网页受到阻碍的时候可能就会停止爬行，这样网站的收录也会受到影响。搜索引擎的最终目的就是服务于用户，访问速度慢、跳出率高对于网站肯定是不利的。所以，我们在选择服务器空间的时候一定要选择访问速度快的优质空间。

最后是服务器的功能支持。服务器的功能支持包含很多方面，当然是越完善越好，支持 URL 静态化就是一个非常重要的功能，无论是 Linux 主机还是 Windows 主机都是可以支持这个功能的，做好 URL 静态化对于 SEO 来说也是非常有帮助的。有的主机会支持 301 跳转和 404 页面，可以直接在主机后台设置，使用起来非常方便。有些服务器是不支持服务器日志的，这个对于我们了解网站情况是不利的，最好是选择能够支持的，这样就可以通过查看服务器日志来了解准确的网站状况。

4.7.3　行业网站选择什么样的 CMS

行业网站 CMS 的选择非常广泛，经常用到的有 DedeCMS、帝国 CMS、PHPCMS、ZCMS 等。如果建设门户型行业网站，建议优先考虑 DedeCMS，其功能非常丰富，能满足门户型网站的所有需求，后台操作也简单明了，重要的是 DedeCMS 能全局生成 HTML 静态页面，这一点对于当下的 SEO 而言非常重要。如果建设商城类型的行业网站，优先建议使用 ZCMS，如图 4-30 所示。ZCMS 商城系统界面非常大气美观，功能非常实用，完全能胜任一般的 B2C 网站需求。

ZCMS 的后台管理也很实用，如图 4-31 所示。其自带的数据管理和分析系统能帮助商家了解访客和销量情况，如图 4-32 所示。当然 PHPCMS 和帝国 CMS 也是很多行业网站的首选，PHPCMS 拥有诸多的模板和插件，并且都是免费的。

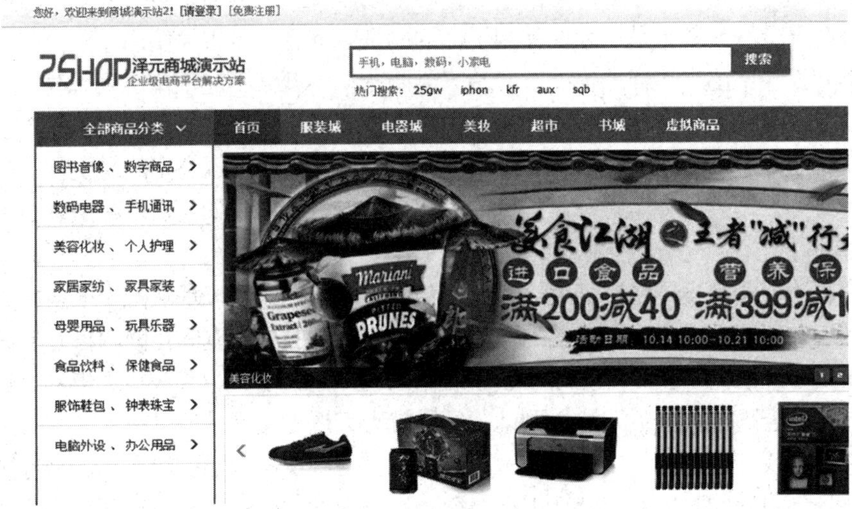

图 4-30　ZCMS 前台界面

图 4-31　ZCMS 后台界面

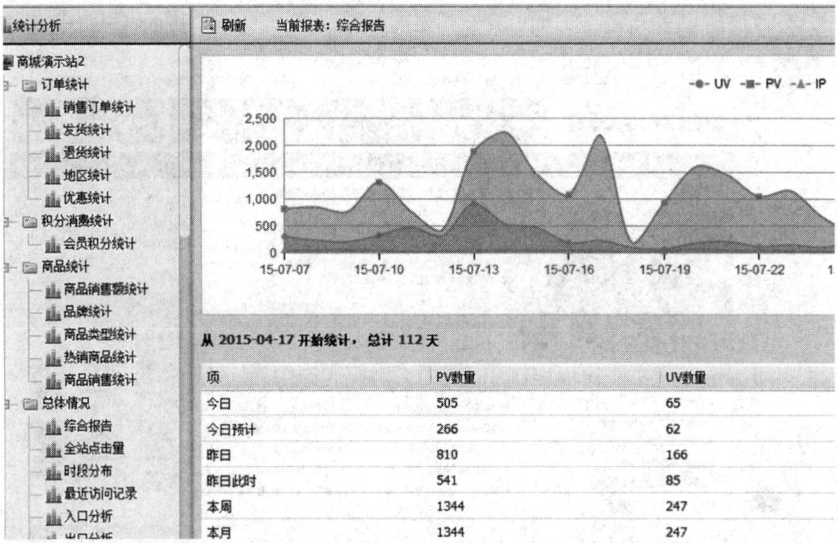

图 4-32　ZCMS 后台的数据管理和分析系统

4.8　DedeCMS 介绍

什么是 DedeCMS？DedeCMS 即织梦内容管理系统，是一个集内容发布、编辑、管理、检索等于一体的网站内容管理系统（Web CMS），其前台界面如图 4-33 所示，后台界面如图 4-34 所示。DedeCMS 除了拥有国外 CMS 的众多特点，还结合国内用户的需要，对内容管理系统概念进行了明确分析和定位。作为国内第一个开源的内容管理系统，DedeCMS 自创建以来都在摸索中国互联网内容管理系统的道路，程序当年只是个人作品，现已组建团队，在提升用户服务、提高产品质量的同时，对中国网站内容管理系统进行研究，成为目前市场上最受欢迎的内容管理系统。

4.8.1　DedeCMS 的功能

用户可以通过以下五个方面来进一步了解 DedeCMS 的各项功能。

（1）自由管理网站的内容结构：独创的灵活的站点管理机制，独创的内容模型机制，强大的自定义插件管理机制，所见即所得的编辑器，自定义专题等内容管理模式，以及处处体现自由的各项功能帮助用户更容易地管理维护网站。

图 4-33　DedeCMS 前台界面

图 4-34　DedeCMS 后台界面

（2）自由地设计网站的风格与表现：灵活的模板设计与管理体系，能结合个
性内容框架的模板机制，让用户能不断扩展个性的、独创的网站设计；简单的模

板制作过程结合强大的模板定义机制，让用户能很方便、自由地设计出充满个性魅力表现的网页，真正实现只要想到就能做到的要求。

（3）自由地获取并收集整理网站需要的内容信息：把复杂的处理技术用简单的方式表现出来，让用户能够轻轻松松地获取所需的信息来源，根据需要汇集各网站的精华，并形成新的专题内容展示出来，节省管理内容的时间。

（4）自由地组织网站的内容和信息：内容关联分类机制可以让用户轻松组织具有复杂内容关联的网站结构，并可以简单、自由地组织内容数据的归类以表现成不同的风格，所提供的模板让用户可以更随心所欲地组织网站内容，建设内容表现和层次丰富的网站门户。

（5）自由地扩展系统功能：自由开放的系统结构及分层系统处理技术构建了高效稳定的系统平台，开放的插件扩展方式和简单的模板扩展定制功能让用户可以不断根据需求变化扩展系统功能，还能结合其他应用系统一起工作。

自由管理和自由扩展机制使得用户在需要改版升级网站时，只需要设计新的内容项目与风格即可完成。

4.8.2　DedeCMS 的产品特性

DedeCMS 经 20 万名以上站长级用户经过长达四年的广泛应用和复杂化环境的检测，在安全性、稳定性、易用性方面获得了较高的声誉，备受广大站长的推崇。DedeCMS 采用 PHP + MySQL 技术开发，程序源代码完全开放，在尊重版权的前提下能极大地满足站长对网站程序进行二次开发的需求。DedeCMS 作为国内第一个开源的内容管理系统，自诞生以来，始终坚持开源、免费原则。众所周知，开源程序在代码规范性、程序安全性方面有着较高的要求，DedeCMS 拥有四年的开源经验，其灵活的产品架构、极强的可扩展性和可伸缩性能最大化满足站长目前及今后的应用需求。具体来说主要有以下几个方面。

（1）低维护成本。开发、维护一个网站需要动用大量的人力物力。因为必要的硬件投入必不可少，只有有效控制开发、维护成本，才能够让用户的总成本降低。DedeCMS 引入了独创的模板引擎技术和自定义标签功能，实现网站程序和界面分离的平台搭建效果，改变了传统的"功能开发→页面设计→整合"制作方式，从而达到了降低人力成本的目的。内置的可视化编辑器可以让用户的信息录入如同操作 Word 软件一样方便快捷，上手也非常容易。DedeCMS 的这种网站建设流程，让用户在不改变网站高效、轻便等特性的情况下减少了总成本。

（2）流畅专业的界面设计，良好的用户体验。DedeCMS 的界面设计遵循国际最新 W3C 网页设计标准，开发时期在 IE6、IE7、火狐、Opera 等主流浏览器上都进行过测试，可以保证用户网站浏览的流畅和完整。DedeCMS 页面设计遵循标准情况下尽量减少各个浏览器中存在的差异，系统不会因为不同的浏览器受到限制。

（3）国际语言支持。DedeCMS 从 V5.3 开始，以 UTF-8 国际编码为基准进行开发，让用户的网站可以扩展任意一种语言。

（4）灵活的模块组合，让网站更丰富。往往一个网站通过单一的内容发布系统是远远不能满足用户需求的，尤其在 Web 提倡互动、分享的大趋势下，用户非常希望在传统的内容信息网站中加入问答、圈子等一些互动型的功能。但如果基于原来的系统进行开发，整个系统易用性会受到影响，而如果使用其他系统，整个网站就不能一体化管理。针对这种情况，DedeCMS 推出了模块功能，用户可以像安装软件一样，下载相应的模块进行安装，网站就会增加这些特殊的功能。这样一来，更加方便了用户对自己的网站进行扩展，以达到自己满意的效果。

（5）简单易用的模板引擎，网站界面想换就换。DedeCMS 的模板引擎简单、易用，采用了 XML 标记风格，只要懂 HTML 就可以修改制作模板。很多用户都为每次网站改版费尽苦心，因为按照老式的网站制作流程，改版需要修改的不单单是一个界面，还要涉及程序修改，最后成了一次改版几乎等于网站重构。DedeCMS 就解决了这一系列问题，只要了解一些 DedeCMS 的模板标记，只要懂 HTML，就能随意对模板文件进行修改，而且每次升级只需要更新模板文件即可，做到了程序和页面很大程度上的分离。

（6）便捷自定义模型。DedeCMS 为用户提供了方便快捷的用户自定义模型，用户可以使用这个功能根据自身需求来创建各式各样的站点。

4.9　WordPress 介绍

什么是 WordPress？WordPress 是一种使用 PHP 语言和 MySQL 数据库开发的开源、免费的 Blog（博客）程序，用户可以在支持 PHP 和 MySQL 数据库的服务器上建立自己的 Blog。WordPress 是一个功能非常强大的 Blog 系统，插件众多，易于扩充功能。安装和使用都非常方便。目前 WordPress 已经成为主流的 Blog 搭建平台。

接下来我们来分析为什么选择 WordPress。

（1）WordPress 从 2005 年发布第一个版本以来，经过多年的开发，产品非常成熟。

（2）WordPress 拥有众多插件和主题，安装和使用都非常方便，即使不动代码，也可以很方便地使用它搭建出漂亮且强大的网站。

（3）目前 WordPress 已不再是一个简单的 Blog 程序，不仅可以使用它来搭建个人博客，还可以搭建其他常见类型的网站，如门户、下载站、淘宝客、论坛、多博客等。

（4）使用 WordPress，不管遇到什么问题，只要用百度或者谷歌搜索一下，就可以找到解决的办法。

4.10　Discuz! 介绍

Discuz! 是一套通用的社区论坛软件系统，用户可以在没有任何编程能力的基础上，通过简单的设置和安装，在互联网上搭建起具备完善功能、很强负载能力和可高度定制的论坛服务。Discuz! 的基础架构采用世界上最流行的 Web 编程组合 PHP + MySQL 实现，是一个经过完善设计，适用于各种服务器环境的高效论坛系统解决方案。从创立之初即以提高产品效率为突破口，凭借编译模板、语法生成内核、数据缓存和自动更新机制等独创或独有技术的应用，以及坚固的数据结构与最少化数据库查询设计，使得 Discuz! 可以在极为繁忙的服务器环境下快速稳定运行，切实节约企业成本，提升企业形象。依据实际应用案例，在 P4 4.4G + 1G RAM + IDE 硬盘的入门级服务器上，Discuz! 可以容纳 150 万篇帖子并稳定负载 2500 人 / 半小时在线的流量，最高可达 5000 人 / 半小时在线的流量。在硬件配置稍好的环境中，如在双 Xeon 4.4G、2G RAM、万转 SCSI 硬盘的服务器上，以上数字均实现了翻番，即容纳 300 万篇帖子，稳定负载 5000 ～ 8000 人 / 半小时在线的流量，最高可超过 10 000 人 / 半小时在线的流量。如果采用 Web 和数据库分离的方式负载，并采用 RAID-5 技术，各项指标可再提高 2 ～ 3 倍，即实现约 30 000 人 / 半小时在线的流量。这样的负载能力完全可以满足中大型网站乃至门户网站的应用需求。

除了一般论坛所具有的功能，Discuz! 还提供了很强的个性化设定功能，力求做到功能设置的系统性、丰富性，功能使用的人性化、傻瓜化，需求定制的最大化、智能化。绝大多数功能均在后台预留开关，可按用户需要启用。前后台全部采用语言文件等国际化设计，前台采用 Discuz! 开发组自主开发的编译模板等先进技术，使更换界面易如反掌。完善的权限设定使管理员可控制到每个用户、每个组及所在每个分论坛的各种权限，可以满足各种领域的论坛管理者的需求。

本 章 小 结

　　本章从笔者的亲身经历出发讲述了域名中包含关键词对 SEO 的影响，由此展开在 SEO 过程中应该如何选择域名和服务器。这是一项非常重要的工作，很多 SEOer 对于这一步骤不够重视，马马虎虎就开始建站了，结果遇到了很多问题。有些域名在注册后几个月被删除，导致之前的 SEO 工作白白浪费，有些服务器在运营几个月后崩溃或者是服务器商直接倒闭，这些都是笔者亲身经历的事情。

　　当然，仅仅通过几万字无法说明域名和服务器选择需要注意的每一种问题，建议大家在实际选择的过程中多多向前辈请教，站长之家论坛等都聚集着非常多的互联网从业者，大多数都乐于分享。除此之外，笔者也非常期待和读者进行线上的交流。

第 5 章
秘密和窍门

SEO 过程中还存在一些秘密和窍门，如三天上首页的窍门等。

本章笔者将和大家一起探究这些秘密和窍门。值得一提的是，现阶段 SEO 的核心是满足用户需求的内容建设，这些秘密和窍门只能起到锦上添花的作用，千万不要过度依赖。

5.1 百度站长平台使用指南

在 SEO 过程中，需要不断地对网站的各项数据进行分析，以便调整和制订下一步的 SEO 方案。这些数据的分析离不开工具。在百度没有推出站长平台之前，大家都是借助于第三方的工具进行分析，但这些数据分析结果的准确性和完整性都不太理想。随着百度站长平台的发布，这些问题都已迎刃而解。

5.1.1 百度站长平台为广大站长带来了便利

百度站长平台于 2010 年 3 月推出，百度站长平台的推出意味着百度认识到应该学会和站长进行沟通，这样才能建设和谐发展的互联网环境。

在百度站长平台推出之前，网站改版简直就是噩梦，改版会导致网站权重迅速下降，而如今只需要通过使用百度站长平台的网站改版工具就可以解决这个问题。因此，笔者觉得有必要针对百度站长平台的各项功能给大家做一个全面的介绍。

5.1.2 添加自己的网站

在开始使用百度站长平台之前，首先要添加网站，如图 5-1 所示。验证方式有文件验证、HTML 标签验证和 CANME 验证三种，按照自己的需要进行选择即可。验证完成后就可以使用站长平台提供的各种服务了。

图 5-1　百度站长平台添加网站工具

下面我们详细看看百度站长平台的重要功能。

5.1.3　消息提醒

如图 5-2 所示，通过此功能可以检测网站的异常情况。在设定联系方式之后，如果网站出现异常，百度站长平台会第一时间向我们发送消息，我们可以根据此消息进行查询和修改。

5.1.4　网站地图提交

如图 5-3 所示，我们可以将制作好的网站地图（sitemap）提交给百度，百度就可以在第一时间进行抓取，这样有利于网站收录。

如果网站程序没有自带的网站地图生成工具，那么就可以借助于第三方提供的工具，推荐使用小爬虫网站地图生成工具，只要按照说明填写网址，并单击"生成"按钮即可，如图 5-4 所示。

图 5-2　百度站长平台消息提醒工具

详细的网站地图提交过程会在本章后面单独介绍。

5.1.5　死链提交工具

如图 5-5 所示，此工具是用来处理网站死链的，与 404 页面类似。死链列表文件可以与网站地图类似，百度也提供了帮助文档，大家可以参照此文档进行制作。

5.1.6　URL 提交

如图 5-6 所示，此工具与之前的搜索引擎提交入口功能相同，即将网站 URL 提交给百度，百度接收到信息后，会进行抓取收录。

图 5-3　百度站长平台网站地图提交工具

SEO服务

SEO诊断

SEO顾问

SEO外包

图 5-4　生成网站地图工具

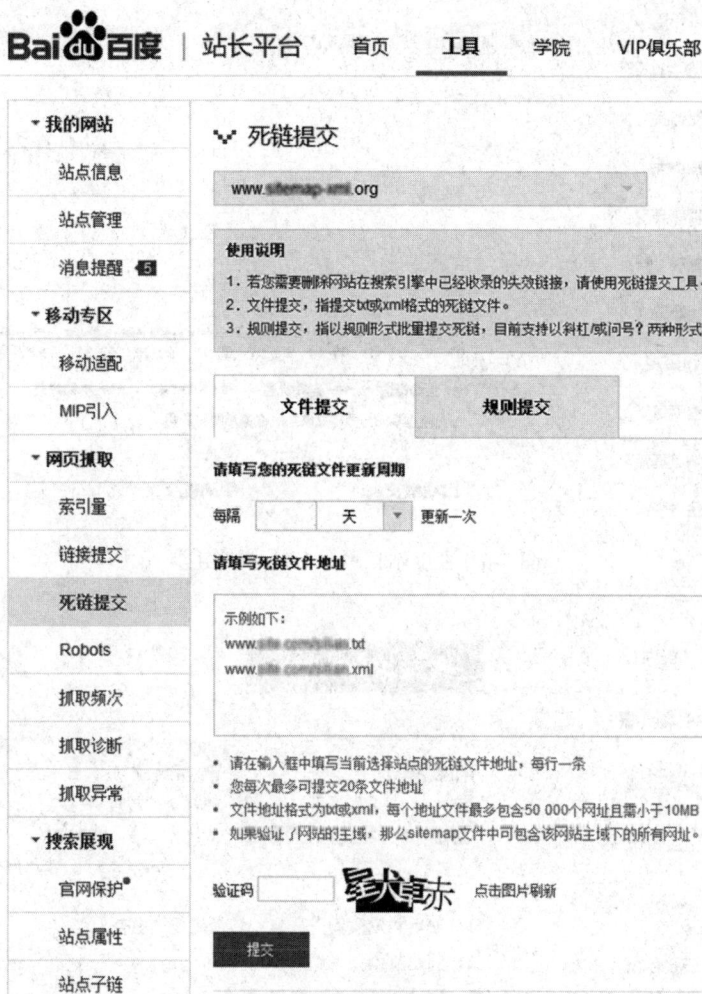

图 5-5 百度站长平台死链提交工具

5.1.7 网站改版

如图 5-7 所示，此工具是为了网站改版而推出的，可以减少网站因为改版而降低收录、外链等情况的发生。对于改版的网站来说，这个功能确实非常实用。本章后面会对网站改版工具做详细的解读。

5.1.8 索引量

如图 5-8 所示，此工具是为了体现网站中有多少数量级的待选内容，此内容

图 5-6　百度站长平台 URL 提交工具

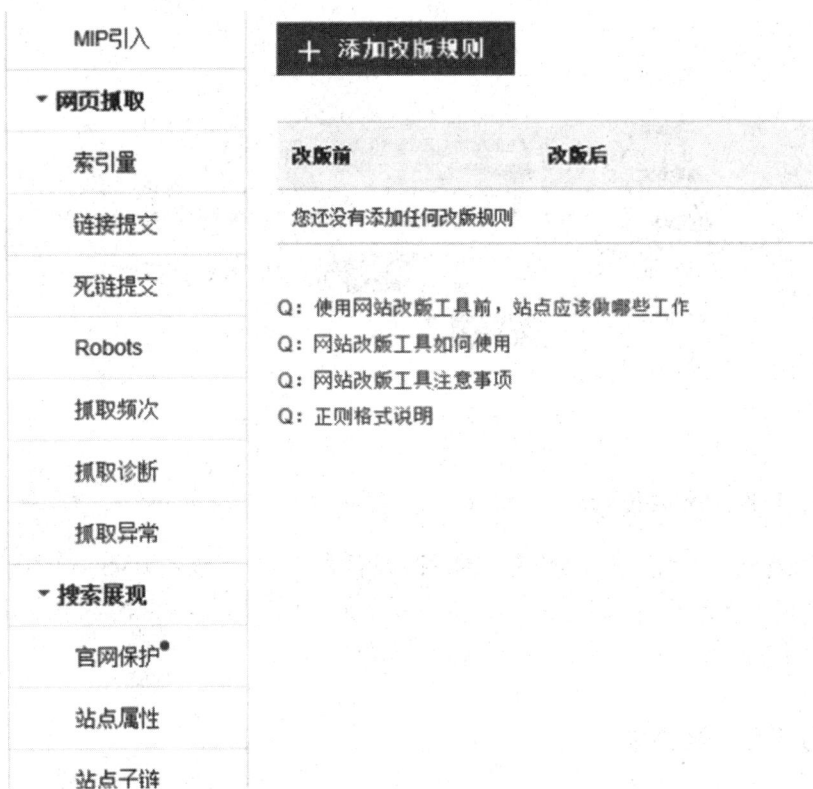

图 5-7　百度站长平台网站改版工具

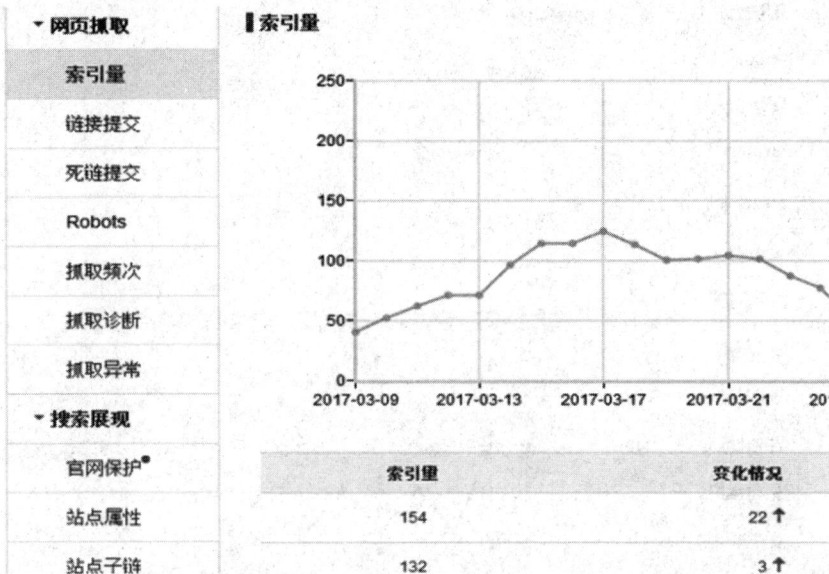

图 5-8　百度站长平台索引量工具

并不会直接被抓取，而是候选的内容。

　　百度也为我们提供了更新时间，一般为一天到一周不等，会根据网站的实际情况进行索引。

5.1.9　流量与关键词

　　如图 5-9 所示，搜索关键词将全面体现百度大数据的特征，通过此工具可以查看点击数量及热门关键词，并可以让站长进行有方向性的优化。

5.1.10　抓取异常

　　如图 5-10 所示，这个工具非常棒，可以指引站长找到用户可以正常访问而蜘蛛却无法抓取的原因，进而不断优化网站结构、数据、链接、内容等。

5.1.11　抓取诊断

　　如图 5-11 所示，抓取诊断这个工具是非常实用和重要的工具，对于站长来说能起到事半功倍的作用。由于百度将诊断次数定为每月 300 次，对于内容量级别非常大的网站来说可能有局限，但是对于一般的网站是足够的。它不仅可以诊断内容页面的相关问题，而且可以快速实现收录抓取。笔者曾经测试过这个工具，

死链提交	
Robots	
抓取频次	
抓取诊断	
抓取异常	
搜索展现	
官网保护	
站点属性	
站点子链	
结构化数据	
优化与维护	
流量与关键词	
链接分析	
网站体检	
网站改版	
闭站保护	
网站组件	
搜索代码	
站内搜索	
百度分享	
打赏 内测	

☑ 对比前一日

■ 点击量　■ 展现量

热门关键词	热门页面
输入关键字	

关键词	点击量	展现量
sitemap	3	14
网站地图	1	50
在线地图制作	1	2
百度 sitemap 生成	1	1

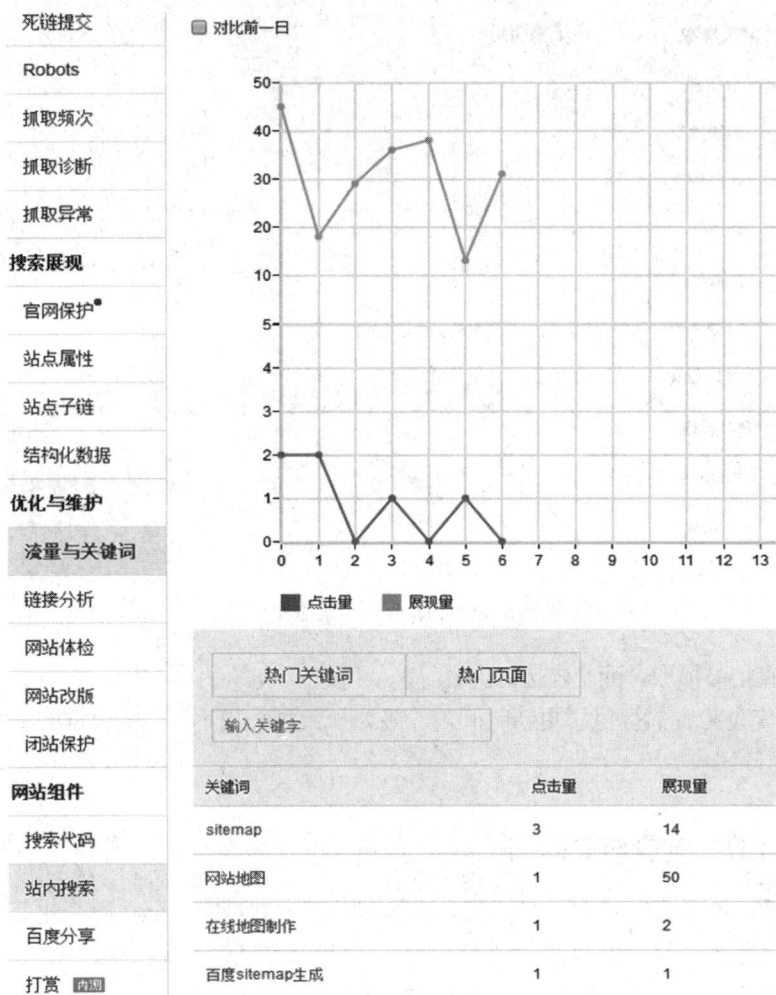

图 5-9　百度站长平台流量与关键词工具

只要内容是原创的，可以实现秒收。

　　还有一点就是如果网站收录不正常或者 site 不到首页，都可以使用该工具进行诊断，很有可能是 DNS 数据不对导致的蜘蛛无法顺利爬行，如果发现问题可以点击"报错"选项，直到 DNS 数据正确，如图 5-12 所示。

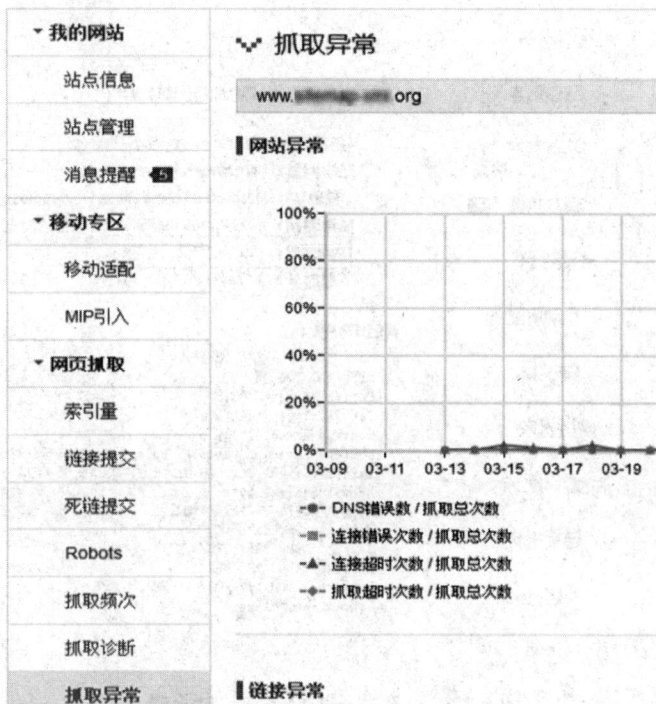

图 5-10　百度站长平台抓取异常工具

图 5-11　百度站长平台抓取诊断工具

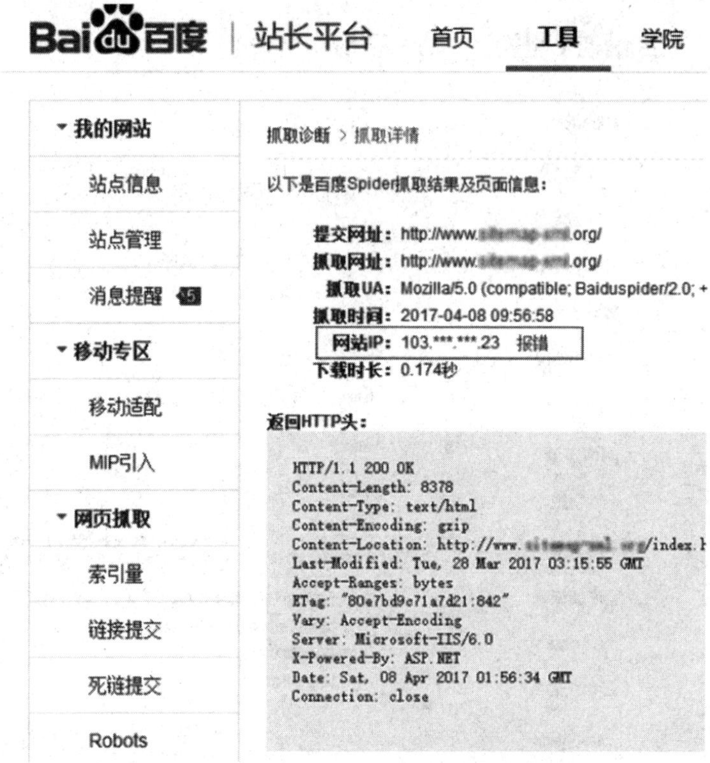

图 5-12　百度站长平台抓取诊断报错工具

5.1.12　外链分析

如图 5-13 所示，外链分析同样是非常重要的工具，它可以真实反映网站外链的数量。

不仅如此，百度在此工具中加入了拒绝外链管理功能，从而可以通过查看外链，对垃圾外链进行拒绝，让网站的外链更加健康，而且还可以通过此数据了解网站的安全情况。只要有垃圾文件嵌入网站并被百度抓取，那么垃圾外链就会被显示出来，通过此工具就可以检测出网站的危险来源。

5.1.13　网站体检

如图 5-14 所示，此工具主要是提醒我们网站中的一些优化问题，并根据百度搜索引擎优化白皮书的描述进行优化。对优化人员来说，它起到了一个基础的指导作用。

图 5-13　百度站长平台外链接分析工具

图 5-14　百度站长平台网站体检工具

5.1.14　抓取频次

如图 5-15 所示，抓取频次代表百度每天对服务器进行抓取的次数，为了不给服务器造成较大的压力，可以通过此工具调节抓取频次和关闭保护等。

5.1.15　Robots 工具

如图 5-16 所示，此工具主要用于更新和生成 Robots。

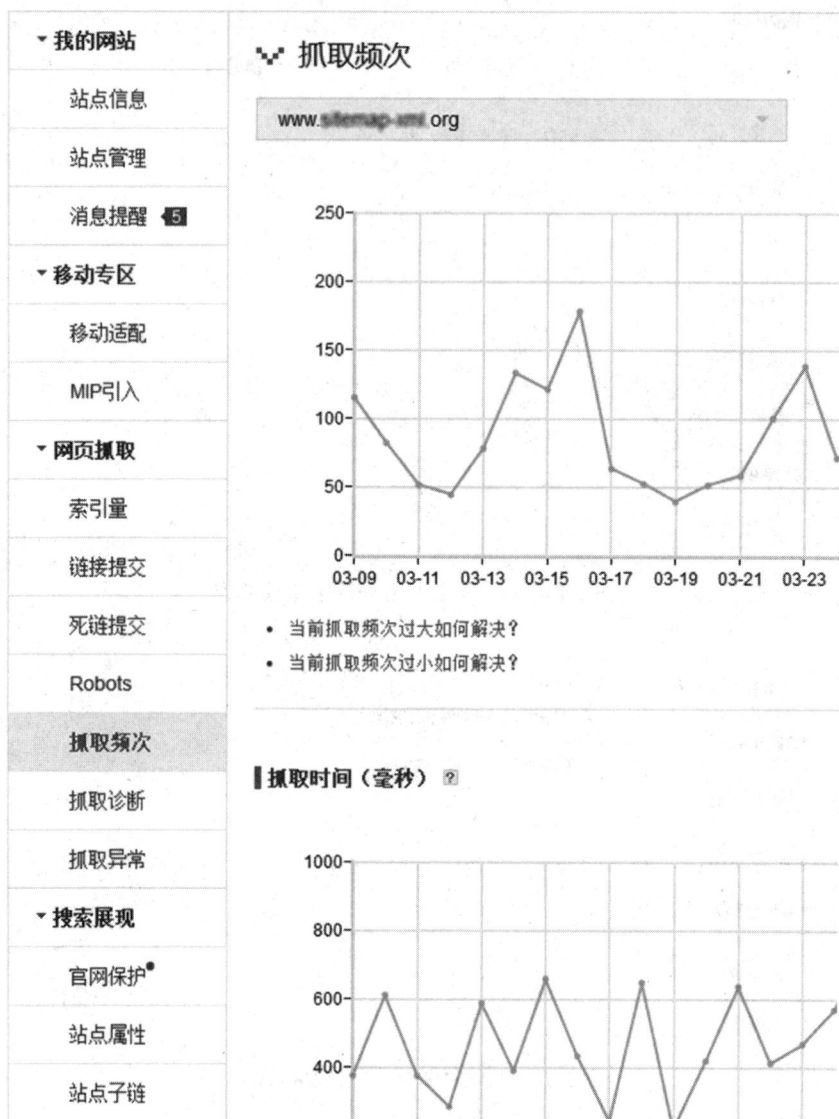

图 5-15　百度站长平台抓取频次工具

　　掌握百度站长平台这些工具的使用方法能帮助我们在日常的 SEO 工作中得到很多有效的数据，通过分析这些数据可以让我们调整下一步的优化方案。

　　百度站长平台还有其他一些非常实用的工具，读者可以自行登录了解，在使用过程中如果遇到问题，欢迎添加笔者微信进行在线交流。

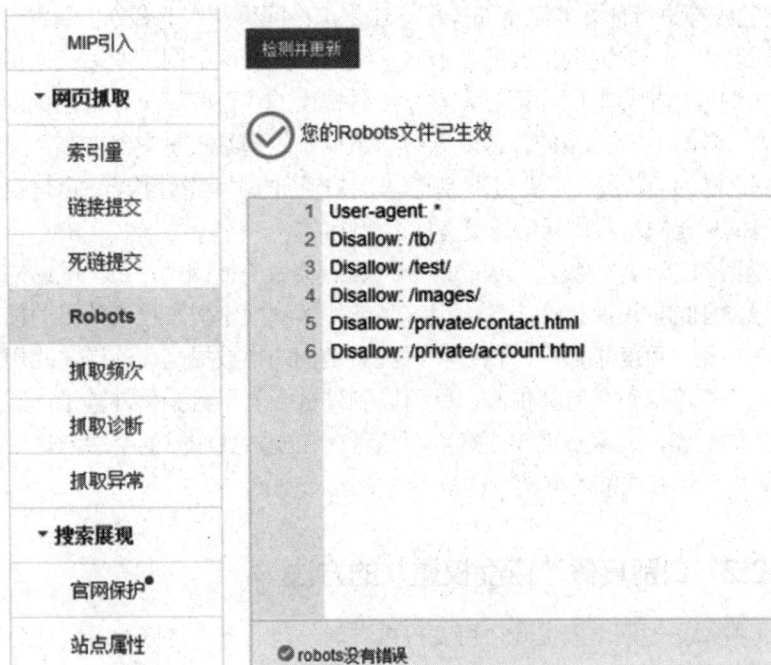

图 5-16 百度站长平台 Robots 工具

5.2 正确对待站长工具中的"百度权重"

一些 SEOer 对使用站长工具等查询的"百度权重"没有准确的认识，认为这个权重就是百度官方的真实权重，这是错误的。使用站长工具等查询的"百度权重"是第三方工具根据网站关键词的排名和指数计算出来的，虽然这个算法通常可以用来判断一个网站的质量和搜索引擎青睐程度，但是只能作为参考，千万不要固执地追求这个所谓的权重。

5.2.1 百度搜索引擎官方解释

根据第三方站长工具中提供的"百度权重"声明，百度从未提供过网站权重信息数据及对外查询服务。第三方站长工具的数据并非百度官方数据，不代表真实的网站情况，百度对使用此类数据而造成的困扰不负任何责任。请网站管理员不要将这些"百度权重"数值当成真实数值来参考使用。

尤其是购买外链的 SEOer 更需要注意这个问题，笔者在前一段时间遇到的一位 SEOer 提出了疑问："自己的网站权重在一个月里从 1 到了 3，又从 3 回到了

1，自己也没有进行什么非正常的操作。这是怎么回事？"笔者分析后发现，这位
SEOer 网站的一个关键词也被另一个网站使用，并且这个网站的站长使用工具刷
了这个关键词的指数，因为第三方站长工具提供的"百度权重"是根据网站关键
词的指数和排名计算出来的，这就导致这位朋友的网站权重突然变高，又突然回
落。遇到这样的问题没有必要过于惊慌，坚持自己的方案继续执行 SEO 优化即可，
他人恶意的刷指数对我们网站是没有什么影响的。

正是因为这样，一些别有用心的 SEOer 就会做一批网站，每个网站的关键词
都是自己独创的，没有什么指数，很容易就能做到搜索引擎搜索结果的前三位，
然后再使用刷"百度指数"的软件将这些关键词的指数提高，这样，使用站长工
具查询的"百度权重"就会提高，就可以到外链买卖平台销售外链了。因此，在
购买外链的时候，大家一定要注意判断是否存在刷指数作弊的手法，这一点在前
面的内容中已经有详细的解读，这里不再赘述。

5.2.2　识别真假"百度权重"的方法

网上有很多短期之内提升"百度权重"的外包业务，这些业务大部分都是使
用刷指数或者点击器的方法，声称一周之内能让百度搜索引擎权重提高到 4 等。
建议大家不要相信这些，真正能代表权重的有如下几个因素。

（1）查关键词排名。查看这个网站排名最高的几个关键词的百度指数是否异
常，是否有一些冷僻的关键词有非常高的百度指数，查询一下百度指数最高的关
键词的历史百度指数，看看是否有某个时间段出现大幅度的变化。

（2）查收录数。排名很高的网站，收录不可能会非常少，如果收录数很少，
极有可能是刷出来的"百度权重"。

（3）查反链数。高权重的网站，其反链数都会非常多。

（4）查关键词 PC 端和移动端的百度指数。某些作弊者为了隐蔽，只刷移动
端百度指数，而不刷 PC 端，因此，查询关键词需要同时查 PC 端和移动端的百度
指数。

5.2.3　SEO 的核心是内容

现阶段 SEO 的核心是内容，这一点百度搜索引擎官方也做了说明，详细公告
如下。

获取百度搜索内容生态扶持，从完善站点领域开始
2017 年，百度搜索全新出发：搜索生态向内容生态转变。秉承用户至上的理

念，公平开放的原则，一系列优质内容扶持计划紧密筹备：

- 新站收录提速：蝶变行动新、好站点扶持计划即将再次开启！
- 原创保护：保护站点原创内容，正在强势升级，敬请期待！
- 阿拉丁产品开放：原大站专享的阿拉丁产品有望为更多优质站点开放！
- Feeds 资讯流展现：手机百度首页主动推荐资讯流，助力网站品牌展现！

想加入以上所有计划的前提是：完善您的站点领域信息。

完善办法：工具→搜索展现→站点属性→站点领域。

部分站点百度搜索已默认推荐相关领域，站长可根据实际情况修改，每个站点最多可选择三个领域。

请尽量完善每一个站点的领域信息，准确的信息有助于百度搜索识别数据，从而帮助网站享受相关垂类的资源及权限。

要想网站被搜索引擎喜欢，我们只能不断地创造高质量的内容，满足用户的需求，不要试图使用黑帽的方法。从大量的实践中可以看出，现阶段一个网站从上线到有排名，至少需要 3 个月左右的时间，以前那些今天上线，明天就能优化到有排名的手段很多已经不能使用了，即便我们的网站有能力满足搜索引擎的算法，如果内容质量低劣，最终还是会被用户淘汰。

只要我们静下心来，仔细地分析网站所在行业用户的需求，然后想办法满足这些用户的需求，这样网站一定能获得成功，不要过度迷恋于所谓的百度权重、黑帽手法和三天上首页的窍门。

5.3　深入解读搜索跳出率

搜索跳出率是指当用户访问网站时，只浏览了一个页面就离开的比例，网站的搜索跳出率是一个衡量用户行为非常重要的指标，这个指标能反映出用户是否对这个页面或网站感兴趣。但是在我们分析一个页面或者网站的搜索跳出率时不能简单地只看数据，搜索跳出率高并不能说明网页体验不好，搜索跳出率低也不一定代表网页体验好。百度统计提供搜索跳出率监测，如图 5-17 所示。

举例来说，小爬虫网站地图生成工具在改版之前总共只有一个页面，搜索跳出率非常高，但是这并没有影响网站的关键词排名。

这个例子足以证明，搜索跳出率并不是衡量网站质量的唯一标准，在分析搜索跳出率之前，我们应该首先看网站属于什么类型，一般情况下工具类型网站的搜索跳出率都非常高，用户进去之后只是使用工具做某项工作，完成后就

今日流量

	浏览量(PV)	访客数(UV)	IP数	跳出率
今日	**924**	**281**	**279**	**89.01%**
昨日	1,277	396	374	90.05%
预计今日	1,262 ↓	373 ↓	363 ↓	--
昨日此时	925	294	284	90.61%
每日平均	1,156	343	328	89.35%
历史峰值	1,801	549	513	91.92%

图 5-17　搜索跳出率监测

会将其关闭了。

其实隐藏在搜索跳出率背后应该还有一个数据，这个数据没有官方的说法，但笔者认为是一定存在的。例如，用户用百度搜索关键词"sitemap"，如图 5-18 所示。目前小爬虫网排列在第一位。很多用户会点击排名前三位的网站，当用户点击进入网站后如果没有再返回来继续点击排在后面的网站，说明第一个网站已经满足了用户的需求，这样第一位的网站排名就会越来越稳定。相反，如果用户点击进入网站后再次返回百度搜索引擎继续点击靠后的网站，则说明在前面的网站中用户没有找到需求的内容，这样的数据占比如果非常高，就会导致后面的网站排名上升，前面的网站排名下降。笔者认为这样理解搜索跳出率才是合理的，单纯地分析搜索跳出率的数值是没有什么意义的。

搜索跳出率的上升有很多原因，下面我们做简单介绍。

5.3.1　单页面网站

如果网站只是一个单页面，那么用户无法通过这个页面到达网站的其他页面，这样的情况下搜索跳出率是非常高的，通常这种类型的网站可以根据其他指标来衡量用户行为，如网站停留时间等。

5.3.2　代码安装错误

如果注意到网站的页面或者专题栏目的搜索跳出率全部都是非常高的，那么可能要确认一下代码安装是否正确。另外，针对二级域名或者同主域名下不同的产品，如果单独使用不同的统计工具或用不同的 ID 进行统计，那么搜索跳出率也会很高，但这并不是真实的。

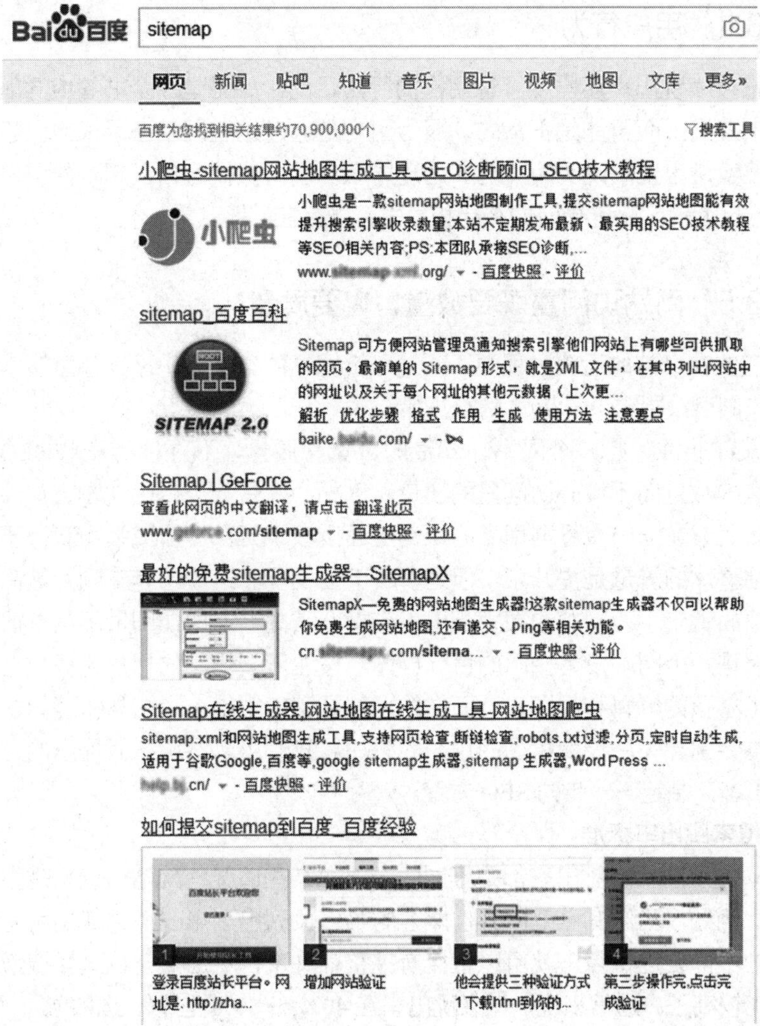

图 5-18　百度搜索关键词"sitemap"

5.3.3　网站设计

如果代码安装没有问题，而搜索跳出率还是很高，那么有必要评估一下网站设计是否存在缺陷，可能需要重新设计网站的导航及其他入口，优化着陆页面，让页面上的内容与用户搜索的关键词相匹配，调整网站的广告形式等，让内容更好地展现。

5.3.4 用户行为

衡量搜索跳出率还需要了解用户的行为目的。如果是一个书签或导航网站，搜索跳出率高反而可能是正常的，因为用户是通过这些网站去寻找自己想要的网站的，搜索跳出率高说明用户能够通过导航目录很快找到自己想要的网站，搜索跳出率低反而说明网址导航的布局和指引可能存在问题。

5.3.5 网站访问量既要数量，也要质量

我们要在日常的运营过程中不断地分析网站的搜索跳出率，通过搜索跳出率的分析我们可以制定下一步的 SEO 方案。

大家都非常关心一个网站访问量的数量和质量，而往往有一些 SEOer 只关心访问量的数量而不关心访问量的质量。例如，你是一个做山地车、户外帐篷的网站，然后你在一个卖母婴用品的网站上面投放了无数广告或弹窗获得了很多流量，网站整体的流量是提升了，但是事实上会发现，这些访客来到网站都只打开了一个页面就走了，网站的搜索跳出率变得非常高，这些访问量不具有很高的价值。原因是两个网站没有相同的目标群体，关注母婴用品的用户大多数是已经或者准备生小孩的妈妈和准妈妈，而你的网站是销售山地车和户外帐篷的，这些内容丝毫不会引起关注母婴用品的用户的关注。我们可以参照下面提出的方法分析搜索跳出率，制定下一步的 SEO 方案。

1. 搜索跳出率标准

不同类型网站的跳出率都是不同的，但在某些情况下网站的搜索跳出率会高得惊人。例如，我们有一个博客，博客的第一页列出了第一篇文章的所有内容，那么用户不需要进行点击就可以直接看完整篇文章，然后离开，这样搜索跳出率也就会比较高了。通常来说，搜索跳出率在 40% ～ 60% 是比较正常的。

2. 提高导航可用性

如果网站的一个页面搜索跳出率出奇地高，那就需要去检查和分析一下这个页面为什么搜索跳出率高，是否和用户搜索的关键词内容不相符，如果用户找不到他们想要的东西，他们会选择去别的地方再找。因此我们需要完善网站的导航结构，清理掉那些可能导致用户离开的因素。

3. 网站内容质量

如果网站导航是没有问题的，那么就要帮助用户快速找到他们想要的内容，内容应该清晰简洁，搭配令人感兴趣的图片。单纯地复制低质量的内容可能会导致网站的搜索跳出率很高。

4. 用户搜索词与内容符合

每隔几个月都应该对网站做一次全面的关键词分析，去分析这些落地的搜索关键词与网站内容的匹配程度。如用户通过搜索引擎搜索"什么品牌的山地车质量好"，可想而知，用户搜索这个关键词的需求是了解一下哪些品牌的山地车质量好，而如图 5-19 所示的这个页面就满足了搜索这个关键词的用户的需求，应该排名非常好。如果用户进入了网站，看到的内容却全是山地车销售的，完全没有介绍哪种山地车质量好的内容，这样也很容易造成用户离开，使网站的搜索跳出率升高。我们需要去适应客户的搜索习惯，为此可以通过改善网站导航和建设新的页面来满足用户的搜索需求，从而降低搜索跳出率。

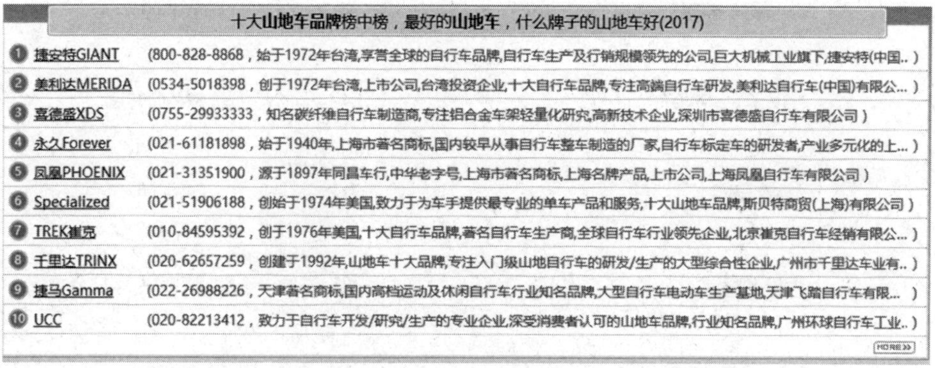

图 5-19　某网站的山地车综合排行

5.4　挖掘隐藏在关键词背后的需求

在前面的章节中多次提到要在建设网站之前挖掘关键词。通过和一些 SEOer 交流，笔者发现有很多朋友对这一点不是很了解，认为关键词挖掘就是简单地使用 5118.com 等工具查询一下，整理出来一批关键词即可。正确的过程并非这样简单，我们不仅仅要挖掘关键词，更要挖掘隐藏在关键词背后的用户需求，然后编辑人员才能按照用户的需求建设关键词着陆页。下面就用实际案例为大家做深入的分析。

5.4.1　挖掘旅游的长尾关键词

首先我们使用 5118.com 关键词挖掘工具查询"旅游去哪里好"这个关键词，如图 5-20 所示。

旅游去哪里好长尾关键词挖掘

相关长尾词关键词共找到296条记录[有指数：3 无指数：293]

关键词	百度指数	长尾词数量	搜索结果
海边旅游去哪里好	351	12	2140000
春节旅游去哪里好	154	28	3040000
五一旅游去哪里好	77	7	151000
7月份旅游去哪里好	0	4	6940000
去旅游去哪里好	-	217	2400000
旅游去哪里好	-	201	9520000
旅游去哪里好国内	-	24	25800000

图 5-20　使用 5118.com 工具挖掘长尾词 "旅游去哪里好"

　　可以看到排列在前面的三个关键词 "海边旅游去哪里好" "春节旅游去哪里好" "五一旅游去哪里好" 的指数都非常不错，因为撰写本章节的时候正好临近五一劳动节，我们就使用"五一旅游去哪里好"进行分析。首先使用百度搜索"五一旅游去哪里好" 这个关键词，如图 5-21 所示。

　　可以看到排列第一位的是马蜂窝网站的一个页面，打开这个页面后，可以看到这个页面列举出了一些适合五一节旅游的景点，如图 5-22 所示。分析完这个排名第一位的页面后，我们要思考，如果想做一个这样的关键词，使其排名超越这个页面，该怎么做？

图 5-21　百度搜索"五一旅游去哪里好"

五一去哪旅游好？五一就要到了，小长假还没安排好，不妨和马蜂窝小编一起看看五一去哪里旅游最好。

五一去哪旅游好——九寨沟

5月是九寨沟的旅游旺季，这时候冰雪消融、春水泛涨，山花烂漫，远山的白雪映衬着童话世界，温柔而慵懒的春阳吻接湖面，吻接春芽，吻接你感动自然的心境。九寨沟最有名的是水，水色黛兰、翠绿，清澈如明镜，斑斓生五彩，一年四季，一日之中都变幻无穷，所以有"九寨归来不看水"之说。沟中最小的海子五彩池面积不到半亩；最长的长海蜿蜒5km，面积有200平方公里；最静

图 5-22　马蜂窝网站"五一旅游去哪里好"页面

　　这时候就需要我们分析隐藏在这个关键词背后的用户需求。首先，搜索"五一旅游去哪里好"的用户按照地区分可以分为南方和北方，南方和北方的用户搜索"五一旅游去哪里好"其需求是不一样的，南方的用户希望到北方的景点旅游，北方的用户希望到南方的景点旅游。如果我们在页面中对南方的景点和北方的景点进行分类，就能更容易满足用户的需求。

其次，按照用户的年龄区分会有小孩和老人两个特殊群体，用户在搜索这个关键词的时候可能隐藏着适合小孩或者老人旅游的需求，我们可以在页面中针对这两个群体制定出适合的景点，如适合老人旅游的景点和适合小孩旅游的景点。

从表面上看，所有的用户都在搜索同样的关键词，但是每一个用户都有自己特定的属性，这些属性就决定了用户需求的差异性。如果我们在关键词的着陆页面能尽可能地满足更多用户的需求，那么这个页面将能被更多的用户喜欢，从而降低搜索跳出率。这样，关键词排名就非常稳定了！

5.4.2　挖掘养生的长尾关键词

我们不妨再举一个例子，随着社会的发展，越来越多的人开始注重养生，如果用户搜索"春季养生吃什么好"这个关键词，我们该用什么样的页面满足更多用户的需求呢？首先，我们使用百度搜索"春季养生吃什么好"，如图 5-23 所示。

图 5-23　百度搜索"春季养生吃什么好"

点击进入排列第一位的网站，如图 5-24 所示。可以看到这篇文章中推荐了一些适合春季养生的食物，但并没有对食物进行更为深入的分类，这样我们就还有超越的机会。

春季万物复苏、生气勃勃，同时也是阳气生发的季节。中医认为，每个季节合的食物，适量食用可起到很好的养生功效。春季养生最宜吃什么？中国养生网小编八种食物：

春季吃葱可补维C

葱中的维生素C含量比苹果高10倍，比柑橘高2倍。葱还含有葱蒜辣素，菌之作用。

温馨提示：大蒜250克，葱白500克，切碎加水2000毫升煎煮，日服3次，杯，可预防流感；若是胃痛、胃酸过多，消化不良的人可将大葱头4个捣烂，调入红糖连服数日有效。

春季杀菌可吃大蒜

大蒜具有很强的杀菌能力。据最新研究发现，大蒜还具有一定补脑作用，富B1能抵制放射性物质对人体的危害。

图 5-24　百度搜索"春季养生吃什么好"排名第一位对应页面

不妨思考一下，搜索"春季养生吃什么好"的背后有哪些类型的用户。从性别区分，可以分为男性和女性，这两大人群对养生的需求是不一样的，女性用户在养生的需求背后还会注重美容养颜等。从年龄区分，又会分出老年人这个特殊的群体，老年人体质较弱，更加关注养生。因此我们在构思"春季养生吃什么好"的关键词着陆页面的时候，就要尽可能满足这三类用户群体的需求。例如，可以将内容分为四大块：第一块介绍春季养生的基础知识；第二块介绍女人春季养生吃什么好；第三块介绍男人春季养生吃什么好；第四块介绍老人春季养生吃什么好。每一块内容都可以从不同的网站获取，如"男人春季养生吃什么好"就可以从如图 5-25 所示的网站获取；"女人春季养生吃什么好"可以从如图 5-26 所示的网站获取。以此类推，这样的组合不但能够满足用户的需求，也会受到搜索引擎的青睐。

一、春天养生吃什么好

1. 紫甘蓝

春季万物始生，很容易引发传染性疾病，紫甘蓝含有丰富的维生素C和花青素，有抗氧化清除自由基的作用，非常适宜春天养生食用，能提高身体抵抗力，预防传染病。而且紫甘蓝对于春季皮肤瘙痒以及感冒也具有一定疗效。

2. 胡萝卜

春天气候由寒转暖，细菌、病毒等微生物活力增强，易侵犯人体，容易致病，尤其是呼吸道疾病，因此春天适合吃些胡萝卜，其含有丰富的维生素A，具有保护和增强呼吸道黏膜和呼吸器官上皮细胞的功效。而且胡萝卜有补肝护肝之效，也是春季养肝不容错过的食物。

3. 油菜

春天气温回升快，空气干燥，是非常容易上火的季节，易引发口腔溃疡，而油菜能清热解毒，祛风泻火，预防口腔炎、口腔溃疡等，此外油菜富含维生素C，具有抗病毒的作用，由此可见，油菜是春季养生不可或缺的食物。

图 5-25　"男人春季养生吃什么好"推荐获取页面

导读: 排毒、瘦身、美肤自然是女性生活中离不开的话题。那么哪些食物对于女性健康养颜效

1.红米

红米含有丰富的淀粉与植物蛋白质，可补充消耗的体力及维持身体正常体温。的营养素，其中以铁质最为丰富，故有补血及预防贫血的功效。内含丰富的磷，维群，能改善营养不良、夜盲症和脚气病等毛病;又能有效舒缓疲劳、精神不振和失所含的泛酸、维生素e、谷胱甘肽胺酸等物质，则有抑制致癌物质的作用，尤其对的作用更是明显。

图 5-26　"女人春季养生吃什么好"推荐获取页面

每一个关键词都有隐藏在背后的需求，我们要学会挖掘这些需求，只有在网页中不断地满足这些隐藏在搜索背后的需求，网站才能被越来越多的用户喜欢。

5.5　网站地图的制作与提交

网站地图就是根据网站的结构、框架、内容生成的导航网页文件。大多数人都知道网站地图可以提高用户体验：它们为网站访问者指明方向，并帮助迷失的访问者找到他们想看的页面。

5.5.1　什么是网站地图

在开始之前，我们有必要先了解一下什么是网站地图。网站地图也就是sitemap，是一个网站中所有链接的容器。很多网站的连接层次比较深，蜘蛛很难抓取到，网站地图可以方便蜘蛛抓取网站页面，而通过抓取网站页面，可以清晰地了解网站的架构。网站地图一般存放在根目录下并命名为 sitemap，为蜘蛛指路，增加网站重要内容页面的收录。

5.5.2　网站地图的作用

网站地图的作用如下。

（1）为蜘蛛提供可以浏览整个网站的链接，简洁地展现出网站的整体框架给搜索引擎看。

（2）为蜘蛛提供一些链接，指向动态页面或者采用其他方法比较难以到达的页面。

（3）作为一种潜在的着陆页面，可以对搜索流量进行优化。

（4）如果访问者试图访问网站所在域内并不存在的 URL，那么这个访问者就会被转到"无法找到文件"的错误页面，而网站地图可以作为该页面的"准"内容。

5.5.3　HTML 版本的网站地图

HTML 版本的网站地图是用户可以在网站上直接看到的，它列出了网站上所有主要页面的链接页面。对小网站来说，甚至可以列出整个网站的所有页面，对于具有规模的网站来说，一个网站地图不可能罗列所有的页面链接，可以采取以下两种办法。

（1）第一种办法是网站地图只列出网站最主要的链接，如一级分类、二级分类。

（2）第二种办法是将网站地图分成几个文件，主网站地图列出通往次级网站的链接，次级网站地图再列出一部分页面的链接。

5.5.4　XML 版本的网站地图

XML 版本的网站地图是由谷歌首先提出的，其与 HTML 版本的网站地图的区分方式为：HTM 版本的首字符往往为小写——sitemap.html；而 XML 版本的首字符往往为大写——Sitemap.xml。XML 版本的网站地图是由 XML 标签组成的，文件本身必须是 UTF-8 编码，网站地图文件实际上就是列出网站需要被收录的页面的 URL。最简单的网站地图可以是一个纯文本文件，文件只需要列出页面的URL，一行列一个 URL，这样搜索引擎就能抓取并理解文件内容。

5.5.5　网站地图的制作方法

网上有很多地图生成的方法，如在线生成、软件生成等。这里推荐使用小爬虫网站地图生成工具，其使用方法如下。

（1）输入域名，选择网站对应的编码，单击"生成"按钮（建议使用搜狗浏览器或者谷歌浏览器），如图 5-27 所示。

图 5-27　生成网站地图步骤（1）

（2）等待小爬虫爬行网站，爬行时间根据网站内容多少和服务器访问速度而定，如果数据较多建议晚上 10 点后操作。

（3）下载 Sitemap.xml 或者 sitemap.html 文件，上传到网站根目录，在首页做链接，如图 5-28 所示。

免费版抓取数受限（最大100条），建议转成收费客户（无限制），联系QQ：
处理完毕！成功处理页面数：100 花费时间(秒)：7.14
生成的网站地图文件为：sitemap.html（右键点击另存为可保存至本地）
生成的sitemap.xml文件为：sitemap.xml（右键点击另存为可保存至本地）
如果生成的链接有问题，请发邮件至：   .com

图 5-28　生成网站地图步骤（2）

这里需要说明一下 Sitemap.xml 和 sitemap.html 的区别。

① Sitemap.xml。

Sitemap.xml 的创建是为了更有利于搜索引擎的抓取策略，从而提高工作效率。生成 Sitemap.xml 后要将其链接放入 robots.txt 内。需要注意以下两点。

● 良好的 robots.txt 协议可以指导搜索引擎的抓取方向，节省蜘蛛抓取时间，所以无形中提升了蜘蛛的工作效率，也就提高了页面被抓取的可能性。

● 将 Sitemap.xml 和 robots.txt 放在网站的根目录下。

② sitemap.html。

sitemap.html 格式的网站地图主要用来方便用户的浏览，并不能起到 Sitemap.xml 所起的作用。所以最好是两者并存。

（4）登录百度站长平台，单击"链接提交"选项，填写 Sitemap.xml 对应的 URL 地址，如图 5-29、图 5-30 所示。

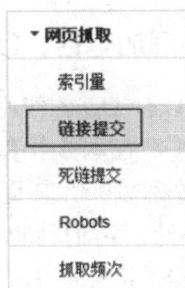

图 5-29　生成网站地图步骤（3）

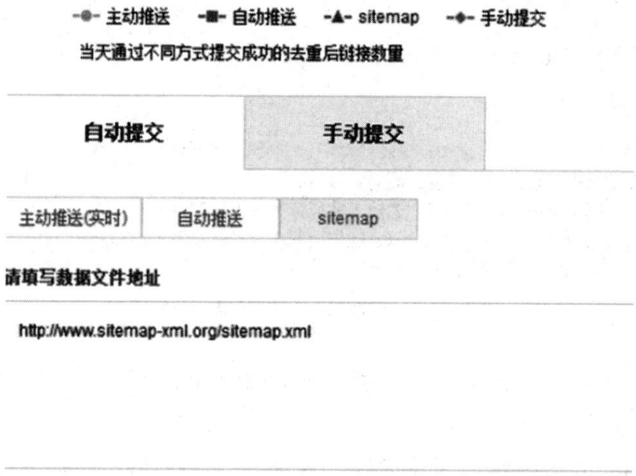

　　—●— 主动推送　—■— 自动推送　—▲— sitemap　—◆— 手动提交

当天通过不同方式提交成功的去重后链接数量

自动提交	手动提交

主动推送(实时)	自动推送	sitemap

请填写数据文件地址

http://www.sitemap-xml.org/sitemap.xml

图 5-30　生成网站地图步骤（4）

　　提交完成之后，百度蜘蛛会对我们的网站进行抓取。大量的案例证明，添加网站能加快网站内容收录速度，提升网站的收录率，但是这要建立在网站内容质量符合搜索引擎抓取标准的基础上。如果网站内容质量太低，使用网站地图也是无济于事的。

5.6　在标题和描述中添加电话、QQ 的作用

5.6.1　在标题和描述中添加电话、QQ 的重要性

　　关于在标题和描述中添加电话、QQ 的作用，笔者在《跟我学 SEO 从入门到精通》第 1 版中做了简要的说明。在本书中单独用一小节来介绍，是因为其在 SEO 实战中确实能起到非常重要的作用，尤其是在某些行业中，在标题和描述中添加电话、QQ 等能有效提升业务量。下面我们就此问题展开深入的讲解。

　　在标题和描述中添加电话、QQ 非常简单，意思就是将公司的业务电话或者 QQ 等通信方式添加到网站的标题或者描述中，因为标题和描述标签中的内容可以直接在搜索引擎的搜索结果中展示出来，这样，用户在搜索某个关键词看到搜索结果时，不需要打开网站就可以直接通过 QQ 或者电话联系。一般来说，这样的方法适用于咨询类型的行业，因为对这类行业来说，用户搜索关键词的目的是找到联系方式。

5.6.2 在标题和描述中添加电话、QQ 案例解读

多年前笔者这边接到一个建设情感咨询类型站群的外包业务，其要求是将一些情感类型的关键词优化到百度搜索引擎首页。笔者随后对该行业进行了详细的分析，了解到搜索该行业关键词的用户核心需求是找到在线咨询的 QQ 或者电话，而并不是通过网页的内容来解决问题。因此在建设站群的时候，我们就在标题和描述中添加了 QQ、电话等联系方式。需要注意的是，QQ、电话等联系方式要尽可能地多，千万不要在所有的网站上都放置同样的联系方式，这样网站很容易被搜索引擎"K"掉。

分析清楚了这个问题，接下来要做的是挖掘该行业的长尾关键词，因为站群的优势就是优化大量的长尾关键词，从中获取大量的网站流量。

使用 5118.com 工具挖掘长尾关键词"在线情感咨询"，可以看到有很多相关的长尾关键词如图 5-31 所示。我们将这些长尾关键词进行整理、归类，将类型差不多的归为一类，然后每 5～10 个为一组，每组长尾关键词就可以建设一个网站。

关键词	百度指数	长尾词数量	搜索结果
情感问题在线咨询	106	1	523000
情感咨询在线	-	28	1370000
在线情感咨询	-	28	1280000
情感在线咨询	-	28	2290000
情感专家在线咨询	-	10	1130000
免费情感在线咨询	-	9	3700000
在线情感心理咨询	-	7	1300000
免费在线情感咨询 🐾	-	7	64600
情感免费在线咨询	-	7	2020000

图 5-31 使用 5118.com 工具挖掘长尾关键词"在线情感咨询"

做完了长尾关键词的整理工作，就要开始建设网站了，CMS 要选择功能较强、可以全站生成 HTML 静态的 DedeCMS。我们不像其他团队建设网站那样直接下载互联网现成的模板建站，因为那些模板已经被全球无数的人使用。使用这些模板建设单站姑且可以，但建设站群会加大百度搜索引擎 "K" 掉网站的风险，这一点笔者在几年前建设百万站群的经历中得到了充分的证实。因此我们计划每一个网站模板都单独开发，站群的模板没必要太过华丽，只要符合 SEO 标准即可，如 F 型结构。H 标签布局要合理，每一个网页都要有单独的 TDK 标签。首页模板如图 5-32 所示，首页源码如图 5-33 所示，栏目页模板如图 5-34 所示，栏目页源码如图 5-35 所示，文章页模板如图 5-36 所示，文章页源码如图 5-37 所示。

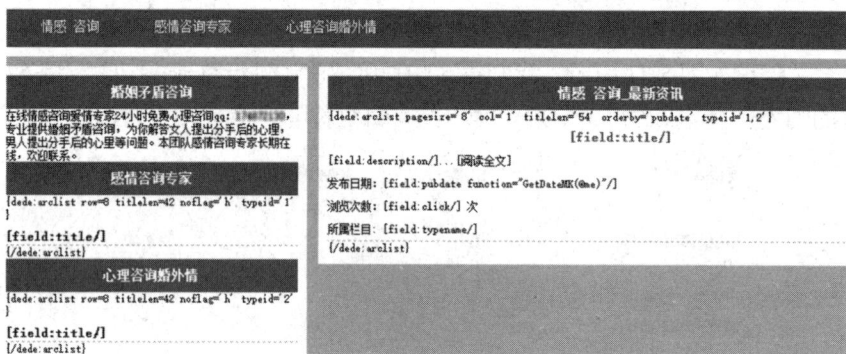

图 5-32　站群首页模板

图 5-33　站群首页源码

在线情感咨询爱情专家_婚姻矛盾咨询,感情咨询专家,女人提出分手后的心理

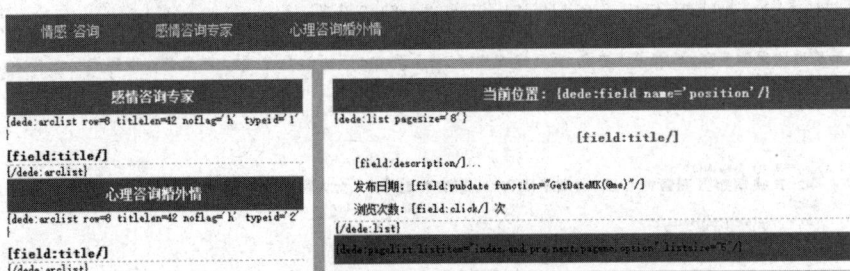

情感 咨询　　感情咨询专家　　心理咨询婚外情

感情咨询专家	当前位置: {dede:field name='position' /}
{dede:arclist row=8 titlelen=42 noflag='h' typeid='1'}	{dede:list pagesize='8'}
	{field:title/}
[field:title/]	[field:description/]...
{/dede:arclist}	发布日期: [field:pubdate function="GetDateMK(@me)"/]
心理咨询婚外情	浏览次数: [field:click/] 次
{dede:arclist row=8 titlelen=42 noflag='h' typeid='2'}	{/dede:list}
[field:title/]	{dede:pagelist listitem='index end pre next pageno option' listsize='8'}
{/dede:arclist}	

图 5-34 站群栏目页模板

```html
<html xmlns="http://www.w3.org/1999/xhtml">
<head>
<meta http-equiv="Content-Type" content="text/html; charset=utf-8" />
<title>{dede:field.title/}_在线情感咨询爱情专家,婚姻矛盾咨询,感情咨询专家,女人提出分手后的心理</title>
<meta name="keywords" content=
"在线情感咨询爱情专家,婚姻矛盾咨询,感情咨询专家,女人提出分手后的心理,24小时免费心理咨询" />
<link rel="stylesheet" type="text/css" href="../../style/mjp.css"/>
<script type='text/javascript' src='../../function.js'></script>
</head>

<body>
    <div id="mjp_header">
        <h1>情感 咨询,感情咨询专家,心理咨询婚外情</h1>
        <div class="mjp_nav">
            <ul>
                <li><a href="../..">情感 咨询</a></li>
                <li><a href="../../zmmjllk">感情咨询专家</a></li>
                <li><a href="../../dzmj">心理咨询婚外情</a></li>
            </ul>
        </div>
    </div>
    <div id="mjp_main">
        <h2>当前位置: {dede:field name='position'/}</h2>
        <ul class="mjp_content">
        {dede:list pagesize='8'}
```

图 5-35 站群栏目页源码

在线情感咨询爱情专家_婚姻矛盾咨询,感情咨询专家,女人提出分手后的心理

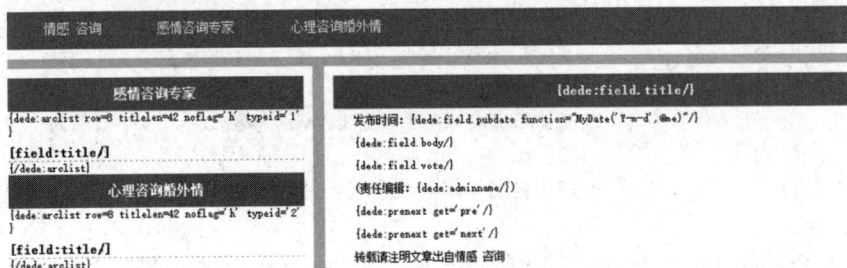

情感 咨询　　感情咨询专家　　心理咨询婚外情

感情咨询专家	{dede:field.title/}
{dede:arclist row=8 titlelen=42 noflag='h' typeid='1'}	发布时间: {dede:field.pubdate function="MyDate('Y-m-d',@me)"/}
[field:title/]	{dede:field.body/}
{/dede:arclist}	{dede:field.vote/}
心理咨询婚外情	(责任编辑: {dede:adminname/})
{dede:arclist row=8 titlelen=42 noflag='h' typeid='2'}	{dede:prenext get='pre' /}
[field:title/]	{dede:prenext get='next' /}
{/dede:arclist}	转载请注明文章出自情感 咨询

图 5-36 站群文章页模板

```
<html xmlns="http://www.w3.org/1999/xhtml">
<head>
<meta http-equiv="Content-Type" content="text/html; charset=utf-8" />
<title>{dede:field.title/}_在线情感咨询爱情专家,婚姻矛盾咨询,感情咨询专家,女人提出分手后的心理</title>
<meta name="keywords" content=
"在线情感咨询爱情专家,婚姻矛盾咨询,感情咨询专家,女人提出分手后的心理,24小时免费心理咨询" />
<link rel="stylesheet" type="text/css" href="../../style/mjp.css"/>
<script type='text/javascript' src='../../function.js'></script>
</head>

<body>
<div id="mjp_header">
    <h2>在线情感咨询爱情专家_婚姻矛盾咨询,感情咨询专家,女人提出分手后的心理,24小时免费心理咨询
    </h2>
    <div class="mjp_nav">
        <ul>
            <li><a href="../../">情感 咨询</a></li>
            <li><a href="../../zmmjllk">感情咨询专家</a></li>
            <li><a href="../../dzmj">心理咨询婚外情</a></li>
        </ul>
    </div>
</div>
<div id="mjp_main">
    <h1>{dede:field.title/}</h1>
        <ul class="mjp_content">
            <p>发布时间: {dede:field.pubdate function="MyDate('Y-m-d',@me)"/}</p>
```

图 5-37　站群文章页源码

　　域名选择购买 6 数字 .com 域名，易名中国搜索有很多这样的域名出售，如图 5-38 所示，价格大概在 100 ～ 200 元，需要注意的是选择这类型的域名之前一定要在百度、360 安全检测平台查询一下，看看它是否被屏蔽或者之前建设过的网站是否包含不良信息，有这些问题的域名是不能使用的。

☐ ■■■■■.com	精品44888 时时发发发旺	一口价
☐ ■■■■■.com	特价，数字2加3=5，爱商网，爱尚网，爱上我，爱上网	一口价
☐ ■■■■■.com	特价，事事灵事灵灵，家政服务，400电话 AB型域名	一口价
☐ ■■■■■.com		一口价
☐ ■■■■■.com	发财了；888精品域名，aaabbc，顺子；菠菜好米；	一口价
☐ ■■■■■.com	更多菠菜域名,站群域名,便宜域名.www.■■■■.com	一口价

图 5-38　易名中国 6 数字域名搜索结果

　　服务器要选择多 IP 地址的美国服务器，并且每一个 IP 地址都在不同的段。
　　最后我们为每一个网站准备了 50 篇内容，内容是使用 OCR 软件转化超星读书网站上的书籍得到的，但是书籍和关键词都要是相关的。
　　网站上线当天将 50 篇相关的内容全部发布出去，之后每天更新 10 篇内容。这样在两个月之后有大量的长尾关键词都获得了排名，如图 5-39 所示。

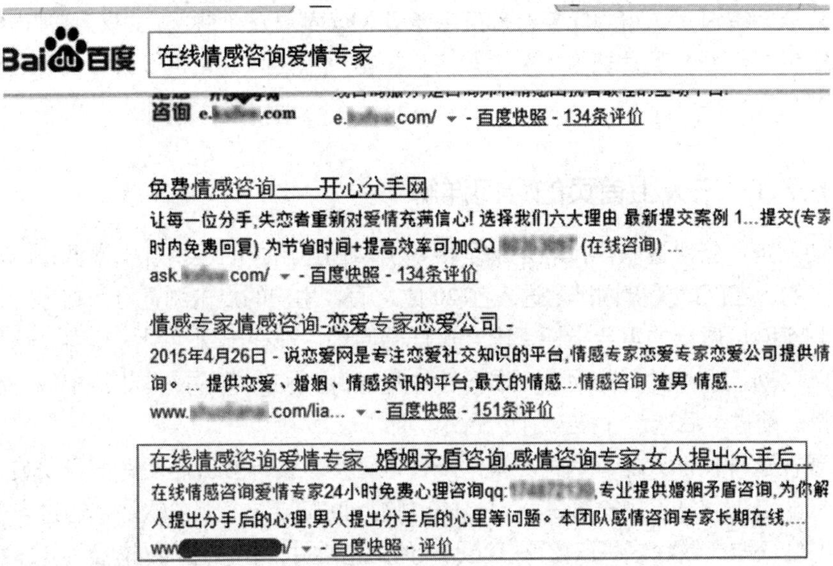

图 5-39 站群百度排名情况

可以看到布局到描述标签的 QQ 号码在搜索结果中展示了出来，统计结果证明很多用户都是没有进入网页直接加 QQ 号码联系在线咨询的。

除此之外，将电话、QQ 等添加到标题、描述中还有一个作用：当网站无法访问的时候，用户仍可以直接通过搜索结果找到联系方式，这样可以减少客户的流失。

在本小节中，我们为了介绍在标题、描述中添加 QQ、电话等联系方式的作用，将该案例站群的建设过程做了简单的介绍，这是非常有必要的，如果我们只是简单地说明作用，很多用户会无法深入地理解这个过程。这也是本书的特点，尽管我们将全书分为十多个章节，但是这些章节都是紧密相连的，重要的知识点笔者会多次提到，读者在学习的过程中如果遇到不清楚的地方无须太过纠结，建议保留问题继续往后面阅读，随着阅读的深入，相关的问题还会在不同的场景中讲解。

5.7 三天上首页的窍门

SEO 圈一直流传三天上首页的窍门，在淘宝搜索这样的关键词也能找到一大堆提供服务的团队。怎样让网站关键词在三天之内就上升到首页？这样的操作是不是会被搜索引擎认定为作弊？相信很多 SEOer 都有这个疑问，也对这种操作方法半信半疑，下面笔者就为大家揭开这个秘密，相信阅读完本节后读者一定能找到上面两个问题的答案。

5.7.1　三天上首页的窍门详解

使用点击器快速获得排名是基于搜索引擎通过用户的搜索跳出率调整网页排名而来的。在网站关键词排名进入前 20 位之后，用户的点击浏览行为将作为搜索引擎判断网页质量的重要指标，出于这样的原理，现在出现了很多软件，这种软件可以自动点击并且浏览网站，很多软件都能做到和人类的操作非常相似，能自动翻页、前进、后退，让搜索引擎无法识别。

现在这种软件大体有两种类型：一种是直接缴费，缴费后便有很多安装该软件的机器点击网站；另一种是在自己的电脑上也安装一个点击软件，通过点击别人的网站获取点数，这些点数可以让别人的点击软件点击自己的网站。

需要明确的是，点击软件的适用条件一般是网站关键词排名要先进入前 20 位，否则点击软件起不到重要的作用。其次是即使通过点击软件让网站关键词进入到前三，如果没有内容的支撑，一旦点击器停止工作，那么排名将很快下降。

笔者的建议是可以在一些情况下尝试使用这种类型的软件，但是一定要将网站的内容质量提升上去，不然也将是昙花一现。而且使用这类软件不可操之过急，在使用之前需要分析这个关键词的指数是多少，依据这个指数安排点击量。例如，如果对于一个 200 指数的关键词，我们安排了 1000 次的点击量，这样会很容易被搜索引擎认为是作弊。

5.7.2　点击软件介绍

这种类型的软件非常多，读者可以自行搜索。下面我们分析一下该类型软件中某一个网站的功能，这个网站的主要功能如图 5-40 所示。

除了关键词排名，还有蜘蛛池和权重池，这里我们只重点介绍关键词排名功能。

首先要注册并登录，登录后单击"关键词排名"选项，再单击"添加新任务"选项，如图 5-41 所示。

图 5-40 某点击软件网站功能列表

　　选择需要点击的搜索引擎，添加关键词"外链建设"，输入网址和目前的关键词排名，之后单击"检测"按钮，可以看到关键词"外链建设"排名第 15 位，如图 5-42 所示。需要注意的是，排名没有进入到 100 名之内是无法使用点击器操作的。

　　最后还需要设置日最大点击次数、分时和区域。日最大点击次数建议控制在关键词指数的 50% 左右，如对于 100 指数的关键词，设置日最大点击次数为 50 即可；分时设置需要分析一下网站所属行业的用户上网时间段；区域设置可以使用 index.baidu.com 工具，如图 5-43 所示，可以看到搜索"外链建设"这个关键词的用户集中的省份，依据这个数据设置点击的区域。经过这样细致的分析和设置，能降低百度搜索引擎认为是作弊的风险，因此是非常有必要的。

　　全部设置完成后单击"添加"按钮，任务就可以执行了，如图 5-44 所示。该类软件使用时需消耗积分，积分一般通过充值获得。

　　需要说明的是，点击软件对每一个行业的效果是不大相同的，不要盲目地迷

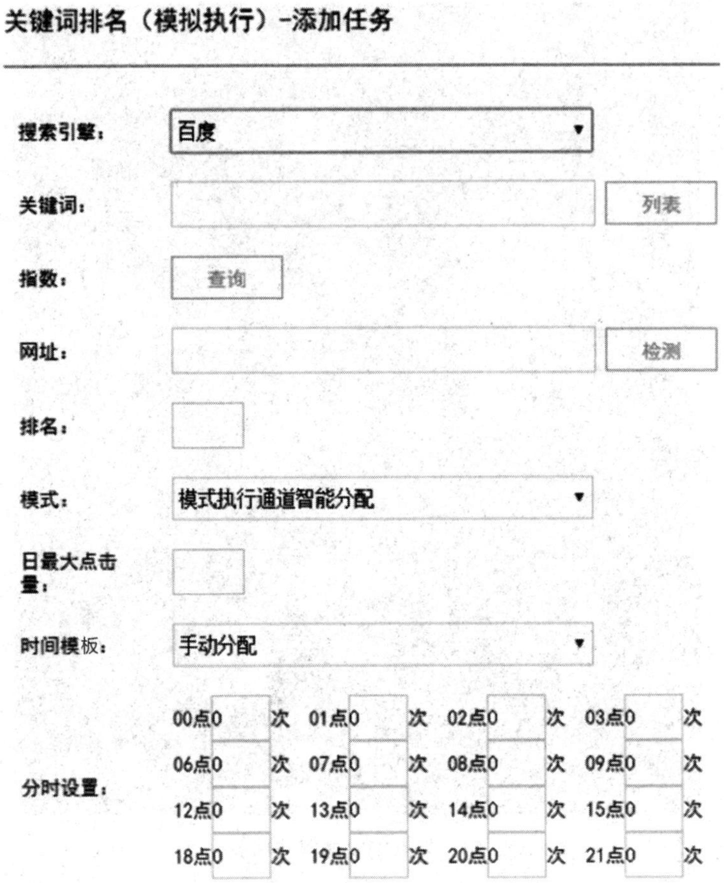

关键词排名（模拟执行）-添加任务

搜索引擎：	百度 ▼
关键词：	▢ 列表
指数：	查询
网址：	▢ 检测
排名：	▢
模式：	模式执行通道智能分配 ▼
日最大点击量：	▢
时间模板：	手动分配 ▼

分时设置：

00点0	次	01点0	次	02点0	次	03点0	次
06点0	次	07点0	次	08点0	次	09点0	次
12点0	次	13点0	次	14点0	次	15点0	次
18点0	次	19点0	次	20点0	次	21点0	次

图 5-41　添加新任务界面

信点击软件。建议在使用点击软件之前，先拿出一些竞争性较小的关键词进行尝试，逐步推进，千万不要认为点击软件就是 SEO 的救命稻草。

5.8　依靠追词获得百万流量

5.8.1　什么是追词

"追词"顾名思义就是追踪关键词，简单地说就是在关键词排名进入搜索引擎搜索结果前 100 名之后，使用一些 SEO 操作方法将该关键词做到搜索结果首页的过程。

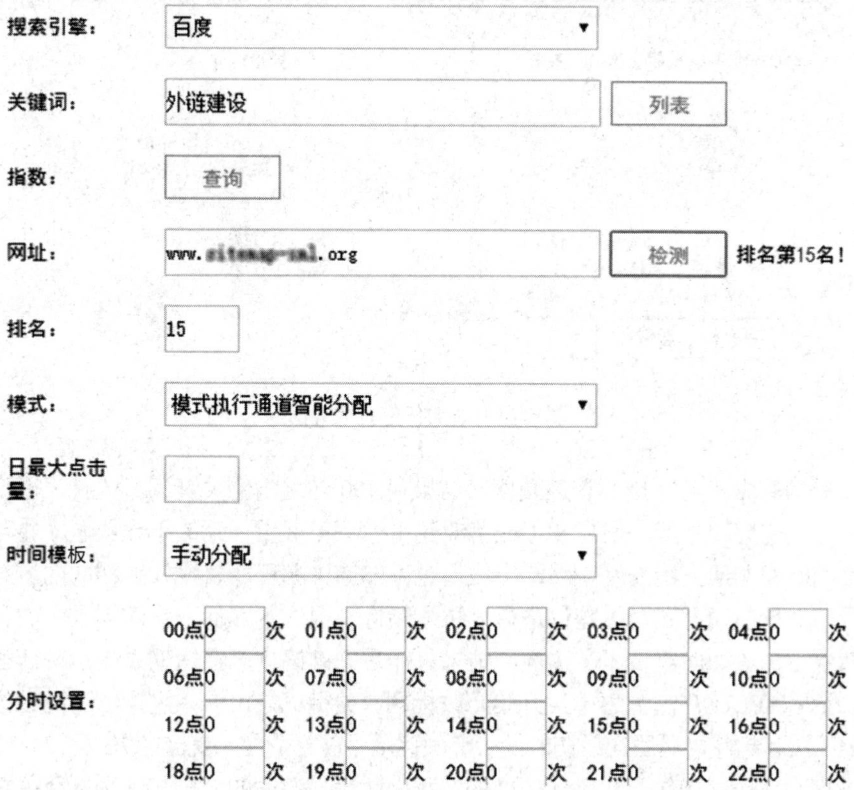

搜索引擎：	百度 ▼	
关键词：	外链建设	列表
指数：	查询	
网址：	www.sitemap-xml.org	检测　排名第15名！
排名：	15	
模式：	模式执行通道智能分配 ▼	
日最大点击量：		
时间模板：	手动分配 ▼	

分时设置：

00点 0 次	01点 0 次	02点 0 次	03点 0 次	04点 0 次
06点 0 次	07点 0 次	08点 0 次	09点 0 次	10点 0 次
12点 0 次	13点 0 次	14点 0 次	15点 0 次	16点 0 次
18点 0 次	19点 0 次	20点 0 次	21点 0 次	22点 0 次

图 5-42　填写信息，单击"检测"按钮

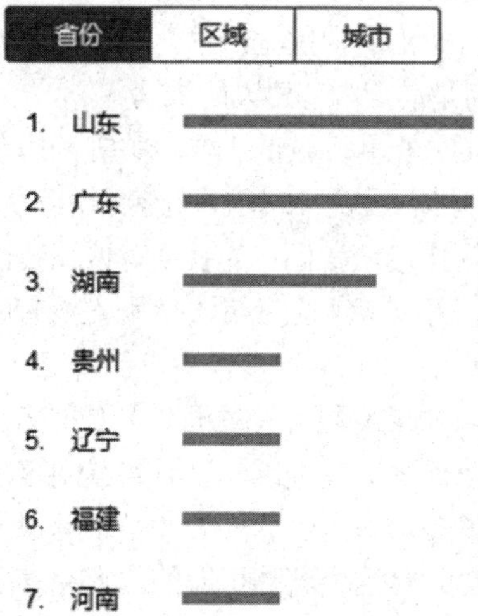

| 省份 | 区域 | 城市 |

1. 山东
2. 广东
3. 湖南
4. 贵州
5. 辽宁
6. 福建
7. 河南

图 5-43　百度指数用户访问区域排行

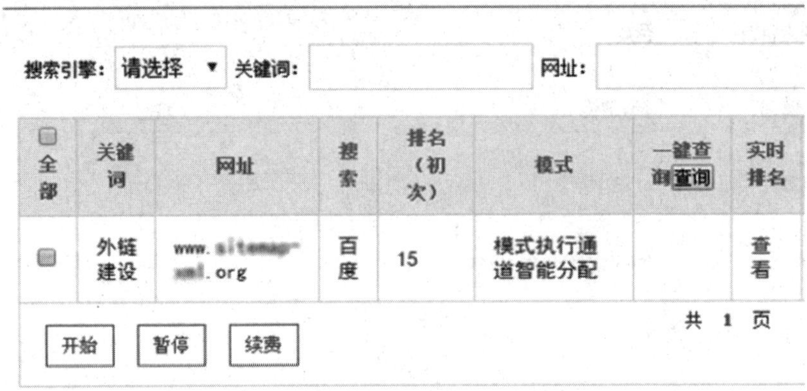

全部	关键词	网址	搜索	排名（初次）	模式	一键查询 查询	实时排名
☐	外链建设	www.sitemap-xml.org	百度	15	模式执行通道智能分配		查看

搜索引擎：请选择 ▼ 关键词： 网址：

共 1 页

开始　暂停　续费

图 5-44　添加任务完成界面

追词的先决条件是要有进入搜索结果前 100 名之内的关键词。这就不得不提到关键词挖掘和分析。很多 SEOer 都对这个过程不够重视，简单地找了一些目标关键词就匆匆地上线网站，网站上线后也不知道去哪里找、找什么样的内容。究其原因就是前期没对关键词进行分析和筛选，根本不知道用户的需求，内容也当然就不知道如何建设了。这样的结果只能是关键词排名在短期之内没有什么动静，然后 SEOer 在慌忙之中又开始修改标题、关键词等，一系列操作后网站的排名依旧没有起色，最后连最初的信心都消耗殆尽，一个网站就这样失败了。

那么正确的操作方式是什么样的？我们认为关键词的分析和筛选是至关重要的，我们必须对此非常重视，这里不单要确定目标关键词，更重要的是要确定长尾关键词。这些长尾关键词可以通过使用类似 5118.com 这样的长尾关键词挖掘工具进行挖掘，也可以到行业论坛中挖掘，总之就是要归纳出该行业最基本的用户需求。这些关键词信息将是后续内容建设的依据。

只要充分做了关键词分析和筛选的工作，关键词排名才有可能在短期之内进入前 100 名，关键词出现排名后就可以开始追踪关键词了。

如某个关键词出现了排名，我们首先就要对该关键词的着陆页面进行二次编辑，使其内容更加丰富，可以参考这三句话："别人没有的我们有；别人有的我们精；别人精的我们评论多。"

在网站分析的时候，如果发现有关键词获得了排名，那么首先应该搜索、分析一下这个关键词排名第一页的其他网站，看看其内容是怎样的，编排得是不是够精细，评论是不是足够多，和内容的相关性是不是很强。如果别人的网站内容非常简单，那么我们只需要将这个着陆页面的内容完善即可。如果别人的网站内容很丰富，那么我们的网站内容就要比别人的更加丰富，可以是文本的丰富，可以是图片的丰富，也可以是评论的丰富，总的来说就是要比别人的网站更加有价值，这样才有可能在排名上超越别人。如果我们的内容本来上线就比别人迟，并且内容丰富程度也不及别人，那么有什么理由让我们的排名超越别人？

归根结底，就是网站内容要尽最大的可能满足用户的需求。

5.8.2 通过实战案例解读追词的方法

举个简单的例子，我们可以搜索"2017 清明节高速免费吗"这个关键词，如图 5-45 所示，可以看到，除了百度自己的产品，天气网的一个页面排名在最前面。

图 5-45 百度搜索"2017 清明节高速免费吗"的结果

打开这个网页后，可以看到其内容并不多，如图 5-46 所示。这篇内容大体分为五个模块，第一个模块是对清明节的简介，第二个模块是 2017 年高速免费时间汇总，第三个模块是回答清明节期间高速是否免费，第四个模块是清明节高速免费时间，第五个模块是清明节高速免费车型。每一个模块的内容并不多么复杂，应该也不是自己撰写的，编辑只是对其做了组合，但是这篇内容能满足搜索该关键词的用户的所有需求。

有些网站在优化该关键词的时候只回答了清明节高速是否免费或者清明节高速免费时间等问题，虽然也解决了用户的需求，但是搜索这个关键词的用户的深层次需求（如其他高速免费时间的信息等）就没有得到满足。

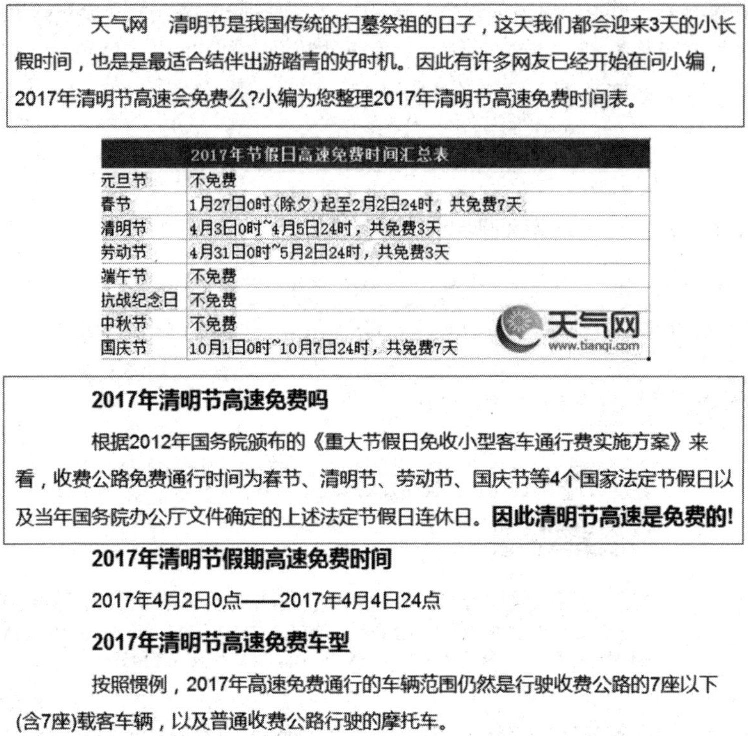

天气网 清明节是我国传统的扫墓祭祖的日子，这天我们都会迎来3天的小长假时间，也是是最适合结伴出游踏青的好时机。因此有许多网友已经开始在问小编，2017年清明节高速会免费么?小编为您整理2017年清明节高速免费时间表。

2017 年节假日高速免费时间汇总表	
元旦节	不免费
春节	1月27日0时(除夕)起至2月2日24时，共免费7天
清明节	4月3日0时~4月5日24时，共免费3天
劳动节	4月31日0时~5月2日24时，共免费3天
端午节	不免费
抗战纪念日	不免费
中秋节	不免费
国庆节	10月1日0时~10月7日24时，共免费7天

天气网 www.tianqi.com

2017年清明节高速免费吗

根据2012年国务院颁布的《重大节假日免收小型客车通行费实施方案》来看，收费公路免费通行时间为春节、清明节、劳动节、国庆节等4个国家法定节假日以及当年国务院办公厅文件确定的上述法定节假日连休日。**因此清明节高速是免费的!**

2017年清明节假期高速免费时间

2017年4月2日0点——2017年4月4日24点

2017年清明节高速免费车型

按照惯例，2017年高速免费通行的车辆范围仍然是行驶收费公路的7座以下(含7座)载客车辆，以及普通收费公路行驶的摩托车。

图 5-46　百度搜索"2017 清明节高速免费吗"排名第一的网站

鉴于此，如果我们也要编辑一篇这样的内容，就应该包含这些基本的需求，除此之外还可以增加诸如清明节高速出行注意事项等用户潜在的需求。

为关键词建设好着陆页面以后，就要准备一些和关键词相关的内容，发布这些相关内容的时候需要在出现关键词的地方用锚文本链接到前面建设好的关键词着陆页。

接着就是观察关键词的排名，一旦关键词排名进入前 100 名，就要加大相关文章的发布频率。在网站设计的时候，内容页下面应该有相关文章的展示区域，如图 5-47 所示。

除此之外，我们还可以在关键词着陆页的下面增加评论，评论内容可以在微博等平台搜索相关的关键词，将下面的用户评论整理组合一下，发布到我们的关键词着陆页。

从挖掘关键词开始，到关键词着陆页的建设，再到关键词着陆页的优化，这个过程就是追词的过程。在这个过程中我们一定要仔细，每一个步骤要严格执行，每一个环节人员之间的配合要到位，这一点笔者之后会详细解读。

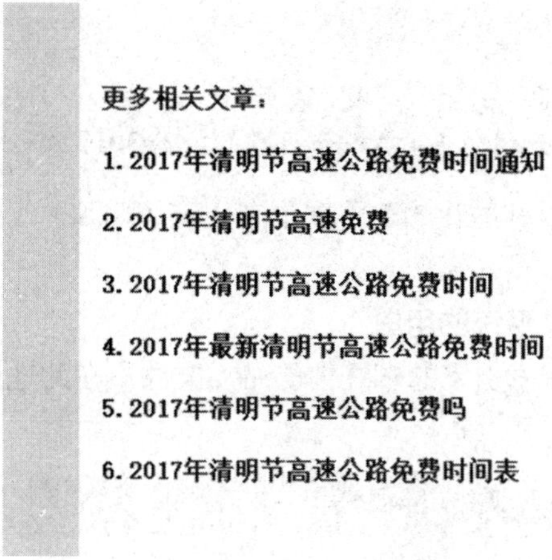

更多相关文章：

1. 2017年清明节高速公路免费时间通知

2. 2017年清明节高速免费

3. 2017年清明节高速公路免费时间

4. 2017年最新清明节高速公路免费时间

5. 2017年清明节高速公路免费吗

6. 2017年清明节高速公路免费时间表

图 5-47　相关文章展示栏

5.9　网站更换域名完整攻略

很多 SEOer 都遇到过这样的问题：网站发展了一段时间后，关键词排名有了进展，流量增加了许多，网站开始有了收入，这时候便有了更换域名的想法，但是又担心更换域名会影响网站的权重和排名，因此进入左右为难的境地。这里，我们就对此问题做深入的解读，在此之前为了能亲自验证更换域名的过程，笔者也对几个网站进行了实际的测试，相信这样的结论才是有说服力的。

值得庆幸的是百度站长平台前些年已经开放了网站改版工具，这个工具是非常有用的，没有这个工具之前我们的做法只能是在 301 转向之后静静地等待，别无他法。而现在有了这个工具更换域名就会轻松很多，根据经验，一般情况下15 ～ 30 天内域名的权重就能完整地转移过来。

5.9.1　301 重定向

在更换域名之前首先要对整个网站做 301 重定向，具体方法如下。

1. 设置 .htaccess 文件（只适用于 Linux 系统，并需要虚拟主机支持）

例如，若想在访问 434.com.cn/ 的时候自动转到 www.434.com.cn，在 .htaccess文件里写上以下代码即可。

```
RewriteEngine on
RewriteCond %{http_host} ^434.com.cn [NC]
RewriteRule ^(.*)$ http://www.434.com.cn/$1 [L,R=301]
```

需要注意的是，URL 标准化的 301 重定向代码（即以上代码）需要写在其他 URL-rewrite 代码之前。

2. 适用于使用 UNIX 系统的用户

通过如下指令通知搜索引擎的蜘蛛你的站点文件不在此地址下。这是较为常用的办法。

```
redirect 301 / http://www.434.com.cn
```

3. 用 ASP/PHP 实现 301 重定向

用 ASP 实现 301 重定向要在 index.asp 或 defaalt.asp 最顶部添加如下代码。

```
Response.Status="301 Moved Permanently"
Response.AddHeader "Location","http://www.434.com.cn/"
Response.End
```

用 PHP 实现 301 重定向则要在 index.php 的最顶部添加如下代码。

```
header("HTTP/1.1 301 Moved Permanently")；
header("Location：http://www.434.com.cn/")；
exit()；
```

4. Windows 主机 IIS 服务器实现 301 重定向

首先打开 Internet 信息服务管理器，在欲重定向的网页或目录上单击右键，选择"重定向到 URL"选项，接下来在"重定向到"输入框中输入要跳转到的目标网页的 URL 地址，选中"资源的永久重定向"复选框，最后点击"应用"按钮。

设置完成后，可以通过站长之家查询设置是否已经生效。

5.9.2   域名提交

301 重定向设置完成后就可以到百度站长平台进行提交。单击"站点改版"选项卡输入旧站点名并选择新站点名，单击"提交"按钮，如图 5-48 所示。

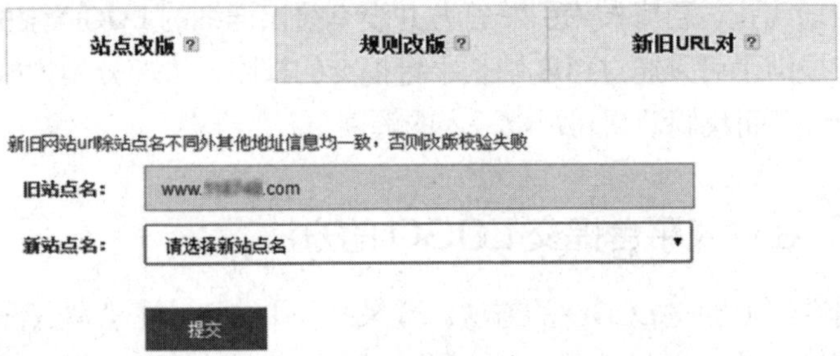

图 5-48　百度站长平台提交界面

注意，在执行此操作的时候要先添加新站点域名到站长平台。提交后处理状态就会显示“处理中”，直到改版完成后处理状态就会显示“改版完成”，如图 5-49 所示。

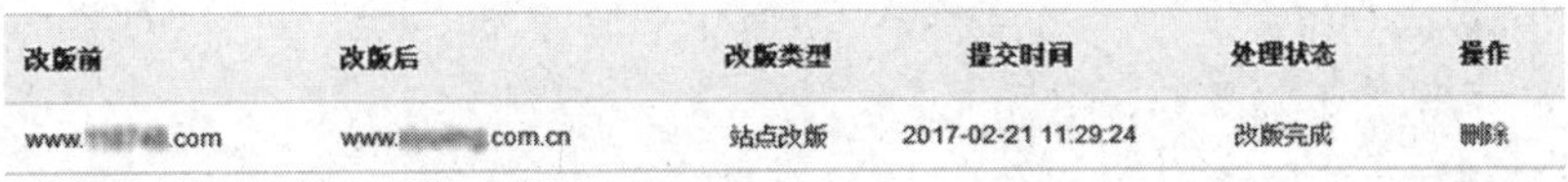

改版前	改版后	改版类型	提交时间	处理状态	操作
www.[illegible].com	www.[illegible].com.cn	站点改版	2017-02-21 11:29:24	改版完成	删除

图 5-49　百度站长平台网站改版界面

本案例中提交的日期是 2017 年 2 月 21 日，大概在 2017 年 2 月 28 日网站的关键词排名就开始转移到新站，但是这个时候新站收录还是一条，直到 2017 年 3 月 15 日前后新站收录量完全释放，预示着改版的彻底完成。

提交完成后还需要做一项很重要的工作，就是通知友情链接的伙伴更换域名到新站，这样可以加速网站的改版进度。其次就是要加大内容的更新频率，提高内容的质量，如果网站改版之前一天发布 5 篇内容，那么建议在改版的过程中改为每天发布 10 篇，这样也可以加速改版进度的完成。

尽管我们在每一个环节都非常注意，但是通过大量实战案例得出的结论是，更换域名至少会损失 10% 左右的权重，因此要对更换域名的工作谨慎对待，不要轻易更换域名。

5.10　让网站在搜索结果中展示 LOGO

5.10.1　在搜索结果中展示 LOGO 的重要性

在关键词搜索结果中出现 LOGO 会吸引用户的目光，增加点击率，对网站的品牌化建设也能起到积极的作用。

但是到目前为止，百度搜索引擎官方并没有给出详细的 LOGO 索引方案，只对一部分用户提供了可以通过百度站长平台提交的权限，大部分用户的 LOGO 都是随机抓取的，下面我们就此问题做深入的解读。

5.10.2　在站长平台提交 LOGO 的方法

首先来看有权限提交 LOGO 的方法。登录站长平台，单击"站点管理"选项，找到对应的网站，单击"管理站点"选项，再单击"站点属性设置"选项，如图 5-50 所示。

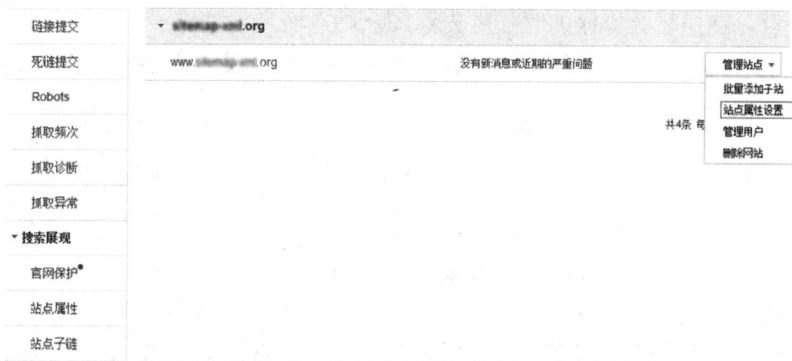

图 5-50　百度站长平台界面

有权限的站长进入后，"提交"按钮是可以使用的，需要注意的是提交的 LOGO 尺寸必须是 121 像素 × 75 像素的，并且保证清晰、完整、主体突出，不要用过多的色彩和元素，否则审核很难通过。审核周期一般是 15 ～ 30 天，如图 5-51 所示。

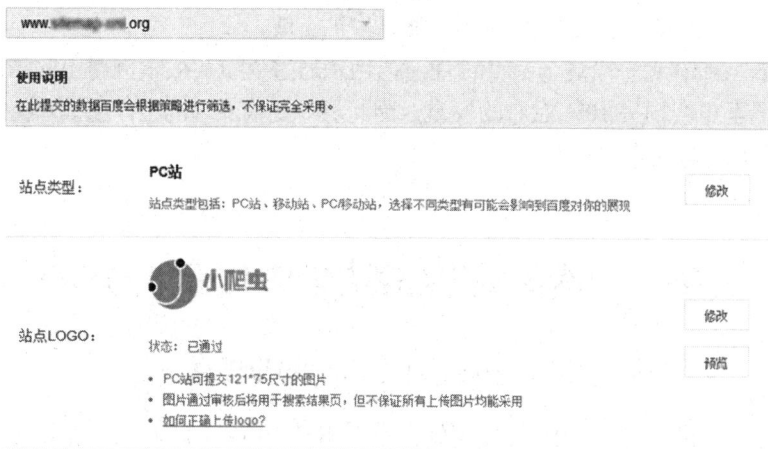

图 5-51　修改提交站点 LOGO 界面

5.10.3　没有站长平台提交权限展示 LOGO 的方法

接下来再来分析没有权限的用户该如何让 LOGO 展示在搜索结果中，这里我们列举出 8 条要点，当然这些方法不能保证百分之百成功，但是会提高 LOGO 索引的成功率。

（1）图片尺寸：通过审查元素代码发现，所有搜索出现的图片尺寸基本都是 121 像素 ×75 像素比例的，当然还有其他的，如 121 像素 ×65 像素、120 像素 ×75 像素、120 像素 ×60 像素、119 像素 ×52 像素等，因此只要在这个尺寸范围内是可以被抓取的。如图 5-52 所示的网页中有很多图片，但是百度中该网页索引的图片却是比例最符合的那一张，如图 5-53 所示。

图1 "户外装备"关键词

关键词排名	长尾词推荐		
关键词	出现频率	2%≤密度≤8%	长尾相关
好玩的APP	9	4.6%	164
APP限免	8	3.4%	140
APP评测	7	3.0%	9
豌豆荚	11	2.8%	11

图2中"好玩的App"出现频率

一些SEO教程中建议我们在优化中尽量提高关键词密度，这个是不正确的，至少在现在的SEO环境中是不会引擎认定为作弊，这个数值也不是固定的，每一个行[……]

Read more

关键词着陆页的选择以及搜索跳出率的分析

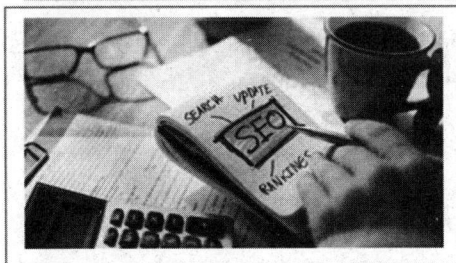

需要明确的是搜索流量的着陆页个数才是网站最有效的收录数，SITE指令得到的结果数及百度索引量数据都出率。

首先，要分析搜索词和着陆页的目标关键词是否统一。如果不统一，就需要分析搜索词和目标关键词之间的好，如果目标关键词之外的搜索词流量质量更好，就要考虑是否需要重新定位页面的关键词以加强[……]

Read more

图 5-52　网页中有多张图片

图 5-53　网页索引的图片

（2）图片 alt 标签：alt 标签文字最好与所在网页标题和主题内容的相关性较高。

（3）权重值：指的是搜索关键词的权重，有些网站自身的品牌词比较唯一，权重值不高，较难显示出图片。

（4）文章的快照时间：这也就反映出搜索引擎时效性的特征，绝大多数在搜索结果中显示的图片，都是最近一个月内更新的，百度很少把一张多年前的图片放进去。

（5）图片的点击次数：一般来说，用户浏览网页时点击次数较多的图片容易被选中。

（6）页面类型：内容型页面中的图片出现的概率大，列表型页面中的图片出现的概率小。

（7）页面布局方式：要么是从上到下的专题页，要么是标准的两栏布局，这些内容主体的区域都是很明显的。

（8）保证图片的清晰度、不含广告和违禁敏感词汇是通过审核的基本要素，而且不含超链接的图片更容易被选中。

5.11　充分利用搜索引擎临时权重

5.11.1　正确理解搜索引擎临时权重

百度搜索引擎临时权重是指百度为最新收录的站点和页面提供一个权重的行为。百度临时权重的作用是为了给新站和最新收录的页面一个展现的机会，从而改善用户的搜索体验。

百度临时权重主要体现在两个方面。一个是新站点，一个是老站新收录的页面。

对于新站点，百度一般会根据其内容的质量和行业特点进行临时权重的提升，为的是让新站有一个在百度前几页展示的机会。至于展示的时间，如果是首页则时间长一些，可能是几天甚至更长的时间。

如果是老站的新页面，根据老站在百度的当前权重，进行适当的增加，把单页面提到百度前几页。不过相对于具体的新站来讲，老站点在百度的新页面停留时间很短，一般是几小时，最长不超过 24 小时，长尾关键词如果热度不高，停留的时间会长一些。

从搜索引擎体验的角度讲，临时权重的产生是有其实际的意义的。大家都知道新站是改善网站搜索体验的一个重要的渠道，也是一个重要的来源，不给新站机会，会让新站和老站没有同等的展示机会，对于改善搜索引擎体验来讲是没有好处的。

在新站上注入些新鲜的内容，对于搜索引擎来说是个机会，对于新站的经营者来说也是个好的机会，这对百度和客户来说都是有好处的事情，百度是不会错过的。

5.11.2　临时权重消失了该怎么办

如果网站临时权重消失，后果就是网站的排名掉下去了。这时只能把心思花在内容的建设及网站结构的调整上面，促进百度蜘蛛对网站的爬行频率。

5.11.3　充分把握临时权重

作为新站，如果能充分把握临时权重，那么将会达到事半功倍的效果。下面详细为大家介绍如何把握临时权重。

开始之前我们分析一下为什么有的网站临时权重会消失，有的网站临时权重会保留下去。为此，首先要了解为什么百度搜索引擎要给新上线的网站临时权重，主要原因是仅仅通过搜索引擎算法很难完全判断一个网站的质量高低，这时候搜索引擎需要用户的帮助，因此会给新上线的网站临时权重，通过用户的搜索跳出率数据来判断网站的质量。需要注意的是，并不是所有的网站都有临时权重，临时权重的前提是网站的内容基本满足搜索引擎算法的要求，如果连这个都无法满足，那么就不要谈什么临时权重了。

要想得到临时权重，首先就要保证内容的质量，不要直接采集其他网站的文章，更不要简单地使用伪原创工具进行转化。笔者建议的方法是：组合、OCR 软件转化实体书籍、评论、问答模式，这些在前面章节中做了详细的介绍，这里不再重复。通过这些方法建设内容，网站一般情况下都会获得临时权重。

接下来就是如何保留临时权重的问题。这就需要我们的内容能满足用户搜索关键词的需求，简单地说，用户搜索某一个关键词时看到了一个有临时权重的网站并点击进去，如果这个网站的内容满足了用户的需求，那么用户将不再点击其他的网站，这样搜索跳出率就很低，搜索引擎会记录这个过程，临时权重也会得到保留。

说起来简单，但是如何才能让内容满足用户的需求？这就需要我们在建设网站之前对行业和关键词进行深入的分析，找到用户需求的痛点，然后根据这些需求来建设内容。举个例子，比如我们计划建设一个"情人节送女孩什么礼物"关键词的着陆页，那么我们该准备什么样的内容呢？

我们首先用百度搜索一下"情人节送女孩什么礼物"这个关键词，如图 5-54 所示。

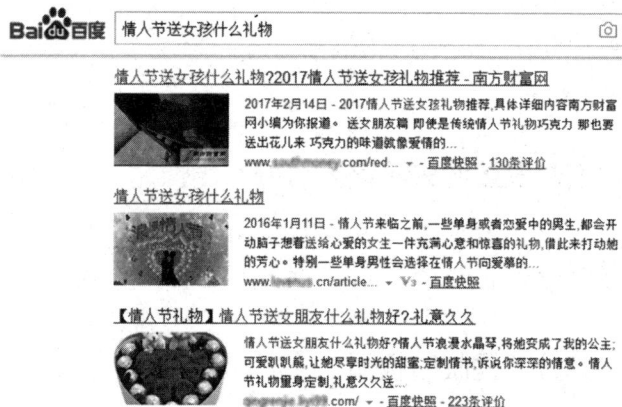

图 5-54　百度搜索"情人节送女孩什么礼物"的结果

可以看到排列在第一位的是南方财富网的一个文章页，点击开来看看该网页布局了什么内容，如图 5-55、图 5-56、图 5-57 所示。

图 5-55　南方财富网"情人节送女孩什么礼物"文章截图（1）

野兽派在情人节期间精选了蓝粉白相间的厄瓜多尔玫瑰，愿她既是你的白玫瑰，心口的那颗朱砂痣，也是相伴此生的知己。在一起的时光，都很耀眼。

图 5-56　南方财富网"情人节送女孩什么礼物"文章截图（2）

如果你的女朋友是个"武亦姝"款的才女！

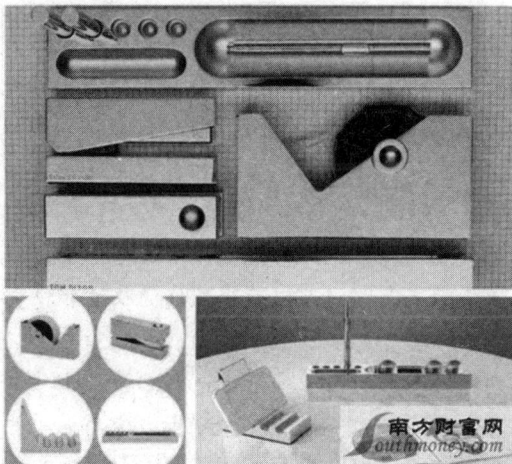

如果你的女朋友是个"武亦姝"款的才女，才思如泉涌，下笔如有神。文化产品、文创周边都是可以讨她欢心的选择。比如上图这款既时髦又文艺的Tom Dixon Cube 系列文具组合。这是英国当前炙手可热的鬼才设计师Tom Dixon的大作。"一直被模仿，从未被超越。"这句话用在他身上极其合适。这个文具组合看起来虽然很简单，但立方体外观配上铜镀粉的潮流程度真的是棒到没朋友。其中有手机支架、写字笔、胶带架……反正就是轻轻松松让你桌面时髦起来，完全不费力气。

图 5-57　南方财富网"情人节送女孩什么礼物"文章截图（3）

可以看到该内容页面对女朋友进行了分类，然后针对不同类型的女朋友推荐了一些礼物，这是非常巧妙的做法，很多的网站会选择将所有的礼物堆积出来，而不知道在搜索"情人节送女孩什么礼物"的背后隐藏着不同类型女朋友的需求。

分析完这个网页可以仔细地思考一下，如果我们要建设一个新的网站，排名想超越这个网页该怎么做？该网站已经对女朋友类型进行了分类，那么我们还可以怎样更加满足用户的需求？也许我们可以按照年龄再分类一下，如 20 岁以下的女朋友、20 ～ 30 岁的女朋友、30 岁以上的女朋友等；还有就是可以按照地区分类一下，因为每一个地区的女孩子喜欢的礼物是不一样的，比如适合给北方女朋友送的礼物，适合给南方女朋友送的礼物等。只有我们这样更加深入地满足用户的搜索需求，网站的临时权重才能得到保留。

本书中笔者多次提到关键词挖掘和行业分析的重要性，这一点也会贯穿本书，现在搜索引擎越来越重视内容的质量和用户的体验，只有我们不断地深入分析隐藏在用户搜索关键词背后的需求才能满足搜索引擎算法的要求，这也是现阶段 SEO 工作的核心。

本 章 小 结

本章详细讲述了 SEO 的一些基础知识点及遇到问题的解决方案。SEO 和其他知识的学习有非常大的区别，如 HTML 等编程知识都是相对固定的，只要掌握函数等知识点就可以轻松编程了。而学习 SEO 不仅仅需要掌握这些基础的知识，更重要的是要通过大量的实践将这些知识转化为自己的经验，所以读者在学习的时候切记不要执着于某一个知识点，要学会灵活运用。

我们在大量的实践中发现：就文章原创而言，每一个行业都有不同的评级标准。在某些行业，采集的文章照样可以获得良好的收录和权重，而有些行业就需要有深度的文章，具体到每一个行业都需要我们通过实践来进行验证。

经过前面几章的介绍，我们已经对建站和 SEO 有了初步的认识，从第 6 章开始我们将正式开始 SEO 的系统学习。如果说前面几章都是一些理论知识，仅仅需要读者理解并能操作就可以，那么后面的章节就需要读者多思考了，因为笔者讲述的 SEO 理论并不一定能覆盖每一位读者的行业，从理论转化为实战需要读者做深入的思索。建议在阅读后面的章节时一定要时刻带着自己行业 SEO 的疑问进行，这样的阅读才能让大家有更多的收获。

第6章
权重

本章就权重培养过程中遇到的一些实际问题做深入的分析和讲解，甚至会提到提升网站关键词排名的操作方法。这是笔者在大量的实战案例中总结出来的，第一次对外界公开，读者在阅读的过程中一定要仔细揣摩，考虑一下自己的网站关键词现在是什么样的排名，本章提到的方法是否能有效解决相关问题。

6.1 避免关键词自我竞争

笔者在做 SEO 诊断时发现，很多 SEOer 喜欢用多个页面来优化相同的关键词，如一位 SEOer 优化"敦煌旅游"这个关键词时，期初将这个关键词布局到了栏目页，后面担心栏目页权重不够无法快速获得排名，又在首页开始优化这个关键词。文章中讲到"敦煌旅游"的时候，锚文本有时链接到栏目页，有时链接到首页，这位 SEOer 认为这样是双重的保险。其实这种想法是完全错误的，因为一个网站的权重是有限的，这样布局会导致关键词的自我竞争，搜索引擎会很难判断网站中到底是用哪个页面优化"敦煌旅游"这个关键词的。

避免关键词自我竞争，首先需要在建站之前就做好全面的布局，计划好每一个关键词的着陆页。前面章节中已经提到竞争性较强的关键词一般用首页来进行优化，竞争性较弱的可以用栏目页进行优化，内容页一般用于长尾关键词的优化，在发布文章的时候出现关键词就链接到对应的页面。在实际操作中，有的 SEOer 喜欢在发布文章遇到关键词的时候将其加粗。这里需要理解一个问题，前面讲的 h1、strong 等标签确实对 SEO 非常有用，但是一定要理解其用法：使用这些标签的前提是关键词是本页面优化的关键词。例如，我们发布一篇关于旅游的文章，这篇文章需要优化的关键词是"旅行饮食须知"，而这篇文章中也会出现"敦煌旅游"这个关键词。这样，在出现"旅行饮食须知"这个关键词的时候就需要用 strong 标签强调，但是不要为"敦煌旅游"加上 strong 标签，只需要在出现"敦煌旅游"的地方将其锚文本链接到"敦煌旅游"关键词的着陆页即可。同样，后面在发布其他文章的时候如果出现"旅游饮食须知"关键词，只需要将其锚文本链接到"旅游饮食须知"的着陆页。这样一来搜索引擎会很清晰地分辨出每一个关键词的着陆页，然后通过站内锚文本权重的转移和集中，很快这些页面就能获得不错的排名。

SEO 是一个非常细致的工作，每一项的操作我们都要做好计划，千万不能盲目开始。笔者建议在做 SEO 之前准备好着陆页记录单、长尾关键词记录单、操作记录单。着陆页记录单记录我们计划的每一个关键词的着陆页 URL，方便发布文章的时候遇到关键词进行锚文本链接。长尾关键词记录单记录我们发布的每一篇文章优化的长尾关键词 URL 等信息，方便后续发布文章的时候进行锚文本链接。事实证明，互相链接起来的文章优化效果要优于互相独立的文章。除此之外，养成文章之间进行链接的习惯对于加速文章的收录极为有效。操作记录单用于记录每一次对网站的修改的信息，如某一天进行了首页关键词的调整，某一天调整了关键词密度，某一天增加了外链等，这样的记录会在网站权重发生变化时可供参考。笔者遇到过这样的问题：有位 SEOer 在几天之内同时做了调整关键词密度、增加外链等工作，过了一段时间关键词有了排名，这位 SEOer 却无法判断这到底是增加外链还是调整关键词密度导致的，这样便无法开始下一步的工作。如果这位 SEOer 之前进行了操作记录，就可以快速地分析出哪个操作导致了关键词排名的变化。

6.2　关键词怎样布局

有些人认为关键词无处不在，无论是目标关键词，或者长尾关键词，网页上只要出现字符的地方就是添加网站关键词的地方，这种想法笔者认为是不可取的。就好比我们在做外链的时候，只要是网站可以加入锚文本链接的地方，或者能写链接的地方，我们都可以将自己的网站链接写上去，但是这样做之后外链真的增加了吗？即便增加了，能保持多久？即便能保持很久，真的会给网站带来真实流量吗？答案是否定的。所以我们做什么事情都要有侧重点，不应该一把全抓，却没有一点做得好，这样产生不了真正的作用。笔者总结了以下五点建议，希望能够帮助读者了解关键词布局需要注意的问题。

（1）META 标签：META 标签是我们最熟悉的，也是最重要的设置关键词的地方。一般来说，我们会在 title 中设置 4 ～ 5 个关键词。这里的关键词一定要是目标关键词，不要放太多（多了也没有太大的用处），并且要将最重要的关键词放在第一位。笔者在实战中发现放置到第一位的关键词能最快获得排名。

以豌豆壳网站为例，该网站在开始布局时就将"好玩的 App"关键词放置到了标题第一位，2 个月后这个关键词便有了不错的排名。当第一位的关键词获得排名后可以进行位置的调整。有的 SEOer 担心调整后会导致搜索引擎的降权，事实证明完全不必。就上面提到的豌豆壳网站 SEO 来说，下一步的操作就是将"App 限免"提升到标题的第一位，这样会帮助该关键词提升排名。

在 keywords 中要出现 title 中出现的关键词，建议关键词数量不要超过 8 个。我们也经常能看到很多网站没有设置关键词——高手的做法总是让人难以理解，其实他们已经将关键词布局到很广的范围了，通过高权重来让单页关键词排名提升。如果我们的技能一般，建议不要这样做。在 description 中尽量出现两次 title 的关键词，并且语言一定要通顺、一定要有特点，让别人看到之后耳目一新，抓住用户的访问心理。网站的描述是我们在搜索引擎搜索结果出现后，除 title 外能看到的内容。好的内容就可以提升用户的点击率，即便你不是前 3 位，通过高质量的描述同样可以做到高点击率。笔者在 SEO 诊断中就遇到过一位站长的网站关键词排名到了前 3 位，关键词指数也非常不错，但是每天只有很少的流量进来，起初这位站长以为是百度指数不正确，后面经过分析得知问题出在描述上面。我们可以看看"好玩的 App"的搜索结果，如图 6-1 所示。

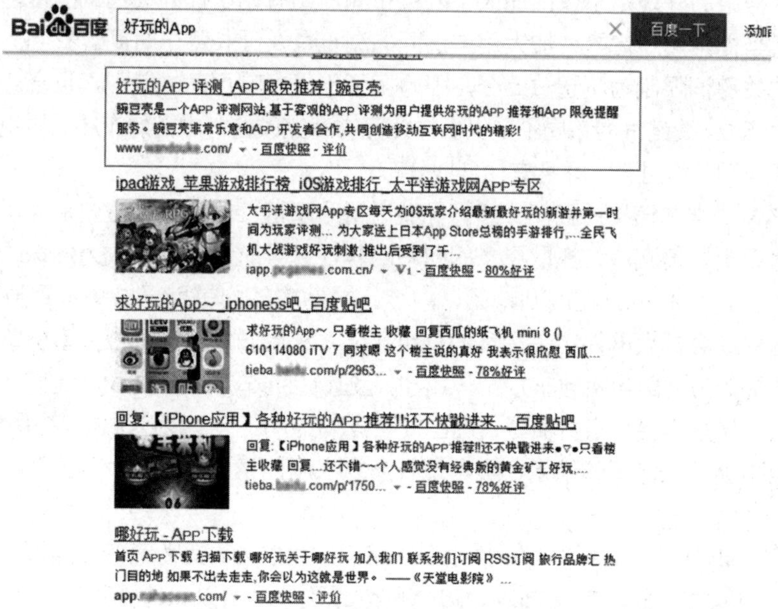

图 6-1　"好玩的 App"百度搜索结果

用户在点击网站链接之前往往会通过描述了解网页的大体情况。通过豌豆壳网站的描述，"豌豆壳是一个 App 评测网站，基于客观的 App 评测为用户提供好玩的 App 推荐和 App 限免提醒服务。豌豆壳非常乐意和 App 开发者合作，共同创造移动互联网时代的精彩"，我们可以看出这是一个推荐好玩的 App 的网站，这也是用户搜索"好玩的 App"这个关键词的初衷，下面网站的描述中尽管有"好玩的 App"之类的关键词，但是不够清晰明了。

（2）header 标签：很长时间以来，很多 SEOer 不重视 header 标签的运用，而恰恰这个标签将会对搜索引擎产生比较大的影响。h1 标签一般都会让搜索引擎认为是内容的标题，是搜索引擎较为看重的，b 标签一般是关键词出现的地方，这可能已经成为搜索引擎默认的计算方式。另外，随着很多 SEO 牛人设置 h3 标签，我们也能看到 h3 标签的应用对于搜索引擎优化来说，俨然成了一块新的开发区域，灵活运用此标签会有不错的效果。

（3）内容页面：网站建设完成之后，我们经常用到的功能就是文章发布系统。我们每天都会更新网站的内容，而网站的内容部分也是我们布局关键词的重要区域。根据浏览者的习惯，一般都会从上到下、从左至右浏览，那么蜘蛛是否也是这样呢？我认为是的。所以我们在内容页面布局关键词的时候一定要有侧重点，在内容的开篇就要有关键词出现，并且为了扩展阅读加上一些关键词的锚文本链接。这样做的好处是不仅仅加入了内链布局，还有助于提升关键词的排名，另外也能适当提升用户体验，加大用户访问的浏览量及延长跳出时间。我们一般将内容中的关键词限制为不超过 5 个，因为多了不仅影响页面的美观，也会让搜索引擎产生怀疑。关键词的布局不是仅仅靠几篇文章完成的，内链的布局同样也不是，而是靠我们日积月累，并且有计划地分布。

（4）锚文本链接：我们一般将导航设置为超链接的形式，主要是为了让搜索引擎可以更好地爬取，抓取更多的网站内容，让导航第一时间成为蜘蛛的向导。不仅如此，我们可以在网站地图、内容、网站底部的辅助导航等位置放置关键词，这样就会扩大网站中关键词的分布区域，让更多的关键词被搜索引擎抓取。值得一提的是"面包屑导航"，因为这也是超链接形式，所以建议在制作此类导航的时候，尽量不要将索引项写成"首页""公司简介"等，因为被搜索引擎抓取之后，也不会带来多好的结果，毕竟没有多少人用搜索引擎搜索"首页"这样的关键词。

（5）alt 标签：alt 标签对于搜索引擎来说作用极大。因为我们知道搜索引擎抓取图片的能力很弱，抓取 Flash、JS 等的效果更差，所以 alt 标签就起到了"讲解员"的作用。当蜘蛛爬到图片的时候，因为不了解图片的内容，所以需要通过 alt 标签的描述才能知道图片的内容是什么。因此，为图片加入关键词是让搜索引擎友好度提升的好方法——搜索引擎会认为图片与关键词的意思一致，这样有助于提升关键词的排名。值得注意的是，上面也提到了，搜索引擎爬行的轨迹同样是从上到下、从左至右。在爬行过程中除爬行 META 标签外，在 body 中，爬行到的第一个内容很有可能是网站的 LOGO，因为 LOGO 一般会放置在网站最上方的左边。所以，为 LOGO 设置 alt 标签，是非常有助于提高搜索引擎友好度的，如图 6-2所示。

```
neline">




=="pagewidth">


o">hl style="margin:0px;padding:0px;">a href="http://www.wandouke.com">img src='http://www.wandouke.com/wp-
ouke.com/wp-content/uploads/2014/06/wandoukenewlogo2.jpg&amp;w=203&amp;h=118'   alt="豌豆壳基于App评测为用户提供好玩的App推荐和App
/>
/hgroup>

="mobile-button">/div>
main-nav">li id="menu-item-265" class="menu-item menu-item-type-post_type menu-item-object-page menu-item-265">a

ost_type menu-item-object-page menu-item-304">a href="http://www.wandouke.com/?page_id=303">游戏/a>/li>

>
icon" class="mobile-button">/div>
                        form method="get" id="searchform" action="http://www.wandouke.com/">
搜索">
            /div>
>
:">
            /div>
            !-- /.social-widget -->
```

图 6-2 为 LOGO 设置 alt 标签

值得注意的是，不能为所有图片都设置统一的关键词，这样是对网站极其不利的，这点一定要记住。如果网页图片较多，确实无法对其进行详细的 alt 标签描述，至少应该在相同的关键词后面加上 1、2、3 或者 A、B、C 之类的序列号，如图 6-3 所示。

豌豆壳采用的就是关键词加序列号的方式。

6.3 关键词着陆页的选择

需要明确的是，搜索流量的着陆页个数才是网站最有效的收录数，site 指令得到的结果数及百度索引量数据相对来说都是"浮云"。在对着陆页的分析中，应该注重分析着陆页和搜索词之间的关系，以及搜索词、着陆页内容和着陆页目标

```
G_0335-168x300.jpg" width="168" height="300" /></a></p>
击AppStore搜索"WiFi万能钥匙",阅读介绍可以看出WiFi万能钥匙iOS版本不同于
S的权限问题,iOS版本采用OCR(光学字符识别)技术,开创全球首个"截图链
文件,实现免费上网。重要的是WiFi万能钥匙是工信部下属中国计算机行业协会无
成员,可以保障用户的个人信息不被泄露。App大小:54.2MB,版本:2.1.0,最近
S7.0或者更高版本,语言支持简体中文、繁体中文、英文。<br />
功会有一些介绍信息,帮助用户尽快的熟悉App的使用方法。接着直接进入主界面,
近的WiFi热点,小编随便选择一个进入尝试连接,连接之前需要下载一个描述文
统将自动进行连接。每一次连接之前都要安装描述文件,这个iOS权限有关,安卓系

douke.com/wp-content/uploads/2015/08/IMG_0358.jpg" class="highslide-
expand(this);"><img title="" alt="豌豆壳 WiFi万能钥匙评测,轻松畅游互联网
edium wp-image-1264" src="http://www.    .com/wp-
G_0358-168x300.jpg" width="168" height="300" /></a> <a
com/wp-content/uploads/2015/08/IMG_0359.jpg" class="highslide-image"
this);"><img title="" alt="豌豆壳 WiFi万能钥匙评测,轻松畅游互联网 4"
um wp-image-1265" src="http://www.    .com/wp-
G_0359-168x300.jpg" width="168" height="300" /></a><a
com/wp-content/uploads/2015/08/IMG_0360.jpg" class="highslide-image"
this);"><img title="" alt="豌豆壳 WiFi万能钥匙评测,轻松畅游互联网 5"
um wp-image-1266" src="http://www.    .com/wp-
G_0360-168x300.jpg" width="168" height="300" /></a></p>
接WiFi功能,首先需要到iPhone设置-无线局域网连接功能中,等搜索到WiFi热点之
匙点击界面上方的"使用WiFi截图解析"按钮,选择刚才截取的WiFi热点图片,然
堂存储。</p>
```

图 6-3　关键词后加序列号的 alt 标签

关键词之间的关系,从而降低着陆页的跳出率。

首先,要分析搜索词和着陆页的目标关键词是否匹配。如果不匹配,就需要分析搜索词和目标关键词之间的差别,以及相应网页中内容和关键词的布局情况。要分析网页中的目标关键词和目标关键词之外的搜索词的流量质量哪一类更好,如果目标关键词之外的搜索词流量质量更好,就要考虑是否需要重新定位网页的关键词以加强更高质量流量的获取。针对这种情况,有些网站会在网页的合理位置插入 refer 关键词,也就是统计每个页面搜索流量的搜索词,然后把这些搜索词自动布局到页面中,以加强网页和该搜索词的匹配程度,从而获得更好的排名和流量。不过这种方法一定要慎用,如果都是硬性插入网页中的,那么就有堆砌关键词的嫌疑,很可能会受到搜索引擎的处罚。最好还是人工分析搜索词和相应网页定位的目标关键词之间的差别,从而对网站的内容或特定类型页面所定位的关键词进行统一的调整。

其次,需要分析着陆页的跳出率。搜索流量的跳出率会直接影响搜索引擎对网站的印象,如果大部分用户通过搜索引擎访问网站后,马上退回到搜索引擎访问其他结果或者重新搜索,那么网站在搜索引擎上的表现可能就要"悲剧"了。但是针对这个"跳出率"要详细分析,不同运营目的的网站对跳出率的观点是不同的,如导购类的网站,就希望用户进入网站后快速跳转到相应的购物网站进而产生购买行为,并且会在用户引导方面进行大量的研究和改进工作,这种跳出率是不会影响网站的搜索引擎表现的。对于 SEO 来说,只要大部分跳出的用户不是

重新返回搜索引擎即可。针对着陆页跳出率数据的分析要结合网站功能及用户行为进行。根据搜索用户在着陆页的停留时间和链接点击情况基本上就可以判断出用户是否重新回到了搜索引擎、是否会对网页的搜索排名不利。

停留时间足够长，反映出用户可能仔细浏览了网页内容，一般是网页内容满足了搜索用户的需求。这种着陆页即使跳出率稍微高一点，影响也不会很大，因为用户已经找到了答案，所以即使用户重新返回了搜索引擎，一般也不会去选择同一搜索词的其他结果了。根据用户重新返回后的行为，搜索引擎也可以判断出用户已经找到了答案，相应网页满足了用户的搜索需求，这对网站在搜索引擎上的表现应该有促进作用。不过对这种情况也需要重视，高跳出率代表网站的相关推荐做得不到位，没有引导用户继续浏览站内其他相关的内容。

如果用户在着陆页根据网站的引导跳到了站外的页面，这种跳出率一般也不会影响网站在搜索引擎上的表现，因为这并不是用户重新返回搜索引擎所产生的跳出率。如果跳出链接是直接跳出，现在 GA 和百度统计都有热力图，经过简单配置就可以追踪特定页面上的链接的被点击情况，并且百度还会对每个链接的点击进行流量来源分类。比对网页的总流量和页面链接点击次数，两个数据之间的差值应该就是比较危险的跳出数，这部分用户没有根据网站的引导跳出，就很可能返回了搜索引擎，如果这个数据比较大，就可能是因为网站的内容出现了问题、搜索词和网页内容不符、网站打开速度慢或网页不够简洁等。

所以，并不是所有跳出率高的情况都对网站在搜索引擎上的表现不利，只有那些跳出率高且跳出的用户确实返回了搜索引擎的情况，才是对网站在搜索引擎上的表现不利的。当发现一些页面的跳出率比较高时，首先要分析该页面的用户停留时间，如果时间比较长，就应该优化相关推荐来引导用户继续浏览网站的其他内容；如果用户的停留时间比较短，并且可能重新返回搜索引擎，就需要进行仔细研究和优化了。降低着陆页流量跳回搜索引擎的细节方法有很多，网站需要做的基本方向有：

（1）保证网页的打开速度，减少因为网页打开速度过慢而造成的高跳出率。

（2）页面所定位的关键词一定要和内容密切相关，尽量保证该内容能够满足通过该关键词的来访流量，并且做好相关内容或专题推荐，引导用户多浏览网站内容，同时也保证当着陆页不能满足用户时，相关推荐中有能够满足用户需求的内容。

（3）对于导航型网站，在保证以上两点外应该做好用户引导，最大限度地引导跳出用户跳出到目标站外网页，而不是重新跳回搜索引擎。

（4）有些网站没有完全符合目标关键词的内容，那么就要在相关推荐条目中做足功夫，做好站内搜索和相关推荐，尽可能地让用户即使在本页没有找到想要的内容，也能点击浏览网站所推荐的内容。例如，现在很多问答类网站这方面做得就很好，虽然它们很可能并不是出于这个目的而设计的。

分析着陆页的数据，降低着陆页"危险"的跳出率，是 SEO 人员的一项重要工作，这可能会涉及网站内容建设方向、网站结构设计等。大部分 SEO 人员只知道降低跳出率很重要，但是并没有对这个"跳出率"进行详细分析和对应优化。

6.4　关键词排名各阶段操作手册

6.4.1　关键词排名进入前 100 名之后如何操作

通常来说，网站关键词排名进入百度搜索引擎搜索结果前 100 名，就可以说明整体的优化思路和方向是正确的。这个阶段非常敏感，细小的调整或者变化都有可能导致排名跳出前 100 名，因此建议这个时候没有特殊的原因最好不要做标题、关键词密度等重要位置的改变。

笔者在实际 SEO 工作过程中注意到这样的问题：网站关键词在 50 ～ 100 名几乎是一个无序的排名，也就是说 50 ～ 100 名的网站关键词排名并不是固定的，搜索引擎对此没有非常明确的排名策略，这样就导致进入这个排名的网站极其不稳定，关键词的排名每天甚至每小时都在变化。建议在这个阶段无论排名如何跳跃都不要对网站做大的调整，只需要保持和平时一样的文章发布频率和时间点。这个非常重要，很多 SEOer 看到网站排名进入了前 100 名后便觉得希望来了，然后就开始修改标题、增加文章发布频率，认为这样的操作会加速排名的提升，结果往往事与愿违。按照笔者的经验，50 ～ 100 名的排名一般会持续 7 ～ 30 天，这个时间是搜索引擎对网站的最后考验，网站服务器稳定、文章更新等数据都会被作为下一步提升排名的重要依据。

如果你是一个 SEO 初学者，通过自己的努力将网站关键词做到了前 100 名，那么恭喜你已经进入了 SEOer 的行列。对于 SEOer 来说这是重要的一步，标志着自己对 SEO 的理解和操作得到了搜索引擎的认可。前面的章节多次提到 SEO 过程一定要将目标划分成多个小的阶段，这样每一次的成功都能鼓励我们不断前行。网站关键词进入前 100 名说明我们的第一个阶段已经获得了成功，接下来应该鼓足勇气接受新的挑战，启用新的策略，帮助网站关键词排名进入前 20 名。

6.4.2 关键词排名进入前 20 名之后如何操作

在努力了一段时间将关键词排名提升到前 50 名之后，很多 SEOer 会遇到这个问题：网站关键词排名在 30 ～ 40 名这个范围浮动，就是无法不进入前列。在本节的开始，我们首先来分析怎么把位于前 20 名之外的关键词做到前 2 页，主要介绍三个方法。

（1）现有的推广形式：微博、微信推广。很多站长在做 SEO 的过程中认为用户体验、权重或者用户需求是排名的关键。真的是这样吗？其实影响关键词排名的关键是受众。在提升关键词排名的前期，只要我们的网站用户体验做得好，能满足客户需求，就会有很高的排名吗？肯定不会。如果没有用户来点击，那么网站就没有创造价值，没有价值、没有被消费的网站是不会有好的排名的。所以笔者在提升豌豆壳关键词排名的前期做了增加受众的营销推广，主要是通过微博和微信推广。笔者会把每一个更新的文章以长微博的形式发布。通过这种形式，笔者在前期累积了大量的用户，这些用户会每天看笔者的文章、点击网站链接。

（2）更给力的推广形式。在前期累积了大量的用户以后，两个关键词的排名已经到了第 5 页，这个时候就需要做外链了。首先可以尝试增加网站的友情链接，需要注意的是友情链接的增加要循序渐进，不要一天时间内就将所有的友情链接都做到位。竞争性不是特别高的关键词建议寻求 20 ～ 30 个质量较高的友情链接即可，友情链接文字不要全部用同样的关键词，还有就是尽量不要使用裸关键词。就豌豆壳网站来说，"好玩的 App""App 限免"就属于裸关键词。应该尽量使用带有品牌词的关键词，如"豌豆壳好玩的 App""豌豆壳 App 限免"之类的文字。其次，我们还可以到这些平台做外链：豆丁网、百度文库、百度贴吧等。如图 6-4 所示的就是豌豆壳在豆丁网做的外链。

（3）用系列文章引导点击。当豌豆壳积累到一定的用户，并且外链也做得非常不错之后，还需要做的就是留住用户了。留住用户的方法有两个。首先需要提升文章的质量。在网站建立的初期笔者每天更新的文章是两篇，目的就是吸引大量用户每天看文章。当做到一定程度后，为了满足不断提升的用户需求，就要提升文章的质量。现在笔者每天发一篇文章，但是质量明显比前段时间的文章质量要高。其次是增加用户的点击。主要方法是用标题吸引点击，如笔者用的是系列文章，看完第一篇后用户就会接着去看第二篇，从而增加 PV 量、降低跳出率，这样，与 IP 流量同等的站点相比，笔者的站排名就会更好。这里为大家介绍一个在实际操作中遇到的事情，在书写标题的时候加入"多图"等文字会很大程度地提升百度搜索结果的点击率，这一点前面章节中已经做了详细的分析。

总的来说，要把排名做到前 20 名最主要的两点是外链和累积用户。外链的方

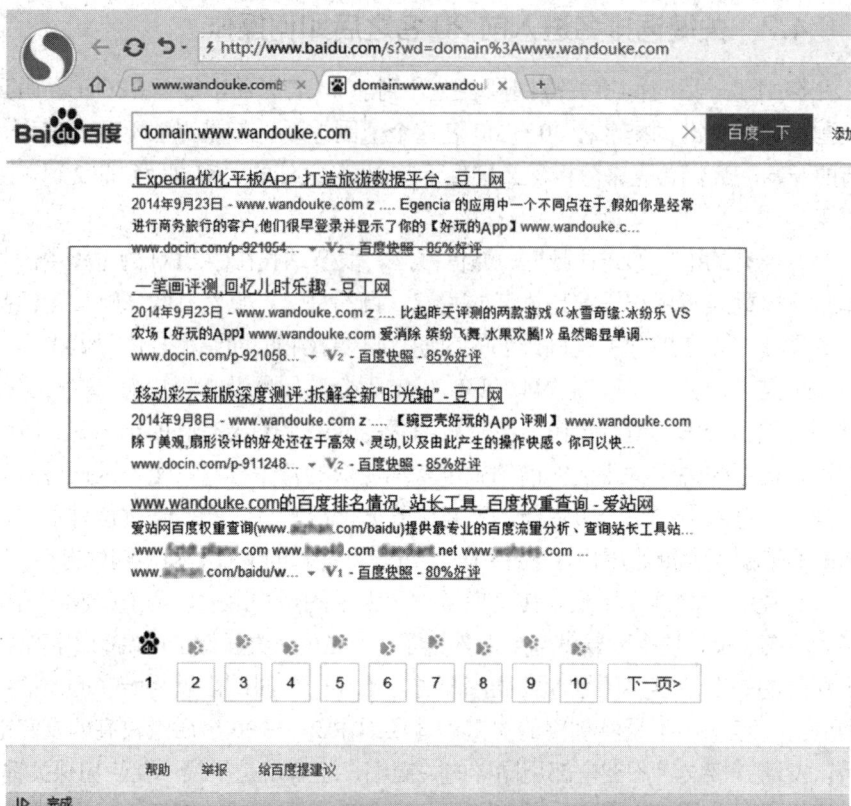

图 6-4 豌豆壳在豆丁网做的外链

式有带超链接的推广形式，也有纯文本的推广形式，如投稿就是纯文本的推广。累积用户就是采用营销的手段将用户引入博客，并且让他们持续关注。

对于网站的 SEO 优化来说，进入搜索引擎排名的前 20 名是一个坎儿。一般情况下，网站做好了基础优化，再发点外链，做点网站引流的话，都可以进入前 20 名。而进入前 20 名后，外链所起的作用已经很小了。这时，获得网站排名的主要因素是用户自然搜索的流量，也就是说，用户搜索某个关键词后是不是进入了你的网站。比如说，你的网站是排在 19 名的，结果用户搜索一个关键词后点击你的网站的次数比排在第 10 名的网站的次数要多，那么，搜索引擎就会认为你的网站比排在第 10 名的网站有价值，就会相应地提升你的网站的排名。

下面是百度站长平台里的内容，很好地说明了这个问题。

主动访问用户占比最重要，可以用来与其他网站进行横向比较，主动访问用户占比越大，在搜索引擎 PK 排序时胜算越大。

主动访问用户绝对量也很重要，可以用来与自身进行纵向比较。主动访问用户比例越来越大，是网站健康发展的重要证据之一。

举例来说，对于 A 和 B 两个网站，假设 2013 年 10 月 1 日时主动访问用户占比相差不大，而在今天，A 网站主动访问用户占比为 30%，而 B 网站绝对流量多于 A 网站，但主动访问用户占比仅为 10%，搜索引擎有可能会觉得 A 网站价值更高。

通过该例我们可以看出，B 网站的外链数量比 A 网站要多，或者 B 网站利用网络营销工具引来了大量的流量，以致 B 网站的流量大于 A 网站，但是 A 网站的主动访问用户占比比 B 网站多出 20%，搜索引擎会认为 A 网站的价值比较高。

B 网站引来的流量并没有形成网站用户的积累，用户来了一次后，可能以后再也不会来了。而 A 网站的用户可能在再次遇到问题的时候会回到 A 网站上逛一下。这样，A 网站就形成了自己的用户积累。

我们在优化网站时，应该设法留住用户，让用户产生"回头"行为。提供给用户比较稀缺的资源，增加主动访问用户的数量，累积自己网站的粉丝——按照这个思路优化网站，相信我们的网站会上首页的。

成功完成了这个阶段，说明我们已经是合格的 SEOer 了。进入前 20 名之后的网站已经不再是单一地被蜘蛛抓取，这个时候会有用户的进入。现在开始，发布的文章已经不仅仅是给机器看，更重要的是给用户看了。互联网的阅读现在已经进入快餐式，也就是说用户不太可能在没有充分兴趣的时候逐字逐句地读完文章，一般都是跳跃式浏览，如果有兴趣了再返回仔细阅读。这个时候的文章要更加重视多分段、短句子、图文并茂，过长的句子或者段落会让用户感到疲惫。准备好了这些，就让我们一起开始发起最后的挑战，帮助网站抢夺前 3 名的宝座。

6.4.3　关键词排名进入前 3 名后如何操作

通过前面的努力，我们已经成功地将网站关键词的排名提升到了前 20 名，这是 SEO 过程中极其重要的一步，标志着我们的优化方法已经得到了搜索引擎的认可。这个时候的网站会面临两种结果，如果网站内容足够吸引人，在关键词竞争性不是很强的情况下会直接进入前 3 名，还有一种情况是网站在 10 ～ 13 名徘徊。本节首先来分析第一种情况，第二种情况比较特殊，放到后面一节做单独的分析。

如果网站在进入前 20 名几天之后直接进入前 3 名，那么说明网站已经得到了搜索引擎和用户的基本肯定。网站第一次进入前 3 名会有一个不稳定期，这个不稳定是因为关键词搜索的 70% 流量都集中在前 3 名，一个新的网站一旦进入这个排名区间，便会有大量的用户点击进来，这样的点击会加速搜索引擎对于网站价值的判断。如果用户点击进入网站后没有再返回到搜索引擎寻求其他搜索结果，说明我们的网站价值很高，帮助用户找到了需要的信息；如果用户在进入网站后又返回搜索引擎，说明网站没有提供关于该关键词有价值的信息，这是一个非常危险的信号。笔者的建议是网站排名进入前 3 名后，外链等都可以暂时停止，务必把重点放在内容的建设方面，哪怕是将文章的发布数量降低一半都无所谓，关键是文章要有可读性，要能满足用户的需求。这一步是 SEO 工作需要跨越的至关重要的一步，如果失败会导致前面的努力都付之东流。如果说之前的 SEO 工作都是技术性的操作，那么从现在开始我们就要转变为一名文章编辑。要想发布的文章是有价值的，就需要提前分析关键词背后的需求。百度站长工具提供了这样的工具，如图 6-5 所示。

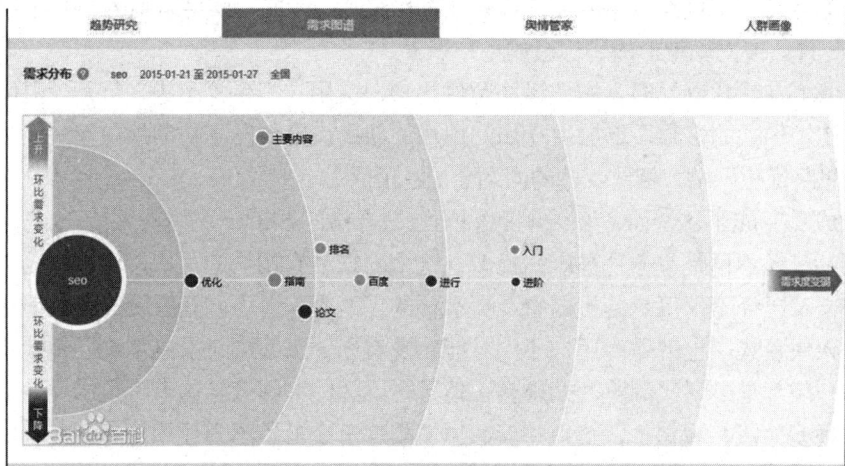

图 6-5　百度站长需求图谱工具

这是搜索"SEO"关键词的需求图谱。分析需求图谱我们可以看出搜索"SEO"关键词的用户希望得到"排名""入门""优化"等信息，因此我们在编辑文章的时候就要围绕这些信息展开，这样当用户通过搜索引擎进入网站的时候看到这些信息点就会停留并且阅读。笔者认为 SEO 绝非单纯的技术，这也是某些行业的 SEOer 去做其他行业的 SEO 工作时非常吃力的原因—— 他们不了解这个行业，这是非常重要的一点。所以说，开始做 SEO 之前我们一定要分析隐藏在关键词背后的需求，只有了解了这些需求才能懂得用户在搜索这些关键词的时候想要得到什么。满足这些需求自然会让网站变得有价值，这个价值会让网站长期立于不败之地。

6.4.4 关键词排名在 10 ～ 13 名无法前进时如何操作

关键词排名的 10 ～ 13 名是一个很"艰难"的区间，这个位置说明对于搜索引擎来说网站的优化已经非常到位，但是没能经受住用户的考验。前面一节已经提到，网站位于这个区间时文章质量是至关重要的问题，因此，如果网站关键词排名进入 10 ～ 13 名，一定要重新开始分析关键词需求，增强文章的质量。一般情况下，文章质量的提升会让网站突破这个区间，但是也有例外：有时尽管我们的网站内容质量已经提升，但是似乎被搜索引擎遗忘了，就像是被打入"冷宫"，这个时候我们就不得不借助站内站策略再次引起搜索引擎的重视。当然，站内站的使用目的绝非帮助网站关键词排名突破 10 ～ 13 名这样单纯，它在增加网站收录量等方面都能起到积极的作用。下面我们一起来看看具体如何操作。

站内站首先可以提升主站权重，保证网站的更新。小型网站，特别是企业站的新闻、产品等一系列信息都被发布在网站上了，还是不够网站更新用。如果长时间不更新网站的话，蜘蛛会认为该网站没有人去维护了，来爬行的次数就会越来越少，最终会导致对网站的降权，通常表现为在 IIS 日志里出现大量的 304（未修改）记录。这方面笔者深有体会，之前自己的一个博客的 PR 是 4，每天的流量也还行，后来笔者连续 3 个月都没有管理这个博客，结果 PR 直接降级为 0，流量几乎完全没有了。慢慢地蜘蛛也就不会来网站爬行了，这个时候距离网站被"K"也就不远了。但是利用站内站策略就可以保证网站有规律地更新，持续下去就能慢慢地让蜘蛛爬行越来越多，逐步提升网站权重，其次还可以保证网站的用户体验。企业站内容填充好以后，因为新闻、资讯少而无法更新，用户也无法了解到企业活动。为了提升用户体验，可以利用站内站策略，对企业站进行更新，然后使用程序调用到首页，向用户展示最新的信息，这样有利于提升用户体验，从而提升企业站的网站黏度。

什么是站内站，站内站的作用是什么，通过介绍相信读者们已经基本理解了。下面来说一下在实践中，如何高效使用站内站策略。

（1）社区型品牌网站，致力于成为某一个垂直行业领导者的网站。可以增加一个行业论坛，把该论坛存放在主站的一级目录里。论坛互动产生的内容将给网站增加巨大的收录量，如图 6-6 所示。

（2）普通企业网站，发布的内容往往局限于产品介绍、新闻报道。可以增加一个其他的系统，把内容范围扩展到产品专业知识、行业动态分析、公司活动介绍等。对于企业站，建议在做站内站的时候，增加一级目录的博客系统，命名为"某某企业博客"或"产品专业博客"，如图 6-7 所示。

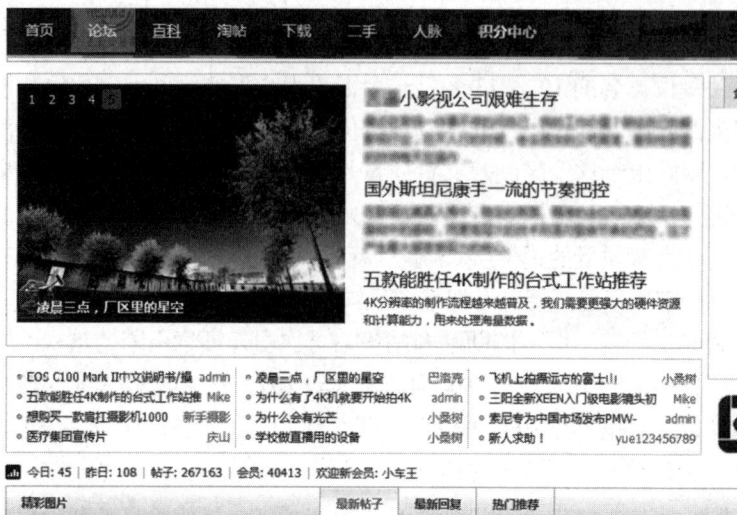

图 6-6　论坛放在主站的一级目录中

图 6-7　企业或产品专业博客

6.5　站内优化是 SEO 最重要的环节

6.5.1　怎样写一个广告文案级的标题

对于很多 SEO 初学者来说，正确地书写网站标题（title）是一门必修课，也是 SEO 工作最重要的因素之一。本节就对什么是网站标题及如何正确书写标题进行总结，希望通过笔者自己的实践，让更多的人了解正确地书写网站标题也可以提高用户体验，增加网站的辨识度。

前面的章节中已经多次提到标题对于 SEO 工作的重要性，下面详细地为大家讲解如何正确书写标题。标题对于任何一个 SEOer 来说都不陌生，是开始做优化时最费心劳神的一件事。通常情况下，我们在书写网站标题的时候，主要考虑以下六点因素。

（1）网站标题中，词与词之间的衔接符号。标题之间的衔接符号非常重要，很多人都会选择半角逗号作为两个词语之间的衔接，也有更多的符号可用，如"-"" _""|"等。这里要说明的是，如果选择"_"，也就是我们常说的下画线，在百度搜索引擎中是没有任何问题的，但是如果出现在谷歌搜索引擎中，第二个词不会显示在网站标题中，这是通过实践得知的。

（2）网站标题一定要有相关性且尽量不要相同。我们在为企业提供 SEO 优化服务的时候会发现，很多网站的所有页面都是同一个标题，如图 6-8 所示。

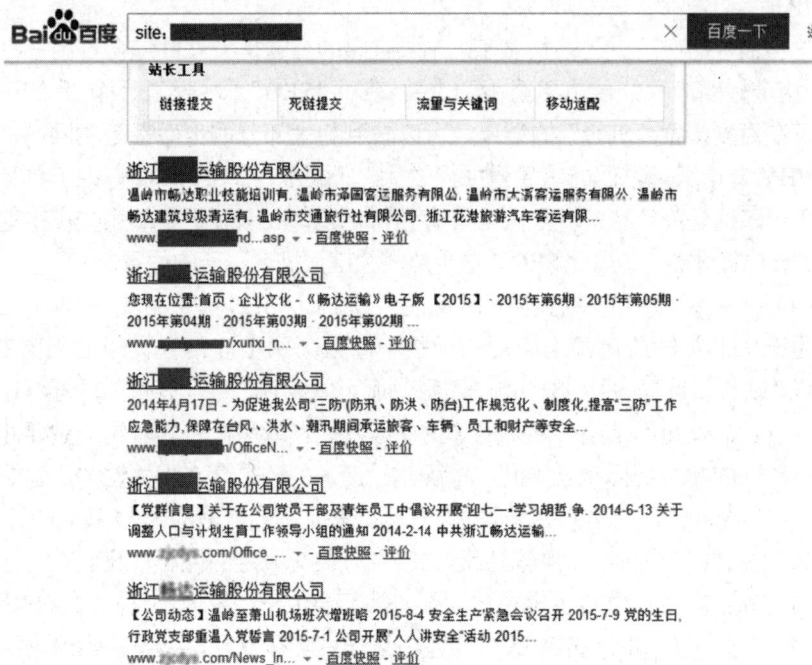

图 6-8　所有页面都是同一个标题

直到今天依然存在大量这样书写标题的网站。这样的情况主要是因为在网站建设过程中，设计人员在制作模板的时候有很多代码都是复制进去的，网站建设完成之后就成了这样了。除非用户明白该怎么设计，或者有特殊要求的时候，网站建设公司才会简单地帮你设置一下。这里要说明的是，网站中每一个页面所描述的东西虽然相关，但是毕竟不一样，所以为每一个页面设定不同的标题有助于优化网站，并且能提高访客在搜索引擎查看结果时的辨识度。

（3）给网站设定有吸引力的标题标签。我们在为每一个网页设定标题的时候，在尽量做到不缺乏关键词的同时，要加入独特的吸引力，提高网站相对于其他网站的辨识度。我们都知道，当网站页面被搜索引擎收录并列出时，用户第一个看到的就是网站的标题，如果网站标题与其他网站标题不同，而且很独特，那么网站被访问的概率肯定会比其他网站高出很多。如果有一个非常棒的标题，即便网站仅仅排在首页的中间部分或者底部，访问量也会非常高，因为这样的网站能吸引用户，用户第一眼看到的是这个网站与其他网站不同的标题。具有独特标题还有另外一个好处，就是提升网站关键词排名。这一点是肯定的，因为我们在实践过程中发现，无论是百度搜索引擎还是谷歌搜索引擎，当我们的网站比竞争对手点击量更高的时候，排名肯定会更高。当然，这里说的点击量不是 PV 值，而是 IP 值。

这里最好的例子就是站长之家。站长之家的标题是"SEO 综合查询－站长工具"。这个标题为我们传达了至少两个关键词："SEO""站长工具"。我们可以查看一下在百度搜索"SEO"的结果，可以看到绝大部分的页面都是主网站，除了SEOWHY 的论坛。它们的信息量如此之大，而站长之家的 SEO 查询工具却可以排名第一，这是为什么？就是因为拥有独特标题，吸引了更多的用户点击这个网站，长此以往才会屹立在"SEO"这个热门关键词排名第一的位置。

（4）网站标题中应该涵盖网站的主关键词。"SEO 综合查询－站长工具"仍然是一个非常好的例子，简短的标题中涵盖了两个非常重量级的主关键词："SEO""站长工具"。通过这个例子，我们还可以看到，每一个页面的标题应该是描述这一页的，而不是整个网站的。另外，我们在编写标题的时候一定要注意自然，一个好的标题是标新立异的，是涵盖关键词的，是含有相关性的，也是非常自然、一气呵成的。简单的关键词堆砌作为标题是不会有好的 SEO 效果的。

（5）标题字数控制。对网站标题的字数应该有一定的控制，我们在看很多大型网站或者非常讲究 SEO 的网站的时候，我们会惊奇地发现，它们的网站标题非常简短，一般仅有 10 个或者 15 个字左右。通过实践发现，搜索检索网站标题的字数是有限的，一般是 30 个汉字，60 个字符左右。所以网站标题不是字数越多越好。

（6）网站标题中尽量体现主关键词或者品牌。一个好的网站都会有自己的品牌，如百度、谷歌、站长之家等。这样做不仅有助于搜索引擎收录，并且有助于访客将你的网站记住。如果这样做你还是认为比较困难，那么可以采用"文章标题－分类－网站名称"的方式，这样做就非常规范，也非常容易，既符合搜索引擎优化思路，也符合用户浏览习惯。

总之，网站的标题代表一个网站给访客的第一印象，也是给搜索引擎的第一印象，同时，也是 SEO 工作中最重要的一环。我们可以通过以上 6 点来不断探索，让我们拥有更完美的网站标题。

6.5.2　一句话次导航真的有如此大的作用

通过学习我们已经知道了基本的优化知识，除了网站结构、网站内容，还需要注意关键词密度。新站建立，我们都会使用首页来做主关键词优化。首页页面称其为也同样需要注意关键词密度，过多明显的关键词堆积会被搜索引擎认为是作弊，存在被降权的风险。所谓"上有政策，下有对策"，针对搜索引擎的这一特点，我们也是有办法的，那就是使用一句话次导航。

什么是一句话次导航呢？在网站的页脚，用首页的目标关键词打上锚文本指向首页，这个方式我们称其为次导航，其目的是增加目标关键词的内链，提高 URL 的权重。将次导航编辑成一句完整语句，在里面出现多个关键词，给每个关键词添上首页链接，这个就是一句话次导航，如图 6-9、图 6-10 所示。一句话次导航的作用就是既增加关键词密度，又能避免搜索引擎的处罚，是安全有效的关键词堆积手法。

图 6-9　一句话次导航界面

```
                    <div class="one">&copy;2014 - 2016 <a
href="http://www.█████.com">豌豆壳</a> 版权所有</div>

                    <div class="two">Email联系豌豆客：<a class="__cf_email_
href="/cdn-cgi/l/email-protection" data-cfemail="c786979787b0a6a9a3a8b2aca2e9a4a8aa">
[email protected]</a><script cf-hash="f9e31' type="text/javascript">
/* <![CDATA[ */!function(){try{var t="currentScript"in document?
document.currentScript:function(){for(var t=document.getElementsByTagName
("script"),e=t.length;e--;)if(t[e].getAttribute("cf-hash"))return t[e]}}();if
(t&&t.previousSibling){var e,r,n,i,c=t.previousSibling,a=c.getAttribute("data-
cfemail");if(a){for(e="",r=parseInt(a.substr(0,2),16),n=2;a.length-n;n+=2)i=parseInt
(a.substr(n,2),16)^r,e+=String.fromCharCode(i);e=document.createTextNode
(e),c.parentNode.replaceChild(e,c)}}}catch(u){}}();/* ]]> */</script></br>版权声明：豌豆
内容均系原创，转载请注明来源<br>
豌豆壳基于<a href="http://www.█████.com">APP 评测</a>为用户提供<a
href="http://www.█████.com">好玩的APP</a>推荐和APP限免提醒
</div>

                    </div>

                    <!-- /footer-text -->


                 </footer>

                 <!-- /#footer -->


              </div>
```

图 6-10　一句话次导航文本设置

举例来说，首页主关键词为"好玩的 App""App 推荐""App 评测""App 限免"时，那么一句话次导航可以写成"豌豆壳基于 App 评测为用户提供好玩的 App 推荐和 App 限免提醒"。值得注意的是，在一句话次导航里不要做过多的关键词堆积，一般 3 ~ 5 个就够了，也不一定要把所有的主关键词都放到一句话次导航里。

6.5.3　如何有效增加关键词密度

为了做好 SEO，很多站长需要增加关键词密度，但在标题、描述、关键词、文章中进行增加后还是觉得不够。下面就如何有效地增加关键词密度做一些分析。

（1）图片 alt 标签中可以加入关键词。但是不要硬生生地加入关键词，如网站关键词是"某某自行车"。可以在 alt 标签中加入"自行车质量可靠，是您户外运动的优选产品"之类的话语，把关键词融入语境中。

（2）标签的 title 属性也可以加入关键词。方式和 alt 标签相似，尽量让关键词融入语境，不要单独出现。

（3）拆分关键词词组。对搜索引擎来说，有没有标点符号都是一样的，但用户更容易理解其含义。例如，关键词词组为"App 限免推荐"，那么我们可以写为"豌豆壳提供 App 限免、推荐等"。"App 限免"和"推荐"之间虽然有逗号隔开，但在搜索引擎看来，这是一个关键词词组。

（4）超链接中植入关键词。可以在网站底部加一个超链接，在超链接中植入关键词。

（5）将关键词分布在网页的不同位置。例如，关键词为"定向推广"，那么可将其分别散落在标题、作者名称、文章内部、超链接等位置，其中在文章中出现关键词的权重最高。

（6）把关键词分散到不同的网页上。可以将关键词分散到不同的网页上，每个网页优化 2 ～ 3 个关键词组。

（7）建设一个相关内容页面。例如，你的关键词是"App 评测"，可以设置一些栏目，如"iOSApp 评测""AndroidApp 评测"等。

（8）发掘一些长尾关键词。例如，你的目标关键词是"App 评测""App 限免"，可以在文章中用一些"好玩的 App 评测""苹果 App 限免"之类的词。

（9）中英文交互使用。例如，App 是"智能手机的第三方应用程序"的简写，你可以将它的含义说出来，或者在中文后面加个括号添上英文。

6.5.4　巧妙使用文字介绍区块

文章介绍区块在 SEO 中扮演着重要的角色，首先可以提升网页关键词的密度；其次可以增加网页和关键词的粘连度。一般情况下，网站的首页会调用各个栏目的信息，这样就会导致关键词无法集中地展示，搜索引擎更是无法从这些调用的单条信息中获取网页的主题。在这样的情况下可以尝试增加文字区块。文字区块的内容不宜过长，250 ～ 300 字最为理想，文字内容主要是介绍网站可以提供什么样的服务等信息，内容中穿插需要优化的关键词，竞争性较强的建议出现 2 ～ 3 次，竞争性较弱的出现 1 ～ 2 次即可。简单地说，这个文字区块可以看作描述标签的扩展，这样的操作可以让网页内容和标题、描述、关键词等标签相互照应。

除了首页，栏目页也可以考虑增加文字区块。我们都知道，栏目页一般是调用本栏目的文章内容，有些 SEOer 会调用一些内容出来，如图 6-11 所示。

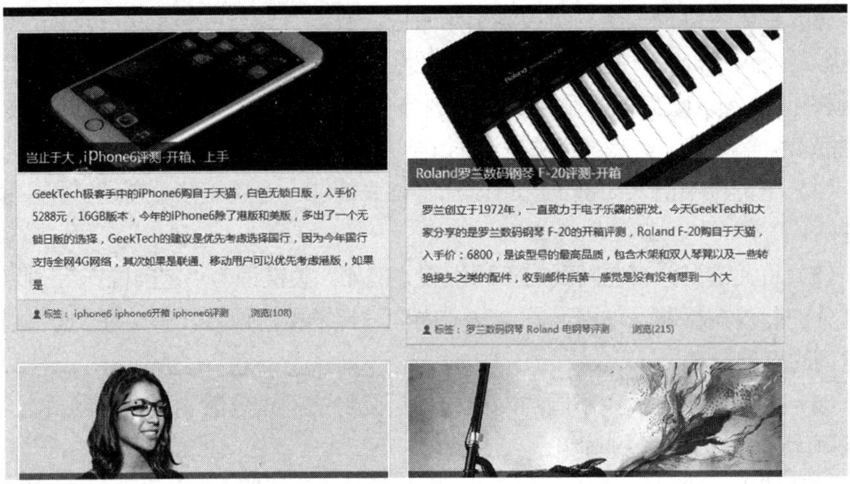

图 6-11   栏目调用内容增加文字区块

有些 SEOer 则是直接调用标题，如图 6-12 所示。

图 6-12   直接调用标题增加文字区块

这里需要强调一点，在栏目页我们应该尽量调用一些内容，这样有助于搜索引擎收录。笔者在 SEO 诊断过程中遇到过一位朋友，他的网站的栏目页一直无法被收录，首页和内容页都被正常收录，后面经过笔者建议将内容调用出来后，很快便被收录了。栏目页增加文字区块的方法和首页基本一致，但是切记不要将首页的文字区块直接搬过来用，某一个栏目的文字区块要针对这个栏目的主题来写，这些内容中要包含栏目页需要优化的关键词。

6.5.5 详解 301 重定向

在开展 SEO 工作的过程中我们会遇到这样的问题：想同时将几个域名都绑定到服务器，但是又怕权重分散；做了一段时间后觉得网站域名不够理想，想更换域名，却又担心更换后权重消失。大家也一定了解到能通过 301 重定向解决这些问题，但是 301 重定向的操作方法众说纷纭，我们不知道到底使用什么样的方法才能让权重集中或者在更换域名后让权重顺利地转移过来。下面将常用的 301 重定向方法做一个总结，供读者参考。

首先我们需要了解什么是 301 重定向。301 重定向（或叫 301 跳转、301 转向）是用户或蜘蛛向网站服务器发出访问请求时，服务返回的 HTTP 数据流中头信息（header）部分状态码的一种，表示该网址永久性转移到了另一个地址。其他常见的状态码还包括 200（一切正常）、404（网页不存在）、302（临时性转向）、500（内部程序错误）等。除了 301 重定向，网址重定向还有其他方法，如 302 重定向、JavaScript 重定向、PHP/ASP/CGI 程序重定向、Meta Refresh 等。301 重定向对搜索引擎优化具有不可替代的作用。用 301 重定向可以巩固规范版本的 URL，重拾权重，防止搜索结果的内容重复。从搜索引擎优化角度出发，301 重定向是进行网址重定向最为可行的一种办法。

其次我们需要知道在什么情况下需要使用 301 重定向。网站改版经常需要用到 301 重定向，如网站更换域名、改变网页目录结构、网页被移到一个新地址、网页扩展名改变（如因需要把 .php 改成 .html）。在这些情况下，如果不做重定向，则用户收藏夹或搜索引擎数据库中的旧地址只能让访问客户得到一个 404 页面错误信息，访问流量会白白丧失。使用 301 重定向不仅能使页面实现自动跳转，告诉用户已经换了新的网址，同时也告诉搜索引擎这个才是真正的网址。搜索引擎只对重定向后的新网址进行索引，同时会把旧地址权重如数转移到新地址下，从而不会让网站的排名因为网址变更而受到影响。当一个网站注册了多个域名时，需要通过 301 重定向让访问这些域名的用户自动跳转到其中一个主域名，这样做是为了避免因产生大量复制内容而遭到搜索引擎的惩罚。因为在搜索引擎看来，每个域名都是一个独立的站，多个域名指向同一个站，会被认定为站点雷同、内容复制，轻则不被收录、进入沙盒期，重则直接被搜索引擎屏蔽。

实现网址规范化也需要用到 301 重定向。

假设有网址"http://www.abc.com/index.html""http://abc.com""http://abc.com/index.html"，它们都要做 301 重定向，指向"http://www.abc.com"（选定的规范化

网址），搜索引擎就知道"http://www.abc.com"是规范化网址，而且会把上面列的网址权重传递、集中到规范化网址。

目前谷歌会传递大部分权重，而不是百分之百的权重，百度则会传递所有的权重。谷歌对 301 的识别、反应、完成权重传递，需要 1 ～ 3 个月的时间。百度对 301 的处理则比较保守，新旧 URL 会同时存在于数据库中很长时间。

下来我们来看看在 Apache 服务器上实现 301 重定向的方法。

如果网站使用 LAMP（Linux + Apache + MySQL + PHP）主机，可以利用 Apache 的 mod_rewrite 对 URL 进行重写或重定向。需要以下几步：

（1）首先确保开启了 mod_rewrite 功能。用文本编辑器打开 Apache 安装目录 \conf\httpd.conf，找到"#LoadModule rewrite_module modules/mod_rewrite.so"这行，去掉前面的"#"。继续查找"AllowOverride None"，修改为"AllowOverride All"。然后重启 Apache。

（2）在需要做 URL 重定向的网站根目录下放一个 .htaccess 文件（扩展名是 .htaccess）。在 Windows 下不能直接建立此类文件，可以用记事本编写文件后另存为该扩展名的文件。

（3）在 .htaccess 文件中通过正则表达式将网站重定向到需要的页面，示例如下。

①将不带 www 的顶级域名 301 重定向到带 www 的域名。

```
Options +FollowSymLinks
RewriteEngine On
RewriteCond %{HTTP_HOST} ^abc.com [NC]
RewriteRule ^(.*)$ http：//www.abc.com/$1 [L,R=301]
```

②将页面 301 重定向到另外一个页面。

```
Options +FollowSymLinks
RewriteEngine On
RewriteRule ^/oldpage.html$ /newpage.html[NC,L,R=301]
```

接着我们来看看在 IIS 服务器上实现 301 重定向的方法。

示例：将 abc.com 跳转到 www.abc.com。

（1）新建一个站点，对应目录为 d:\site。该站点主要用于转向，目录可以是空的，不需要任何文件。然后为该站点绑定要跳转的域名 abc.com，如图 6-13 所示。

图 6-13 将 abc.com 跳转到 www.abc.com（1）

（2）在 IIS 中右键单击刚才建立的站点，在弹出的快捷菜单中依次选择"属性"→"主目录"→"重定向到 URL"，输入另一个绑定好 www.abc.com 域名的网站地址（这个网站存放有网站内容）。输入的地址是"http://www.abc.com$S$Q"，同时注意选中下面的"资源的永久重定向"和"上面输入的准确 URL"这两个选项，如图 6-14 所示。

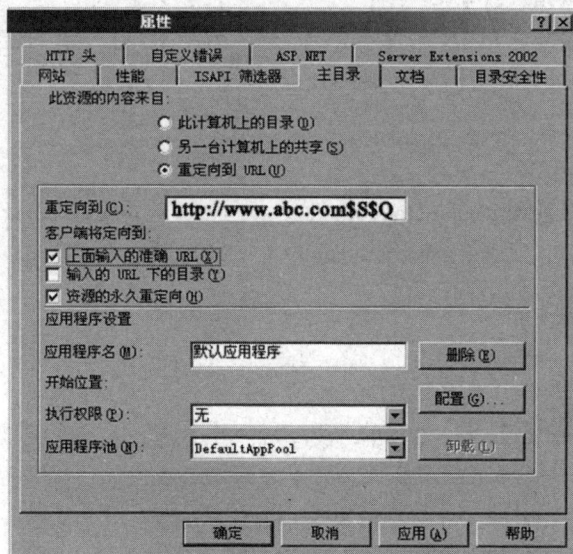

图 6-14 将 abc.com 跳转到 www.abc.com（2）

对于 SQ 字符，这里解释一下。$S 表示将请求的 URL 的后缀传递给新的 URL。后缀是用重定向的 URL 代替之后，初始 URL 中保留的部分。如果未选中"上面输入的准确 URL"选项，则结果目标 URL 的名称将含有所请求文件的名称（作为文件夹名称）及文件名本身。$Q 表示将初始 URL 中的参数（如 querystring）传递至新的 URL，包括问号（?）。如果不加上 SQ 字符的话，内页的 301 重定向就都会跳转到首页。加上 SQ 字符的目的就是访问内页也能准确地跳转到新域名的对应内页。这样就完成了 301 永久重定向的设置。设置之后，最好能测试一下 301 重定向是否成功（用站长工具的 HTTP 状态工具即可查到，如果查到的返回状态是 301，就说明已经成功了）。

除了上面的方法，我们还可以使用 ISAPI_Rewrite 实现 IIS 的 301 重定向。ISAPI_Rewrite 是用于 IIS 的第三方 URL 重写组件。它是基于正则表达式的，类似 Apache mod_rewrite 功能，不仅可以实现 URL 重写，还可以实现 301 重定向。ISAPI_Rewrite 组件有免费版（Lite）及商业版（Full），免费版只支持全局 httpd.conf 配置，不能对每个站点进行单独设置，而商业版可以让每个站点自定义 URL 重写规则，只要将 httpd.ini 放在站点根目录下就能生效。请使用 ISAPI_Rewrite 2.x 或者最新的 3.0 版本（它兼容 Apache 的 mod_rewrite 语法），而较早的 1.x 版本不支持 301 重定向功能。

下面给出示例。

（1）将不带 www 的顶级域名 301 重定向到带 www 的域名。

```
# ISAPI_Rewrite 2.x 版本
[ISAPI_Rewrite]
# 3600 = 1 hour
CacheClockRate 3600
RepeatLimit 32
RewriteCond Host : ^abc.com\.com$
RewriteRule (.*) http : //www.abc.com$1 [I,RP]
# ISAPI_Rewrite 3.0 版本
[ISAPI_Rewrite]
# 3600 = 1 hour
CacheClockRate 3600
RepeatLimit 32
RewriteCond %{HTTP : Host} ^abc.com\.com$
RewriteRule (.*) http : //www.abc.com$1 [NC,R=301]
```

（2）不同域名之间的 301 转向。

```
# ISAPI_Rewrite 2.x 版本
[ISAPI_Rewrite]
# 3600 = 1 hour
CacheClockRate 3600
RepeatLimit 32
RewriteCond Host ^www\.test10000\.com$
RewriteRule (.*) http：//www.abc.com$1 [I,RP]
# ISAPI_Rewrite 3.0 版本
[ISAPI_Rewrite]
# 3600 = 1 hour
CacheClockRate 3600
RepeatLimit 32
RewriteCond %{HTTP：Host} ^www\.test10000\.com$
RewriteRule (.*) http：//www.abc.com$1 [NC,R=301]
```

（3）将页面 301 重定向到另外一个页面。

```
# ISAPI_Rewrite 2.x 版本
[ISAPI_Rewrite]
# 3600 = 1 hour
CacheClockRate 3600
RepeatLimit 32
RewriteRule ^/oldpage.html$ /newpage.html[I,O,RP,L]
# ISAPI_Rewrite 3.0 版本
[ISAPI_Rewrite]
# 3600 = 1 hour
CacheClockRate 3600
RepeatLimit 32
RewriteRule ^/oldpage.html$ /newpage.html[NC,L,R=301,O]
```

在网页后台程序中也可以实现 301 重定向。如果页面是 ASP/PHP/JSP/ASP.
NET，可以在后台代码中做 301 重定向，但是不推荐这样做，因为在服务器上做
301 重定向是在页面执行之前就开始跳转的，效率高，而在程序代码中做 301 重定
向，要为每个页面头部加转向代码，比较麻烦。

示例如下。

（1）PHP 下的 301 重定向。

```
<?
Header("HTTP/1.1 301 Moved Permanently");
Header("Location : http : //www.abc.com");
?>
```

（2）ASP 下的 301 重定向。

```
<%@ Language=VBScript %>
<%
Response.Status = "301 Moved Permanently"
Response.AddHeader "Location", "http : //www.abc.com"
%>
```

（3）ASP .NET 下的 301 重定向。

```
<script runat="server">
private void Page_Load(object sender, System.EventArgs e)
{
Response.Status = "301 Moved Permanently";
Response.AddHeader ("Location", "http : //www.abc.com");
}
</script>
```

（4）JSP 下的 301 重定向。

```
<%
response.setStatus(301);
response.setHeader("Location", "http : //www.abc.com");
response.setHeader("Connection", "close");
%>
```

提示：如果返回报头中只有 Location，但没有明确提到状态代码，就意味着这是一个 302 临时重定向。请谨记于心。下面的例子都是 302 重定向。

（1）PHP 下的 302 重定向。

```
<?
```

```
php header("Location : http : //www.abc.com");
?>
```

（2）ASP 下的 302 重定向。

```
<%
Response.Redirect "http : //www.abc.com/"
%>
```

（3）ASP.NET 下的 302 重定向。

```
<script runat="server">
private void Page_Load(object sender, System.EventArgs e)
{
Response.Redirect("http : //www.abc.com");
}
</script>
```

（3）JSP 下的 302 重定向。

```
<%
response.sendRedirect("http : //www.abc.com");
%>
```

总结：301 重定向是一种对搜索引擎最友好的网址转向方法。在众多重定向技术中，301 永久性重定向是最为安全的一种，也是极为理想的一款解决方案。无论是 URL 永久性改变，还是多种格式 URL 规范化，都离不开 301 重定向。

6.6　鲜为人知的黑帽手法汇总

6.6.1　抓取微博、贴吧内容生成网页的方法

尽管本书的重点不是讲述黑帽 SEO 的方法，但是笔者认为读者应该适当地了解这些方法。一方面，如果竞争对手使用这些方法，我们可以了解并且跟进；另一方面，这些黑帽 SEO 方法中也包含了对搜索引擎的一些深层次的理解，这种深层次的理解可以帮助我们在进行 SEO 的过程中做出许多明智的判断。

本节要讲述的抓取微博内容生成网页的方法，表面上看就是简单的采集、生成，在一段时间内这样的网站排名都是非常不错的。原理其实很简单，前面的章

节中已经多次提到，任何网页只要被搜索引擎认为是对用户有价值的都会给予权重，尽管这些内容在微博中都存在，但是没有用一种特定的规则出现过。如世界杯期间有很多关于球队和球星的讨论，如果我们建设一个这样的页面，选择两个球队进行比较，为每个球队列出从微博中采集的相关内容，便产生了一个全新的内容页面。这样的页面是搜索引擎喜欢的。

从另一个角度看，这种方法就是前面讲述的聚合思维。无论是采集微博的内容，还是采集贴吧的内容，都是将这些内容重新整理归类。带着这样的思维，我们可以在 SEO 过程中衍生出很多的方法。如我们计划建设一个电影的网站，大家都知道电影网站的内容就是电影简介，这些简介基本上都是采集而来的，自己编写的可能性不大。很多 SEOer 对于这样的页面非常为难，不知道怎样才能让搜索引擎喜欢这些包含重复内容的页面。这时候我们不妨采用聚合的思维，在各大微博、贴吧等平台搜索关于该电影的点评，然后将这些点评发布到我们的电影内容页面下方，如图 6-15 所示。

图 6-15　聚合点评的电影内容页面

这样便产生了一个全新的页面，这个页面上面是电影的内容简介，下面是用户的点评信息。尽管这些点评信息之前都在各个平台出现过，但是没有一起出现在一个页面上，这也是搜索引擎喜欢的内容。

任何黑帽方法都来自 SEO 探索者对于搜索引擎的深度理解，尽管不建议读者使用这些方法去建设网站，但是不定期地关注这些方法会让我们有所收获。

6.6.2　使用点击器快速获得排名

使用点击器快速获得排名是基于搜索引擎通过用户的搜索跳出率调整网页排名而来的。前面已经多次提到，在网站关键词排名进入前 20 名之后，用户的点击浏览行为将作为搜索引擎判断网页质量的重要指标。出于这样的原理，现在出现了很多可以自动浏览并且点击网站的软件。这些软件与人类的操作相似，能自动翻页、前进、后退，让搜索引擎无法识别是真实用户还是软件在操作。

现在主要有这样两种使用模式：一种是直接缴费，缴费后便有很多安装该软件的机器点击网站，当然安装这些点击器的机器可以赚到相应的费用；另一种是自己的电脑安装一个点击器，通过点击别人的网站获取点数，这些点数可以用于让其他机器点击自己的网站。

需要明确的是，点击器的适用范围一般是帮助进入前 20 名，高于这个目标点击器起不到重要的作用。其次，即使通过点击器让网站关键词的排名进入前 3 名，如果没有内容的支撑，一旦停止使用点击器，排名将很快下降。笔者的建议是可以在一些情况下尝试使用这类型软件，但是一定要将网站的内容质量提升上去，不然再好的排名也将是昙花一现。再有，使用此类型软件不可操之过急，在使用之前需要分析相应关键词的指数是多少，依据这个指数安排点击量。例如，对于一个指数为 200 的关键词，如果安排 1000 次的点击量，会很容易被搜索引擎认为是作弊。

6.6.3　单页网站 SEO 优化方法

单一页面的网站（简称"单页网站"）经常用于产品的广告宣传。很多 SEOer 认为单页网站很难做好 SEO 优化工作，因为单页网站的内容比较固定和简单，站内锚文本更是无从谈起。但是在实际工作中我们会发现，很多单页网站的排名非常理想，这里面一定隐藏着一些秘密。下面分析单页网站相对于多页网站的优点。

首先是有利于增加网站权重。因为单页网站只有一个页面，所以所有的内容及建立的链接都是基于这个页面产生的，所有的反向链接都指向同一页面、同一域名，这就赋予了网站很高的权重。其次是有利于网站的相关性。因为所有内容都放在同一个页面下，页面内容非常充实，关键字的相关性也会很高，而搜索引擎算法非常关注页面内容与关键字是否具有相关性（这也是做单页网站优化必要性的理由之一）。最后一点是有利于搜索引擎的爬取。单页网站的结构非常简单，这在一定程度上为搜索引擎的爬取工作减轻了负担。有了搜索引擎的爬取，就可以为进一步的优化工作打下基础。

当然，单页网站也存在一些弊端。首先，单页网站获取流量难度更大。通过查看网站统计可知，一个网站的流量通常是由大量的内容页面贡献而来的，而单页网站只有一个页面，无法布局太多的长尾关键词，所以，单页网站难以获得大量的流量。其次，单页网站无法进行站内优化操作。我们通常会增加网站内容，通过站内优化提升关键词的权重。所以，缺乏内容页面的单页网站基本上和站内优化说再见了。再次，关键词布局难度加大。单页网站布局大量的关键词，就容易被搜索引擎判定为关键词堆砌，从而造成网站优化过度，所以，单页网站要学会取舍，关键词密度在一个合理的范围内即可。最后是跳出率问题，单页网站的跳出率是 100%。随着搜索引擎算法的调整，对用户行为的考量在算法中所占的比重越来越大，跳出率高的网站从侧面反映出用户对网站内容的不认可。那么在排名算法上，这部分加权单页网站就无法获得了。

看完了单一页面的优点和缺点，笔者总结出了单页网站优化的 7 点建议，供读者参考。

（1）定义区域性内容。我们可以先将页面划分为几个特定的区域，将每一个区域作为一个单独的页面来做优化。为每一个区域选择关键字、定义内容、设置各种标签等。当然要记住，各个区域的关键字都应具有相关性，否则将会导致整个页面的权重无法集中。

（2）使用 DIV 分割区域。将每一个区域用 DIV 分割开来，这样能够使网页的结构更加清晰。虽然 CSS ID 名称并不是我们的 SEO 工作内容，但是这样确实可以帮助我们更好地组织和管理网站。这种方法也适用于锚文本链接，如图 6-16 所示。

```
<div id="animals">...content...</div>

<div id="art-design">...content...</div>

<div id="cats">...content...</div>

<div id="film">...content...</div>
```

图 6-16　使用 DIV 分割区域

（3）设置锚链接。搜索引擎都非常喜欢锚链接，特别是对于谷歌来说。与锚文本不同，锚链接能够将用户带入同一页面的特定区域。我们可以在每个区域设置特定的锚链接，正确导航用户，方便用户在同一页面内找寻目标信息。

（4）为每一区域设置 h1 标签。通常情况下我们只在一个页面中最多设置一个 h1 标签，但是在单页网站中这可能有些不同。为每个区域设置一个 h1 标签有利于突出页面结构，有助于搜索引擎理解网站结构。但是要记住，每个区域设置一个 h1 标签就可以了，切不可频繁使用。

（5）添加一个二级博客目录。为了降低优化难度，可以增加一个二级栏目的博客，也就是之前提到的站内站策略。我们可以通过博客内容页面增加单页网站的权重，这样既不影响单页面的视觉美观，同时也达到了优化操作的目的。

（6）网站内容的高质量。通过分析百度百科的词条内容，我们发现百科的每一个词条内容都很完善。作为单页网站，要将用户关注的需求点尽可能完整地展示出来。通过不同的区域展示相关内容介绍，单页网站同样可以解决用户的烦恼。

（7）避免全是图片展示。单页网站更希望展示给用户一种炫酷或者简单的效果，所以单页网站会更多地使用图片，但这样做容易造成网站文字内容太少的问题，不利于搜索引擎对网站的抓取和索引。

6.7　AI 智能排名助手

快速排名一直是 SEO 行业热议的话题，《跟我学 SEO 从入门到精通》第 1 版中就提到过通过点击让网站关键词快速提升排名的方法，但是那个操作过于复杂，需要人工添加点击次数、IP 地址区域等，没有一定的经验很容易导致被搜索引擎 "K" 站。

第 1 版图书出版之后就有很多读者联系笔者，想要了解书中提到的快速排名服务商。出于对读者负责的目的，笔者尽可能不推荐使用快速排名。随着不断有读者追问，笔者开始思考能不能做一个普通 SEOer 都可以安全使用的快速排名系统。有了这个想法之后，笔者就开始寻找合作伙伴，经过 2 年多的磨合打造，AI 智能排名助手开始内测了。

本节将会为读者详细介绍这套快速排名系统，如果有读者希望参与内测体验，欢迎扫描本书封面勒口上的二维码添加笔者微信在线交流。

6.7.1　什么是快速排名

顾名思义，快速排名就是通过分析百度搜索引擎的算法原理，总结出一套针对算法进行优化的策略。一般都是使用模拟真人的点击器快速获得排名，这种方法是基于搜索引擎根据用户的搜索跳出率调整网页排名而来的。

在网站关键词排名进入前 20 名之后，用户的点击浏览行为将作为搜索引擎判断该网页质量高低的重要指标。基于这样的逻辑和原理，出现了很多工具软件，这种工具软件可以自动模拟真人浏览并且点击网页，很多软件都能做到与人类的操作非常相似，能自动翻页、前进、后退，而且支持随机 IP 地址替换等，让搜索引擎无法识别是人工点击还是程序点击。

需要明确的是，快速排名的应用目标，一般是进入排名的前 20 名（效果会比较好），超过这个排名的，点击器就起不到明显的作用了，或者需要更长的周期才能达到预期排名靠前的效果。即使通过点击器让网站关键词排名能够进入前 3 名，如果后期网站没有内容的支撑，一旦点击器停止运行，排名也将很快下降。

接着来看看传统快速排名工具的原理。

简单来说，SEO 快速排名发包技术就是利用搜索引擎的漏洞发送数据请求，然后传输相对应的虚假数据。当然，这组虚假数据也可以算是点击数据，只不过这组数据是通过数据发包形式传送的。研发这类软件的人会提前设置好对应的浏览器参数、相关搜索词参数等数据，这样可以直接提交给搜索引擎以达到不用真实用户点击就可以增加网站点击量的目的。

之所以这种虚假数据发包效果要好很多，就是因为相比人为的模拟点击，它具有较好的稳定性。因为人为的虚拟点击不可能做到每个点击都完美，但是利用发包软件却可以做到用户体验的最大化，这也是很多网站请人做快建排名却没有产生稳定的流量点击排名的原因。

从上面的对 SEO 快速排名发包技术的简述当中，我们可以获取两条信息：一是搜索引擎漏洞，二是传送数据包。要想突破这项技术，必须学会寻找搜索引擎漏洞，做大量数据分析，然后使用软件模拟数据，发送给搜索引擎。

6.7.2　搜索引擎如何打击快速排名

针对快速排名，百度推出了惊雷算法。关于惊雷算法，可以参考百度站长平台的文章《百度搜索将推出惊雷算法 2.0》，了解其对快速排名和软件点击有何影响。

虽然说惊雷算法明确地说到了打击软件点击提升排名，但依然有不少的商家在做这类快速排名服务。很多人对此感到不解，但也有人说他们是利用发包技术提升排名的。那这个所谓的 SEO 发包技术究竟是什么，难道百度惊雷算法没有覆盖？

可以肯定地告诉读者，百度惊雷算法绝对是在打压 SEO 快速排名发包技术的。目前不能说所有的发包技术都可以用，大多数所谓的发包软件是无效的。为何呢？因为它们的数据不能被百度识别。很多软件在进行点击的时候，IP 地址入口、UA 渲染、MAC 都做不到正常电脑的效果。所以想利用点击提升排名，就必须在数据方面下功夫。现在的百度不是以单项的点击情况来调整排名，内部构造和外部链接的相互作用尤为重要。一个团队需要有良好的合作才能发挥最大作用，如果我们停留在原地，而搜索引擎一直在变化，那么得到的效果注定是无效的。

所谓的发包技术在原理上类似点击，但并非真实点击你的站点，而是把提前设置好的对应浏览器参数、相关搜索词参数等数据，通过软件发送给搜索引擎，从而让搜索引擎误以为这些用户都搜索了这个词、点击了这个站点。

点击软件的工作原理是通过百度搜索某个关键词，然后找到指定站点并点击进入，从而实现点击的过程，其中的数据会被搜索引擎记录。当一个用户搜索了这个词并点击了你的站点，第二个如此，第三个也如此，甚至很多个都如此时，那么搜索引擎即判断此站点的用户体验高于排名靠前的站点，因此会相应提升排名。这种点击存在真实的 IP 地址，就算是机器点击的，统计工具看不到真实的 IP 地址，但依然可以从网站日志中看到对应的 IP 地址数据。

而使用发包技术则不需要在搜索引擎中实际搜索指定的关键词，也不需要点击你的站点，只是把返回搜索引擎的数据直接提交上去，使搜索引擎做出面对真实点击一样的判断。那么这种情况下，在我们的统计工具及网站日志中都是查询不到相对应的 IP 地址的。通过不断对搜索引擎发送这样的数据，搜索引擎依然会提升你的站点的排名。

可以看出，无论是点击软件还是发包技术，其原理相同，无非就是让搜索引擎认为用户确实青睐某个网站。搜索引擎的算法名义上是从点击方面进行打击，但搜索引擎不可能将网站点击"一刀切"。因此，在搜索引擎接受数据的时候，审核会更加严格。

6.7.3 AI 智能排名助手的优势

现在市场上有很多快速排名工具，在使用上存在很多风险，比如前期有效果、后期没有效果，甚至会直接被"K"站。

AI 智能排名助手的优势在于能够先分析网站的权重情况和关键词优化难度，然后自动应用最适合该网站的期间优化方法，而不是简单地模拟点击。

在 AI 智能排名助手的内测期间，客户的关键词排名都非常稳定，并且在停止点击之后排名依旧稳定，如图 6-17 所示。

关键字	网址	后台FTP	搜索引擎	初排 ⇧	新排 ⇧	开始时间	状态
燃■■计	www.j■	查看	百度PC	>100	2	2020-09-16 09:50:26	已停止
■■量计	www.j■	查看	百度PC	>100	3	2020-09-16 09:50:00	已停止
■流量计	www.■	查看	百度PC	>100	4	2020-09-16 09:48:29	已停止
管■流量计	www.■n	查看	百度PC	>100	3	2020-09-16 09:47:29	已停止
液■■流量计	www.■cm	查看	百度PC	>100	4	2020-09-16 09:46:39	已停止
智能■流量计	www.■	查看	百度PC	>100	3	2020-09-16 09:44:22	已停止
氧■■计	www.■cm	查看	百度PC	>100	3	2020-09-16 09:43:23	已停止
石油■■计	www.■cm	查看	百度PC	>100	3	2020-09-16 09:42:27	已停止
锅炉蒸汽■计	www.■m	查看	百度PC	>100	4	2020-09-16 09:41:55	已停止
椭■■■计	www.■	查看	百度PC	>100	3	2020-09-16 09:41:15	已停止
消防■■计	www.■	查看	百度PC	>100	2	2020-09-16 09:40:30	已停止
涡■■计	www.■	查看	百度PC	>100	3	2020-09-16 09:39:51	已停止
■■量计	www.■	查看	百度PC	>100	5	2020-09-16 09:38:58	已停止
■■量计	www.■	查看	百度PC	>100	3	2020-09-16 09:37:07	已停止
管■■流量计	w■■km	查看	百度PC	>100	41	2020-09-16 09:36:08	已停止
■■量计	w■■km	查看	百度PC	>100	5	2020-09-16 09:34:31	已停止
广■■■■板	www.■1	查看	百度PC	43	5	2020-09-15 19:57:30	已停止
广州水■品厂	www.■	查看	百度PC	>100	2	2020-09-15 19:57:30	已停止
石英■■片	www.■	查看	百度PC	>100	1	2020-09-15 19:47:37	已停止
石英■■■	www.p■	查看	百度PC	>100	4	2020-09-15 19:47:37	已停止
石英■■	www.p■	查看	百度PC	>100	3	2020-09-15 19:47:37	已停止
广西■■平台	www.■x	查看	百度PC	33	3	2020-09-15 15:22:48	已停止

图 6-17　AI 智能排名助手关键词排名界面

下面详细介绍一下 AI 智能排名助手的优势和一些常见的问题。

1. 优势

AI 智能排名助手支持按效果付费，排名不到首页不扣费。之前笔者也提到过，传统的快速排名系统都是按照点数消耗扣费，不管客户的关键词排名是否提升，只要模拟点击就会消耗点数，费用就会被扣掉。AI 智能排名助手的工程师经过 700 多天的测试和沉淀，确认排名安全稳定。按照内测时几个月的数据，只要网站 URL 正常被收录，没有被降权，7 ～ 20 天都会上首页，如果没有上去，系统是不会扣费的，即便是达到第 11 名都是不扣费的。

2. 问题

问：AI 智能排名助手的效果稳定吗？

答：AI 智能排名助手拥有行业先进技术，经历 700 多天、近千个行业、千万数量级关键词测试，排名效果安全稳定。

问：AI 智能排名助手怎样收费？

答：AI 智能排名助手是按效果付费的，关键词搜索排名进入首页后才进行扣费，跳出首页自动停止扣费。

问：什么样的网站适合用？

答：只要网站没有被降权，搜索完整的网站标题（title）时排名前三即可。

问：没有指数限制吗？

答：内测期间没有指数限制。当然指数太高或者竞争性太强的关键词做起来需要的时间会很久，所以建议如果网站权重较低，尽量选择指数 300 以内的关键词进行排名。

问：网站关键词排名进入首页后需要一直使用 AI 智能排名助手吗？

答：建议关键词排名进入首页后至少持续使用 6 个月，之后可以陆续减少使用工具的频率，但是要确保关键词着陆页能满足用户需求，如果无法自行判断可以联系客服人员进行详细的分析、处理。

问：需要多久才能到首页？

答：这个要看网站具体的情况，一般需要 7 ～ 20 天。如果网站权重较高或者关键词初始排名就在 100 名之内，7 天之内就能有明显的效果；如果网站权重较低，则需要的时间较长。本系统按照效果付费，不到首页是不会扣除任何费用的，所以不必担心前期的优化费用等问题。

问：一般优化多少个关键词效果最好？

答：建议至少优化 3 个关键词，优化的关键词数量越多效果越好。

6.7.4 如何使用 AI 智能排名助手

AI 智能排名助手操作非常简单，开始使用之前需要先开户，开户之后可以登录并进入会员中心，如图 6-18 所示。

主界面如图 6-18 所示，左侧导航栏包括"SEO 管理""我的明细""个人中心"选项，单击"SEO 管理"选项可以添加和维护关键词，如图 6-19 所示。

接着点击"添加关键词"按钮，分别填入需要优化的关键词、网站域名、落地页网址。需要注意的是，如果优化的落地页就是网站首页，那么网站域名和落地页网址就是一样的；如果优化的落地页是网站内页，就需要分别填写网站域名和落地页网址，如图 6-20 所示。

图 6-18 AI 智能排名助手会员中心界面

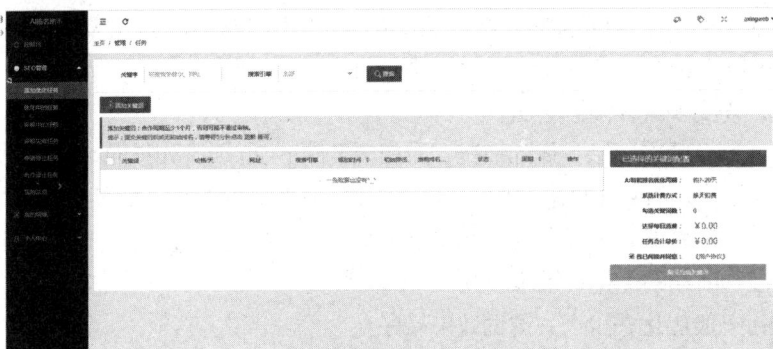

图 6-19 AI 智能排名助手的"SEO 管理"界面

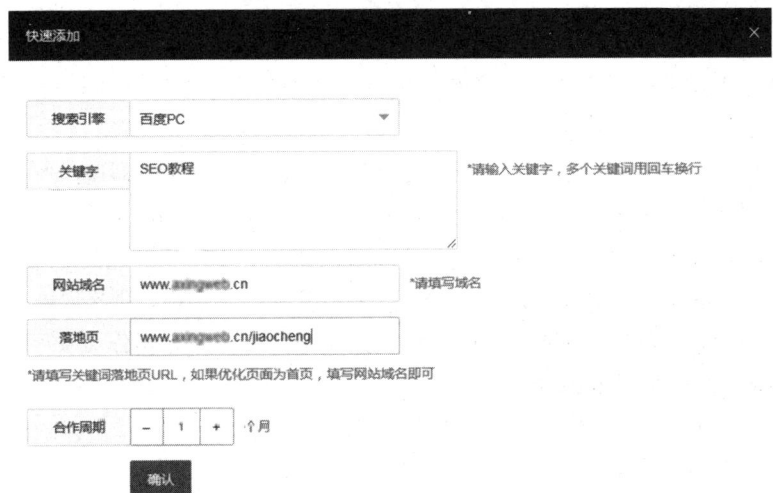

图 6-20 添加关键词的界面

填写完成并提交之后，需要等待网站管理员审核，审核通过之后，网站关键词就进入了优化队列，如图 6-21 所示。

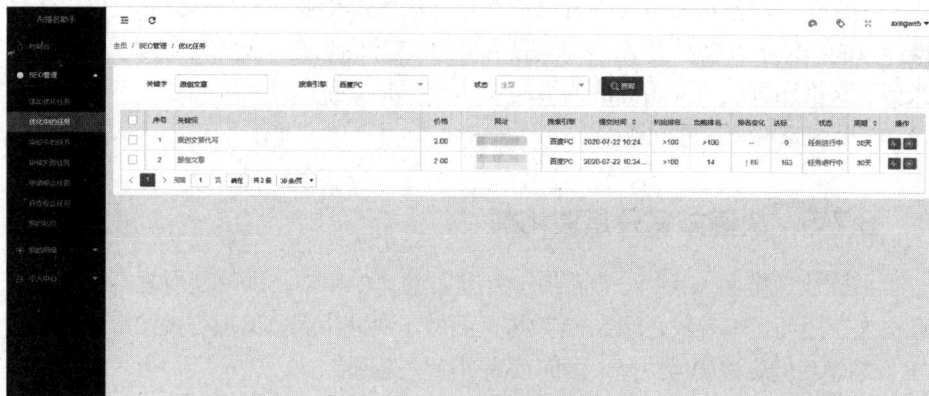

图 6-21 优化队列界面

然后只需要等待并观察数据就行，关键词搜索排行不到首页是不会扣费的。系统每天早、中、晚三次监测排名情况，一旦进入搜索结果前 10 名就会扣费，扣费明细可以在"我的明细"界面查看，非常清晰，如图 6-22 所示。

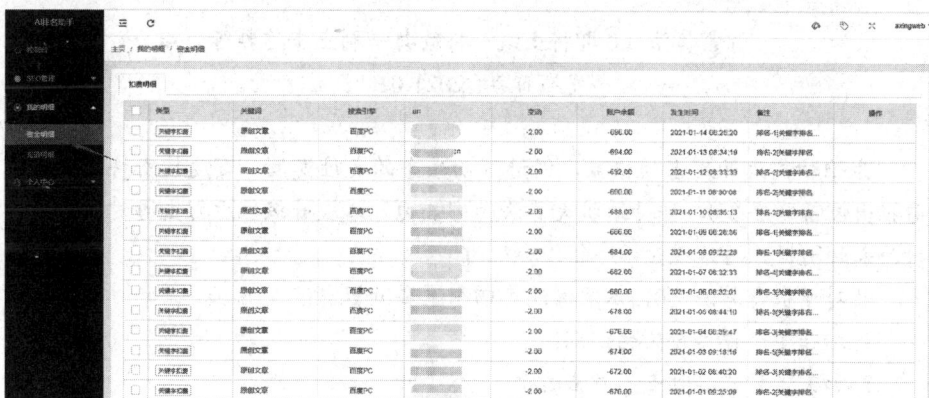

图 6-22 扣费明细

扣费金额和用户级别也有关系，级别越高，扣费相对越少。对于普通会员，一个关键词进入首页一天扣费 5 元，不限制关键词指数。相对于百度竞价而言，这是非常低的价格。因为系统会员等级一直在调整，具体情况请自行联系网站客服人员进行咨询，这里不再介绍。

从网站关键词排名进入搜索结果第一页算起，30 天后可以申请停止优化，如果网站的用户体验做得好，内容有价值，一般情况下排名会持续稳定。停止优化之后系统将不再扣费。

到这里，一些读者肯定会有这样的疑问：快速排名安全吗？我们应该怎么样操作才能保证不被搜索引擎"K"站？要回答这样的问题，就要了解搜索引擎为什么会不断推出算法，惊雷算法的目的是什么，波及面有多大等问题。下一个小节将详细为大家解读这些问题。

6.7.5　快速排名只是催化剂

提到快速排名，我们一直都有一件非常头疼的事情，那就是网站不做快速排名很难在短期之内有较好的 SEO 效果，而做了快速排名，又担心被搜索引擎算法"K"站。我们应该如何抉择，如何正确对待快速排名？

笔者认为，首先要将快速排名看作一种催化剂，而不是救命稻草。搜索引擎不断推出算法的目的就是打击低质量页面，让搜索结果满足更多用户的需求。可以试想，如果搜索结果都是低质量页面，那么搜索引擎就会逐渐被用户遗弃，这是搜索引擎不愿意看到的。

就在笔者撰写本小节的时候，百度搜索推出了惊雷算法 3.0，通告原文如下。

惊雷算法 3.0 即将上线　持续打击刷点击作弊行为
发布日期：2021-01-12

为维护广大开发者的权益，促进移动生态的良性发展，百度搜索将于 1 月中旬推出惊雷算法 3.0，并持续扩大算法的影响力。本次升级严厉打击通过伪造用户行为来试图提升网站搜索排序的作弊行为。

相对于惊雷算法 2.0，本次算法有四个主要升级点：

1. 加强了对作弊行为的识别；

2. 加大了对作弊站点的打击力度；

3. 扩大了算法的覆盖范围；

4. 对违规行为较严重的领域（如汽车、下载、招聘、B2B、网站 SEO 等）进行了针对性的打击。

还请存在问题的站点尽快自查整改。

我们鼓励开发者通过生产满足用户需求的优质内容来获取流量的良性增长，不要触碰搜索快速排名技术及其他违规作弊手段。搜索算法将持续迭代升级，为用户营造健康的移动生态。

可以看到，此次惊雷算法升级有 4 个点，主要是打击点击快速排名作弊较多的行业：汽车、下载、招聘、B2B、网站 SEO 等。

惊雷算法推出的这几天，笔者的朋友圈中都在热议这个事情，也有很多读者咨询现阶段应该怎么办，快速排名是否即将消失。

凡事都有两面性，我们要学会分析问题。不管是惊雷算法还是什么算法，其核心目的都是打击低质量页面。我们要保证不被算法命中，首先要做的就是自查网站是否符合用户需求、搜索跳出率如何等。

如果我们的网站内容质量非常好，搜索跳出率非常低，就说明网站满足了用户的需求，这样的网站搜索引擎是不会打击的。

这就是前面提到的要把快速排名当作催化剂，具体来说，就是我们计划应用快速排名之前应该好好地做一下网站的内容，让网站无论是模板还是内容的深度都能满足用户的需求。

需要注意的是，很多读者对内容的认识存在误区，认为原创的内容就是好内容。这是非常错误的想法，因为作为站长，我们不可能熟悉每一个行业，如果贸然去给一个不熟悉的行业写所谓的原创文章，这样虽然在搜索引擎看来是原创的，但是没有深度，让该行业的用户看就是一篇"垃圾"文章。这样的内容即便是"骗"过了搜索引擎，进入了搜索排名的第一页，也注定会被用户抛弃。这样的典型例子就是关键词在 11 ~ 15 名徘徊，我们把这个现象叫作"12 名法则"，意思就是这样的内容是符合搜索引擎原创算法的，但是无法满足用户的需求。

讲到这里，读者应该已经明白，在做快速排名之前，要做的就是做好用户体验。做好用户体验的方法就是让内容满足用户需求，满足用户需求的内容不一定非要原创，组合、聚合是更好的方法。这一点在之前章节有单独介绍，这里不再重复。

总结一下，快速排名不可怕，可怕的是我们没有正确地对待它。笔者建议使用老域名，加上认真通过聚合、组合做的满足用户需求的内容，最后使用快速排名作为催化剂，这就是安全可靠的 SEO 方法。

本 章 小 结

SEO 是一个需要敢想敢做的行业，这个行业没有固定的模式和方法，只有不断地突破自我、突破常规才能获得意想不到的收获。当然，要想突破常规，首先需要熟悉常规，这也是本书多次提及 SEO 的基本操作要领的原因。本章的最后讲述了一些黑帽 SEO 手法，这些手法绝非凭空捏造，都是基于 SEO 高手通过研究得出的搜索引擎对于网站评价的标准总结出来的。尽管这些黑帽方法可能会过时，而且笔者也不推荐大家使用，但是这种研究的态度和方法都是我们需要学习的。只有掌握了这些方法，才能更好地在搜索引擎算法不断调整的过程中获取新的 SEO 方法。

在学习基础 SEO 理论的过程中我们一定要认真踏实，不要认为这些方法已经过时。"我只是想找到一个捷径"，这是很多 SEO 初学者的心态。笔者曾经也是这样理解 SEO 的，认为 SEO 就是利用搜索引擎漏洞获得更好的排名。这是完全错误的，这样的想法会让我们在 SEO 行业中迷路。互联网上有很多 SEOer 花钱参加一些培训班，就是冲着"秘籍"而去的，认为 SEO 高手会通过培训将"秘籍"传授给自己。不要说很多 SEO 高手是不愿意传授的，即使传授给我们，到我们将这些所谓的"秘籍"消化并且运用到实战中时，这些"秘籍"估计已经失效。无论是读书学习还是报培训班，我们都应该把精力放到对基础 SEO 理论的理解和学习当中，这些知识是不会过期的，也将是我们最宝贵的财富。

下面的章节中将开始站群理论的讲解。在站群的操作上面笔者有丰富的经验，本书中也是第一次将这些经验全盘托出。无论是站群域名的选择还是站群的优化思路，都是笔者在几万个站群运营中总结出来的实战策略。在"站群"章节的学习中笔者建议大家认真、仔细，不要放过任何一个细小的知识点，学习完成后一定要仔细琢磨，等融会贯通后再进行实践，因为站群的投资确实是一笔不小的费用。如果有任何疑问建议不要擅自进行站群操作，可以线上联系笔者，直到将这些问题完全消化。

前面的章节中详细讲述了权重，相信大家对有些内容还无法完全理解和消化。不要太着急，大家可以带着这些疑问继续阅读，在后面章节的实际案例中笔者会通过对实际案例的分析，使大家理解这些内容。

提到站群，很多 SEOer 就会想到垃圾网站。我们这里提到的站群并不是使用批量建站工具采集内容发布的垃圾网站，具体是什么样的一群网站，相信大家在阅读完本章后会得到一个满意的答案。

7.1　站　群　概　述

7.1.1　什么是站群

简单地说，站群就是多个独立网站形成的集群。在 2012 年 6 月 28 日百度"K"站事件之前，站群就是直接下载模板，批量注册域名建立的网站，并使用采集工具批量发布文章，一个人可以同时运营上千个这样的网站。但是随着搜索引擎算法的不断升级，这样的操作模式已经变得不可行，这一点笔者在本书第 1 章中就有介绍。

我们这里说的站群是精细化操作的站群，从域名选择到服务器选择，再到 CMS 模板的开发都是和对待单站一样的操作模式，甚至在某些地方要严于单站。这样操作的站群才是有效的，才不会被搜索引擎当作垃圾网站"K"掉。

7.1.2　站群有什么用

站群里面的所有网站都是属于我们的，我们可以用来直接推广产品、提升流量、和别人交换链接（用站群网站链接别人，以换取别人链接你的 SEO 目标网站），或者直接用站群网站链接优化你的 SEO 目标网站。

建立站群要注意的问题如下：

（1）团队技术人员要熟悉各种 CMS 建站程序、博客、论坛，能够快速搭建网站。

（2）团队要有执行力，资金也要充裕，毕竟养一批网站的花费还是不少的。

（3）网站部署的主机 IP 地址要分散，同一 IP 地址上的多个网站互链是不安全的。

（4）域名的 DNS 信息也要分散，不要都一样，避免被识别。

（5）建站程序和模板也要分散，不要都一样。

（6）网站内容要通过组合或者使用 OCR 转化获得，可能的话内容主题也要分散。

（7）站群里面的网站之间不建议互链，避免被识别出来。

（8）要了解国内网站备案方面的情况。

综上所述，站群是一个很复杂的、门槛较高的工程，没有准备好的 SEOer 建议不要匆忙开始。

7.1.3　站群的建站流程

站群建设的流程如下。

（1）申请域名和购买服务器，每个网站的服务器成本大概是 100 元一年，域名是 20 ～ 50 元一年，一个网站的成本不超过 200 元一年。前期可以少建几个，观察效果之后，有条件可以再多建一些，越多越好。

（2）把网站加入内容批量更新软件，这样的软件可以提升很多工作效率，推荐使用虫虫营销助手，如图 7-1 所示。

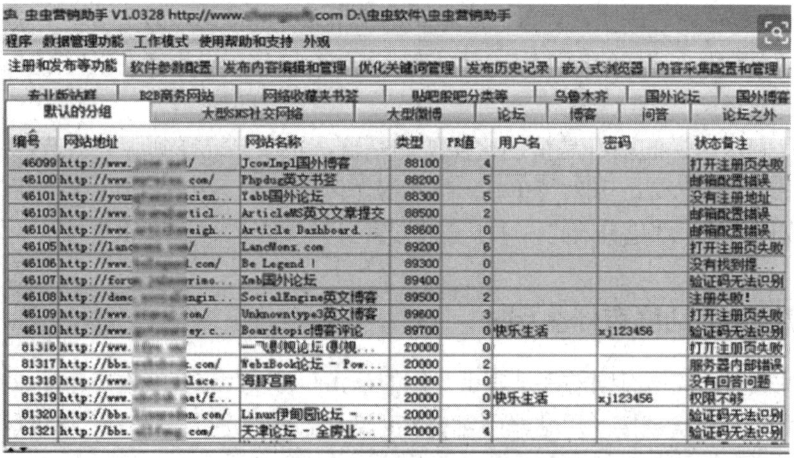

图 7-1　虫虫营销助手操作界面

虫虫营销助手支持 ZBlog、WordPress、WordPress Mu、DedeCMS 织梦、帝国 CMS、Php168、动易 CMS、Bo-BLog、Pjblog、无忧 CMS、KingCMS、ActCMS、SDCMS、新云 CMS、PhpCMS2008、OBLOG4、OBLOG3、PBDigg、LxLog 博客、Dvbbs Iboker 动网博客、BbsGood 论坛博客、QJblog 博客、Blog System、Discuz! 论坛、PhpWind 论坛、BBSMAX 论坛、PhpBB2 国外论坛、VBulletin 国外论坛、Drupal、MovableType 等 CMS 的管理和群发。详细的内容笔者在《跟我学 SEO 从入门到精通》第 1 版中有详细介绍，这里不再复述。

（3）充实网站内容。利用虫虫营销助手软件将使用 OCR 软件或者组合获得的文章发布到建好的网站或论坛上。每个网站可以围绕一个相关的主题来维护，不要太杂乱。如果是论坛，帖子发布后，还可以用虫虫营销助手软件来顶帖和回复。初始填充的内容不要放链接，也不要做互链，发纯文本格式的内容即可，以避免网站被搜索引擎认为是垃圾站或链接工厂。

（4）网站的推广和发布。网站建好了，数据充实了，就可以把这些网站的网址或者关键词链接串加（参数 D.g），通过虫虫营销助手发布，发布之后等待收录即可。谷歌收录比较快，几天就可以；百度收录比较慢，视情况可能要 1 个月。到下个 PR 更新周期后，这些网站的 PR 值一般都可以达到 1～3。

（5）网站的日常维护和更新。每天或者定期用软件发布数据，更新网站。后期可以逐渐加上链接，但是站群之间不要互链，避免被搜索引擎检测出来。利用上面介绍的这种模式建立网站群，一段时间之后，收录也有了，PR 也有了，还有一些从搜索引擎过来的流量。这个时候，这些网站无论是给自己做链接用，还是卖链接，都有价值了。如果收录量和流量较大，还可以挂上广告，一年赚回投资成本应该是很容易的。

本章中，笔者将引入大量的实战案例，从域名、服务器、CMS 模板、关键词挖掘、内容来源出发，详细讲解如何建设一批高效的站群。

7.2　站群适合什么样的行业

一些 SEOer 认为，随着人工智能被应用到搜索引擎中，百度已经非常智能了，可以识别一个站是否是垃圾站，做站群已经没有什么前途了。事实上，百度还没有智能到可以真正识别站群的程度。大家以为做站群就是做垃圾站，其实垃圾站与正规站并没有明确的界限，即便是腾讯、新浪等大站，也要采集别人的内容，也在做链接优化。况且，站群也不一定都是垃圾站，只要我们用心做，提高网站的内容质量，就是正规站。

随着互联网的发展，一个在互联网中无依无靠的网站很难生存下去，单个网站打天下的时代已经过去了，新手站长很难再单独经营一个网站并发展下去。在前期可以通过尝试小规模站群来赚取第一桶金，等站群有了流量之后，可以逐步地将网站转向正规。

我们都知道，一个网站要做到几万 IP 的日流量是比较难的，需要投入很大的精力和财力。即便能做到几万 IP 的日流量，也只有个别网站可以做到，而日流量达到数百 IP 的网站还是比较容易做的。所以，就有人利用站群来获取流量，以网站的数量来弥补单个网站流量的不足。

站群的盈利模式有以下几种。

1. 广告联盟

通过广告联盟将流量直接转换成利润，是最简单、最方便的方式。如百度、谷歌等众多国内的联盟，只要到广告联盟获取一段广告代码，放到自己的网站中，有流量之后就可以产生利润。大家选择联盟的时候一定要选择有信誉的联盟，小联盟的信誉没有保证，经常扣量，会严重影响我们的收入。

2. 产品推广

淘宝客的网赚形式目前非常受大家欢迎，因为按成交计费，淘宝店家喜欢采用，佣金高，也因此受到广大站长的追捧。只要做好几个相关的长尾词，就可以在很大程度上提高转化率，佣金是非常丰厚的。

我们不一定要做减肥、美容等热门词，可以选择不是特别热门的关键词来做优化。通过站群来优化自己产品的关键词排名，以集群优势去击败别人，是非常有效的方式。如果你已经有自己的进货渠道，可以代理某个品牌，收入会更加可观。

3. 行业网站

如果我们对某个行业有所了解，就可以打造一批行业细分的精品站群，并与相关的企业合作。如我们做建材类的网站，预留好广告位置，做一批小站为主站提供外链，提高主站排名，等主站起来后，就会有企业找我们投放广告。而且我们的小站也会有相应的流量，可能每个站的流量都不多，但是累加起来还是很大的，而且是很精准的定向流量。要知道，建材、汽车、机械等很多行业的广告费用可是很高的。

4. 网站优化服务

如果是专门为别人提供 SEO 服务的，可以自己养一批高权重的站群，每天持续更新，为需要优化的站点提供优质外链，从而更快地将一个新站优化到百度首页。

那什么样的行业适合建设站群呢？

站群的投资还是相对较大的，现阶段已经不能简单地通过采集的方式发布文章了，需要我们招聘专业的内容编辑人员组合或者使用 OCR 软件转化文章，这个成本也是不低的。因此，站群比较适合回报率较高的行业，如淘宝客、咨询等行业。当然，如果预算充足，任何行业都可以使用站群模式。

笔者在过去的一年中，给许多企业建设过 10 个网站左右的小型站群，优化的关键词就是企业的产品或者行业长尾关键词，效果还是非常理想的。如本章中我们将详细分析的旅游类型站群，该企业是一个甘肃的旅行社，我们为其建设了 30 个左右网站的甘肃各地区景点的站群，如图 7-2 所示。

图 7-2 旅游类站群示例

上线 30 天后，该地区很多景点的相关关键词都开始获得排名，如图 7-3 所示。这些关键词为该旅行社带来的用户都非常精准。

因此，现阶段我们讨论的站群已经不是以前的垃圾网站了，这些站群的模板都是技术人员全新开发的，内容都是用组合或者 OCR 软件转化的方法获取，网站本身对用户有一定的价值。这样的网站是不会被搜索引擎当成垃圾网站"K"掉的。具体地说，现阶段我们提到的站群是为了营销某些长尾关键词而建设的具有单站性质的一群网站，每一个网站既相互独立，又相互关联。

关键词	百度排名	收录量	指数
陇南网	5 ↓ 1	518000	94
陇南新闻	6	3950000	121
陇南旅游	34 ↓ 1	2110000	284
陇南旅游景点大全 ⚑	46 ↑ 2	2240000	647
陇南娱乐	49 ↓ 17	277000	8
甘肃陇南	55	6960000	280
陇南市	63	22800000	414
陇南景点	65 ↓ 12	2490000	82
陇南	95 ↓ 8	100000...	1216

图 7-3　景点相关的 5118.com 关键词排名

7.3　站群实战操作案例：关键词挖掘

在《跟我学 SEO 从入门到精通》第 1 版一书中，笔者讲述了很多关于站群的优化方法，后续收到很多读者的反馈是：讲解中提到的实例较少，不好操作。针对这个问题，笔者将会在本书中用大量真实的案例，花大量的篇幅手把手地指导读者站群的优化方法。

2017 年笔者在甘肃做一个项目，一些认识的朋友就联系笔者，希望能指导他们公司建设一些关于甘肃旅游的站群，为后续的项目做引流和用户积累。征得朋友的同意后，这些站群的真实建设过程被完整地记录了下来，本书中会增加不少该项目的实战攻略，这也正是读者所需求的。之前在《跟我学 SEO 从入门到精通》第 1 版中笔者原本也是考虑引入大量的实际案例，但是因为很多客户不同意将站群建设过程公布，计划也就搁浅了。

开始本小节内容之前，有必要做一个说明：本书的目录和全书推进方式与《跟我学 SEO 从入门到精通》第 1 版完全不同。

《跟我学 SEO 从入门到精通》第 1 版是按照常规的教科书类型设计的，首先介绍名词、理论，这种方法非常适合 SEO 行业刚入门的读者，但是对于已经了解或者熟悉 SEO 的读者就显得非常啰唆了，觉得看了很多章节内容也没有吸收到什么干货。

通过考虑读者提出的建议，本书在目录设计和知识点推进方面做了调整，读者可以看到本书一开场就是案例、实际操作技巧。如果您是一位刚入门的 SEOer，前面的叙述或许已经看得您满头雾水，笔者建议可以首先阅读《跟我学 SEO 从入门到精通》第 1 版，或者带着疑问继续往下看，因为随着章节的推进，后面会对细小的知识点做更加深入详细的讲解。

7.3.1 行业分析

言归正传，我们正式开始"甘肃旅游"站群的优化分析。面对一个全新的行业，我们不要一上来就盲目地注册域名、建设网站等，首先我们要花大量的时间分析这个行业，这样才能挖掘到这个行业最核心的关键词。

看到"甘肃旅游"这个关键词，很多的 SEOer 会选择直接到词库网等平台查询相关关键词，如图 7-4 所示，查询结果一共有 11 个关键词，并且指数也较低，如果简单地拿这些数据来建站，获取的流量是非常少的。再说了，要建设站群需要大量的长尾关键词，仅仅依靠这 11 个关键词是无法建设站群的。

我们不妨站在用户的角度想一想，搜索"甘肃旅游"的用户的需求是得到什么样的内容和信息？我们知道甘肃省下面有很多的市县，有很多的旅游景点，应将旅游景点和这些市县做一个整合。例如，敦煌是一个市，同时也是一个很知名的旅游景点，因此可以挖掘一下敦煌相关的关键词。

去一个城市旅游，首先需要知道这个城市的旅游景点，如"莫高窟"，然后就可以将这个关键词放到词库网等平台查询，如图 7-5 所示，这样就可以得到很多的关键词了。接着可以考虑去旅游还需要什么，如住宿、吃饭、购物、特产等，这些都是旅游必不可少的东西，可以在词库网查询"敦煌特产"等关键词，将这些用户需求的关键词整理出来就会得到一个很庞大的信息库，这是建设站群的基础。

任何事情都是要由易到难，做 SEO 也是这样，这不光是技术的问题，更是心理的考验。如果没有区分关键词的难易程度就开始糊里糊涂地建设网站，遇到较难优化的关键词就需要较多的时间和资源，这就需要有足够的耐心。经常第一个星期会满怀激情，第二个星期也不错，第三个星期还能坚持，第四个星期就会有些着急

甘肃旅游	496	483	114	

格式：关键词 [热度]

暂无相关记录

甘肃旅游景点大全	119	627	108	
甘肃旅游景点	72	123	27	
甘肃旅游地图	93	88	27	
甘肃 旅游	56	66	110	
甘肃旅游线路	39	53	28	
甘肃旅游网	47	35	31	
甘肃旅游局	29	9	33	
甘肃旅游政务网	26	0	42	
甘肃海外旅游总公司	1	0	0	

图 7-4 "甘肃旅游"关键词词库网查询结果

了，第五个星期就开始考虑是不是哪里出了问题，这时很多 SEOer 会选择改动网站的 title、keywords 等标签，第六个星期开始就会考虑使用黑帽的手法了。这样下去 SEOer 很容易对自己的优化方法产生怀疑，一旦失去了自信和激情，那 SEO 将何去何从？

　　笔者非常喜欢贝尔·格里尔斯的"荒野求生"节目。贝尔在节目中多次强调：在遇到绝境的时候一定要给自己定一个小目标，然后是下一个小目标，这样才能一步步完成大目标。如果一开始只定了大目标，往往很容易气馁，这是很可怕的。

7.3.2　从简单关键词入手

　　就拿"甘肃旅游"这个站群项目来说，"敦煌"相关的关键词肯定是很好的关键词，但是通过分析竞争性可以看出，这些词的优化难度都是偏高的，如图 7-6

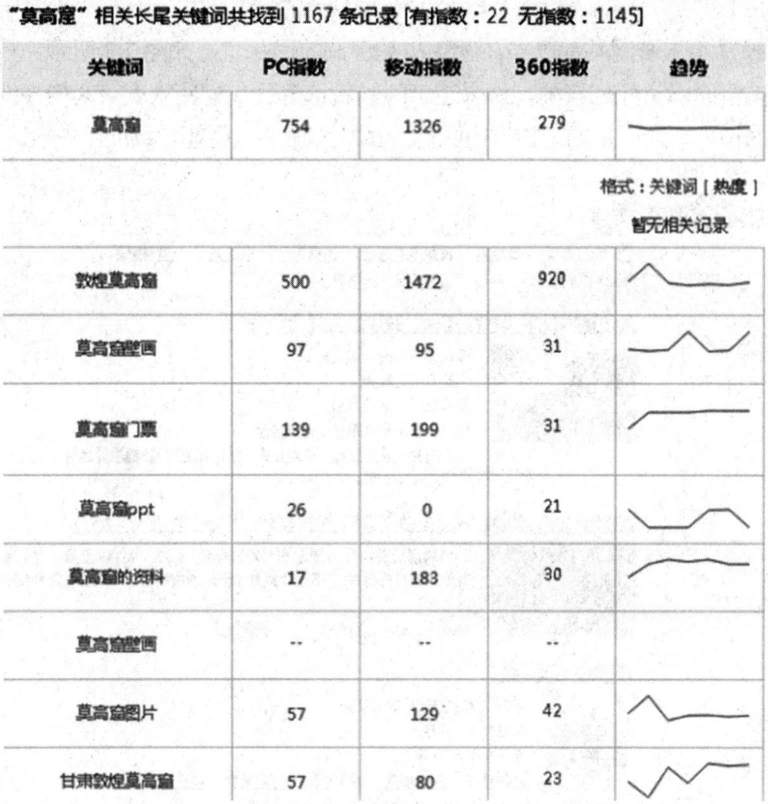

"莫高窟"相关长尾关键词共找到 1167 条记录 [有指数：22 无指数：1145]

关键词	PC指数	移动指数	360指数	趋势
莫高窟	754	1326	279	

格式：关键词 [热度]

暂无相关记录

敦煌莫高窟	500	1472	920	
莫高窟壁画	97	95	31	
莫高窟门票	139	199	31	
莫高窟ppt	26	0	21	
莫高窟的资料	17	183	30	
莫高窟壁画	--	--		
莫高窟图片	57	129	42	
甘肃敦煌莫高窟	57	80	23	

图 7-5 "莫高窟"关键词词库网查询结果

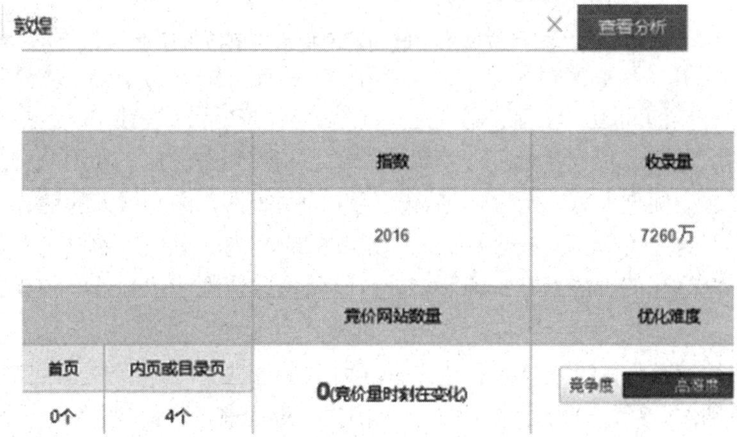

敦煌   ✕   查看分析

	指数	收录量
	2016	7260万
竞价网站数量		优化难度

首页	内页或目录页	0(竞价量时刻在变化)	竞争度 ▇▇ 高难度
0个	4个		

图 7-6 "敦煌"关键词站长工具竞争性分析

所示。

马蜂窝等旅游网站都已经在做这些关键词的优化了,如图 7-7 所示。我们刚开始建设站群时没有任何资源,如果这个时候就选择优化这些难度较高的关键词会花费很多的精力,最严重的是会打击我们的激情和信念,可能导致项目失败。

图 7-7 "敦煌"关键词百度搜索引擎搜索结果

遇到这样的问题,笔者的建议是首先选择难度较低的关键词。这些关键词大型的网站没有注意到或者没有花费足够的精力和时间去优化,利用站群的优点,用全站群之力优化大型网站使用内容页优化的关键词,会有很大的胜算。按照笔者的经验,这些关键词一般会在 2 ~ 4 星期的时间内获得理想的排名。等手上有了已经有排名和权重的网站资源后,就可以将这些资源使用到难度较高的关键词上了。

考虑到这些问题,在本项目中选择了甘肃的一些不太热门的旅游相关关键词开始建设站群。经过分析,"陇南旅游"相关关键词进入了我们的眼帘。陇南市是甘肃省最南部的一个城市,旅游资源非常丰富,选择这样一系列关键词进行第一批站群建设,既能带来不错的流量,又能鼓舞大家的士气。在词库网查询关键词

"陇南"，如图 7-8 所示，可以得到一些关于陇南的关键词，经过筛选，可以整理出"陇南""陇南旅游""陇南旅游景点大全""甘肃陇南""陇南天气预报"等关键词，这些关键词都和"陇南旅游"的目标群体的需求非常吻合。接下来需要将这些关键词做合理的整合，以便能恰当地布局到网站当中。

关键词	PC指数	移动指数	360指数	趋势
陇南	309	832	133	
			格式：关键词［热度］ 暂无相关记录	
陇南吧	104	526	253	
陇南旅游景点大全	37	410	0	
陇南市	139	264	66	
陇南都市网	94	291	112	
陇南天气预报	60	246	26	
甘肃陇南	92	196	43	
陇南公众信息网	111	151	337	
陇南旅游	121	109	49	

图 7-8 "陇南"关键词词库网查询结果

下一节笔者将从域名的选择出发，深入分析"陇南旅游"相关关键词的优化方法。最好的 SEO 学习方法就是实践，希望读者在阅读的同时要多操作、多实践，将书本中讲解的方法技巧运用到自己的网站中，这样会事半功倍。不要和看小说一样花几天时间阅读完再去操作，这样的效果是不理想的。本书封面勒口上有笔者的微信二维码，在阅读的过程中遇到问题可以随时联系笔者交流。

7.4　站群实战操作案例：域名选择

7.4.1　域名选择的重要性

　　域名的选择在 SEO 中的重要性笔者在《跟我学 SEO 从入门到精通》第 1 版一书中用大量的篇幅做了说明。笔者提出建设站群的时候，在域名中包含目标关键词的全拼非常有利于 SEO 优化，这一点是笔者在大量的站群实践中总结出来的。本书后面还会有专门的章节介绍外贸网站优化、谷歌优化。在英文网站的优化中，域名中包含目标关键词的英文单词的重要性要高于中文网站包含全拼，这一点在后续章节中会做详细深入的研究。

　　域名要根据实际情况来选择。在"甘肃旅游"站群项目中，考虑到站群的网站后期可能直接作为单站使用，如果使用包含目标关键词全拼的域名会增加用户的记忆成本。如 www.longnanlvyou124.com 这样的域名用户记忆起来非常麻烦，也不利于后期的地面推广。最后经过协商，决定使用 6 位数字域名，6 位数字域名中带"0""4"的单价在 400 元左右，在易名中国可以进行详细的筛选，如图 7-9 所示。价格虽然比注册的高一些，但是这类域名记忆成本较低，后期网站权重提高后转化为单站非常方便。

图 7-9　在易名中国检索 6 位数字域名

SEO 就是这样，应该尽可能地注意每一个细节，但是切记不要生搬硬套，不管是哪本书籍或哪个培训机构提出的方法，都要结合实际的问题进行操作。前些年笔者操作很复杂的站群项目时，知道最好的方法是手动发文章，做到多分段、短句子、图文并茂、建设站内定向锚文本等。但是手动发布文章每天每人最多只能发布 40 篇，如果运营 40 000 个站群，就需要 1000 个人，这是非常可怕的成本。

最后结合各种因素，笔者还是选择了虫虫营销助手，这个软件笔者在《跟我学 SEO 从入门到精通》第 1 版一书中有详细的介绍和说明，用这个软件发文章就会方便很多，只要把电脑的内存升级到足够大，网络带宽升级到足够大，发文章是非常迅速的。虫虫营销助手的创始人三叶虫和笔者也是多年老友了。本书之后的章节中会详细地为读者介绍虫虫移动营销助手，笔者亲测这个软件 6 个月之久，会从实战做深入的分析。

7.4.2 域名选择的方法

对于域名选择的方法，笔者给出如下建议。

（1）建设单站。要尽可能让域名便于记忆，同时尽量选择和网站内容有关联的域名。当然，现在 .com 域名中要找到这样条件的域名已经很难了，但是选择其他的域名会增加用户的记忆成本。笔者建议优先选择 .com 域名，然后是 .cn、.net、.com.cn。这些之外的域名尽量不要使用，除非你已经有非常强大的用户资源或者有很多的推广资源。

（2）建设站群，但是站群有转化为单站的计划。这个情况就和前面分析的一样，虽然建设的是站群，但是后期如果发展较好的话，会计划将站群转化为单站，如可以将"敦煌旅游"的站群直接升级为有实际用途的"敦煌旅游网"等。对于这样的情况，笔者建议初期就选择比较不错的域名，即便是注册价格较高也值得一试。当然，也可以在后期通过百度站长工具直接将老域名的权重转移到新域名上，但是这个改版过程是需要时间的，也存在一些不确定因素，详细的操作步骤笔者会在后续的章节中做深入的讲解。

（3）建设纯站群。这类型站群就是没有打算作为单站运用，建设站群的目的仅仅是给主站引流或者提供友情链接。建设这样的站群在选择域名时，笔者的建议是尽可能选择包含目标关键词全拼的域名，如对于"敦煌旅游"这个词，就应该选择包含"dunhuanglvyou"的域名。同比来说，这样的网站在 SEO 优化过程中会更加容易获得排名。

还有一点是，这样的纯站群要尽可能选择 .com 后缀的域名，在大量实战中笔者分析得出。同等条件下，.com 域名做 SEO 要优于其他域名。切记不要选择廉价

的诸如 .cn.com、.pw 的域名。这些域名虽然便宜，但是收录起来很困难。在百度
搜索引擎搜索".pw"关键词的结果如图 7-10 所示，很难看到使用该后缀域名建
设的网站就足以说明问题，这些域名即便收录了也很容易被搜索引擎惩罚。

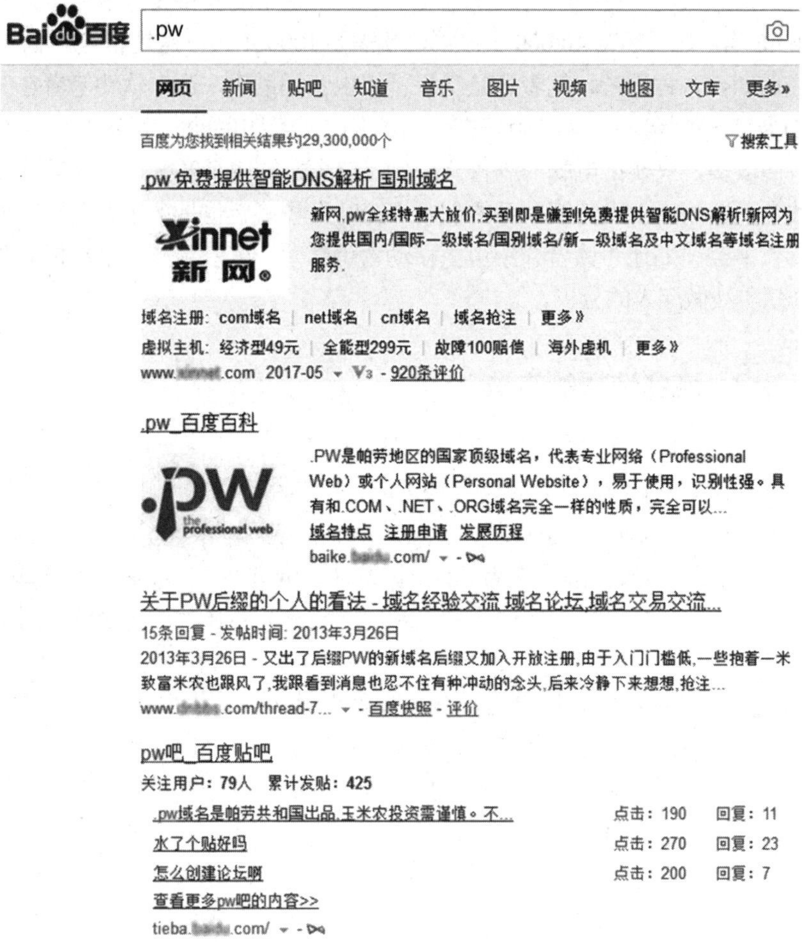

图 7-10 ".pw"百度搜索引擎搜索结果

在 SEO 过程中要牢记一个问题：成本。做什么事情都有成本，如一个网站的
域名或许是花几十元注册的，也或许是花成千上万元甚至几百万元购买的，其成
本是不一样的，不要认为搜索引擎不会考虑这些因素。再比如内容的建设，可以
选择用采集软件自动发文章，只需要投入几百元买个软件即可；也可以选择雇佣
编辑来发文章，这样的成本是每月每个编辑至少 4000 元，并且每天只能发布 40
篇左右的文章。这样两种成本发出来的文章质量肯定是不一样的，SEO 的结果可

想而知。也不要认为黑帽 SEO 就是低成本的，黑帽 SEO 的成本是非常高的，购买黑链、点击都需要高额的投入。

7.5 站群实战操作案例：服务器选择

单独把站群服务器的选择作为一节进行讲解，是因为站群服务器的选择直接影响站群的生死存亡。一些 SEOer 会认为，一个服务器怎么会决定站群的生死，有点夸张了吧？这绝对不是危言耸听，下面笔者为大家详细解读其中的秘密。

相对于单站，站群是在服务器上面配置数量较多的网站。如果选择的服务器只有一个 IP 地址，那么搜索引擎会很容易判断出这是站群，只要其中一个网站被搜索引擎惩罚，其他网站也会跟着受到惩罚。

因此做站群需要有丰富的 IP 地址资源。针对站群网站所需服务器的特性，现在市场上有专门的站群服务器可供选择。那么在租用这种站群专用服务器的时候，需要考虑哪些方面呢？

7.5.1 服务器的售后服务

为什么把服务器的售后服务放在第一位呢？很多 SEOer 在租用站群服务器的时候有一个误区，总有人认为做站群对服务器的速度要求不是很高，所以想当然地以为服务器只要价格便宜就是自己的首选。

但是有一点他们没有考虑到：服务器之所以便宜，并不一定是因为线路的速度差，服务器便宜的很大一部分原因，是因为投入的人力成本比较低。那么服务器的人力成本主要用在哪些方面上呢？那肯定是 7×24 小时的售后服务了。可以想象，如果哪天服务器宕机了，却怎么也联系不上服务器商，那就只能让你的网站处于关闭状态长达几小时了。这样的关闭状态经常出现会导致网站权重降低。

所以说，租用服务器最首要考虑的就是服务商有没有 7×24 小时的售后服务，要在服务器出问题的第一时间解决问题。

7.5.2 服务器的稳定性问题

一个服务器的稳定性高比速度快更重要，因为如果服务器不稳定会导致网站打不开。如果蜘蛛多次来到你的网站却都进不去，这样的网站怎么可能会被蜘蛛收录呢？

7.5.3　服务器的速度

有的站群网站对服务器的速度要求还是很高的，甚至要求丢包率不能太高。这个时候就要考虑站群服务器的线路速度了。一般来说，所做的网站对网络速度要求极高，而流量不是太大的时候，可以选择香港站群服务器。香港是中国的一部分，但因为是特别行政区，所以当地没有备案政策，这对做站群网站也是很有利的。中国内地访问香港服务器的速度很快，其中中国内地访问香港 CN2 线路机房的延迟只有 10 ～ 60 ms，跟访问中国内地的 BGP 机房的延迟几乎是一样的。如果你的网站流量比较大，而且对服务器的线路要求较高，那么建议你选择美国 CN2 线路的站群服务器。美国 CN2 线路直连中国大陆的线路虽然贵，但是一分价钱一分货。

SmartBear 研究表明，Amazon 网站的加载时间每延长 1 秒，一年就会减少 16 亿美元的营收。最新研究表明，网页加载超过 3 秒时，57% 的用户会在加载完成前离开网页。

7.5.4　IP 地址段是否可以定制

一些站群服务器的 IP 地址都是相邻的，如 127.0.0.1、127.0.0.2 等，笔者在大量的实战中得出的结论是，这样相邻的 IP 地址段在某些网站出现问题的时候会相互牵连。笔者的建议是最多有 10 个 IP 地址相邻，也就是说每 10 个 IP 地址就要更换一次 IP 段。

7.5.5　服务器系统选择

站群服务器系统最好选择 Windows 2003 Server，因为建设站群的时候，我们会经常使用一些批量操作工具，如批量 IIS 建站工具等，如图 7-11 所示。

有需要的读者可以扫描本书封面勒口微信二维码添加笔者好友并索取 IIS 批量建设等工具软件，但这些软件大多在高版本的系统中无法正常运行。

7.5.6　海外机房推荐

最后，笔者列出一些访问速度较快，价格合理的海外机房供大家参考。
（1）香港：新世界，电讯盈科。
（2）美国：圣安娜 KT 机房，洛杉矶机房。
（3）荷兰：鹿特丹机房，阿姆斯特丹机房。
（4）德国：ST 机房、VL 机房、DE 机房。

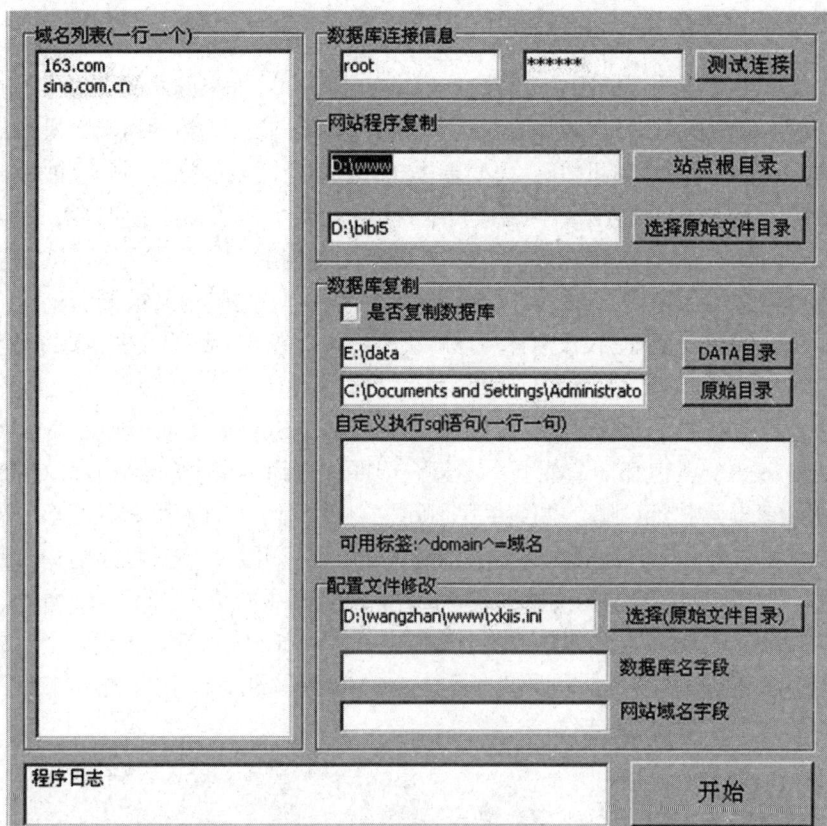

图 7-11　批量 IIS 建站工具

（5）韩国：KT 机房。

（6）日本：NTT 数据中心机房。

（7）新加坡：QALA 机房。

7.6　站群实战操作案例：CMS 的选择

前面的章节中笔者已经对 CMS 的选择进行了深入的分析，那么站群在选择 CMS 的时候有哪些注意事项？和单站相比较，站群最大的不同就是网站数量较多，如果选择的 CMS 不利于批量操作，将会大大提高工作量，降低工作效率。下面我们针对站群 CMS 的选择进行分析。

7.6.1 安全性

这是非常重要的选择因素。在单一网站的运行中，如果网站的安全性不够，被黑客攻击后我们只需要花时间对这个网站进行补丁修复、清除目录等操作，这些操作都不会花费太多的时间；而如果是成千上万个网站的站群，一旦被黑客攻击，被挂了木马或者服务器直接瘫痪，这就是一个庞大的工程。笔者在 2013 年运行几万个网站，当时被黑客集体攻击，一晚上所有网站上亿个网页全部被挂了木马病毒，笔者团队花费了 20 多个小时才清理完毕，但是随后又被周而复始地挂木马了，安全团队三天三夜没有休息才解决了问题。这也导致了网站权重的大范围下降。

因此，笔者建议选择安全性较高的 CMS。一些 SEOer 会问，现在 CMS 都是开源的，每一个黑客都知道漏洞，该怎么选择？这确实是个问题，DedeCMS 等 CMS 大家都非常熟悉，哪个文件夹下是哪些文件，哪个文件有哪些漏洞都一清二楚，没有秘密可言。但是解决的方法还是有的，我们可以改变其程序结构，删除没有用的、容易受到攻击的文件夹或者文件，如会员中心等，如图 7-12 所示。图中所示的就是笔者修改过结构和删除无用文件的 DedeCMS 程序，不但安全性提高了，程序本身也瘦身很多。需要修改版 DedeCMS 源码的读者可以扫描本书封面勒口处的微信二维码添加笔者微信号索取。

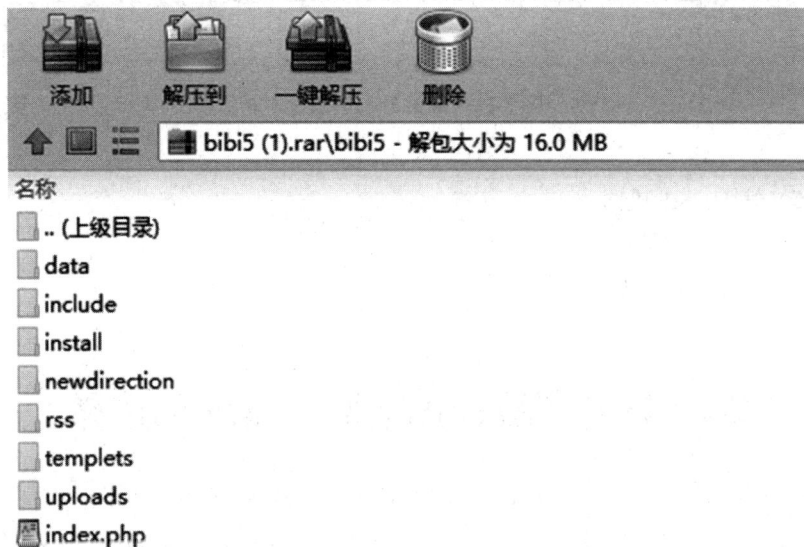

图 7-12　删除没有用的文件夹

7.6.2　易于管理

适合软件批量发布文章。这一点也非常重要，因为站群一般来说都是由成百上千个网站组成的，如果依靠人工发布文章会浪费很多时间。经过笔者测试，人工发布一篇文章的时间是 1 分钟左右（文章是提前准备好的），而使用软件发布一篇文章的时间是 20 秒。一般情况下，发布完文章后还需要更新首页和栏目页，人工更新也需要 1 分钟的时间，软件更新只需要 20 秒。综上所述，软件发布一篇文章加上更新栏目页首页一共只需要 40 秒左右的时间，如图 7-13 所示。

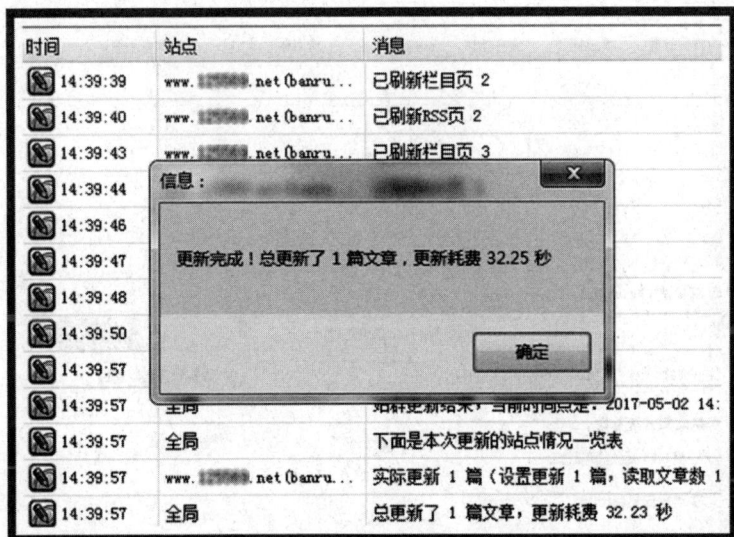

图 7-13　自动发布文章软件

综合考虑，软件只用人工 1/3 的时间就能完成文章发布，这不光是节约了时间，更重要的是节约了成本，现在一个内容发布人员的工资也是不低的。

因此，在选择 CMS 的时候，易于管理、适合软件批量更新文章非常重要。前面提到的虫虫营销助手是目前支持 CMS 类型最多的站群管理软件，所支持的种类在前面已经介绍过，其他站群管理软件支持的 CMS 大家可以百度搜索一下，这里不再详细介绍。笔者的建议是在选择 CMS 之前，先了解一下有没有适合这款 CMS 的站群管理软件，是否好用，价格是多少。

7.6.3　模板易开发

前面的章节中笔者已经提到了模板对于 SEO 的重要性，网上下载的模板虽然漂亮，但是因为被很多用户使用，建设站群有一定的风险性。因此笔者建议站群的每一个模板都要单独开发。当然，界面不需要多么华丽，只需要有基础的功能，结构合理就可以。单独开发模板就需要熟悉 CMS 的标签和规则，这一点 DedeCMS 做得比较好，它有完整的标签手册，并且还有在线标签代码生成工具，如图 7-14 所示。

图 7-14　在线标签代码生成工具

这样只需要使用 HTML 建设好模板，然后使用 CMS 标签生成器生成标签，将标签替换到对应的框架当中即可。开发人员只需要熟悉 HTML 就能快速地开发 DedeCMS 模板，这样就能减少二次学习的成本。

7.6.4　全站能生成静态 HTML

随着搜索引擎算法的升级，动态网页也可以很容易被搜索引擎收录了，但是从大量的实战案例中可以看出，静态化的网站优化效果要好于动态化的网站，而且动态化的网站非常耗费服务器资源，毕竟站群都是几十个或者几百个网站运行在一台服务器上面。还要考虑到备案的问题，站群大多会选择海外的服务器，因此访问速度较慢，如果使用动态的 CMS 建设站群，服务器运行是非常吃力的。需要注意的是，我们这里提到的是全站生成静态 HTML，有些 CMS 只能首页生成，有些 CMS 生成的是伪静态 HTML，这样的方式效果都是不理想的。

7.7 站群实战操作案例：内容来源及发布

站群的内容来源一直是困扰很多 SEOer 的难题，采集伪原创虽然简单，但是很容易被搜索引擎当作作弊而被 "K" 站，完全原创的话成本又很高。今天笔者就介绍几种站群有效的内容来源和发布方法，供大家参考。

7.7.1 组合的方法

这个方法在第 2 章中笔者已经做了深入的分析，这里主要是围绕站群实战展开讨论。还是拿前面的中药站群为例，如图 7-15 所示。

图 7-15 中药站群截图

在这个关于当归的站群中，优化的关键词是 "岷县当归" "当归的吃法" 等，截至 2017 年 5 月 2 日，"岷县当归" 关键词已经排名第一，如图 7-16 所示。

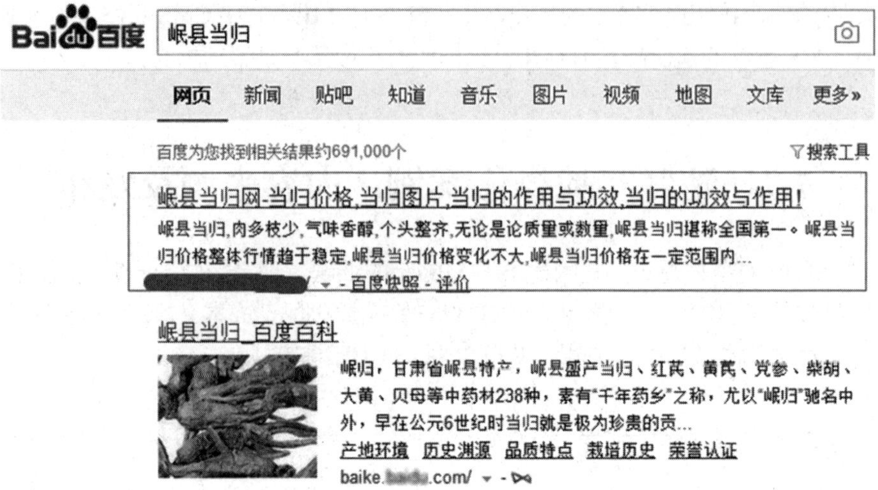

图 7-16　百度搜索"岷县当归"的结果

下面重点来看该站群网站是如何通过组合的方式建设内容的。如图 7-17 所示的是一篇"当归的吃法"栏目中的文章，标题是"怎么做当归生姜羊肉汤"，通过分析这篇文章，可以将其分为三个模块：第一个模块介绍当归生姜羊肉汤，第二个模块介绍当归生姜羊肉汤的功效和作用，第三个模块介绍当归生姜羊肉汤的做法。

首先找当归生姜羊肉汤介绍的相关内容，如图 7-18 所示。

可以将这段文字直接复制过来作为内容的第一段，然后继续寻找第二个模块的内容，如图 7-19 所示。

可以将这段文字整理一下，作为第二个模块的内容，最后要寻找当归生姜羊肉汤的做法的内容，如图 7-20 所示。

可以多找几个网站的内容组合一下，如分为做法一、做法二等。

通过这些组合的方法建设的内容是搜索引擎所喜欢的，虽然每一个模块的内容都是之前在网站中出现过的，但是这些内容组合到一起后在我们网站中是第一次出现，这对于用户来说是有价值的。

还有一点值得一提：随着搜索引擎算法的不断升级，搜索引擎已经可以识别出图片是否原创，这个主要是通过 MD5 值进行识别。因此笔者建议在为文章配套图片的时候使用 MD5 转化工具将图片处理一下，如图 7-21 所示。

当归生姜羊肉汤是一道常见的汉族药膳。当归生姜羊肉汤有补气养血，温中暖肾作用，适用于妇女产后气血虚弱，阳虚失温所致的腹痛，同时，此汤还可以治疗血虚乳少、恶露不止等症状。当归20克，生姜30克，羊肉500克，黄酒、调料适量。将羊肉洗净、切块，加入当归、生姜、黄酒及调料，炖煮1~2小时，吃肉喝汤。主治体虚畏冷，少神、哈欠连连，或寒疝腹痛，或妇产后血虚之体。有资料报道，尚能治疗某些男性不育症。俗话讲："美食要配美器，药疗不如食疗"，羊肉性温热，补气滋阴、暖中补虚、开胃健力，在《本草纲目》中被称为补元阳益血气的温热补品。

材料：羊肉（带皮带骨的羊腿或羊排）1000g，当归60g，生姜100g，水14杯，盐1.5小匙。

做法：

1. 羊肉切块后，用一锅滚水氽烫去血水，捞出洗净沥干。

2. 生姜洗净后，切块，然后用菜刀拍扁；把14杯水另外倒入汤锅里加热备用。

图 7-17 中药站群文章界面

当归生姜羊肉汤是一道常见的汉族药膳。主要用于补益补身汤。有补气养血，温中暖肾作用，适用于妇女产后气血虚弱，阳虚失温所致的腹痛，同时，此汤还可以治疗血虚乳少、恶露不止等症状。当归20克，生姜30克，羊肉500克，黄酒、调料适量。将羊肉洗净、切块，加入当归、生姜、黄酒及调料，炖煮1~2小时，吃肉喝汤。

图 7-18 当归生姜羊肉汤相关内容

当归生姜羊肉汤的功能主治

功效

温肝补血、散寒暖肾。

主治

体虚畏冷，少神、哈欠连连，或寒疝腹痛，或妇女产后血虚之体、症。

功能

温中补血、调经散寒

【适用范围】1、用于妇女血虚寒凝之月经不调，月经推迟，疝，乳胀，子宫发育不良，胎动不安，习惯性流产，产后腹痛，

2、适用于形体消瘦，面色不华，头晕目眩，心悸失眠

营养价值:羊肉-俗话讲："美食要配美器，药疗不如食疗"，力，在《本草纲目》中被称为补元阳益血气的温热补品。

【来源】《金匮要略》卷上。

【异名】小羊肉汤(《备急千金要方》卷三)、当归汤(《圣济总录》十-)。

【组成】当归9克生姜15克羊肉50克

【用法】上药以水800毫升，煮取300毫升，分二次温服。

图 7-19 当归生姜羊肉汤的功效和作用相关内容

○ 当归生姜羊肉汤的做法步骤

① 当归功效：补血和血，调经止痛，润燥滑肠。

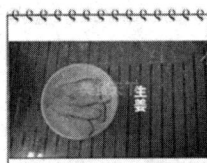

② 老姜效果更好。功效：解表散寒，温中止呕，温肺止咳。

③ 羊肉温补填精，选用羊肉片比较好煮，做汤味道也很鲜美。

图 7-20 当归生姜羊肉汤的做法相关内容

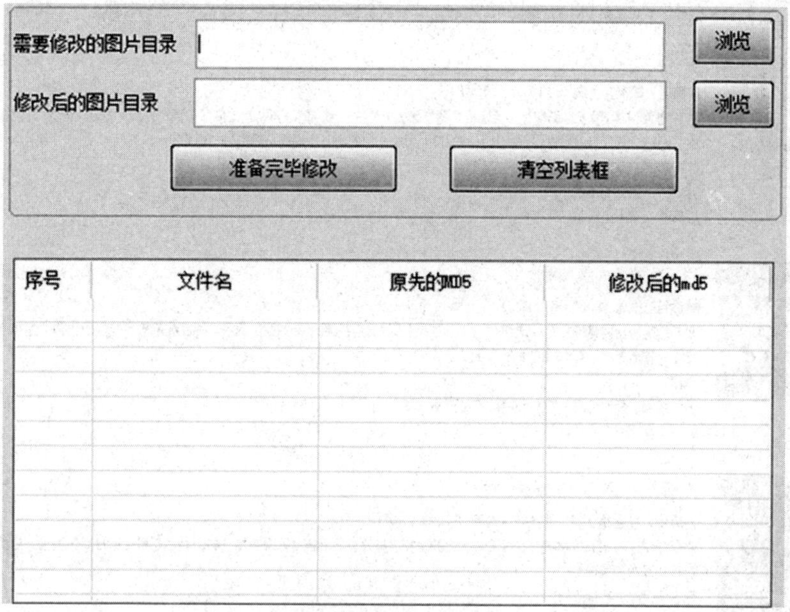

图 7-21　MD5 软件界面

需要 MD5 修改工具的读者可以扫描本书封面勒口微信二维码添加笔者微信索取。

7.7.2　使用 OCR 软件转化

同样，这种方法在前面的章节中已经进行了详细的探讨，这里不再复述。本小节中主要围绕实战案例展开讲解。还是拿前面的"岷县当归网"作为案例，在超星读书中搜索"当归"关键词，如图 7-22 所示。

可以看到有很多关于当归的书籍，打开其中的一本，如图 7-23 所示。

这样的内容原创度是非常不错的，只需要使用 OCR 软件将这些内容转化出来即可，如图 7-24 所示。

然后就要为这篇内容撰写一个更加适合互联网发布的标题。需要注意的是，标题中最好包含用户搜索的长尾关键词，这是一篇关于当归传说的文章，使用百度搜索当归传说相关的关键词，如图 7-25 所示。

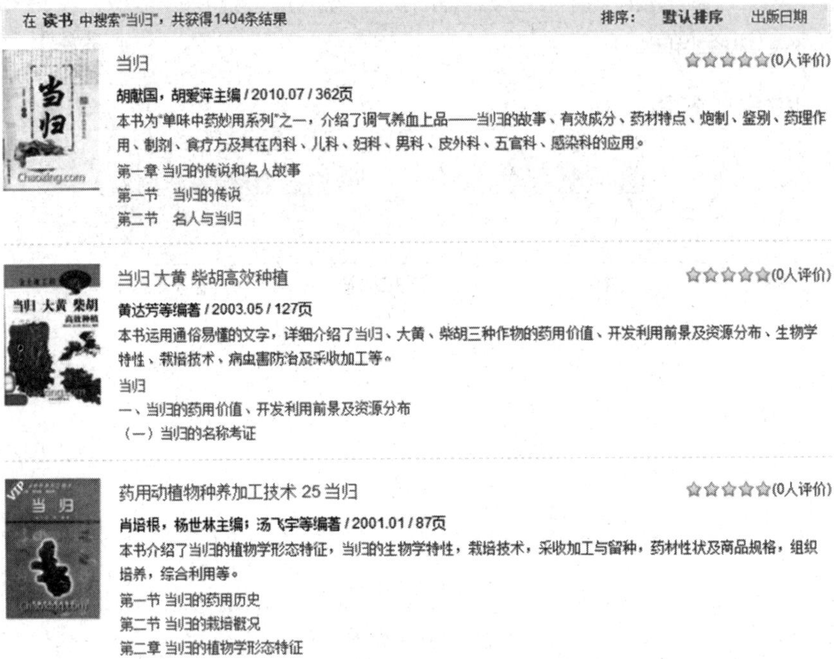

在 **读书** 中搜索"当归"，共获得1404条结果　　　　　　　　排序：　**默认排序**　出版日期

当归　　　　　　　　　　　　　　　　　　　　　　　　☆☆☆☆☆(0人评价)
胡献国，胡爱萍主编 / 2010.07 / 362页
本书为"单味中药妙用系列"之一，介绍了调气养血上品——当归的故事、有效成分、药材特点、炮制、鉴别、药理作用、制剂、食疗方及其在内科、儿科、妇科、男科、皮外科、五官科、感染科的应用。
第一章 当归的传说和名人故事
第一节 当归的传说
第二节 名人与当归

当归 大黄 柴胡高效种植　　　　　　　　　　　　　　☆☆☆☆☆(0人评价)
黄达芳等编著 / 2003.05 / 127页
本书运用通俗易懂的文字，详细介绍了当归、大黄、柴胡三种作物的药用价值、开发利用前景及资源分布、生物学特性、栽培技术、病虫害防治及采收加工等。
当归
一、当归的药用价值、开发利用前景及资源分布
（一）当归的名称考证

药用动植物种养加工技术 25 当归　　　　　　　　　　☆☆☆☆☆(0人评价)
肖培根、杨世林主编；汤飞宇等编著 / 2001.01 / 87页
本书介绍了当归的植物学形态特征，当归的生物学特性，栽培技术，采收加工与留种，药材性状及商品规格，组织培养，综合利用等。
第一节 当归的药用历史
第二节 当归的栽培概况
第二章 当归的植物学形态特征

图 7-22　超星搜索"当归"的结果

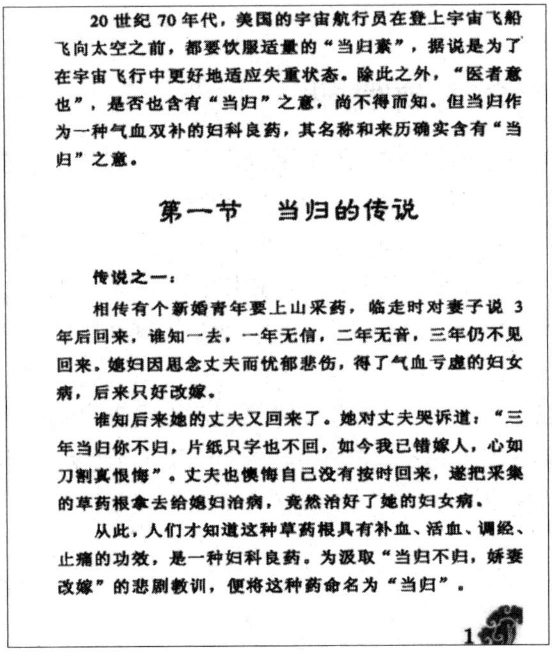

20 世纪 70 年代，美国的宇宙航行员在登上宇宙飞船飞向太空之前，都要饮服适量的"当归素"，据说是为了在宇宙飞行中更好地适应失重状态。除此之外，"医者意也"，是否也含有"当归"之意，尚不得而知。但当归作为一种气血双补的妇科良药，其名称和来历确实含有"当归"之意。

第一节　当归的传说

传说之一：

相传有个新婚青年要上山采药，临走时对妻子说 3 年后回来，谁知一去，一年无信，二年无音，三年仍不见回来。媳妇因思念丈夫而忧郁悲伤，得了气血亏虚的妇女病，后来只好改嫁。

谁知后来她的丈夫又回来了。她对丈夫哭诉道："三年当归你不归，片纸只字也不回，如今我已错嫁人，心如刀割真恨悔"。丈夫也懊悔自己没有按时回来，遂把采集的草药根拿去给媳妇治病，竟然治好了她的妇女病。

从此，人们才知道这种草药根具有补血、活血、调经、止痛的功效，是一种妇科良药。为汲取"当归不归，娇妻改嫁"的悲剧教训，便将这种药命名为"当归"。

1

图 7-23　超星"当归"书籍界面

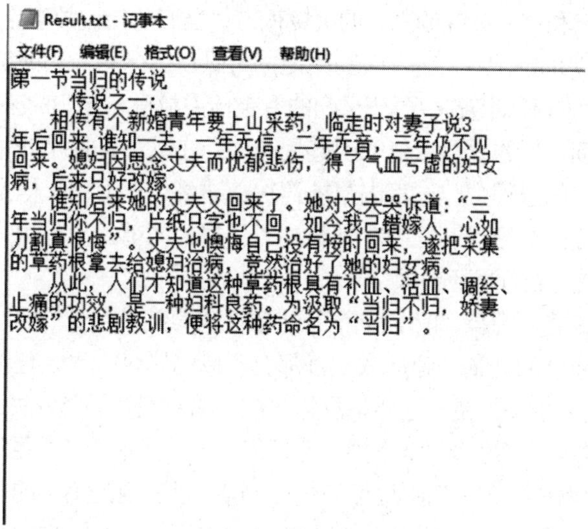

Result.txt - 记事本

文件(F) 编辑(E) 格式(O) 查看(V) 帮助(H)

第一节当归的传说
　　传说之一：
　　相传有个新婚青年要上山采药，临走时对妻子说3年后回来.谁知一去，一年无信，二年无音，三年仍不见回来。媳妇因思念丈夫而忧郁悲伤，得了气血亏虚的妇女病，后来只好改嫁。
　　谁知后来她的丈夫又回来了。她对丈夫哭诉道："三年当归你不归，片纸只字也不回，如今我己错嫁人，心如刀割真很悔"。丈夫也懊悔自己没有按时回来，遂把采集的草药根拿去给媳妇治病，竟然治好了她的妇女病。
　　从此，人们才知道这种草药根具有补血、活血、调经、止痛的功效，是一种妇科良药。为汲取"当归不归，娇妻改嫁"的悲剧教训，便将这种药命名为"当归"。

图 7-24　OCR 转换结果

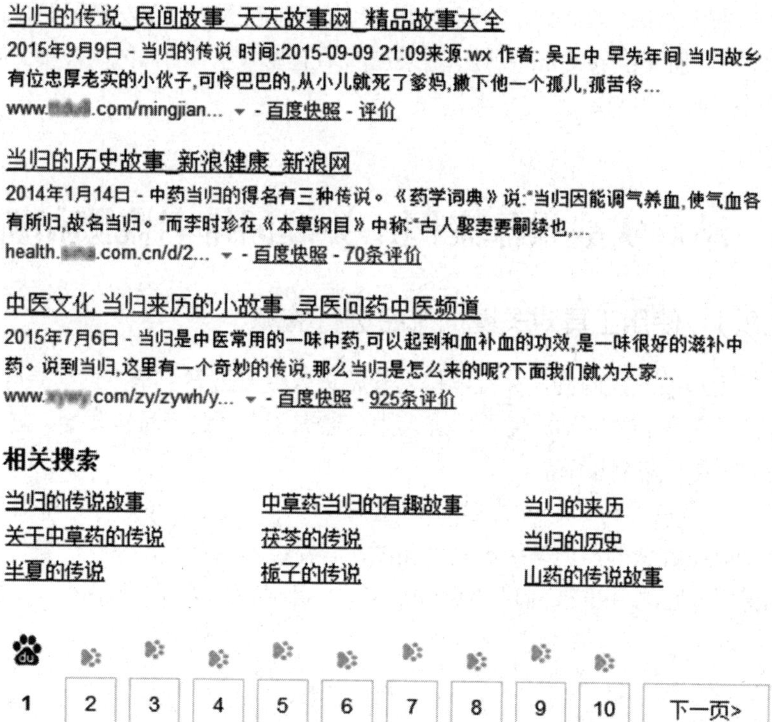

当归的传说_民间故事_天天故事网_精品故事大全

2015年9月9日 - 当归的传说 时间:2015-09-09 21:09来源:wx 作者:吴正中 早先年间,当归故乡有位忠厚老实的小伙子,可怜巴巴的,从小儿就死了爹妈,撇下他一个孤儿,孤苦伶...
www.████.com/mingjian... ▼ - 百度快照 - 评价

当归的历史故事_新浪健康_新浪网

2014年1月14日 - 中药当归的得名有三种传说。《药学词典》说:"当归因能调气养血,使气血各有所归,故名当归。"而李时珍在《本草纲目》中称:"古人聚妻要嗣续也,...
health.████.com.cn/d/2... ▼ - 百度快照 - 70条评价

中医文化 当归来历的小故事_寻医问药中医频道

2015年7月6日 - 当归是中医常用的一味中药,可以起到和血补血的功效,是一味很好的滋补中药。说到当归,这里有一个奇妙的传说,那么当归是怎么来的呢?下面我们就为大家...
www.████.com/zy/zywh/y... ▼ - 百度快照 - 925条评价

相关搜索

当归的传说故事	中草药当归的有趣故事	当归的来历
关于中草药的传说	茯苓的传说	当归的历史
半夏的传说	栀子的传说	山药的传说故事

1　2　3　4　5　6　7　8　9　10　下一页>

图 7-25　百度搜索当归传说相关的关键词结果

可以筛选出和这个关键词相关的关键词有"当归的传说故事""中草药当归的有趣故事""当归的来历"。结合这些关键词可以自己撰写一句能够包含所有关键词的标题，如"你不知道的中草药当归的有趣传说故事，当归的来历原来如此"。除了包含关键词，标题要尽量能够引起用户的点击欲望，这是非常关键的一步。在今日头条推广的过程中，一篇内容推荐次数达到了几万次，但是点击只有几千次，这说明系统已经把我们的内容推送到了用户的面前，但是用户没有点击我们的内容，问题就出在标题不够吸引人。

一些 SEOer 还对采集和伪原创抱有希望，认为某某站长的网站一直是发布采集的文章、伪原创的文章，为什么一直都有不错的排名，也一直都没有被搜索引擎"K"掉？笔者的看法是，这些站只是少数，随着搜索引擎算法的升级，这样的垃圾站群早晚会被搜索引擎"K"掉，而且每一个行业对内容质量的定义不同。

在实际的操作中千万不能大意，毕竟站群的投资也是不小的费用，每一个环节我们都要认真对待。就在写本小节内容的前一天，有位客户的站群就被黑客直接攻击到系统崩溃，数据库内容都无法找回，之前笔者多次建议他找一个专职负责服务器安全的人员，他却迟迟没有行动，直到昨天才追悔莫及。这样的服务器事件对于站群来说是致命的。除此之外，笔者还遇到过一些朋友贪图便宜，在国外一些网站注册廉价的 .com 域名，结果在网站上线一个月后，域名被集体删除，导致了不可挽回的后果。

7.8　站群实战操作案例：关键词排名监测和调整

7.8.1　使用工具对关键词排名进行监测

网站上线后一段时间，关键词排名开始进入百度搜索引擎搜索结果的前 100 名，这预示着我们的网站已经开始进入排名通道了。从这个时候开始，就要对网站的关键词进行监测和调整。

笔者推荐使用 5118.com 关键词排名监控工具，如图 7-26 所示。需要注意的是这个功能是收费的，但是经过笔者测试，其监控非常正确，并且价格也相对合理。如果仅仅监测百度 PC 和百度移动数据，半年时间只需要 8 元。

图 7-26　5118.com 关键词排名监控工具

首先点击界面中的"马上添加"按钮，然后输入网站名称、网站 URL，点击"确定"按钮，完成监控网站的添加，如图 7-27 所示。

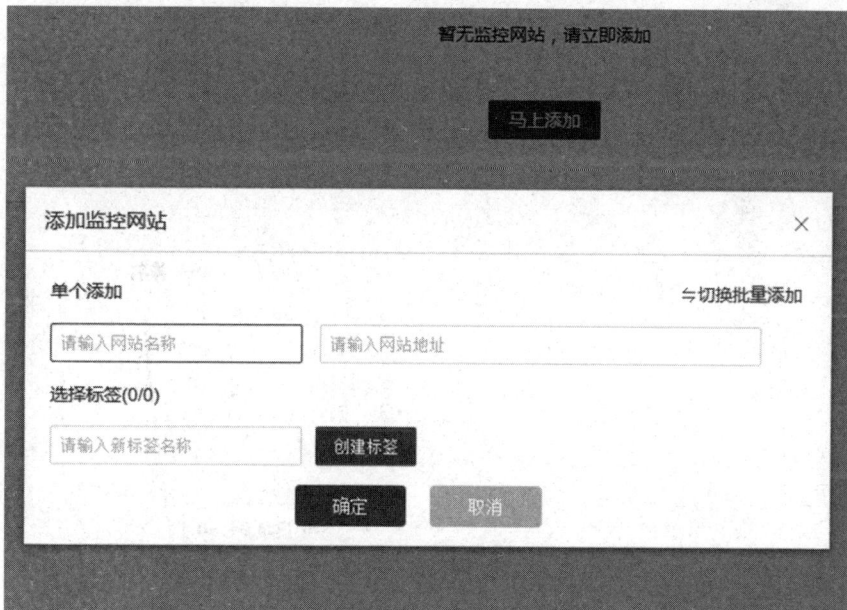

图 7-27　点击"马上添加"弹出界面

接着需要添加监测的关键词，点击"马上添加"按钮，支付费用后就可以添加关键词了，如图 7-28 所示。

以后每天系统都会对关键词排名进行监测，如图 7-29 所示。

通过这样的监测数据，可以更加方便地调整网站关键词布局，决策哪些网站已经可以开始投放广告等。

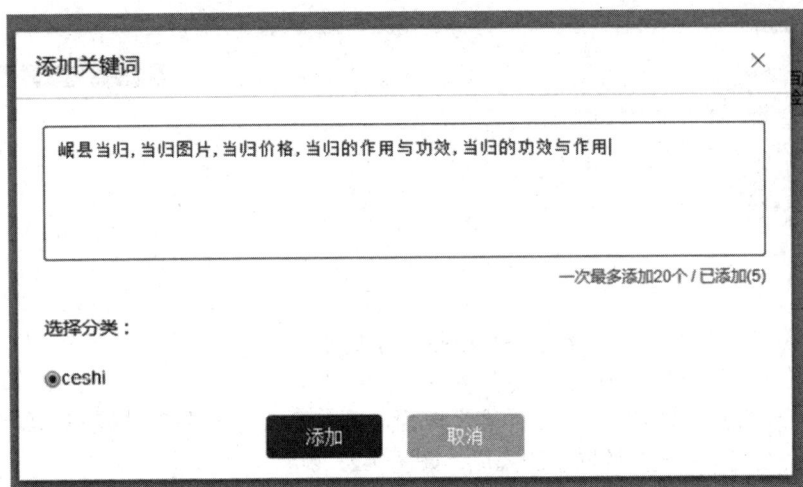

图 7-28　添加关键词界面

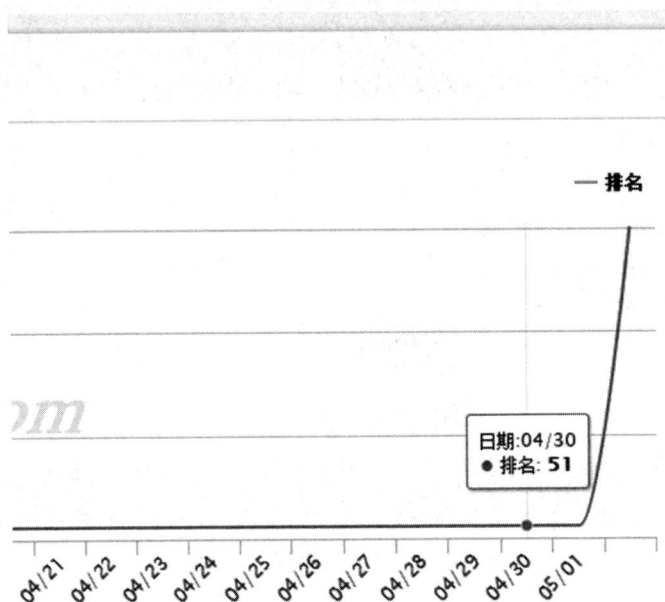

图 7-29　关键词监测曲线图

7.8.2　通过监测数据调整方案

有了监测还远远不够，要学会通过监测的数据分析导致网站排名下降或者提升的原因，制订后续的 SEO 计划。例如，当某一个关键词在 20 名上下持续徘徊了 15 天左右的时间，却始终无法进入百度搜索引擎第一页的排名时，就要执行相应的措施，如增加该关键词在关键词着陆页的密度，或者调整关键词着陆页的标题，让该关键词在标题当中完整出现。需要注意的是，分词匹配和完整出现的重视程度是不一样的。如我们的标题是这样子的："岷县当归网 – 当归价格 _ 当归的功效与作用"，如果"岷县当归价格"这个关键词始终在 20 名上下徘徊，可以把标题修改为"岷县当归价格网 – 当归的功效与作用"，让"岷县当归价格"这个关键词完整地出现在标题当中。

如果在关键词监控中发现，某些关键词排名在第一页保持了一段时间之后，掉到了第二页且很久也没有再上来，这就说明虽然在搜索引擎来看我们的页面是符合 SEO 的，但是在第一页展示的期间，用户的访问习惯告诉搜索引擎，我们的网站并不受用户的欢迎，这样就会导致网站关键词排名下降，解决这个问题的办法是二次编辑，让该页面的内容更丰富，更加符合用户的需求。

这样，在监控中不断发现新的关键词排名，并且设法将这些关键词排名稳定下来，慢慢就可以将一部分站群中的网站独立出来当作单站进行运营了。一旦有了排名便有了收入的来源，花钱招聘编辑人员也会变得更加有意义。

除了 5118.com 关键词排名监控工具，还有爱站关键词监控工具，站长工具也推出了关键词监控工具，感兴趣的读者可以搜索相关内容了解，这里不再详细分析。只需要抓住一点：付费不是最重要的，最重要的是排名监测是否及时准确，这样的信息才能帮助我们更好地进行 SEO。如果排名监测不准确，那么就失去了意义，哪怕是免费的！

本 章 小 结

站群在 5 ～ 10 年前是非常火的项目，那个时候只需要批量注册域名，通过站群软件批量建站就可以获得不错的流量。

现阶段如果再这样操作肯定是不行的，相信通过本章节的学习读者已经了解目前应该如何操作站群。最后笔者再梳理一遍：

首先，现阶段不能用之前那种批量思维，而是要将站群的每一个网站当作精品单站来做，如为站群的每一个站挑选一个优质的老域名等。

其次，在服务器的选择上要更加谨慎，如要选择不同 IP 地址段的服务器等。

最后，在内容建设上，不可能像之前那样批量采集发布，现阶段要学会组合、聚合等方法。

移动站优化是目前 SEOer 讨论最多的话题，2016 年的统计显示搜索引擎有 60% 的流量来自移动端。本书将对移动端网站 SEO 进行深度的讲解，其中明确指出使用移动适配的方法可以快速将 PC 端的排名转化到移动端。在未来的几个月或者一两年内，百度搜索引擎一定会将 PC 端索引库和移动端索引库分开，因此现在是一个机会，希望引起大家的重视。本章中笔者将为大家详细介绍如何通过移动适配的方法将 PC 端的排名快速转化到移动端。

8.1　移动站和 PC 站排名的关系

随着移动互联网的发展，用户的搜索习惯从 PC 端向移动端转移，很多关键词的移动端搜索量已经大于 PC 端搜索量，如图 8-1 所示是"旅游"关键词的搜索指数。

可以看到移动端的搜索指数是 4640，而 PC 端的指数是 3238，鉴于这样的结果，越来越多的行业做 SEO 时开始将重心从 PC 端向移动端转移。艾媒咨询的 2016Q3 中国移动搜索市场报告中显示，2016 年移动搜索持续增长，如图 8-2 所示。

很多 SEOer 对移动站和 PC 站排名的关系一直搞不清楚，原因是百度搜索引擎对移动端和 PC 端的索引数据库并没有完全分开。在移动端搜索关键词时，大部分内容都是从 PC 端网页转码而来，真正的移动端内容比较少，这也是搜索引擎这几年一直鼓励建设适合移动端内容的原因。

正是因为搜索结果中同时出现 PC 端网页和移动端网页，导致 SEOer 在做优化方案的时候比较混乱，不知道该如何优化移动端排名。2020 年笔者去厦门参加 MADCon 中国互联网优化大会时，很多 SEO 行业的朋友询问笔者现在到底该怎样做移动端优化，在网站建设开始时就建设 PC 端网站和移动端网站还是之后再上线移动端网站，移动端网站排名和 PC 端有什么区别等问题。因此在撰写本书之初，

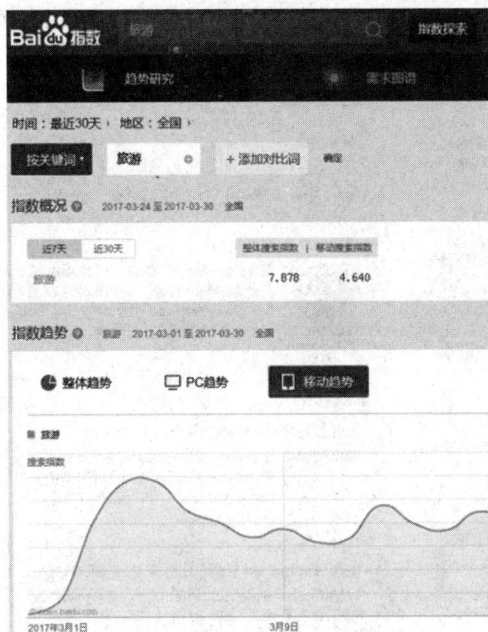

图 8-1 "旅游"关键词的搜索指数

图 8-2 艾媒咨询的 2016Q3 中国移动搜
索市场报告

笔者就考虑用一章的内容专门对移动端的优化做全面深入的解读，相信阅读完本章后，读者一定能找到上面问题的答案。

本小节我们先来解释移动站和 PC 站排名的关系。通过前面的分析我们已经知道，百度搜索引擎移动端的搜索结果内容包含 PC 端和移动端的内容，笔者通过大量的案例得出的结论是，移动端的排名源于 PC 端的排名。

该怎样理解这句话呢？简单地说，一个网站上线一段时间后，如果 PC 端排名不错，相应的移动端也会有对应的排名。如图 8-3、图 8-4 所示，在百度搜索引擎搜索 PC 端和移动端分别搜索 "sitemap" 关键词，可以看到排名出入不大，PC 端是第一名，移动端是第三名。注意，该网站并没有针对移动端单独建设网站或者进行移动适配。导致 PC 端和移动端排名差异的原因有很多，笔者将在后续小节中单独为大家解读。

当然某些行业并不是这样，如某些行业移动端网站数量非常多或者绝大多数网站都做了移动适配，而我们的网站并没有进行这两项操作，或许会没有和 PC 端相应的排名。

但总体来看，绝大多数网站都会将 PC 端的排名映射到移动端，这个模式预计还会持续几年，也许等到移动端网站或者内容足够多的时候，搜索引擎会选择将移动端和 PC 端的排名完全分开。

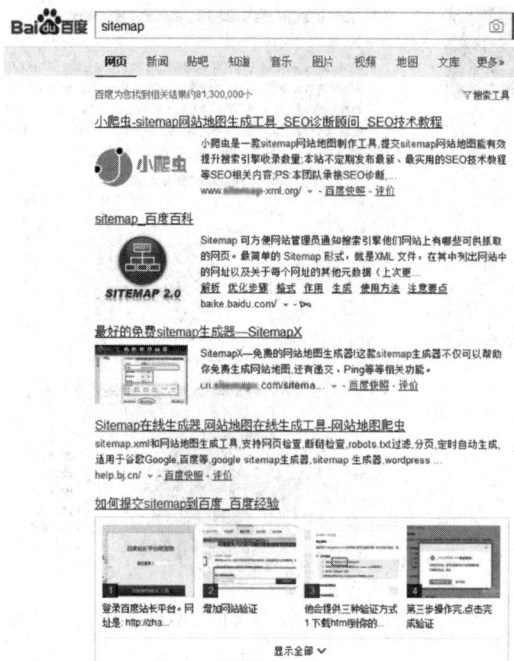

图 8-3 PC 端百度搜索"sitemap"结果　　　图 8-4 移动端百度搜索"sitemap"结果

现阶段我们要优化移动端的排名就要从 PC 端入手，一旦关键词在 PC 端获得了排名，就可以单独建设或者使用工具生成移动端网站，然后使用百度站长平台进行移动适配，适配完成后这个排名会交接到移动端网站，这是最快捷的移动端优化方法。一个网站如果没有依靠 PC 端网站，直接就开始移动端的优化还是比较吃力的，因此本章中笔者会围绕如何将 PC 端排名交接到移动端的方法展开讲解。

8.2　使用工具建设移动端网站

前面提到，移动端网站关键词的排名来源于 PC 端，百度站长平台为此专门提供了移动适配工具，但是在移动适配之前，需要一个像样子的移动端网站。

移动端网站的建设有两种方法。第一种方法是技术人员单独开发移动端网站，将数据库内容调取出来，这种方法的优点是内容和 PC 端网站同步，展现方式灵活，缺点是成本较高，需要开发周期；第二种方法是使用工具生成移动站，这种方法的优点是快速便捷，成本较低，缺点是内容不方便和 PC 端实现同步，模板比较固定。第一种方法笔者将在后续章节中展开详细讲解，这里重点介绍第二种方法。

目前比较主流的移动端生成工具有百度 SiteApp 工具和搜狐快站，但是经过测试百度 SiteApp 似乎已经处于半停滞状态，有时候可以打开，有时候无法访问页面，因此不推荐读者使用。下面重点来看搜狐快站。

注册并登录，会看到新建站点页面，如图 8-5 所示。

图 8-5　搜狐快站新建站点界面

点击"新建站点"，进入模板选择页面。根据站点的行业或功能选择模板，点击"使用"，如图 8-6 所示。

点击"主题"进行主题选择，同一个模板下有多种主题和颜色可供选择。如图 8-7 所示。

通过点击网页头部或导航，用户可以对站点信息和导航的内容及样式进行设置。在右边的页面里，用户可以修改站点名称，添加 LOGO，修改导航的名称、链接、图标，对导航进行增加和删除，拖拽可修改导航的顺序。在样式里，用户可以调整头部和导航的样式、对齐方式、颜色、透明度。如图 8-8 所示。

图 8-6　搜狐快站模板界面

图 8-7　搜狐快站主题设置界面

图 8-8　搜狐快站样式细节调整界面

接下来，用户可以选择左下角内容、排版、营销、第三方的相关组件，以拖曳的方式添加到中间的操作栏，进行相关内容和样式的设置。如图 8-9 所示。

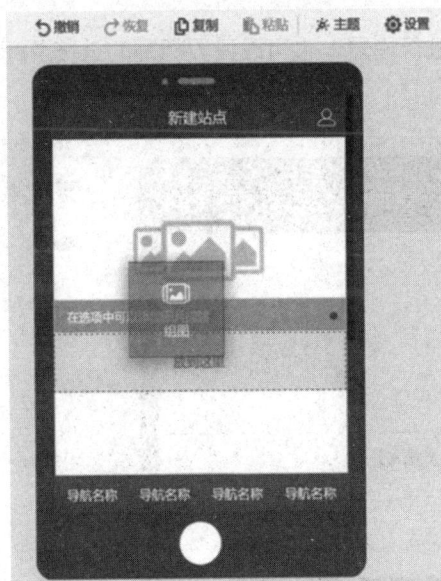

图 8-9　搜狐快站模板细节调整界面

例如，拖曳添加组图组件，可以批量上传图片。选择相应的图片，通过拖曳调整图片的顺序，并设置图片的相应描述和链接。在样式里可以调整轮播样式、图片比例、自动轮播及边距，如图 8-10 所示。

图 8-10　搜狐快站图片调整界面

接下来要对标题进行设置，也可以设置标题的链接及标题的样式，如图 8-11 所示。

图 8-11　搜狐快站标题调整界面

在左上角的页面管理中可以新建页面，在页面管理中点击导航名称，可以修改它的名称，图片可链接到其他页面，如图 8-12 所示。

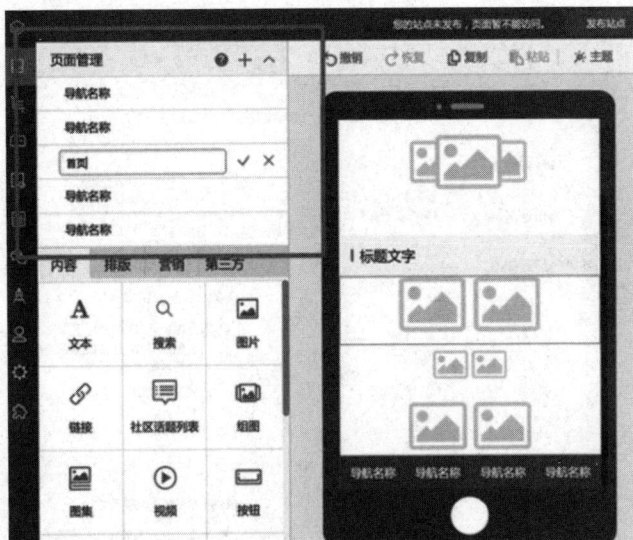

图 8-12　搜狐快站导航调整界面

工具栏里的设置可以修改页面的基本属性，比如说，去掉网页头部和导航，如图 8-13 所示。

图 8-13　搜狐快站页面基本属性调整界面

站点建好后，就可以发布站点了。点击"更新页面"，第一次建站时，点击"发布站点"，填入相应的站点信息，点击"发布"。这样一个站点就建好了。要想使站点永久发布，需要点击"免费认证"，输入相应的认证信息，然后点击"提交"，如图 8-14 所示。

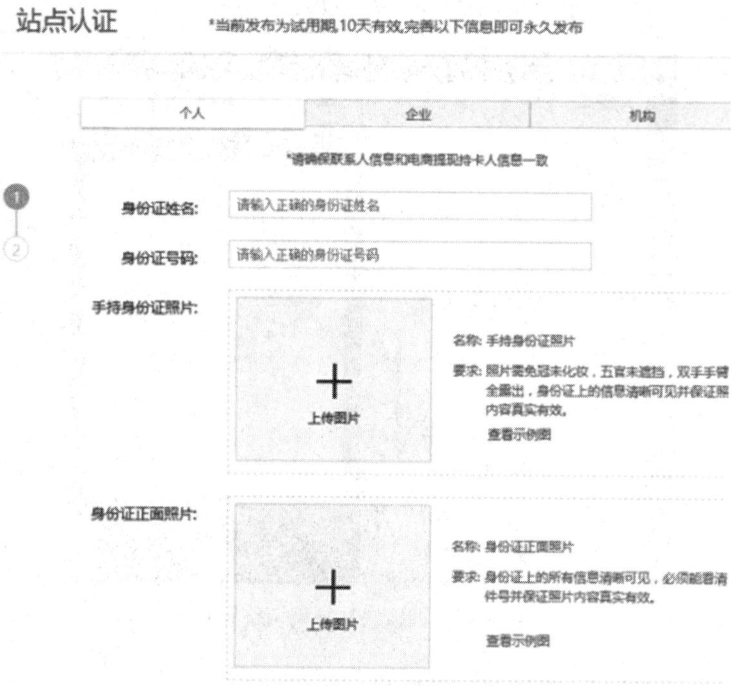

图 8-14　搜狐快站站点认证界面

认证完成后，需要将制作的移动端网站绑定独立域名，如图 8-15 所示。

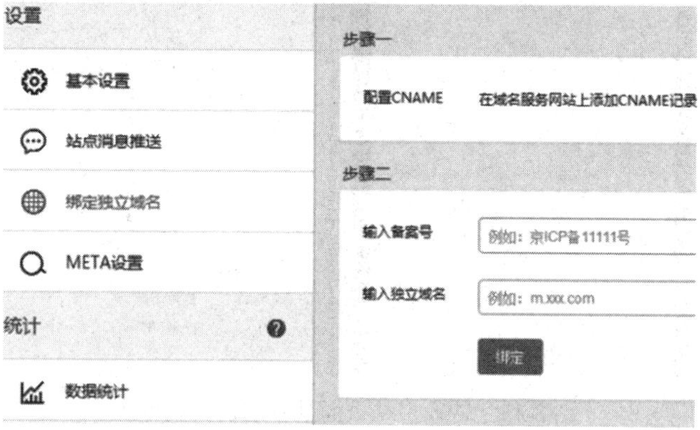

图 8-15　搜狐快站域名绑定界面

需要注意的是，域名必须备案才能进行独立域名的绑定。绑定独立域名后第一步的工作就结束了，接下来就需要使用百度站长平台移动适配工具进行 PC 端网站和移动站的适配，下一节将对比展开详细讲解。

8.3　百度站长平台移动适配

前面的小节中已经对如何使用搜狐快站工具建设移动端网站做了介绍。小节将为大家详细介绍如何将建设的移动端网站和 PC 端网站进行移动适配。适配完成后在移动端的搜索结果中将会展示使用工具建设的移动端的内容，这对于增强用户体验和提高转化率非常有用。

8.3.1　PC 端关键词分析

在开始之前，首先要对 PC 端网站的关键词进行分析，因为使用搜狐快站生成移动端需要手动制作页面，如果将全站内容都复制进来是非常可怕的工作，因此在开始适配之前，首先要对有排名的页面进行分析筛选。

还是用之前提到的中医中药类型网站作为例子进行说明，使用 5118.com 工具进行关键词排名分析，如图 8-16 所示。

图 8-16　使用 5118.com 工具进行关键词排名分析

可以看出已经有很多关键词排名进入了搜索引擎搜索结果前 100 名，选择"药材价格""中药大全"等有指数并且关键词进入搜索结果前 100 名的关键词进行适配。使用这样的分析方法将所有有排名的关键词着陆页整理出来，然后使用搜狐快站逐一制作相应的移动端页面，并把这些页面的 URL 记录下来，为下一步移动适配做好准备。

8.3.2　二级域名和移动端网站的绑定

接下来要将二级域名和移动端网站绑定，首先要在域名服务网站上添加 CNAME 记录指向 cname.kuaizhan.com，如图 8-17 所示。

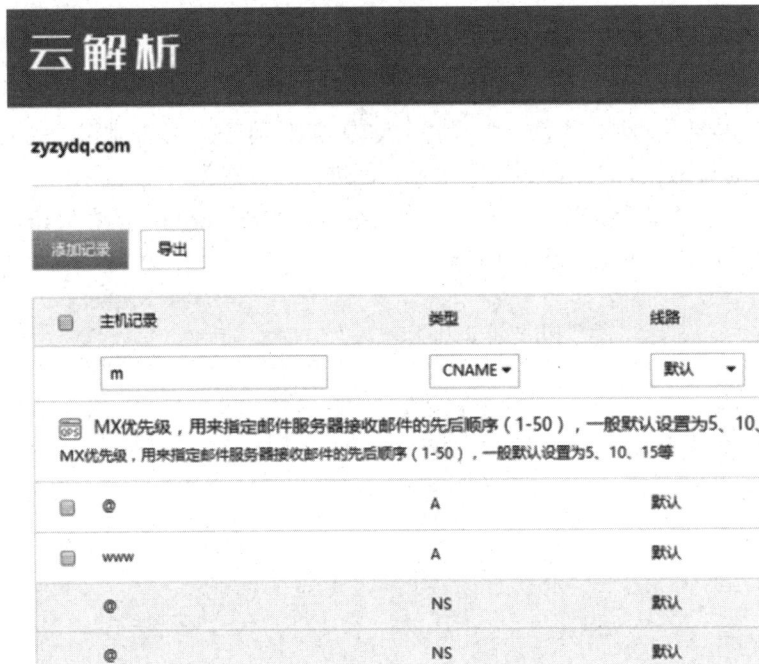

图 8-17　域名解析界面

这里需要注意的是，笔者建议移动端的域名尽量使用 m.abc.com 模式。其他的二级域名也是可用的，但是移动适配等过程和效果不如 m.abc.com 模式的二级域名。

添加完成后需要审核，如图 8-18 所示。等审核完成就可以开始移动适配了。

图 8-18　域名绑定状态界面

8.3.3　移动适配的操作

下面正式开始登录百度站长平台进行移动适配。点击"移动适配",然后点击"添加适配关系",如图 8-19 所示。

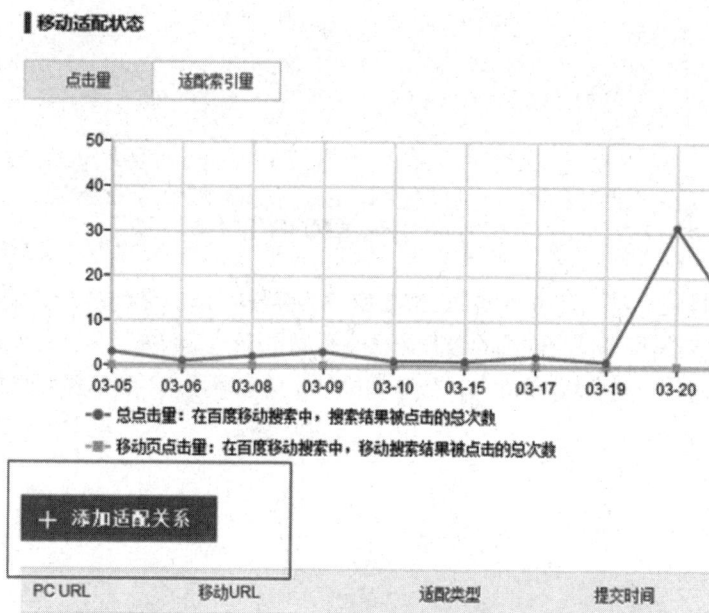

图 8-19　移动适配状态界面

适配关系分为规则适配和 URL 适配，规则适配一般适用于程序员自己建设的独立移动端网站的适配，URL 适配一般适用于使用第三方工具建设的移动端网站。这里选择 "URL 适配"，移动站点填写 m.zyzydq.com，URL 对可以选择 "上传 URL 对文件" 或者 "填写 URL 对"，这里选择 "填写 URL 对"，如图 8-20 所示。

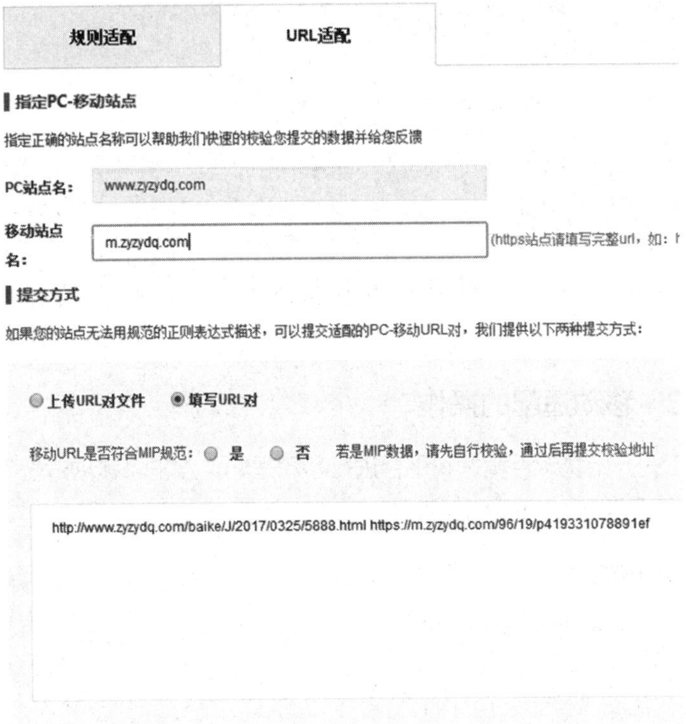

图 8-20　URL 适配内容填写

就这样逐个将之前准备的 PC 端 URL 和移动端 URL 填写完成后，点击 "提交"，然后就是移动适配规则的效验，如图 8-21 所示。

效验时间一般要 7 ～ 30 天，效验完成后，移动端搜索关键词结果中就会出现移动端的网站了。

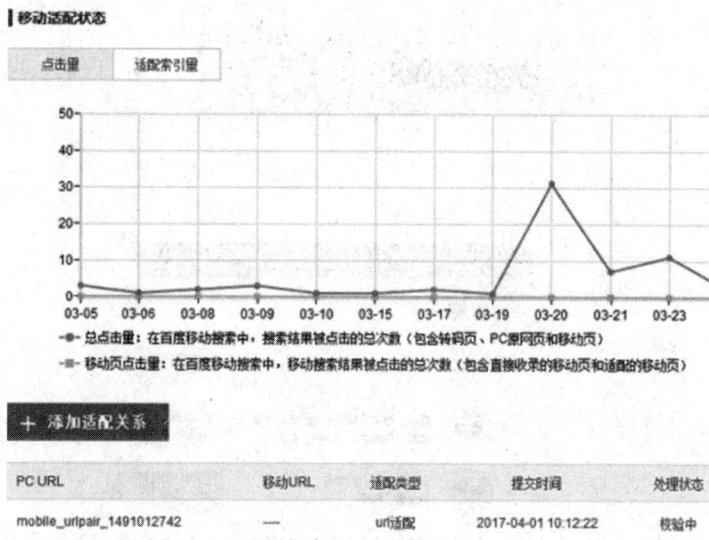

图 8-21　移动适配规则的效验

8.4　影响移动站排名的因素

伴随着移动互联网的发展，百度等搜索引擎也越来越重视移动端用户的搜索体验。2017 年 3 月 13 日，百度官方发布了《百度移动搜索落地页体验白皮书——广告篇》，非常具体地将一些影响移动端用户阅读的广告列举了出来。可以看出，百度搜索引擎开始对移动端网站的混乱广告进行整理，也可以说明广告的展现方式是很重要的影响移动站排名的因素。下面我们就对影响移动站排名的因素展开深入的解读。

8.4.1　页面展示宽度

页面结构要自适应到移动设备的屏幕宽度，防止出现如图片超宽、结构超宽而需要用户左右滚动才能浏览全部信息的问题，如图 8-22 所示。

移动端用户习惯上下滑动页面，如果一个网站需要用户左右滑动才能阅读完整的页面，那么用户体验会是非常糟糕的。

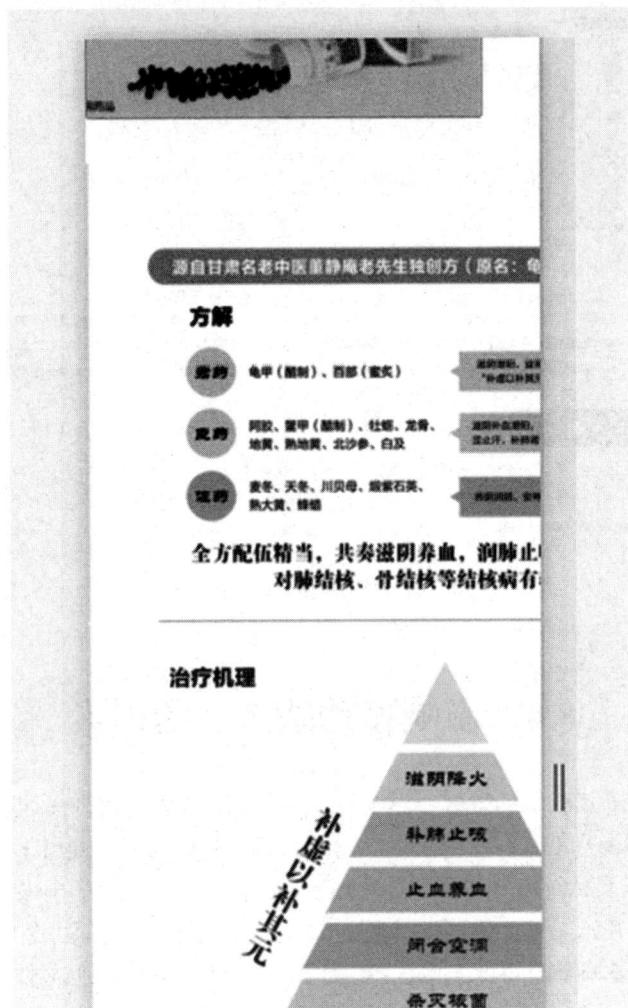

图 8-22 某网站移动端显示结果超过屏幕宽度

8.4.2 移动设备广告

严禁使用大幅的广告遮挡正常的实用信息，影响用户浏览，对用户视线造成干扰。此外，"诱导性广告"等引导用户点击的广告均不符合规范，如图 8-23 所示。

相信大家在移动端搜索都遇到过这样的网页，整个屏幕全部都是广告内容，有些甚至无法关闭，只能上下滑动"偷着看"，这样的网页用户肯定不愿意进行二次浏览。

图 8-23　诱导性广告

8.4.3　标题部署

大多网站都直接采用 PC 端的标题部署，并未考虑移动设备显示长度的问题。如果标题严重超长，用户需要了解的标题只显示到了一半，无法完整地阅读，这种情况下需要对标题做修正。

8.4.4　数据下载和页面跳出

如果移动端做了下载链接，当用户点击下载时要可以直接下载，禁止出现跳转到其他页面下载，以及注册、登录才可以完成下载的动作，同时更不可以为了盈利而出现"虚假信息下载"。

移动设备上，尽量不要使用"站外跳转"类型的链接，如一些广告跳转，还有一些查询跳转，这些均会影响搜索引擎评分。

8.4.5　远离 Flash 和 Java

因为 Apple 产品没有 Flash 功能，而且 Apple 也宣称将来不会添加这个功能，而 Apple 产品占移动端市场分额的 30% 以上，所以如果使用 Flash 的话将会有很大一部分用户使用不了这个功能。同样地，Android 手机不支持 Java，而且受网速的影响，Java 会大大延缓页面的下载时间。

8.4.6　不要使用弹窗

手机上的进行多个选项和浏览器的跳转比传统网站的推广难得多，而且还会影响下载的速度。所以做手机网站的话不要使用弹窗。如图 8-24 所示，这样的弹窗无论用户点击哪个按钮都会直接跳转到广告的页面，甚至是直接开始下载 App，这样用户体验是非常糟糕的。

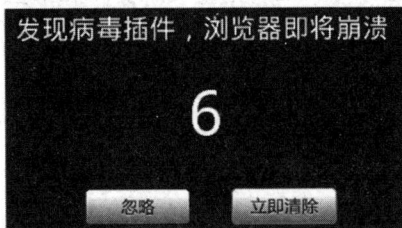

图 8-24　某网站弹窗界面

8.4.7　让网站更加简洁

（1）首先，打开手机网站比打开 PC 端网站的速度慢得多，所以要把页面数和页面大小控制到最低。其次，手机端打开网页是按照流量计费的，如果手机端网站没有进行优化，直接把 PC 端图片等元素搬过来，或许加载一个网页就要耗去几兆的流量，这样一个网站浏览下来的流量消耗估计会让很多用户都不敢再来了。

（2）手机用户浏览网页的时间都是零碎的，不可能耐心地去点击很多的页面，所以要尽量精简移动网站。

8.4.8　优化页面的细节

（1）做个手机网站专属的头部标签。手机网站的首页或频道首页的代码中的 keywords、description 加上与 PC 端有所区别的 META 标签和关键词，每个页面的关键词和描述可以像做传统 PC 端网站一样。

（2）减少死链接。如果没有内容的话，最好使用状态码指定，如 403、404 等；如果希望死链接回到首页最好使用 302 跳转，不要使用 JavaScript 跳转。

8.4.9　其他影响因素

使用规范化的协议，做好浏览器兼容调试工作。

网页打开速度。百度对此的测算规则为：从用户点击百度搜索结果开始计时，到第三方网站页面 load 事件触发结束，包括网络时间、服务器处理时间、页面渲染时间，这个时间在 1 秒内为最佳，1 秒到 3 秒为中等，3 秒以上为差。因为用移动端浏览网站的用户大多利用碎片时间的，如果一个网页的加载速度超过 3 秒，很多用户会选择关闭网页，这个数值要远远小于 PC 端网站的时间。

地域。这也是搜索引擎将来发展的大趋势，根据用户手机所在的地方为用户匹配搜索结果，一般来说，网页描述内容跟用户所在地相近的会排在更前面。

8.5　移动端网站建设和 PC 站的区别

前面提到了使用搜狐快站等工具制作移动端网站，但很多时候这些工具制作的移动端网站是无法满足用户的需求的，这就需要为移动端单独开发适合移动端用户访问的网站了。这样的网站和 PC 端网站的建设又有什么区别呢？本小节笔者将针对此问题做深入的分析。

域名方面有两种选择：如果已经有成型的 PC 端网站，如 www.434.com.cn，那么移动端网站的域名最好就是 m.434.com.cn；如果没有 PC 端网站也不计划建设，那么也可以直接使用主域名建设移动站。

服务器方面要选择速度较快的机房，尤其是图片加载速度要快，因为移动端的用户更喜欢浏览图片，并且能接受的图片加载时间更短。如果网站打开过慢，甚至超过 5 秒时，用户跳出率就会迅速上升。因此，移动端网站的打开速率要尽量保持在 3 秒之内。移动端网站建设要尽量减少不必要的图片或者动画的使用，保证网站打开速度。笔者建议在设计移动端网站的时候将图片加载设计成按需加载，也就是仅对在可见区域内的图片进行加载，不在的就不加载，使用默认图片。下面笔者列出按需加载图片的方法，供大家参考。

1. 步骤一

选取需要实现这种需求的容器中的所有图片，不在容器中的图片就不用管了。例如：

```
$('.container').find('img');
```

2. 步骤二

如何判断图片是否在可见区域内呢?

一般会想到监听 touchmove 事件,这是错的,为什么呢? 正常情况下,划屏都是上划一下就松开,那么滚动也就只有一下。但是当上划很多次时,由于"惯性",touchend 事件后,滚动条还会继续滚动,那么这一段的滚动距离就是不可控的了。

因此我们会继而想到 scroll 事件,这就对了,在这个 container 容器中监听 scroll 事件就好了。

3. 步骤三

接下来就是实现这个判断了:什么时候认为图片到达了可见区域内? 那就是:

图片本身的距离顶部的距离≤可见区域本身的高度 + 滚动的距离

例如,滚动的距离为 0,图片本身距离顶部的高度小于可见区域的高度,图片就在视野内。

具体实现为:

```
imgDelayLoad: function () {
  var img = $('.pic-list').find('img')
    src = "";
    windowHeightScrollTop = $(window).height() + document.body.scrollTop;
  img.each(function(index, el) {
    src = $(this).attr("data-src");
    if ( windowHeightScrollTop > (this.offsetTop + 200) ) {
      if (this.src.indexOf("logo1") > 0) {
        this.src = src;
      }
    }
  });
};
```

可以看到上面笔者多加了一个 200 的值,这要依个人情况而定,笔者是为了将效果体现得更明显。已经加载过的图片就不用再加载了,因此在 scroll 的方向向上的时候才进行调用,方向向下的时候就没必要了,在这里笔者用了一个全局变量来标识。当然,在进入这个页面的初始化的时候也要调用一次,也就是没有发生滚动事件的情况时。

```
// 滚动监听
  $(window).scroll(function (event){
    if (me.isScrollUp)
      me.imgDelayLoad();
  });
```

还有一个问题需要注意一下，就是移动端和 PC 端支持的图片类型是不一样的。有些 SEOer 直接把 PC 端的图片格式调用到移动端，这样在有些时候会导致移动端用户无法正常浏览图片，这是相当糟糕的体验。下面笔者总结了安卓平台和 iOS 平台支持的图片格式，供读者参考。

如图 8-25、图 8-26 所示是 Android 和 iOS 目前的图片编解码架构。

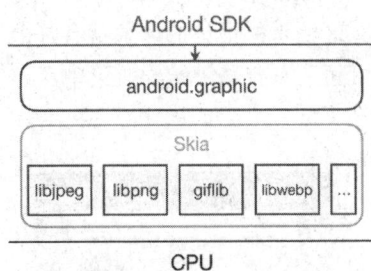

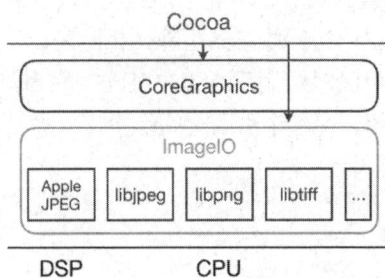

图 8-25　Android 图片编解码架构　　　　图 8-26　iOS 图片编解码架构

Android 的图片编码解码是由 Skia 图形库负责的，Skia 通过挂接第三方开源库实现了常见的图片格式的编解码支持。目前来说，Android 原生支持的格式只有 JPEG、PNG、GIF、BMP 和 WebP（Android 4.0 加入），在上层能直接调用的编码方式也只有 JPEG、PNG、WebP 这三种。目前来说 Android 还不支持直接的动图编解码。

iOS 底层是用 ImageIO.framework 实现的图片编解码。目前 iOS 原生支持的格式有 JPEG、JPEG2000、PNG、GIF、BMP、ICO、TIFF、PICT，自 iOS 8.0 起，ImageIO.framework 又加入了 APNG、SVG、RAW 格式的支持。在上层，开发者可以直接调用 ImageIO.framework 对上面这些图片格式进行编码和解码。至于动图，开发者可以解码 GIF 和 APNG、可以编码 GIF。

两个平台在导入第三方编解码库时，都多少对它们进行了一些修改，如 Android 对 libjpeg 等进行调整以更好地控制内存，iOS 对 libpng 进行修改以支持 APNG，并增加了多线程编解码的特性。此外，iOS 专门针对 JPEG 的编解码开发了 AppleJPEG.framework，实现了性能更高的硬编码和硬解码，只有当硬编码和硬解码失败时，libjpeg 才会被用到。

在移动端网站建设的时候需要注意不要直接调用 PC 端的图片，移动端用户浏览网页是按流量计费的，如果一个网页很大，那将会增加移动端用户浏览网页的成本。

除了这些之外，移动端的设计还需要参照以下规则。

8.5.1　移动端网站导航模块的设计

其实这跟 PC 端的网站建设　样，都要清晰明了地向用户和搜索引擎展示导航，注重网站导航的设置布局及功能的应用。但是与 PC 端不同的是，移动端网站更要注重导航按钮大小的设计，使之符合用户手指碰触的习惯。

如图 8-27 所示的移动端设计让用户在使用手指点击某个分类时非常吃力，会导致用户访问体验的下降，相比来说，如图 8-28 所示的设计的体验就会好很多，用户可以轻松用手指点击某一个栏目，并且页面下方有悬停的导航菜单，方便移动端用户在各个页面之间切换。

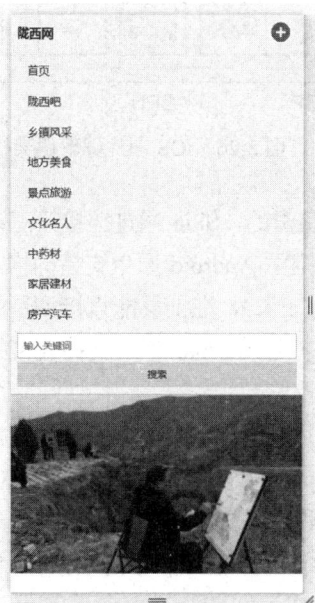

图 8-27　某网站移动端导航示例（1）

图 8-28　某网站移动端导航示例（2）

8.5.2 网站内部结构更加扁平化

通常来说，使用移动端的用户的时间都是比较零碎的，所以这就要求站长尽可能地降低网站的内部层次，通过优化网站节省时间，使用户能以最快的速度找到他所需要的内容。

8.5.3 页面优化

相信大家都有这样的经历：在 PC 端浏览网站时，感觉这个网站做得很是大气好看，布局也蛮合理的，可是在移动端浏览该网站时经常会出现页面无法正常浏览，字体过小或过大的情况。这是跟设备环境有关的，所以在移动端网站建设时要非常注意网站页面的宽度、字体大小设计。如图 8-29 所示的字体在移动端根本无法正常阅读，何谈体验。

图 8-29 某网站移动端内容页

8.5.4　网站内容布局

考虑到移动网站用户的浏览时间和习惯，网站内容布局必须合理。一般来说，如果首页能完整展示内容最好，如果不能，也要将目录层次限制在三层以内。另外，网站内容布局一定要注重图片与文字的完美配合，在内容吸引用户的同时，也不要忘了缓解用户的浏览疲劳。《跟我学 SEO 从入门到精通》第 1 版中笔者提到 PC 端文章建设要多分段、多用短句子、图文并茂，一般认为一句话最好包含 3 个以内的逗号，一段话最好包含 3 个以内的句号，每段话之间最好包含一张图片。这个标准在移动端更加适用，句子、段落要更短，图片要更多。

8.5.5　控制加载时间与网页大小

如图 8-30 所示是跳出前等待时间的用户比例。为了减少用户因加载时间过长而跳出的比例，加载时间要控制在单页面 5 s 以内，网页大小则控制在单页面 50 K 以内。优化加载时间和网页大小的重点在于前端优化减少 HTTP 请求，即减少重定向，合并图片。此外还要减少传输数据的大小，可用的方法有压缩图像、开启 GZIP。

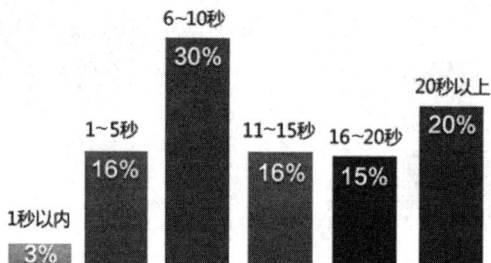

图 8-30　跳出前等待时间的用户比例

考虑到移动设备和移动互联网的特点，在进行移动网站的页面开发设计时，总的原则是考虑用户访问的效率，降低页面加载时间。

8.5.6　减少访问请求数

访问请求数直接影响着用户的浏览体验，请求次数过多会延长网站的打开速度。通过前面的内容我们已经了解到，网站的打开速度直接影响用户的跳出率。因此在开发移动端网站的时候一定要注意减少访问请求数。下面笔者整理了一些减少访问请求数的方法，供大家参考。

（1）资源合并及压缩——如将背景图片、导航图片等作为一张图片，这样只需一次请求，而不是多次；

（2）静态资源（Css、Js、Image）懒加载。

（3）异步执行 inline 脚本。

（4）避免重复的资源请求。

（5）缩小 Cookie。

（6）设置连接方式为 keep-alive。

（7）减少 DNS 查询。

（8）移动端可见区域是有限的，采用延迟加载方式。

（9）开启服务器压缩（GZIP 方式）。

8.5.7 优化图片处理

移动端和 PC 的不同之处主要在于移动端用户访问网站是需要为流量付费的，如果网站图片过大就会直接导致用户流量使用的增加，长此以往，用户都不敢打开我们的网站了。其次是移动网络不像 WiFi 那样稳定，受很多因素影响，图片过大会直接导致网站打开速度减缓。下面笔者总结了一些优化图片的方法，供大家参考。

（1）图片走 CDN。

（2）少用动态 GIF 图。

（3）图片不适宜过多过大。

（4）零碎图片使用 CSS Sprite 技术一次性下载。

（5）避免使用 BMP 图片。

（6）图片压缩。

8.5.8 优化 HTML

和图片处理一样，优化 HTML 的目的还是为了减小网站的体积，让用户能用最短的时间打开网站并且获取信息，可以通过优化下面这些点以提高网站打开的速度。

（1）减少 HTML 标签，减少不必要的嵌套。

（2）废弃 table 标签。

（3）减少 DOM 深度。

（4）压缩 HTML，去掉注释、空格换行等信息。

8.5.9 优化 Java Script

Java Script（JS）是网站开发中的双刃剑，好的方面是 JS 能大大提升网站的交互性，不好的方面是会延缓网站的打开速度，要在这个中间找一个均衡值。可以通过下面这些方法优化 JS 达到均衡。

（1）使用临时变量或数组存储 document.images 及 document.forms 等集合数据。

（2）慎用 with 语法。

（3）使用 Ajax 缓存。

（4）避免使用 eval 及 function 语法。

（5）避免使用 InlineScript。

（6）异步、底部加载 JS。

（7）合并压缩 JS。

（8）字符串连接使用数组的 join 方式。

8.6　移动站内容建设技巧

和 PC 端网站相比，移动端网站的阅读窗口很小，无法像 PC 端那样看到过长的内容标题，因此在进行移动端内容建设的时候，标题的撰写尤为重要。前面的章节中笔者提到文章标题的撰写要用撰写广告文案的方法，而移动端网站的标题撰写则要用发电报的方法，逐字筛选。下面笔者就移动端标题的撰写和内容来源及编辑方法为读者做详细的解读。

8.6.1 标题的撰写

PC 端搜索引擎搜索结果一般显示 30 个左右的中文字符，如图 8-31 所示。而移动端搜索引擎搜索结果显示不到 20 个的中文字符，如图 8-32 所示。

当然，不同手机屏幕的大小不一样，显示的内容有时也长短不一。但是移动端显示的标题字符数量要小于 PC 端，这样一来，如果机械地将 PC 端的标题转移过来，尽管有时候排名不受影响，但是点击率会大大下降，这个点击率的变化是导致移动端和 PC 端排名出现差异的重要因素。大量的案例证明，移动端搜索结果的标题后面出现"多图""高清"等字样的网页点击率会大大高于没有这些字符的网页。

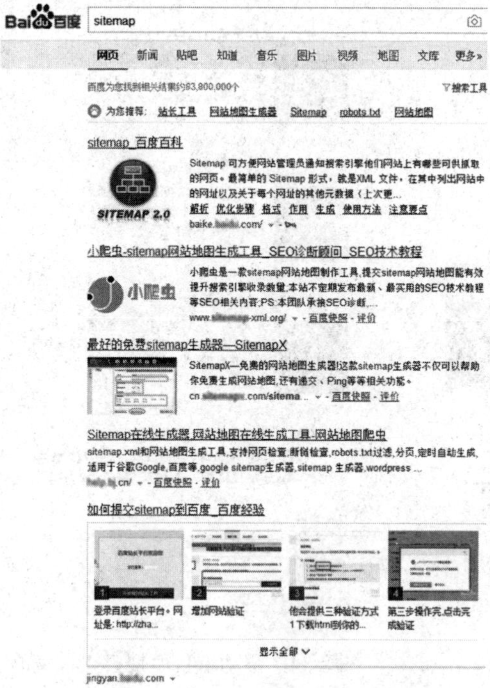

图 8-31　PC 端搜索引擎搜索结果（1）

图 8-32　PC 端搜索引擎搜索结果（2）

举个例子，如用户在移动端搜索"最美的旅游图片"这个关键词，分析可以看出，用户的需求是愿意看到高清的、漂亮的、关于旅游的图片。先来看 PC 端百度搜索引擎的搜索结果，如图 8-33 所示。然后再来看移动端搜索"最美的旅游图片"的结果，如图 8-34 所示。

可以看出，移动端排名靠前的网页和 PC 端的并不完全相同，但是有一点非常引人注目，那就是移动端排名靠前的文章在结尾都配有与"图片"相关的字符。这一点可以充分证明，移动端用户的搜索需求和 PC 端用户的搜索需求存在差异性。

每一个行业都有特殊的文字能促进用户点击，因此我们在移动端标题撰写之前要对行业进行深入的研究分析，抓住用户的痛点，这些痛点的词语在移动端尤为突出，毕竟移动端的用户搜索时用的都是碎片化的时间，且目的性很强，能最直接地满足用户的需求才是关键。

图 8-33　PC 端百度搜索"最美的旅游图片"的结果

图 8-34　移动端百度搜索"最美的旅游图片"的结果

8.6.2　内容的来源和编辑方法

大多数 SEOer 习惯了 PC 端网站内容的优化，为了取悦搜索引擎，为了增强站内黏性和内容丰富度，经常长篇大论，在内容间穿插大量的锚文本，许多本来能够在一篇文章中表达清楚的内容往往分为两篇、三篇或更多篇。

但随着移动端的兴起，这种内容编辑方式已经落伍，多数人出于各种原因已经沉不下心读完一篇长文了。必须将内容精简、提炼、再精简，努力使内容占用的用户时间更少并仍能生动地表达出自己的观点，只有这样才能获取更多的用户的关注。

前面在 PC 端优化章节中笔者提到，内容的来源主要是组合、OCR 软件转化、评论、问答等。在移动端内容的来源方面，笔者更推荐使用 OCR 软件转化、评论、问答，因为移动端内容要求要精练，因此内容组合的方式不太适合。可以使用 OCR 软件转化 PDF 或者实体书籍内容，配合评论的方式进行内容建设。笔者尤其推荐问答模式，前面已经提到，移动端用户搜索的目的性非常强，用户在搜索某个关键词的时候只是希望得到问题的答案，而不希望看到过多的渲染。

如用户搜索"感冒嗓子疼怎么办"这个关键词时，很显然用户只希望得到"感冒嗓子疼怎么办"的答案，至于感冒的其他相关内容，用户是没有需求的，如图 8-35 所示。

图 8-35　PC 端搜索"感冒嗓子疼怎么办"的结果

图 8-35 是百度搜索引擎 PC 端搜索"感冒嗓子疼怎么办"的结果，可以看出内容比较杂乱。再来看看移动端使用百度搜索引擎搜索"感冒嗓子疼怎么办"的结果，如图 8-36 所示。

图 8-36　在移动端搜索"感冒嗓子疼怎么办"的结果

可以看出，宝宝树的网页脱颖而出，排在了搜索结果的第一位，更为重要的是其标题后面出现的"共 1764 条"，这就是我们前面提到的用户需求的痛点，这个数据说明有很多关于"感冒嗓子疼怎么办"关键词的答案。这样，用户就不需要再一一浏览其他搜索结果了，只需要浏览这个网页就能根据自己的需求找到答案，如图 8-37 所示。

每一个行业都有潜在的用户需求，而这种需求在 PC 端和移动端存在差异性，一般情况下，在 PC 端搜索的时候时间是比较宽裕的，希望在大量的结果中找到自己需求的答案；而在移动端搜索的时候时间是比较有限的，用户只希望快速找到应急的答案，这个答案是不是最优不是用户最关心的。

内容编辑发布的时候应该精简文字，处理好图片。之前提到 PC 端内容字数应该在 800 ～ 1000 字，而移动端的字数应该是 PC 端的一半，还要使用图片、幻灯片提升展示效果，并注意压缩图片尺寸。推荐用宽图片展示 LOGO，正方形图片展示产品。

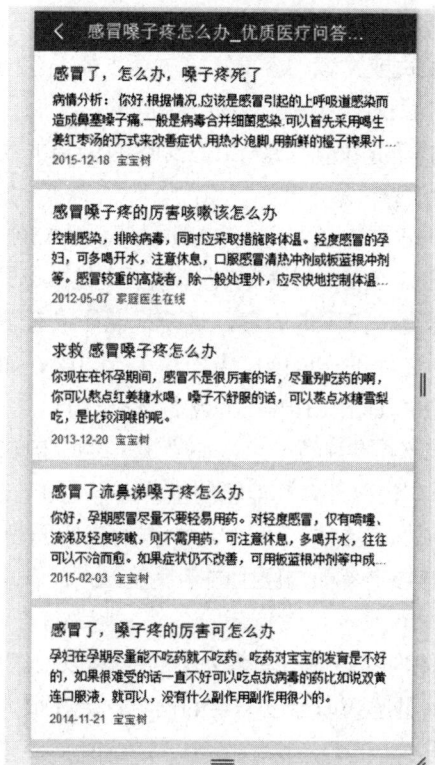

图 8-37　搜索"感冒嗓子疼怎么办"时宝宝树网站的对应界面

8.7　解读《百度移动搜索落地页体验白皮书——广告篇 3.0》

2018 年 1 月，百度发布了《百度移动搜索落地页体验白皮书——广告篇 3.0》，在这次的白皮书中首次公布了关于落地页中广告面积的阈值要求。此外，还补充了一些之前有外部强调但是没有具体落实到白皮书上的内容，那么在这些内容当中有哪些是需要 SEOer 注意的呢？今天就一起来看看。

首先来看看新增的广告面积阈值要求都有哪些。

第一点："文章内容页或信息详情页，从标题开始到正文内容结束，禁止插入任何形式的广告。"也就是说此后，文章内容页或信息详情页的主体内容中间不允许插入任何形式的广告，即使是与站点自身相关的信息或链接，都会被视为广告，是用户搜索预期之外的内容，会降低用户的搜索体验。此外，翻页键上方也不允许插入广告！

第二点："信息详情页或文章内容页，首屏至主体内容结束，无论用户阅读到哪个位置，一屏内广告面积不能超过 20%。一屏的广告面积的总和不应该让用户感觉到其抢夺了浏览内容的空间。"此外，任何带有引导下载 App 的文字类描述，也会被视为广告。

第三点："顶部嵌入式广告面积必须小于屏幕面积的 20%，顶部悬浮广告面积必须小于屏幕面积的 10%。"这一点对移动落地页中最常见的两种广告形式的面积做出了明确规定。结合上一点中的内容，也就是说如果有站点想要同时放置这两种类型的广告，至少也要保证一屏内广告面积小于 20%，如最大可设置屏幕面积 10% 的顶部悬浮广告和屏幕面积 10% 的顶部嵌入式广告。

关于悬浮广告大家还需要注意一点，在"禁止的广告样式"中是这样规定的：除面积极小的置顶悬浮广告以外，其他任何位置都不允许有悬浮广告。

第四点："列表页或检索结果页面中，一屏的广告面积必须小于屏幕大小的 1/3，且广告内容视觉感知上不能与原生内容反差很大。图片列表页中的广告也会被计算为广告面积。"

第五点："首屏主体内容必须占屏幕大小的 50% 以上。"用户在搜索过程中，如果打开落地页后无法迅速获取自己需要的信息，会在很大程度上降低用户的搜索体验和对站点的信任。

在白皮书中还明确规定了两种禁止情况。

第一种：禁止自动下载 App，网页不能自动跳转至 App 下载页面。

第二种：禁止强制用户登录或下载 App 才可浏览内容的权限限制。

这一点也就是说，不能将用户权限设置为只有强制登录或下载 App 之后才可以查看完整内容。如果在用户浏览内容的过程中强制下载 App 就会切断用户的搜索流程，破坏用户搜索体验的完整性和流畅性。

好了，需要 SEOer 注意的广告面积的阈值要求就是以上这些了。如果大家存在类似的问题，最好马上进行整改，不然可就要被打击了！最后，再来看一下百度搜索对落地页的评估原则。

第一点：移动落地页不仅限于手机百度搜索结果，还包括其他浏览器的百度搜索结果。

第二点：移动落地页包括搜索结果页点击进入的一跳结果页，以及再次进入的多跳页面。

第三点：广告内容和体验是基础，如果广告内容和体验给用户带来了伤害，无论广告位置在哪儿、面积有多大，都会成为被打击的对象。

第四点：对移动搜索用户进行强行 App 引导或微信引导的行为，无论是通过文字图片引导还是完整内容引诱，都会打断用户完整的搜索流程，使用户体验极差，百度将会对这些行为进行严厉的打击。

第五点：悬浮功能不能太多，不能遮挡内容，影响用户正常浏览。首屏的主体内容露出越多，用户体验越好。

与此同时，落地页检测工具也已经同步上线，大家可以登录查看并使用，如图 8-38 所示。

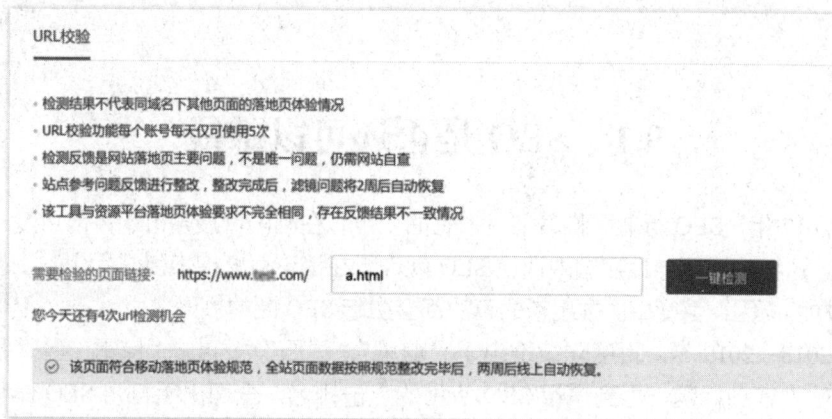

图 8-38　落地页检测工具

本 章 小 结

通过本章节的学习读者可以了解到：随着移动互联网的发展，移动端的流量越来越大，所以在建设网站的时候不能再像之前那样不考虑移动端的用户体验了。笔者的建议是尽可能地建设完全适配移动端的网站，包括图片等都针对移动端进行优化。

截至 2021 年年底，移动端的排名还是依附于 PC 端的。如果想要移动端的排名必须先做好 PC 端的排名，这个的前提就是移动端和 PC 端必须有严格的对应关系，也就是说移动端的 URL、内容要和 PC 端形成一一对应的关系。这样在网站的 PC 端获得关键词排名之后，移动端就能很快获得排名。

第 9 章
流量站

9.1　SEO 是否还可以赚钱

2017 年，SEO 行业面临着前所未有的变革！在国内，搜索市场目前百度一家独大，这样的局面导致在国内谈论 SEO 就等于在谈论百度搜索引擎优化。正是出于这样的原因，百度每次推出新的算法都会引起 SEO 圈的热议。

2018—2019 年，百度陆续推出了"飓风""清风""闪电""惊雷"等算法，从网站内容到标题，再到黑帽 SEO 使用的点击排名，全面出手打击 SEO 作弊！面对这样的局面，很多 SEOer 觉得 SEO 行业已经到了发展的瓶颈。那么 SEOer 是否还能有一席之地生存？本章节开始之前我们先来一起探索一下网站的盈利模式。

目前，SEO 行业大体存在两种类型的 SEOer：第一种 SEOer 整天盯着百度算法，只想投机取巧，用最快、最轻松的方法让网站关键词获得排名，但是往往事与愿违，很容易受到百度算法的打击，功亏一篑；第二种 SEOer 只关心自己的网站，将所有的精力都花在了网站内容建设和用户体验上面，甚至都不知道百度又推出了什么新的算法，也很少在 SEO 群聊或是论坛里露面，只是"闷声发大财"！

目前来看，通过 SEO 赚钱最简单的手段就是建设一个流量站，将网站流量做起来后，悬挂广告或者直接卖站。那么，怎样建设一个流量站？一起来看看吧！

建设一个流量站最主要的就是行业的选择和网站关键词的挖掘及布局！如果把一个流量站的工作定义为 10 分的工作量，那么至少有 4 分的工作量应该花在网站关键词的挖掘和布局上。听到这里大家肯定会问，建设一个网站最重要的不是域名、服务器、模板、内容吗？怎么又变成了网站关键词的挖掘和布局呢？需要注意的是，我们这里所提到的流量站是指在短期之内获得高流量的网站。

流量站并不是 SEO 的捷径，在网站上线之后，我们还需要化费大量的时间和精力来进行维护，切记不可大意。根据以往的经验，流量站的 SEO 一般需要 1 ～ 3 年的时间，所以在开始之前读者一定要做好心理准备，不要指望几个月就可以做出权重 6 的网站。

在这些流量站做起来之后，我们又该如何赚钱呢？

第一种方法是悬挂广告来盈利。通常，权重 4 以上的网站每月的广告盈利大概在 2 万～ 10 万元，根据行业和悬挂广告类型的不同，差距也比较大。维护成本的话需要 2 ～ 5 名编辑，再加上服务器的费用，每月需要 5000 ～ 20 000 元。综合来看，其产出比还是很高的。

第二种方法是当网站权重到达 5 以后直接到 A5 交易平台或者是鱼爪网进行交易。一个权重 5 以上的网站大概可以卖 10 万～ 100 万元。

笔者认识的一些站长朋友就是通过上面这种操作方法来进行操作的。他们每年都建设一批网站，在权重做起来之后就直接卖掉，收入还是非常可观的。这些人很少在 SEO 圈会议或者论坛等公开场合露面，但是他们深知 SEO 的精髓！

通过笔者和这些站长朋友的交流，我们达成了一个共识，那就是用户体验至上！无论是什么类型的网站，都必须将用户体验放在第一位！分析他们所做的流量站，可以发现从版面设计到内容建设，其用户体验都是非常棒的，绝对不是瞎凑合的。

本章节中，笔者将和大家深入地探索流量站的建设和盈利的最新模式。如果你是一个 SEO 新手，肯定会对一些知识点不太理解，不要着急，你可以扫描本书封面勒口的二维码添加笔者的微信进行在线交流。

9.2　什么是流量站

流量站就是通过 SEO 等方法让网站关键词获得排名，从而获得免费流量的营销型网站。作为一个 SEOer，我们都知道，互联网最缺的就是流量，一旦有了流量，赚钱就是水到渠成的事。

看到这里，读者可能会有疑问：流量站和垃圾站有什么关系吗？垃圾站通常是使用粗暴的方法，如关键词拼凑堆砌、文章打乱组合、刷指数等进行操作的网站，这种网站的盈利模式一般都是出售外链，或者欺骗一些行业小白购买网站。

其实这种"垃圾站"非常容易辨认：首先，源码和模板都非常粗糙；其次，通过 5118.com 等工具分析可以看出其关键词非常混乱，几乎都不属于同一行业，大部分都是通过组合得来的娱乐类型的关键词。这种网站的生命周期非常短暂，通常随着算法的更新很快死掉……

本书中提到的流量站是通过白帽 SEO 做起来的网站，用户体验好、关键词正规、排名稳定。可以通过出售网站、悬挂广告或者直接导流转化进行变现，在后面的章节中笔者会对这些变现方式一一进行梳理。

我们都知道，现在的 SEO 已经和以前不一样了，随便下载一个模板、胡乱采集一些文章是做不起来的。现阶段要想做好一个网站，域名、模板、数据是至关重要的因素。虽然说起来简单，但是要想真的把握好这三点也不容易，很多 SEOer 只是注意到了其中的某一点或者两点，而恰恰就是没有注意到的点导致了最终的失败。

笔者在大量实战中发现，在一个网站从上线到权重和排名开始大范围提升之间有一个阈值，在达到这个阈值之前，网站的关键词排名都是在很小的范围内波动，或者几乎不波动。但是随着各种因素的累积，有一天我们会发现关键词排名出现断崖式的攀升，这就说明阈值已经达到，如图 9-1 所示。

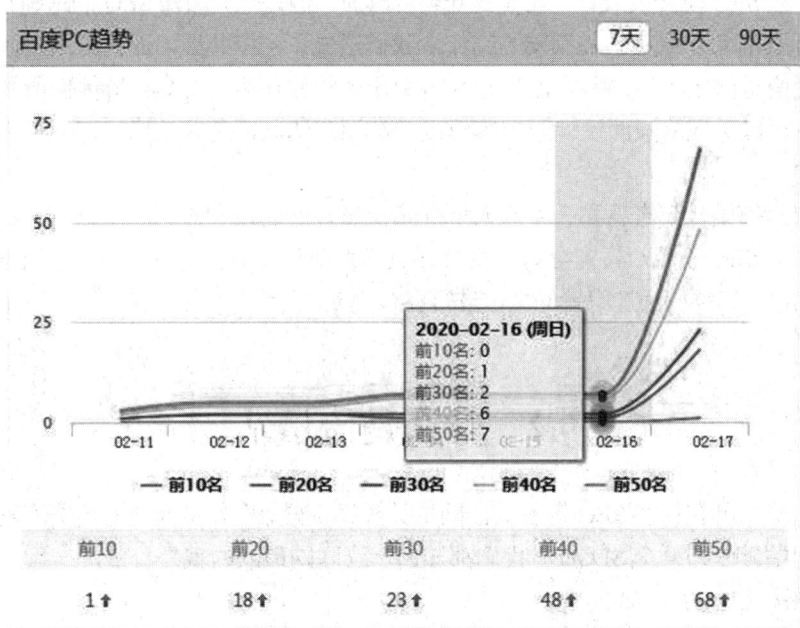

图 9-1　网站阈值的达到

笔者经过大量的研究发现，阈值的达到包含很多因素，如源码的用户体验、内容的价值、服务器的稳定性等，只要其中一个出现短板，就会推迟达到阈值的时间，甚至会无法达到该阈值。关于阈值的研究在后面的章节中会有深度的分析，这里不再展开。

2017 年，笔者带领的 CRAZYSEO 团队就开始流量站的研究，从大量的行业中筛选适合建设流量站的类型，然后深度耕耘这些行业，从域名、源码、模板、关键词、用户需求等维度出发，总结出了一套完整的体系。

在本章节中，笔者会将这套完整的知识体系公布出来，包括如何选择一个好的域名，如何从用户体验角度出发开发一个源码或者模板，如何做对用户、对有搜索引擎有价值的内容。这些内容都是本书的重中之重，由于涉及很多有深度的东西，对于初学者来说可能不太容易理解，但是请不要着急，只要读者能静下心来好好阅读，好好研究，一定能有不错的收获。

9.3 流量站和企业站的区别

企业站优化的关键词指数和竞争性比较小，如自己的企业品牌、产品名称等关键词。企业站一般都是靠首页获取流量，也就是说靠首页 title 布局的一些关键词的排名来获取流量。所以，在企业站的 SEO 优化中，我们只需要把能获取到的资源都放在首页的几个关键词上即可，通常也就是做好外链、内链、整站内容相关性、内容时效性等比较基础的工作，或者使用其他比较偏门的手法。只要单独为它做优化工作，基本不用担心首页页面的收录问题。

流量站则主要靠各类页面的长尾关键词带来流量，首页带来的流量往往不到 1%，如果你只想把首页优化好，就意味着你可能会损失 99% 的流量。

流量站的页面数量都是数以万计的，也以数以万计的页面进行着长尾词的排名，我们不可能针对每一个页面进行细致的优化或添加外链，这并不现实，在没有相关工具的情况下，你甚至都不知道哪个页面的哪些长尾词在哪个搜索引擎有了排名。所以，想要一个一个针对性地做，基本等于不可能。

简单来说，企业站就是做一个点，流量站就是做到面。本章节中笔者会针对天气、诗词、成语等类型的流量站展开详细深入的解读和分析。当然，适合做流量站的行业不仅仅限于这些，具体哪些行业适合建设流量站，在下一个小节中将会有详细的解读。

9.4 行业的选择

前面的小节中我们大体了解了什么是流量站。那么什么样的行业可以建设流量站？选择这些行业的时候有哪些条件和标准？这些问题一定是读者最想知道的，在本小节中笔者将针对此问题展开深度分析。

开始之前我们先要明白，我们这里提到的流量站是大型流量站，一般是指每天访问量在 10 000 IP 以上的流量站，我们把它命名为"百万流量站"。后面章节中我们还会提到专门给企业、产品导流的流量站，这类流量站的访问量比较低，但是都是精准流量，我们把它命名为"导流流量站"。本小节中提到的行业选择标准主要是针对百万流量站，读者一定要注意区分。

通过 CRAZYSEO 团队 3 年多的实践，我们总结出来了一套选择流量站行业的标准，下面列举出来和读者一起探讨。

1. 大量的长尾关键词库

在流量站介绍小节中笔者就提到，和企业站相比，流量站最大的不同就在于它的流量大部分都是来自内容页的长尾关键词，这样的特性就决定了流量站需要大量的长尾关键词作为支撑。按照我们的经验，至少需要 1 万个以上的长尾关键词的词库才可以支撑起拥有高访问量的百万流量站。下面我们来看几个行业的数据。

（1）诗词、歌赋、句子类。

这类型流量站长尾关键词量非常大，如图 9-2、图 9-3 所示。其内容素材的量也非常大，我们只需要做整理收集即可。工作很简单，就是采集最全的内容，然后做各种聚合页面，如抒情的句子、悲伤的句子、唐诗必读、宋词必读等。这样做的效果非常不错，权重做到 6 以上赚钱是非常容易的，上个月有一个朋友建设的诗词类型网站在 A5 交易网卖到了 150 万元。

（2）儿童、学生类。

如小故事、简笔画、黑板报、作文等，其长尾关键词库如图 9-4、图 9-5 所示。这类行业网站的受众特别多，有孩子的家庭每天都在搜索这些关键词。这类网站建设的重点是一定要做好细分和标签聚合，如"一年级黑板报""一年级 500 作文""宝宝睡前小故事"，让用户进到首页就能很快地找到自己的需求并得到满足。

图 9-2　诗词类型流量站长尾关键词量

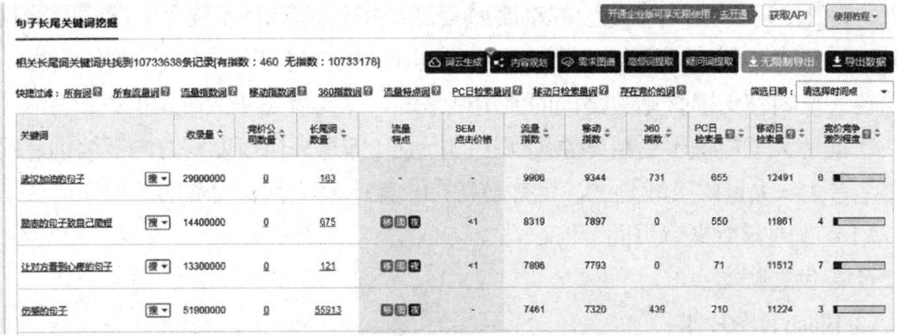

句子长尾关键词挖掘

相关长尾词关键词共找到10733638条记录[有指数：460 无指数：10733178]

关键词	收录量	竞价公司数量	长尾词数量	流量特点	SEM点击价格	流量指数	移动指数	360指数	PC日检索量	移动日检索量	竞价竞争激烈程度
武汉加油的句子	29000000	0	163	-	-	9906	9344	731	655	12491	6
励志的句子致自己简短	14400000	0	675		<1	8319	7897	0	550	11861	4
让对方看到心疼的句子	13300000	0	121		<1	7896	7793	0	71	11512	7
伤感的句子	51900000	0	55913		-	7461	7320	439	210	11224	3

图 9-3　句子类型流量站长尾关键词量

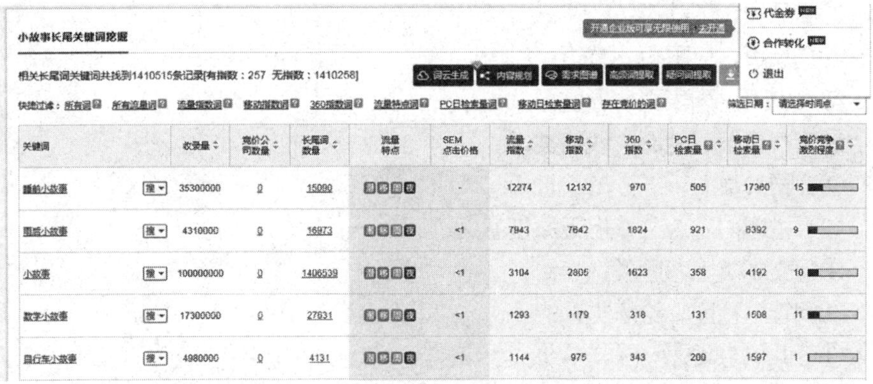

小故事长尾关键词挖掘

相关长尾词关键词共找到1410515条记录[有指数：257 无指数：1410258]

关键词	收录量	竞价公司数量	长尾词数量	流量特点	SEM点击价格	流量指数	移动指数	360指数	PC日检索量	移动日检索量	竞价竞争激烈程度
睡前小故事	35300000	0	15090		-	12274	12132	970	505	17360	15
[illegible]小故事	4310000	0	16973		<1	7943	7642	1824	921	6392	9
小故事	100000000	0	1406539		<1	3104	2805	1623	358	4192	10
数学小故事	17300000	0	27631		<1	1293	1179	318	131	1508	11
自行车小故事	4980000	0	4131		<1	1144	975	343	200	1597	1

图 9-4　小故事类型流量站长尾关键词量

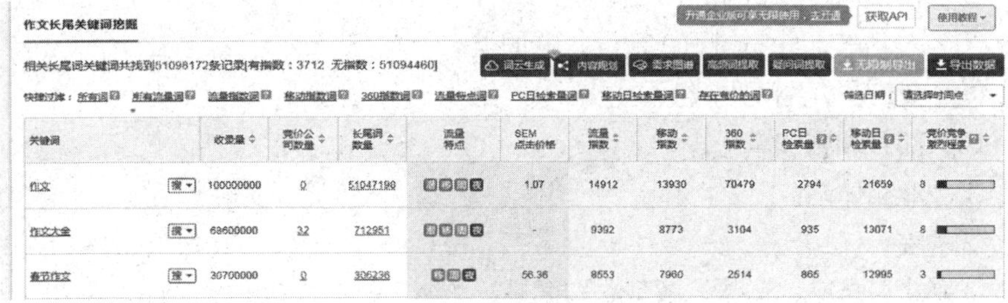

作文长尾关键词挖掘

相关长尾词关键词共找到51098172条记录[有指数：3712 无指数：51094460]

关键词	收录量	竞价公司数量	长尾词数量	流量特点	SEM点击价格	流量指数	移动指数	360指数	PC日检索量	移动日检索量	竞价竞争激烈程度
作文	100000000	0	51047190		1.07	14912	13930	70479	2794	21659	8
作文大全	68600000	32	712951		-	9392	8773	3104	935	13071	8
春节作文	30700000	0	306236		56.36	8553	7960	2514	865	12995	3

图 9-5　作文类型流量站长尾关键词量

除了这些类型，还有很多其他的类型适合建设流量站，这里不再一一展开，读者可以扫描书籍封面勒口的二维码添加笔者的微信在线交流。

2. 内容不受百度原创保护

我们都知道，百度对原创内容保护的力度非常大，如果我们选择的行业在原创保护范围内,那么内容建设的难度就会高很多。想要内容被百度搜索引擎收录并且获得排名,我们就需要自己撰写高质量的原创内容或者修改已有的内容,对于需要大量内容支撑长尾关键词的流量站来说,这无疑是不太现实的。

下面为大家梳理不受百度原创保护的行业(信息来自百度官方内部培训,同时经过笔者团队大量的实战测试,具有很高的价值),读者可以仔细分析一下。

(1)非内容型文章页面。

①视频音频类;

② Flash、图片类;

③彩票、解梦、星座类;

④工具类、查询类;

⑤商品类、下载类;

⑥登录页、权限页、首页;

⑦索引页、列表页、导航页;

⑧天气预报、地图、线路类;

⑨公司黄页。

(2)主题内容为文章但无原创意义。

①短文本类、考题类;

②问答、社区、论坛类;

③公共信息类;

④明确版权类;

⑤法律法规类;

⑥学校公司内部新闻;

⑦名人名言、唯美句子、台词、歌词类;

⑧企业产品介绍说明类。

(3)部分领域熊掌号。

①企业实体站;

②医院;

③彩票、星座、运势、解梦、取名站;

④作文、考试、论文、诗词、手抄报类;

⑤明确版权类站点。

3.行业版权纠纷比较少

随着我国互联网的不断发展,版权意识已经逐渐形成,相信读者也经常看到某网站因为版权问题被起诉的案例,所以我们在选择流量站行业的时候要避开版权纠纷多的行业,如电影、小说、图片等类型。虽然这些类型的流量站确实有很多的优势，但是一旦做大，之后会面临很多的版权问题，所以还是不建议读者操作。后面的"SEO 隐士高手"章节中有专门提到一位建设小说类型流量站的高手，这里不再展开。

9.5　域名的选择

提到域名，读者一定不会陌生。作为 SEOer 或者站长，对于域名的问题我们已经有深入的认识，但是今天我们提到的域名不是传统意义上的域名。传统意义上，我们想要建设一个网站的第一步就是注册一个新域名，等于一切都是从零开始，那有没有一种办法可以不从零开始？相信读完本小节后读者一定会有一个全新的认识。

我们都知道，一个域名被注册建设网站后，每年都要向域名注册商缴费，一旦网站停止运营或者因为其他原因导致域名没有及时续费，域名就会进入删除期，具体如下：

英文 .cn 域名到期，将进入 35 天的续费期，续费期间，用户只要支付续费费用即可恢复该域名的正常使用。到期 35 天后，将会进入高价赎回期。赎回期为 15 天，赎回期内，原域名持有者可通过域名网赎回该域名，赎回后，有效期将在原域名到期日的基础上增加一年。若赎回期内该域名没有被赎回，赎回期结束后系统将删除该域名。赎回期内域名的状态变为 PendingDelete，域名禁止修改信息、转移、删除，不提供 DNS 解析。

.com 等国际域名删除规则有以下几点。

（1）域名过期 13 天内，域名可正常使用，并可通过域名管理界面自动续费。

（2）域名过期 14 ～ 39 天，域名被 Hold，解析停止、可以管理，可以自动续费，可通过域名管理界面自动续费，价格与注册域名价格相同。

（3）域名过期 40 ～ 70 天，域名处于赎回期（Redemption），在此期间域名需要手工续费。

（4）赎回期过后再过 5 天，域名会被彻底删除，并可以重新注册了。

经过笔者团队大量的测试和实验得知，一个域名被删除之后重新注册可以保留域名中原网站 60% ～ 80% 的权重，所以如果我们想要快速地建设一个流量站，抢注老域名是一个不错的选择。本章节中笔者将会围绕老域名的抢注方法、评分标准展开深度的解析，如果你之前没有接触过老域名，那么这将会是一个非常惊喜的过程，请系好安全带，准备出发。

9.5.1　什么是老域名

老域名就是指有过历史建站记录，并且有历史权重的域名，那些注册时间很长但是没有做过站的域名只能被称为老龄域名，我们这里讨论的是有过做站经历的老域名，请读者注意区分。

既然老域名以前是做过网站的，那么它们为什么会关闭、为什么会被删除？大体有以下可能的原因，了解这些原因有助于我们对老域名做价值判断。

（1）忘记续费。这种概率是很大的，有一些企业建设网站都是让建站公司注册域名，之后建站公司倒闭了，或者企业没有及时收到续费通知从而没有续费。

（2）没有盈利。一些网站站长并不专业，没有广泛的变现渠道，有一些网站即便权重很高，流量也不错，却始终没有办法盈利，这就会导致站长无心续费域名。

（3）不得已更换域名。有一些事业单位的网站因为政策的要求需要更换域名，这种情况非常常见，如一些气象局的网站之前是使用 .com 后缀，后来因为政策的原因必须更换为 .gov 后缀，这样一来 .com 域名就会被放弃。通常情况下这些网站的维护人员没有那么专业，也不会去百度等站长平台进行域名更换，这种情况下删除的域名就具有非常高的价值。具体如何去判断域名的价值，后面章节中有详细解读，这里不再展开。

4. 域名 301 了。301 跳转就是域名权重和流量的转移，新域名继承老域名权重后，老域名便不再使用。这种域名的价值相对较低，因为做了 301 之后，百度等搜索引擎会将权重转移到新域名上面，但是也不能说没有任何价值。经过测试，这种域名建站之后也有很多的优势，有一些甚至发展出了远超之前的历史权重。具体该如何判断是不是 301 之后删除的域名，以及 301 之后删除的域名该如何操作才能有更大的发展空间，在后续章节中都会有深入的分析。

（5）网站降权。网站降权或者被"K"之后，很多站长或者 SEOer 都会选择放弃域名，这样就会导致域名被删除。经过大量测试后笔者发现，降权的域名还是有很大的价值的，使用这样的域名去建设流量站还有机会恢复权重；被"K"的域名就相对比较困难了。

9.5.2　从哪里购买老域名

聚名网是目前交易量最大，抢购通道最多、交易成功率最高的域名交易平台之一，我们可以通过聚名网抢注删除的老域名，也可以在一口价中筛选符合需求的老域名。除了聚名网还有 XZ 域名网等类似的域名交易平台，模式基本都是大同小异。

9.5.3 选择老域名需要注意的问题

在老域名选择的过程中会遇到各种各样的问题，这些问题稍不注意就会导致不可挽回的后果。本小节中笔者将对这些问题进行一个系统的梳理，建议读者仔细阅读，然后在实战中对照消化知识点，这样就能用最快的速度总结出属于自己的经验。

1. 老域名在各大搜索引擎优化的利弊分析

我们做搜索引擎优化的目的是什么？无非就是获得排名、获得流量。那么有了老域名后我们该选择优化哪个搜索引擎呢？现在国内的主流搜索引擎有百度、360、搜狗、神马。既然目的是获取流量，那么我们当然要知道这四个搜索引擎的排名特点，如图 9-6 所示。

收录	排名周期	算法更新	主要依赖	排名稳定性	流量	优化推荐	移动份额
百度 快，多	30-100天	频繁	点击、外链、内容	相对稳定	份额大	推荐	大
360 慢，少	60-120天	跟百度走	跟百度	跟随百度	份额小	不推荐	无
搜狗 慢，少	30-90天	不频繁	内容，搜狗pr	稳定	份额小，性价比高	推荐	中
神马 快，多	30-60天	频繁	流量和用户粘性	非常不稳定	大	推荐	大

图 9-6　百度、360、搜狗、神马搜索引擎的排名特点

根据笔者的经验，360 搜索引擎是最不适合优化的引擎，没必要刻意花时间在它上面。360 搜索引擎的算法基本都参考了百度搜索引擎，会在百度搜索引擎算法上加上一些自己的粗糙的算法，经常出现好的很好、差的很差的两极分化现象。搜狗搜索引擎虽然流量在搜索引擎里不算多，但至少现在看来不比 360 搜索引擎少，尤其是移动端的流量还是非常不错的。神马搜索引擎流量大，适合影视、小说之类的网站，其他类型网站的流量比较有限。

2. 做过灰色网站的老域名还值得用吗

现在大家无论是购买老域名还是抢注老域名都很注重域名是否做过灰色行业网站。做过灰色行业网站的域名可能存在被降权、被 "K" 等问题，所以买域名的人不愿意承担相应的风险。那么 "被灰"（做过灰色行业网站）过的老域名值得去购买吗？

首先我们考虑一下老域名 "被灰" 的方式：

（1）泛解析。

（2）泛目录。

（3）首页 "被灰"。

（4）内容页＋首页 "被灰"。

一般来说泛解析和泛目录的域名不建议购买，除非域名质量确实高，还是有

可能做起来的。首页"被灰"和内容页"被灰"其实问题不大，这个还是要看历史内容质量和正常外链的比重，以及被灰历史在快照历史中的比重。

可能有的读者会问，既然"被灰"过的域名可能已经被"K"或者降权了，为什么要冒这个风险去购买？这个东西就是双刃剑，"被灰"过的域名价格自然低，如果能做起来，性价比是超高的。笔者建议新手尽量选择没有"被灰"的域名，后期随着自己经验丰富了可以陆续尝试"被灰"的域名。

3. 老域名优化搜狗搜索引擎的一些问题

我们知道做搜狗搜索引擎优化收录是比较困难的，针对老域名优化搜狗搜索引擎排名笔者梳理了以下问题，读者在实际操作中遇到的时候可以作为参考。

（1）搜狗收录老域名需要多久？

最快当天即可收录，慢的话 20～35 天，如果老域名在搜狗保留有首页收录，就会快一些，一般一周内即可收录内容页。

（2）搜狗多久会给老域名排名？

一般给了收录就说明搜狗已经信任你了，如果收录达到几十，甚至过百，基本上都会给排名流量的。

（3）搜狗收录老域名怎样保持排名、权重稳定？

尽量原创内容，伪原创、纯采集的话被"K"的概率会很大，因为搜狗就是要么有要么没有的搜索引擎，所以收录后尽可能地进行文章的加工。

（4）搜狗 PR 越高，排名越好吗？

基本对，搜狗 PR 就是搜狗引擎对网站的评级，PR 越高，说明网站的质量越高。但这不是绝对的，PR 高会收录快、排名快，但如果乱采集还是会被"K"的。而且即使搜狗 PR 为 0，如果域名质量好，排名的流量照样不错，因为 PR 也是相对动态的，现在的 PR1 可能是未来的 PR3，只是即时性太低，所以想排名好还是做好网站本身。

（5）搜狗 PR 会降级吗？

目前还没发现这种情况，一般情况下搜狗 PR 不会出现降级。

（6）如何提高搜狗 PR ？

做外链，外链越多越好、越广泛越好，高质量链接越多越好，这个要占搜狗 PR 的七成以上；文章内容质量要好，少采集，多进行深度加工。

（7）到底优化搜狗好还是百度好？

收录方面：百度收录门槛低，好坏站基本都收录；搜狗一般不轻易收录。

排名方面：百度循序渐进。搜狗信任后排山倒海。

稳定性：没有绝对的稳定性可言。百度以前是几年的排名都能稳定的，飓风算法问世后，一年得折腾很多回，很少有不被误伤到的。搜狗就是要么给你很多，要么删除收录一点不剩，不过如果你好好整理文章，排名还是非常稳定的。

流量收益：百度占搜索引擎市场的七成，搜狗只占一成，百度获得流量更多。当然也不绝对，有个比例收益，百度收录一万页面可能给你带来上百流量，但搜狗收录你几个页面就可能会给网站带来上百流量。

4. 老域名百度不收录的原因

通过前面章节的学习我们已经知道老域名排名快、收录快，可是有的老域名不被收录又是什么原因呢？

（1）时间不够。如果关站太久，老域名质量如果一般，外链不是太多的情况下会收录慢，但最慢不会超过 20 天，如果超过 30 天还没有收录，这个老域名可以放弃了。

（2）老域名被惩罚过，而且是惩罚比较严厉的那种。如果只是降权，还是会正常收录的。

（3）服务器不稳定，抓取不了。这个可以用百度站长工具进行抓取测试，只要抓取状态提示抓取成功，就说明服务器是正常的。

（4）Robots 禁止收录了，看看是不是 Robots 写得有问题，同样也可以使用百度站长平台相关工具进行测试。

（5）还有一种情况是老域名首页收录了，内容页却迟迟不收录，原因主要有这些：

①时间不够，老域名快的当天可以收录内容页，慢的可能需要 20 ～ 60 天，正常情况下在 30 天内就会收录完成；

②老域名被降权或者惩罚过；

③有大量采集或者垃圾文章，这样收录会非常慢，甚至不收录。

5. 老域名的死链怎么处理

我们通过抢注或者一口价的方式购买到一个老域名时，死链问题是我们经常遇到的，这些死链接应该如何处理？主要分以下两种情况。

（1）老域名网站刚关闭，有不少收录能找到索引。

（2）老域名关站很久了，建站后出现了很多死链。

我们先来分析第一种情况。可以使用爱站工具分析域名，看索引是否有排名：如果索引有排名的话就想办法保留下来；如果没有排名，质量也不高就可以直接舍弃。如果死链比较多，可以使用百度站长工具提交死链，如图 9-7 所示。

死链提交

使用说明

1. 死链提交工具是网站向百度提交死链的数据推送工具，被推送死链将被百度搜索屏蔽。网站存在大量死链，将影响网站的站点评级，建议存在大量死链内容网站，使用本工具。

2. 死链提交工具生效时间为3天，如超时生效，请在反馈中心提交；

3. 死链提交工具仅识别404数据，请提交404数据；如误使用本工具，且站点内容不为死链，则提交不会生效。

文件提交　　规则提交

请填写您的死链文件更新周期

每隔：　　　　　天　▼　更新一次

请填写死链文件地址

示例如下：
www.site.com/silian.txt
www.site.com/silian.xml

- 请在输入框中填写当前选择站点的死链文件地址，每行一条
- 您每次最多可提交20条文件地址
- 文件地址格式为txt或xml，每个地址文件最多包含50000个网址且需小于10MB
- 如果验证了网站的主域，那么sitemap文件中可包含该网站主域下的所有网址。

图9-7　使用百度站在平台提交死链

接下来我们再来分析第二种情况。域名被删除之前网站已经关闭很久了，建设新站后出现很多以前的死链，少量死链可以投诉快照进行删除，大量死链则可以用百度站长工具提交死链。

最后，我们来看一下死链对网站老域名的影响。

（1）死链会直接影响网站排名，尤其是有排名的死链。所以笔者建议在新网站上线的时候，快刀斩乱麻，不要的就立刻删除，需要的就想办法保存。

（2）死链会延迟网站关键词获得排名时间，间接影响网站的信任等问题，所以时间允许的话建议做一下死链处理。

当然，如果时间不太多，或者做站群批量建站的话，这个问题可以直接忽略。

6. 老域名外链是否越多越好

有的站长和SEOer喜欢高外链的老域名，那是不是老域名外链越多，对优化就越有利呢？

这个要分情况看。一般情况下，肯定是老域名自带外链越多越好，因为增加了蜘蛛爬到你的网站的通路，使网站抓取更快，收录更快。但事情总有两面性，如果这个老域名的外链都是垃圾外链，效果肯定非常不好，如果垃圾外链过多，这个域名可能就废掉了。

那如果这个老域名都是权重很高的高质量外链，这些外链是不是越多越好？

这依然要视情况而定。如果这个老域名以前是做教育的，指向的域名都是教育类的，如果你拿来做教育站肯定事半功倍。但如果你做成卖水果的网站，内容就和原来的外链不相干了，这时就会产生冲突，导致你的域名的排名受力不统一。搜索引擎要考虑你这个网站到底是做什么行业的，是教育为主还是水果为主，还是将教育和水果拼凑起来的垃圾站。经过笔者团队大量的实战测试，我们的结论是：老域名并不是外链越多越好，高质量且内容相关的外链才是真的好。

例如，我们找到一个之前属于某气象局的域名，其外链如图 9-8 所示。

图 9-8 某气象局域名外链情况

如果我们用这个域名建设一个天气相关的新网站，那么这样的外链就是非常有效的；而如果我们要使用这个域名去建设和天气不相干的内容，那么这些外链会是阻碍网站发展的绊脚石。

7.10 年、20 年老域名的排名效果非常好吗

在 2003—2009 年，那时候已经有不少站长投资老域名。当时笔者也是初涉老域名，看了网上的一些选择老域名的文章，大致思路就是找年龄比较长的域名，越久越好。当然文章当中也提到了，老域名不单要看注册时间，还要看老域名是否做过网站，如果没有，那么即使域名年龄很长，基本上效果也接近零。后来笔者也按照这样的思路购买了一些老域名进行测试，发现即使有做站记录，如果只看重域名年龄，成功率依然很低。为此，笔者团队做了大量的测试，并总结出了以下与域名年龄相关的影响老域名效果的因素。

（1）看做站时间：从第一次做站时间算起才能称为真正的域名年龄。

（2）做站是否连续：如果做站过程中网站倒闭了，那么老域名的效果也不会太好。

（3）做站类型是否统一：如果做站期间一段时间做文章，一段时间做医疗，这种做站类型不统一的老域名也不好。

综上所述，老域名年龄还是要看真正的做站年龄，否则即使是 10 年、20 年的老域名，没有什么做站记录或者记录不好也没什么用处。

8. 老域名哪些"坑"不要进

我们已经知道老域名有很多的优点，但是在开始之前，一定要先进行小规模的测试，这里面有一些"坑"还是非常可怕的，下面笔者梳理出来一些，供读者参考。

（1）备案类老域名。

一定要看备案是不是掉了。如果我们使用爱站等第三方工具查询，查询的结果可能有缓存，所以最好直接去工信部官网查最新的信息。其次要看备案老域名是否是独立的，共享和独立的老域名价格还是有区别的，最后还要看备案时间，如果是最近几个月的，就要多观察一下了。

（2）问题老域名。

先看域名是否"被墙"，可以用小猪 SEO 工具查询，如图 9-9 所示。

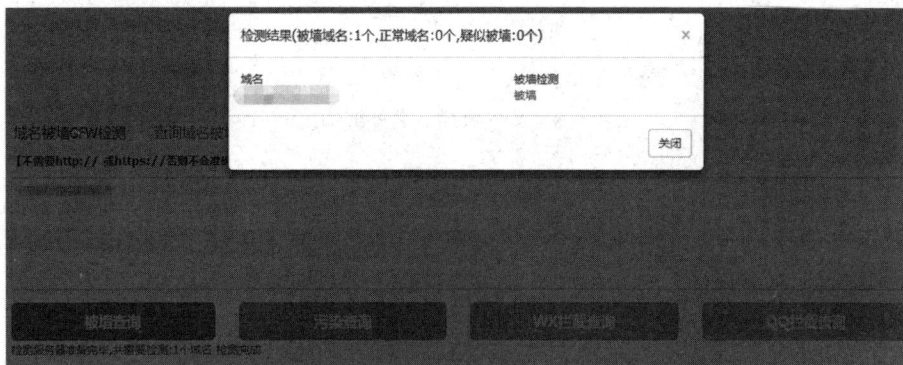

图 9-9　使用小猪 SEO 工具查询域名是否"被墙"

建议多查询几次，这样得出的结果更加准确。其次要看域名是否 301 过，301 即权重转移了。如果买了个 301 的域名，效果肯定大打折扣，主要方法就是分析其历史权重是否在某几天出现断崖式的下跌，一般这样的情况说明网站被"K"或者更换域名了，如图 9-10 所示。

图 9-10　域名被 "K" 或者域名 301 导致网站历史权重断崖式下跌

最后还要看是否被 "K"，这个就要综合分析了，主要是依靠经来判断。老域名大多是停止解析的，判断是真降权、被 "K" 还是关闭权重流失很重要，如果买了个问题老域名，那就前功尽弃了。如果读者遇到这样的问题拿不定主意可以扫描书籍封面勒口上的二维码添加笔者微信求助。

（3）老域名历史。

要看老域名是否 "被灰" 或者做过违规站，可以看域名的收录、外链等进行综合分析。如果域名做过违规站，轻则降权，重则不被收录。

（4）域名拦截。

看老域名是否被 QQ、360、微信和安全联盟拦截，并不是说被拦截的老域名质量就不行，而是需要认真观察，仔细甄别。

9.5.4　老域名评分标准

前面的小节中笔者深入解读了选择老域名需要注意的问题，了解了这些问题可以让我们少踩很多坑。阅读到这里，读者肯定会有疑问：具体应该按照什么标准选择域名？有没有一个具体的评分体系？

经过多年的研究，结合上万网站、数据的测试，笔者团队总结出来一套完整的评分体系，这套评分体系之前一直被笔者视为 SEO 行业的最高秘密，本书中将是首次公开。具体内容如下：

（1）评分总分为 10 分。

（2）域名属于国际域名（如 .com\.net\.org 等）+1 分。

（3）有历史权重（5 年之内）且权重达到 1 以上 +2 分。

（4）有百度官网域名 +3 分。

（5）有高质量外链（包含政府机构等）+1 分。

（6）历史建站行业和计划建设网站有相关性 +2 分。

（7）域名易于记忆 +1 分。

根据上述体系进行计算后，低于 5 分的域名不建议选择。综合评分数值越高，建设效果越好，需要的周期越短。一般情况下综合评分为 9 ～ 10 分的域名需要 1 个月左右的时间就能获得较高权重；综合评分为 5 ～ 7 分的域名需要 3 个月左右的时间就能获得较高权重；评分低于 5 分的域名获得较高权重所需的时间不好确定。

9.5.5 桔子 SEO 工具使用指南

“工欲善其事，必先利其器。”本小节中笔者为大家介绍一款十分好用的免费 SEO 查询工具——桔子 SEO 工具，它支持网站历史建站记录、网站外链、备案信息、友链检测等方面的查询，查询到的数据极具参考价值。接下来笔者会详细介绍这款工具的各项功能。

查历史：该功能可以详细展示域名的历史建站情况，通过建站历史可以查询域名的历史年龄、总建站年数、近五年建站、历史统一度、主要语言、记录数、最早记录时间、最后记录时间、历史标题摘要等信息，如图 9-11 所示。

历史页面记录

序号	年月	首页历史页面标题	页面大小	存档时间
1	2019年10月	桔子SEO - 外链查询_网站批量查反链_外链老域名_网站历史记录_标题主题检测_站长工具网	47.5 KB	2019-10-28
2	2019年10月	桔子SEO - 外链查询_网站批量查反链_外链老域名_网站历史记录_标题主题检测_站长工具网	47.55 KB	2019-10-13
3	2019年07月	桔子SEO - 外链查询_网站批量查反链_外链老域名_网站历史记录_标题主题检测_站长工具网	43.61 KB	2019-07-17
4	2019年06月	桔子SEO站长工具网 - 外链查询_网站批量查反链_外链老域名_网站历史记录_标题主题检测	43.86 KB	2019-06-30
5	2019年06月	桔子SEO站长工具网 - 外链查询_网站批量查反链_外链老域名_网站历史记录_标题主题检测	32.75 KB	2019-06-08
6	2019年01月	桔子SEO站长工具网 - 外链查询_网站批量查反链_外链老域名_网站历史记录_标题主题检测	33.41 KB	2019-01-17

图 9-11　域名建站历史记录查询详情页

老域名商城：桔子 SEO 提供的老域名均为优质老域名，通过数据可以看出域名的建站历史、外链、页面评级、历史标题等信息，这就相当于帮我们过滤掉了挖掘老域名的过程，不需要进行大批量烦琐的查询，是一个非常值得推荐的老域名购买来源。

测标题：本功能可以快速帮我们测评一个标题写得是否标准，并且分析出标题或者主体内容的核心关键词、长尾关键词、优化难易程度等信息，还可以根据 AI 分词工具分析出搜索引擎的搜索拆词匹配。根据这些诊断、分析结果，就可以写出优质的标题、内容。

查备案：即查询网站是否备案，若有备案则展示备案信息。

查友链：友情链接其实是外链的一种，通过桔子 SEO 工具的友情链接查询功能可以查出是否含有敏感词、是否有回链、对方站点 IP 地址、外链、建站历史等记录，并且支持批量查询。如果友情链接比较多，可以通过这样的方法快速检测友情链接的质量，并迅速做出调整。

9.6　源　　码

9.6.1　什么样的源码适合流量站

一些 SEOer 认为，源码和模板对于 SEO 没有什么影响，但在 2012 年 6 月 28 日的百度 "K" 站事件中，所有使用互联网下载模板建站的站群全部被 "K"，而用手工开发的模板建站的站群不但没有被 "K"，反而排名出现了井喷式发展。笔者经过大量的实战得出的结论是：即便是在现阶段，使用手工开发的模板建设站群依然能获得非常不错的流量。

1. 内容类型流量站源码

内容类型流量站源码若是自己开发当然最好，但是投入较高，安全性不好，建议使用现成的 CMS 二次开发，然后制作适合用户体验的模板。推荐使用 DedeCMS，其优点是模板标签化（易于二次开发）、后台管理完善、安全性高、支持站内锚文本（DedeCMS 对站内锚文本的支持比较好，可以自定义添加，后台自动生成）、支持标签聚合等。

2. 工具类型流量站源码

工具类型流量站源码很少有优质的 CMS，一般都需要自己开发。开发之前一定要规划清楚，不一定要多复杂，能解决用户痛点最为重要。

PHP 框架推荐如下。

（1）ThinkPHP。

优点：

①易于上手，有丰富的中文文档。

②框架的兼容性较强，PHP4 和 PHP5 完全兼容、完全支持 UTF8 等。

③适合用于中小项目的开发。

缺点：

①对 Ajax 的支持不是很好。

②目录结构混乱，需要花时间整理。

③上手容易，但是深入学习较难。

（2）Yii。

优点：

①纯 OOP 用于大规模 Web 应用模型使用方便，开发速度快，运行速度也快。

②性能优异且功能丰富，使用命令行工具。

缺点：

①对 Model 层的指导和考虑较少，文档实例较少，英文太多。

②要求 PHP 技术精通，OOP 编程要熟练。

（3）Code Igniter。

优点：

① Code Igniter 推崇"简单就是美"这一原则，没有花哨的设计模式，没有华丽的对象结构，一切都很简单。

②配置简单，全部的配置使用 PHP 脚本来配置，执行效率高。

③具有基本的路由功能，能够进行一定程度的路由。

④具有初步的 Layout 功能，能够制作一定程度的界面外观。

⑤数据库层封装得不错，具有基本的 MVC 功能，快速简洁，代码不多，执行性能高，框架简单，容易上手，学习成本低，文档详细。

⑥自带了很多简单好用的 library，框架适合小型应用。

缺点：

①本身的实现不太理想。

②内部结构过于混乱，虽然简单易用，但缺乏扩展能力。

③把 Model 层简单理解为数据库操作，框架略显简单，只能够满足小型应用，不太能够满足中型应用的需要。

（4）Lavarel。

优点：

① Laravel 的设计思想很先进，非常适合应用各种开发模式 TDD、DDD 和 BDD，作为一个框架，它准备好了一切，composer 是 PHP 的未来，没有 composer，PHP 肯定要走向没落。

②集合了 PHP 比较新的特性，以及各种各样的设计模式等。

缺点：

基于组件式的框架，所以比较臃肿。

总之，源码、模板务必要自己开发。工具类型流量站是解决用户需求痛点，内容类型流量站模板除了要做到聚合、锚文本等功能，还要做到简洁、好看等。

9.6.2　源码开发需要注意的问题

1. 聚合页面

聚合页面是流量站的核心，源码开发中务必要有聚合功能，所谓的聚合就是按照特定的标签属性将内容提取出来。

2. 站内定向锚文本

单独的页面就像孤军奋战，将页面通过锚文本串联起来能有效聚集权重，加速收录，夫唯老师建设的"SEO 十万个为什么"的锚文本就是很好的案例，如图9-12 所示。

link和domain的区别　　　　　　　　　　　258,886次阅读

虽然我们把这个话题写在 SEO 入门的类别下，但据我们在网上所查资料发现，很多人对link 和domain 的区别存在误解，也就是说这个问题并不简单。

这里我们直接给出答案，不举例，不谈为什么，以更简洁明了。如果你有不同观点，请到相应搜索引擎验证。

最重要的一点：**link和domain在不同的搜索引擎代表不同的含义。**

link

百度：link 并不代表一个指令，只是一个普通的关键字。link:www.seowhy.com 搜索结果是包含这样一个关键字（link:www.seowhy.com ）词组的所有网页，与其他普通关键词的搜索一样。并不是查找反向链接。

Google：查找的是反向链接，但只包含网站所有反向链接的少部分。我们推荐使用Google网站管理员工具查网站所有反向链接。

Yahoo：查找的是反向链接，但需要在域名前加 "http://"，如：link:http://www.seowhy.com 注意：域名加与不加"www"结果是不一样的。

图 9-12　"SEO 十万个为什么"的锚文本

我们可以注意到在"link 和 domain 的区别"文章中提到"反向链接"的时候做了一个锚文本链接到了"反向链接"对应的页面，这样的做法看似简单，但是很多 SEOer 在操作的时候往往会忽视。无论是传统的 SEO，还是我们现在说的流量站的建设，站内定向锚文本的作用都不容忽视，因此在开发流量站源码的时候，务必要要求技术人员在源码中加入站内定向锚文本功能。

3. 支持主流采集器

在前面的章节中我们已经提到，通过雇用编辑的方法创造原创内容来建设流量站是不现实的，因此我们流量站的内容主要突出的是"量"。量从何而来？采集。目前使用比较广泛的采集器有火车采集器、八爪鱼采集器等。因此我们要求技术人员开发的流量站源码要支持主流采集器的采集。

4. 不要使用 ACCESS 等轻量级数据库

数据库是一个网站的生命，如果数据库无法支持高流量的访问将是非常麻烦的事情，建议技术人员在开发流量站源码的时候使用 msSQL 或者 MySQL 数据库。

5. 安全

安全是一个网站的立身之本。一个网站在没有权重的时候，不会被人注意到；而一旦权重达到 2 以上，时刻都可能被黑客攻击。建议技术人员在开发流量站源码的时候将安全放在首位，具体建议有：动态和静态页面分离、前台和后台分离。

6. 二次开发

一个好的网站源码不可能一次性做好，需要不断修改。建议技术人员在开发流量站源码的时候尽量标准化、模块化、函数化、标签化，方便后期进行二次开发。

7. 移动端

移动端流量已经不可忽视，建议技术人员开发源码的时候除了 PC 端还要重视移动端的访问体验，主要建议有：数据同步、图片缩略图、一键生成 PC 移动端、URL 对应规范（方便后期做移动适配）。

9.6.3　源码开发计划书

无论是开发、仿站还是克隆网站，我们都应该准备好一个源码开发计划书，这样才能让技术人员最快、最深入、最完整地理解我们的思路。举例来说，文章类型网站的源码开发计划书核心要素如下：

（1）DedeCMS、帝国 CMS 等二次开发。

（2）长尾关键词记录单。

（3）站内定向锚文本（自动内链）。

（4）数据采集接口。

（5）标签聚合（自定义标签、TDK）。

（6）伪静态（静态后期数据量大，有改动会很吃力）。

（7）URL 自定义（差异化）。

（8）内容页（排版简洁清晰，图文并茂）。

（9）移动端（数据同步、参数设置同步、图片独立）。

其中，自动内链功能及其重要，下面笔者简单介绍一下 DedeCMS 和帝国 CMS 自动内链的设置方法。

DedeCMS 设置自动内链的方法如下：

依次点击"系统"→"系统基本参数"→"核心设置"，将"关键字替换"设置为"是"。

依次点击"系统"→"系统基本参数"→"其他选项"，将"自动提取关键字"设置为"否"。

依次点击"系统"→"系统基本参数"→"其他选项"，将"关键词替换次数"设置为"1"。

依次点击"核心"→"批量维护"→"文档关键词维护"。

帝国 CMS 设置自动内链的方法如下：

依次点击"管理后台"→"其他"→"管理内容关键词"。

找一个靠谱的技术开发人员之前，我们要询问该人员几个问题，以保证其开发的源码符合 SEO 要求：

（1）是否了解 SEO？

（2）是否了解数据采集？

（3）是否了解数据入库？

（4）是否了解 TDK 标签？

（5）是否了解 h1 标签？

（6）是否了解四处一词？

（7）是否了解一句话次导航？

（8）是否了解 alt 标签？

接下来我们来对比几种解决方案：

（1）仿站、克隆：成本比较低，如我们计划建设某一个行业流量站时，我们就会进行搜索分析，看哪一个网站做得好，然后直接找人按照这个网站来做，包括源码、数据、分类、标签等，模板建议做适当调整。这样的话，用 500～1000 元就能全部做好。

（2）原生态开发：主要适用于工具类型网站，如查询、分析等。这一类型源码无法用 CMS 二次开发，只能是原生态开发，开发成本比较高，一般在 10 000 元以上。除了开发成本，后续 API 接口可能还会收费，如果选择购买一定要咨询源码是否加密，是否是域名授权，如果是域名授权的话就只能建设一个站，成本会高出来很多。

9.7 内容来源

9.7.1 流量站需要什么样的内容

很多 SEOer 及百度搜索引擎一直在说，原创的内容就是好内容。但是作为一个单打独斗的 SEOer，怎么可能在短期内创造成千上万的原创内容？更为重要的是，即便能原创出来内容，这些内容真的会有价值吗？能解决关键词背后的用户需求吗？

笔者团队通过长期的实战证明，原创内容不一定是好内容。好内容应该满足下面三个条件：

（1）符合用户体验。

（2）有深度。

（3）垂直度高。

那么流量站内容从何而来？原创显然不可行，每天原创 20 篇文章，一月才能发布 600 篇文章，这样做的关键词量布局太少，很难获得流量，成本太高。前些年笔者参加了百度熊掌号公开课，得知有一些内容百度不会对其进行原创保护，这些内容就是我们要做的内容，包括诗词、句子、工具、成语、曲谱，等等。

然而这些行业已经有很多网站、有大量内容了，我们还有机会吗？肯定有，用户体验、需求是没有上限的。我们要不断地、更加深入地探索并满足用户需求，做到内容比别人更全，排版比别人更美观，并设法满足用户需求之外的需求。如用户搜索李白的诗时，我们在关键词落地页中除了聚合李白的诗，还要将李白的介绍、趣闻逸事、传说等都梳理进来，这样的内容既能满足用户需求，又能够增加网站点击量，这些都是搜索引擎判断网站受欢迎程度的依据。

流量站的内容产生分为以下三个步骤：

（1）采集。

（2）整理。

（3）聚合。

首先我们来看采集，该步骤包括挖掘、整理关键词，梳理关键词标签，提前找到排名好、排版好、数据量大的采集源网站，以及使用火车采集器等采集工具，采集规则可以自己写，如果没有能力可以直接在淘宝找人写，几十元就能搞定。

接下来就是整理，采集来的内容重复率很高，无法直接拿来使用，我们必须通过人工加工和软件加工进行二次加工，其主要目的就是给内容分模块，打标签。例如，我们要对采集来的句子进行判断：是谁写的句子，写的什么内容，有多少个字，等等。标签打得越细致，后期聚合越方便。

最后就是聚合了，采集、处理完数据后，我们就要开始开发模板。源码模板的唯一性非常重要，源码一定要能够让我们的内容有尽可能大的聚合，聚合的依据就是前面我们为内容打的标签，如"描写春天的句子""让心灵放松的句子"等。

上述工作量确实很大，但是一旦完成，后期可以一直使用。例如，我们梳理完成了一个庞大的曲谱类型数据库，后续我们只需要根据不同的域名、不同的定位进行调用即可。有软件开发能力的小伙伴可以尝试用软件来做这件事，就此类型的软件笔者和很多合作伙伴也进行过商议，具体方案还没有落地，后续有进展会随时分享出来。

读者一定要注意，流量站做的不是传统的 SEO，之前就有一些朋友问我自己的行业是否适合建设流量站，这个主要是要看行业是否有大的用户群体和关键词量，不是任何行业都适合。

流量站的目的就是通过选择特定的行业，短时间内将网站权重做到 2 以上（爱站网），然后通过这个流量盈利，并不是所有的流量都值钱，有些网站是依靠刷指数等方法做的虚假权重，这样的网站是没有什么价值的，我们这里提到的流量站是通过正规关键词、正常用户访问获得的流量。

9.7.2　组合、聚合、OCR 软件转化

通过前面小节的学习我们已经知道流量站需要什么样的内容了，本小节我们就来具体看看在实际操作中如何创造这些内容。

1. 采集组合

组合之前，我们首先要将内容模块化，然后为每一个模块寻找内容源：

【模块一】→ A 网站

【模块二】→ B 网站

【模块三】→ C 网站

模块化之前要分析用户需求，切记不可自己臆想，如我们建设一个诗人李白相关的着陆页，我们首先需要通过 5118.com 等工具分析围绕"李白"都有哪些长尾关键词，如图 9-13 所示。

通过分析我们可以得知，围绕"李白"有"李白生平""李白主要成就"等相关关键词。有了这个线索，我们就可以将着陆页分模块了。我们要为每一个模块添加内容，如果我们所有的模块内容都来自同一个目标网站，那么我们的这个着陆页毫无疑问将不会被搜索引擎收录。所以，每一个模块都要来自不同的网站，最后的组合效果如图 9-14 所示。

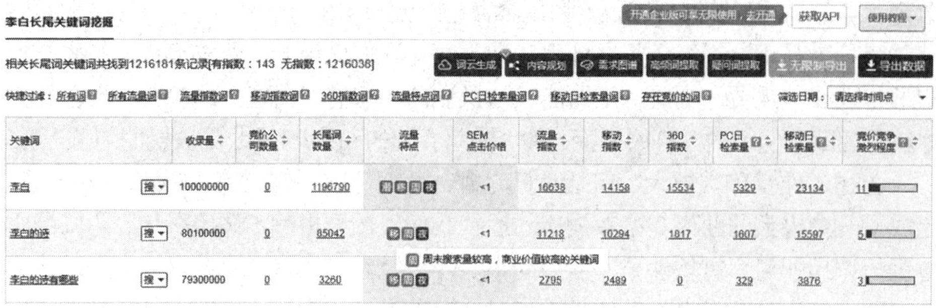

图 9-13 “李白”相关长尾关键词分析

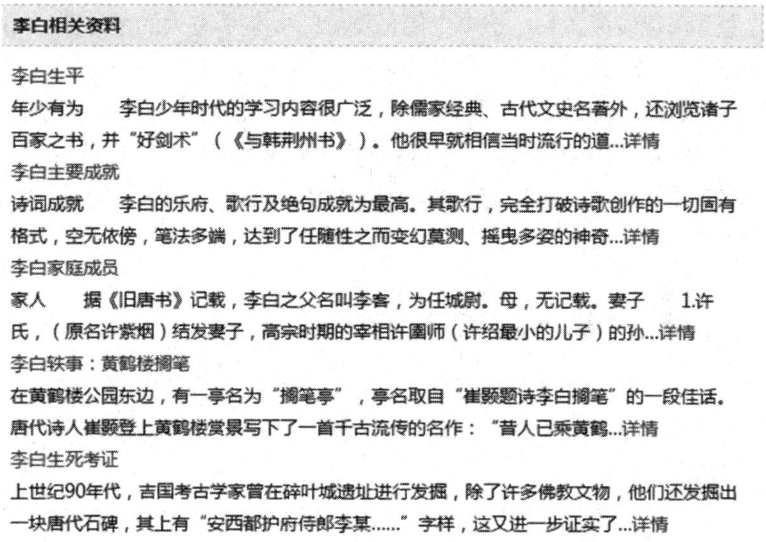

李白相关资料

李白生平

年少有为　　李白少年时代的学习内容很广泛，除儒家经典、古代文史名著外，还浏览诸子百家之书，并“好剑术”（《与韩荆州书》）。他很早就相信当时流行的道...详情

李白主要成就

诗词成就　　李白的乐府、歌行及绝句成就为最高。其歌行，完全打破诗歌创作的一切固有格式，空无依傍，笔法多端，达到了任随性之而变幻莫测、摇曳多姿的神奇...详情

李白家庭成员

家人　　据《旧唐书》记载，李白之父名叫李客，为任城尉。母，无记载。妻子　　1.许氏，（原名许紫烟）结发妻子，高宗时期的宰相许圉师（许绍最小的儿子）的孙...详情

李白轶事：黄鹤楼搁笔

在黄鹤楼公园东边，有一亭名为“搁笔亭”，亭名取自“崔颢题诗李白搁笔”的一段佳话。唐代诗人崔颢登上黄鹤楼赏景写下了一首千古流传的名作：“昔人已乘黄鹤...详情

李白生死考证

上世纪90年代，吉国考古学家曾在碎叶城遗址进行发掘，除了许多佛教文物，他们还发掘出一块唐代石碑，其上有“安西都护府侍郎李某......”字样，这又进一步证实了...详情

图 9-14 “李白”组合着陆页

采集组合的过程中，有价值才是重点。这样组合起来的内容搜索引擎是非常喜欢的，而对于用户来说，所有最好的信息都整合到了一起，阅读起来也是非常友好的。因此，无论是流量站，还是普通的 SEO，对用户有价值的页面才是最好的，不一定原创的就是好的，这一点笔者多次在公开演讲中提到，希望大家重视。

2. 聚合思维

聚合思维主要有三个步骤：分析用户需求、提取标签、按照标签聚合内容。

（1）分析用户需求。不管要做什么，前提是要了解用户需求，知道用户在搜索什么，想要看到什么。例如，我们计划建设一个句子类型流量站，那我们首先要做的就是挖掘关键词，分析用户需求，切记不能凭自己想象创造关键词。

如使用 5118.com 工具挖掘句子的相关关键词，可以看到用户大多数是搜索"心寒的句子""感恩的句子""励志的句子"，等等，如图 9-15 所示。

心寒的句子	665000	0	504
感恩的句子	10800000	0	17770
正能量句子	3040000	0	4059
伤感句子	2520000	0	50405
励志句子	13400000	0	55395

图 9-15　使用 5118.com 工具分析句子相关搜索关键词

有了这个用户需求，我们就可以进入下一步了。

（2）提取标签。我们这里提到的标签是指某一段文字的特征信息。如"往事不用再提，人生已多风雨"这个句子通过分析就可以看出是一个伤感的句子，因此我们就可以给这个句子打上"伤感"的标签，这个过程就是提取标签。

如果我们能为采集来的大量数据都打上标签（标签越细致越好），后续我们只需要通过这些标签聚合内容即可。

（3）按照标签聚合内容。有了这样的内容和标签数据，聚合起来就是非常容易的事情了。例如，通过"伤感"这个标签将带有伤感属性的内容聚合起来，就可以形成"伤感的句子"这个关键词的着陆页，如图 9-16 所示。

这样的内容搜索引擎是非常喜欢的，这些句子虽然不是我们原创，但是通过"伤感"这个标签聚合起来在我们网站是首次，这样的内容对于用户来说同样也是有价值的。

3.OCR 软件转化

这个思路非常简单，就是将书籍上有但互联网中没有的内容使用 OCR 软件转化工具搬到网站中，在站群章节里笔者对此有深入的讲解。

要注意的是，最好选择较早出版的书籍（2000 年之前的），因为 2000 年后出版书籍的互联网上一般都有，使用之前可以先在百度搜索引擎上搜索一些句段看看飘红是否过多。识别完成后最好能有编辑进行人工校对，根据关键词进行调整（实体书的写作和互联网书籍有所不同）。

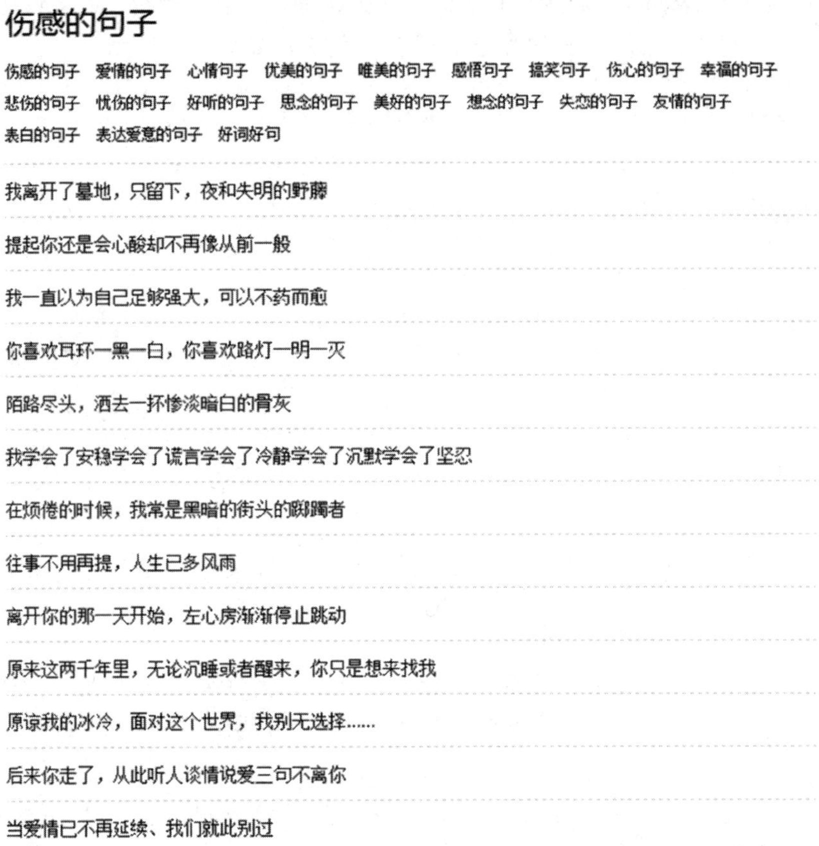

伤感的句子

伤感的句子　爱情的句子　心情句子　优美的句子　唯美的句子　感悟句子　搞笑句子　伤心的句子　幸福的句子
悲伤的句子　忧伤的句子　好听的句子　思念的句子　美好的句子　想念的句子　失恋的句子　友情的句子
表白的句子　表达爱意的句子　好词好句

我离开了墓地，只留下，夜和失明的野藤

提起你还是会心酸却不再像从前一般

我一直以为自己足够强大，可以不药而愈

你喜欢耳环一黑一白，你喜欢路灯一明一灭

陌路尽头，洒去一抔惨淡暗白的骨灰

我学会了安稳学会了谎言学会了冷静学会了沉默学会了坚忍

在烦倦的时候，我常是黑暗的街头的踯躅者

往事不用再提，人生已多风雨

离开你的那一天开始，左心房渐渐停止跳动

原来这两千年里，无论沉睡或者醒来，你只是想来找我

原谅我的冰冷，面对这个世界，我别无选择……

后来你走了，从此听人谈情说爱三句不离你

当爱情已不再延续、我们就此别过

图 9-16　聚合而成的"伤感的句子"关键词着陆页

对于提取书籍内容页图片的工具的选择，照相机、手机拍照都是可以的，但是如果角度掌握不好，容易导致识别错误。微型扫描仪花几百元就能买到，扫描的图片识别率高，错误少，推荐使用。

使用 WPS 软件可以直接转化，其效率较高，但需要收费。百度搜索并下载的 OCR 软件破解版也可以使用，搜索不到的读者可以扫描书籍封面勒口的二维码添加笔者微信索取。

总而言之，不管是用什么样的方法去创造内容，我们都应该时刻注意满足用户需求，如果没有办法满足用户需求，即便是原创的内容，也会因为搜索跳出率的增加而逐步被搜索引擎淘汰。

9.7.3　百度"劲风"算法对聚合的影响

2020 年 2 月 27 日，百度站长平台发布公告，将于近期上线"劲风"算法，主要打击网站及智能小程序通过恶意构造聚合页面内容来获取搜索排名，获得搜索用户关注等行为。一时间，SEOer、站长朋友圈都在讨论聚合页面是不是彻底完蛋了，之后是不是无法再使用聚合页面优化关键词了。本小节中笔者将对这些问题做一个全面的梳理。

1. "劲风"算法核心打击的是什么

按照目前公布的信息来看，"劲风"算法主要打击的对象是恶意使用标签聚合产生垃圾内容，然后用这些垃圾内容页面优化排名的方法。其中主要有以下四类：

（1）页面内容与站点本身所属领域不符，或站点无专注领域，多为采集拼凑的内容。

（2）页面内容与标题及页面中标记的标签不符。

（3）由网站搜索功能生成的静态搜索结果页。

（4）空短、无有效信息、失效的聚合页。

仔细分析可以看出，这四种类型的聚合产生的内容对于用户而言都是垃圾内容，没有任何价值。

2. 标签聚合的方法还能不能用

肯定能用，标签聚合是非常好的增强用户体验的方法，我们知道现阶段很多行业的内容都接近饱和，尽管搜索引擎一再强调"原创"，但是"原创"真的有效吗？在一些垂直行业，内容的深度非常重要，如果我们只是简单地招聘编辑来进行这些行业的内容"原创"，写出来的东西肯定是没有深度的，把这样的内容呈现给用户怎么可能会有价值。

我们不要试图创造内容，经过笔者团队大量的实践证明，在现有的内容上面做文章比所谓的"原创"更加有效果。这就需要我们对现有的内容进行深度分析，如打上更有深度和广度的标签，最后通过这些标签对内容进行深度聚合。

3. 怎样的标签聚合方式是可行的

无论百度搜索引擎推出什么算法，目的只有一个，那就是打击垃圾内容。什么是垃圾内容？简单地说就是搜索的关键词和展现给用户的内容没有关联性或者无法给用户满意的答案，这样的内容对于用户而言没有任何价值，如果这样的内容长期排名在搜索引擎的前列，那么用户对搜索引擎的信任度也会降低，这就会导致搜索引擎的用户流失。

通过深度分析，我们看到聚合的意义在于给用户提供一个更为综合化的结果页，如我们使用 5118.com 工具分析"句子"这个关键词，如图 9-17 所示。

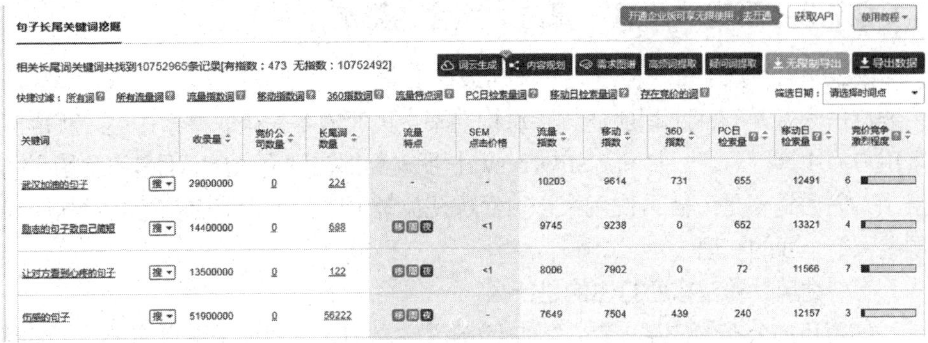

图 9-17　使用 5118.com 工具分析"句子"关键词

　　我们可以看到用户更关心的是什么样的句子，如"武汉加油的句子"，当用户搜索这个关键词的时候，想得到的答案不是简单的一个或者几个句子，他想得到的是很多和"武汉加油"相关的句子。最好的解决方案就是收集全网所有关于"武汉加油"相关的句子，然后打上"武汉""加油"等标签，然后通过这些标签将所有相关的句子聚合起来。这些句子可能在全网都单独出现过，但是以全新的方式展现出来是第一次，这样的展现方式只要能更好地满足用户的需求，也自然能获得更好的搜索排名。

　　当然，每一个行业都有不同的聚合方式，读者不要认为聚合就是和搜索结果一样列出一串来，我们要去寻找适合行业的展现方式，这才是最重要的。

9.8　成语类型流量站案例解读

　　成语类型流量站优势明显：

　　（1）关键词量大，如"虎头蛇尾""虎头蛇尾的意思""虎头蛇尾的近义词""虎头蛇尾什么意思"，等等，指数都非常不错，大量的成语进行这样的关键词扩展能获得大量的关键词布局和流量。

　　（2）只需要对现有的内容进行组合即可，如一篇文章中开始部分是成语的意思解释，其次就是近义词、造句、出处等，这样就形成一个关键词着陆页。

　　要建设该类型的流量站，首先要注意的还是域名的选择。根据笔者的经验，成语类型流量站也可以选择教育类型的域名。看到这里，读者可能会有疑问：一个行业域名的选择该怎样考虑关联性？这个目前主要是依靠经验，我们可以从相同用户群体，至少是相关用户群体出发，如诗词和成语都和文化知识相关，这样的内容和教育类型用户群体有很大的相关性，所以这两个类型的流量站我们都可以选择教育类型的域名。

　　下面我们举一个例子。使用小猪 SEO 工具分析域名 **eduweb.com 可以看出，该域名历史是某教育信息网，如图 9-18 所示。

序号	年月	首页历史页面标题（统一程度 66%）	页面大小
1	2017年09月	⊘ ████教育信息网	106.74 KB
2	2017年05月	⊘ ████教育信息网	102.54 KB
3	2016年12月	⊘ ████教育信息网	108.71 KB
4	2016年01月	⊘ ████教育信息网	104.3 KB
5	2015年10月	⊘ ████教育信息网	105.77 KB
6	2015年02月	⊘ ████教育信息网	99.68 KB
7	2014年12月	⊘ ████教育信息网	96.59 KB
8	2014年01月	⊘ ████教育信息网	135.37 KB
9	2013年12月	⊘ ████教育信息网	135.82 KB
10	2013年01月	⊘ ████教育信息网	140.06 KB
11	2012年12月	⊘ ████教育信息网	140.32 KB
12	2012年01月	⊘ ████教育信息网	132.16 KB
13	2011年11月	⊘ ████教育信息网	132.53 KB
14	2011年07月	⊘ ████教育信息网	127.97 KB
15	2010年01月	⊘ ████教育信息网	85.85 KB
16	2009年12月	⊘ ████教育信息网	82.66 KB
17	2009年09月	⊘ ████教育信息网	75.87 KB

图 9-18　小猪 SEO 工具分析 **eduweb. com 的历史建站类型

　　除了历史建站类型，我们还可以看到该域名在 2009 年就开始建站，并一直延续到 2017 年，建站历史连续性和统一性都非常好。

　　接着就是分析该域名的历史权重，如图 9-19 所示。

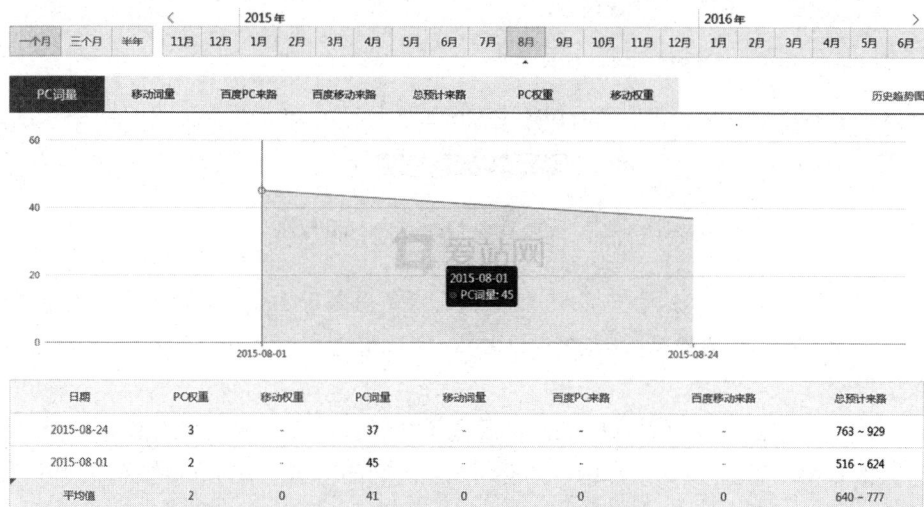

日期	PC权重	移动权重	PC词量	移动词量	百度PC来路	百度移动来路	总预计来路
2015-08-24	3	-	37	-	-	-	763 ~ 929
2015-08-01	2	-	45	-	-	-	516 ~ 624
平均值	2	0	41	0	0	0	640 ~ 777

图 9-19　爱站分析 **eduweb.com 的历史权重

可以看到，该域名历史权重持续稳定，最高达到了 3，用这样的域名建设流量站，潜力将非常巨大。

接下来，我们来看该域名上线网站之后的发展情况，如图 9-20 所示。

图 9-20 　**eduweb.com 上线之后的数据

可以清晰地看到，该网站上线之后其权重稳步上升，截至 2020 年 3 月 23 日，其 PC 权重达到了 2，移动权重达到了 3，如图 9-21 所示。

图 9-21 　爱站查询 **eduweb.com 权重

综合分析可知，该网站在 A5 交易网或者鱼爪网等中介平台的出售价格将会在 3 万元左右，如果再持续维护一段时间，使权重达到 4 以上，将会是 15 万元以上的报价。

接下来我们一起来看这样的网站源码是如何打造的。源码使用 DedeCMS 或者其他 CMS 二次开发，做好用户体验、站内定向锚文本、聚合。要注意挖掘用户需求，开发满足成语类型流量站用户需求的小工具，如一些猜猜看小游戏、成语接龙小游戏等。

接下来要注意的就是关键词布局的问题了。

网站首页要布局行业性关键词，如"成语大全"等。建议在网站首页布局 3 ～ 5 个关键词，其中 1 ～ 2 个关键词竞争性较强，其他关键词竞争性较弱，如"成语大全_成语故事_成语接龙查询_在线成语词典"，其中"成语大全"的指数为 8407，"成语故事"的指数为 6392，"成语接龙查询""在线成语词典"的指数比较低。这样一来，使用有权重的老域名建设的网站一旦被收录，指数低、竞争性较弱的关键词就能第一时间获得排名，这样网站就有展示的机会了。

使用 5118.com 等工具分析后可以看出，网友搜索成语的时候往往会带上"故事""意思"等关键词，如图 9-22 所示。

关键词		搜索结果	竞价公司数量	长尾词数量	百度指数	移动指数	360指数
班门弄斧		249000	0	1940	1008	830	159
班门弄斧的意思	搜索▾	282000	0	82	214	130	2
班门弄斧的故事		391000	0	144	142	88	0

图 9-22　使用 5118.com 工具分析成语搜索相关关键词（1）

因此，我们在文章页面关键词布局的时候就应该融入这些关键词，如图 9-23 所示。

```
<meta http-equiv="Content-Type" content="text/html; charset=utf-8" />
<title>班门弄斧的故事_班门弄斧典故_成语故事-成语大全</title>
<meta name="keywords" content="班门弄斧的故事, 班门弄斧典故, 班门弄斧成语故事, 班门弄斧故事由来">
```

图 9-23　内容页布局关键词示例

然后就是聚合页面关键词布局了，聚合页面是流量站建设的重中之重，做好聚合页面，流量站的内容就成功了一半。

通过分析可以看出，浏览成语类型流量站的网友搜索的关键词一般是这样的："鼠的成语""描写动作的成语""蚂蚁的成语""红楼梦的成语""复句式成语""5字成语"，等等，如图 9-24 所示。

关键词	搜索结果	竞价公司数量	长尾词数量	百度指数	移动指数
鼠的成语	6620000	0	6358	945	864

图 9-24　使用 5118.com 工具分析成语搜索相关关键词（2）

这些词的搜索量非常大，有些关键词的指数甚至会超过目标关键词，如"鼠的成语"指数就达到了 945，相对来说这些关键词的竞争性不大，我们只需要做好着陆页就有很大的希望做起来，这些着陆页叠加起来就是权重和流量井喷的源泉。

最后我们来详细看几个具体的内容页面。

1. 成语信息页

按照之前挖掘的关键词整理内容，如成语故事的意思，如图 9-25 所示。

班门弄斧典故的意思： 在鲁班门前舞弄斧子。比喻在行家面前卖弄本领，不自量力。

图 9-25　成语故事的意思

要根据用户需求建设成语信息页，越全面、越能满足用户需求越好。

2. 成语谜语

挖掘其他的用户需求，如成语谜语，可以做成小游戏性质，增加用户黏合度，如图 9-26 所示。

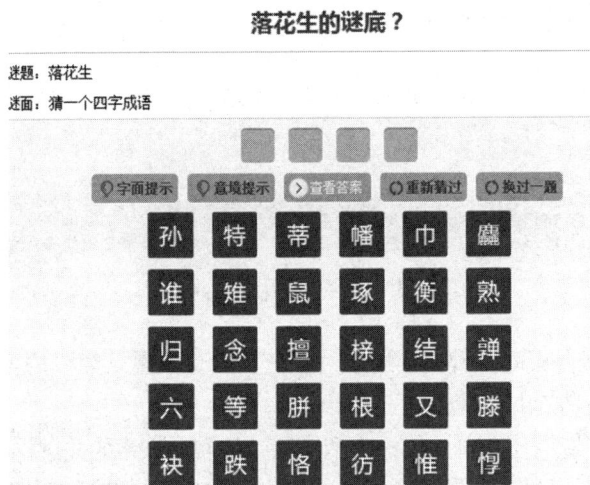

落花生的谜底？

谜题：落花生
谜面：猜一个四字成语

字面提示　意境提示　查看答案　重新猜过　换过一题

孙	特	蒂	幡	巾	麤
谁	雉	鼠	琢	衡	熟
归	念	擅	椋	结	弹
六	等	胼	根	又	滕
袂	跌	恪	彷	惟	悍

图 9-26　成语谜语小游戏

3. 成语对对子

挖掘其他的用户需求，如成语对对子，为了充实对对子页面，我们可以在页面下方建设相关成语的更多信息，如图 9-27、图 9-28 所示。

刻舟求剑的对联_胶柱鼓瑟对对子

刻舟求剑 － 胶柱鼓瑟

　　成语对对子刻舟求剑是胶柱鼓瑟；成语对联胶柱鼓瑟的上联是刻舟求剑；刻舟求剑的对联下联是胶柱鼓瑟；胶柱鼓瑟对对子对的是刻舟求剑；

图 9-27　成语对对子（1）

对对子刻舟求剑的意思

读音：kè zhōu qiú jiàn

出处：《吕氏春秋·察今》："楚人有涉江者，其剑自舟中坠于水，遽契其舟曰：'是吾剑之所从坠。'舟止，从其所契者入水求之。舟已行矣，而剑不行，求剑若此，不亦惑乎？"

解释：比喻不懂事物已发展变化而仍静止地看问题。

近义词：守株待兔、墨守成规

反义词：看风使舵、见机行事

查看详细解释、刻舟求剑成语接龙

图 9-28　成语对对子（2）

4. 看图猜成语

挖掘其他的用户需求，如看图猜成语游戏，如图 9-29 所示。

图 9-29　看图猜成语游戏

5. 5 字成语

可以将所有的 5 字成语聚合起来，这样就形成了 5 字成语的着陆页，如图 9-30 所示。

5个字的成语大全　　　　　　　　　　　　找到5字成语共 360 个，当前第（1）页展示

爱之欲其生	八字没一撇	版版六十四	病急乱投医	不吃烟火食
不能赞一辞	不期然而然	布袋里老鸦	卑卑不足道	冰炭不相容
冰炭不同炉	不幸而言中	不知者不罪	不以辞害志	步步生莲花
吃粮不管事	船多不碍路	春秋无义战	吃软不吃硬	吃力不讨好
吹胡子瞪眼	此风不可长	打蛇打七寸	打鸭子上架	大旱望云霓
大事不糊涂	单丝不成线	东风吹马耳	独木不成林	薔啄剖梁柱
读书破万卷	东西南北人	恶虎不食子	恶事行千里	二一添作五
二桃杀三士	富贵不能淫	覆巢无完卵	法不传六耳	防患于未然

图 9-30　5 字成语着陆页

6. 并列式成语

可以将所有的并列式成语聚合起来，这样就形成了并列式成语的着陆页，如图 9-31 所示。

成语结构：	复句式成语	并列式成语	主谓式成语	紧缩式成语
偏正式成语	动宾式成语	连动式成语	复杂式成语	补充式成语

联合式成语大全　　　　　　　　　　　　找到并列式成语共 18953 个，当前第（1）页展示

挨肩擦膀	哀丝豪竹	挨肩搭背	哀天叫地	挨三顶五
挨山塞海	唉声叹气	哀告宾服	挨风缉缝	挨家挨户
挨肩并足	爱日惜力	碍手碍脚	爱别离苦	爱毛反裘
爱素好古	爱人好士	爱人利物	安安稳稳	安老怀少
安分守己	安邦治国	安不忘危	安良除暴	安富恤贫

图 9-31　并列式成语着陆页

7. 桃花扇的成语

可以将所有出自桃花扇的成语聚合起来，这样就形成了出自桃花扇的成语的着陆页，如图 9-32 所示。

出自桃花扇的成语列表	以下是来源于桃花扇的成语的意思
池鱼堂燕	比喻无辜受祸。
风影敷衍	指罗织罪名，捕风捉影，诬赖人。出自桃花扇的成语
高飞远遁	制摆脱不利的环境，躲避到远防去。同"高飞远走"。
地北天南	指四处，到处。来源于桃花扇的成语
枯枝败叶	败：衰败。干枯的树枝，衰败的花叶。形容荒凉、破坏的样子。
老成见到	见到：见识周到。阅历丰富，见解高明。有关桃花扇的成语
苏海韩潮	指唐朝韩愈和宋朝苏轼的文章气势磅礴，如海如潮。
乌衣子弟	乌衣：乌衣巷，东晋时王导、谢安等世家大族居住在此。王谢那样的望族子弟。后泛指富贵人家的子弟。出自桃花扇的成语
心灵手巧	心思灵敏，手艺巧妙（多用在女子）。
雨井烟垣	比喻荒凉、冷落的景象。来源于桃花扇的成语
铮铮有声	铮铮：金属相击声。比喻为人正直，名声很好。
走马到任	指新委官员急速到任。后亦泛指接任新职。同"走马上任"。有关桃花扇的成语

图 9-32　桃花扇的成语着陆页

8. 春天的成语

可以将所有描写春天的成语聚合起来，这样就形成了春天的成语的着陆页，如图 9-33 所示。

关于春天的成语大全			找到描写春天的成语共 **52** 个，当前第（1）页展示	
吹皱一池春水	春风风人	春风和气	春风夏雨	春风化雨
春晖寸草	春风沂水	春色撩人	春回大地	春色满园
春兰秋菊	春光明媚	春露秋霜	春和景明	春花秋月
春华秋实	春笋怒发	春意盎然	春蛙秋蝉	春雨如油
春风野火	春风雨露	春花秋实	春满人间	春去秋来
大地回春	风和日暖	花明柳媚	腊尽春回	李白桃红

图 9-33　春天的成语着陆页

9. 其他

除了上面这些，大家还可以发散思维，去深入挖掘关键词背后的用户需求，如成语故事视频，等等，如图 9-34 所示。

每一个行业都有不同的聚合模式，我们只要掌握了本节中聚合内容的思维，就可以结合每一个行业不同的用户需求，梳理出来一套适合该行业的聚合模式，那么之后内容的获取将会是源源不断的。

图 9-34   成语故事视频

9.9   天气类型流量站案例解读

天气类型流量站的优势主要是关键词量巨大，每一个省份、市区等都有大量的关键词，非常适合通过广告联盟获取收益。该类型流量站的功能主要包括每个地区、城市的天气的查询，PM2.5 指数查询，各种天气预警，一周、15 天天气查询等。

天气类型流量站的内容基本都是通过采集数据获得，所以选择一个数据采集方便、展示清晰、有良好的用户体验的优质源码非常重要。

很多行业都有一个用户需求的工具，如果我们能将其发掘并找程序员开发出来，权重的获取将变得非常容易，很多工具在一次性开发后无须后续的内容建设。

在域名的选择上，最好是在百度搜索引擎中至少有一条收录，搜狗或者谷歌 PR 值大于 2，爱站查询有 3 年内历史权重的老域名，且该域名与天气、气象、旅游、气象局等行业相关。

下面我们来看一个具体的例子：域名 ***gou.com 的历史权重为 1，词量在 20 左右，如图 9-35 所示。

接下来使用小猪 SEO 工具分析可以看出，该域名之前是地区相关的网站，如图 9-36 所示。

最后我们来看该域名上线之后网站权重的提升情况，如图 9-37 所示。

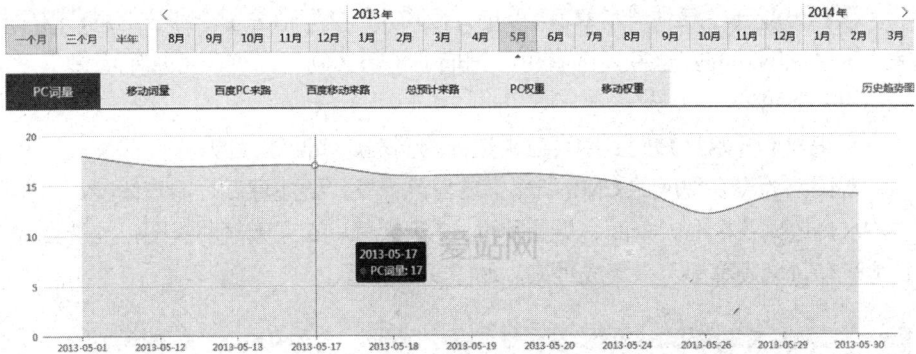

图 9-35　***gou.com 历史权重和词量

6	2017年05月	🔗 快城购物网,营口购物网,营口团购,营口网购,营口商家联盟,营口最大的网购平台
7	2016年10月	🔗 快城购物网,营口购物网,营口团购,营口网购,营口商家联盟,营口最大的网购平台
8	2016年01月	内链：333 🔗 快城购物网,营口购物网,营口团购,营口网购,营口商家联盟,营口最大的网购平台
9	2015年10月	出链：84 内链：304 🔗 快城购物网,营口购物网,营口团购,营口网购,营口商家联盟,营口最大的网购平台
10	2015年01月	内链：365 🔗 快城购物网,营口购物网,营口团购,营口网购,营口商家联盟,营口最大的网购平台
11	2014年12月	内链：369 🔗 快城购物网,营口购物网,营口商家联盟,营口最大的网购平台
12	2014年03月	内链：806 🔗 快城购物网,营口购物网,营口最大的网购平台
13	2014年01月	内链：746 🔗 快城购物网,营口购物网,营口最大的网购平台
14	2013年12月	内链：726 🔗 快城购物网,营口购物网,营口最大的网购平台
15	2013年03月	内链：638 🔗 商城首页 - 快城购物网,营口购物网,营口最大的网购平台
16	2013年01月	内链：637 🔗 商城首页 - 快城购物网,营口购物网,营口最大的网购平台
17	2012年12月	内链：627 🔗 商城首页 - 快城购物网,营口购物网,营口最大的网购平台
18	2012年09月	内链：388 🔗 商城首页 - 快城购物网
19	2012年03月	内链：332 🔗 快城团购网
20	2012年01月	内链：303 🔗 快城团购网

图 9-36　小猪 SEO 工具分析 ***gou.com 历史建站类型

图 9-37　***gou.com 上线之后权重提升趋势图

可以看到网站上线之后，其关键词排名稳步上升。

读者可能会注意到，本章节中的域名都用"***"隐去了一部分信息，这主要是为了保证网站的安全性，读者可以扫描书籍封面勒口二维码添加笔者微信索取网站的完整域名。

下来我们开始从源码到内容分析这样的网站是如何建设的。

源码因为没有现成的 CMS 所以需要自己开发，要注意做好用户体验，深挖用户需求，数据要精准、全面、更新及时。7 天天气、15 天天气曲线图，油价查询，长途汽车时刻表等都可以集成进来，如图 9-38 所示。

图 9-38　天气类型源码展现方式

接下来我们看关键词在首页的布局方式：首页布局行业性天气预报、一周天气预报等，建议布局 3～5 个关键词，其中 1～2 个关键词竞争性较强，其他关键词竞争性较弱，如"未来一周天气预报_15 天天气预报查询今天、明天、一周、10 天、30 天 - 某某气象网"。最后这个"某某气象网"一定要注意一下，有些老域名是自带指数的，例如，有一个学员做的流量站使用的域名之前是做问天网的，我们直接把"问天网"这个关键词布局进去，获得排名是很容易的，这个排名将是网站其他关键词起步的发动机。

使用 5118.com 等工具分析城市、地区天气预报页，结合实际用户需求可知全国各个地区、城市、县、乡镇都有用户搜索对应的关键词，也可以扩展到全球，或者一些著名的旅游景点。

用户在查询的时候往往会搜索"7 天""10 天""15 天"这样的关键词，因此我们可以将标题撰写为"重庆天气预报 15 天 _ 重庆未来 15 天天气 _ 重庆天气 15 天"。每一个页面都不要无故存在，都要尽可能地布局关键词进去。

通过挖掘用户需求我们可以得知，搜索相关旅游景点天气预报关键词的指数非常不错，如"武夷山天气预报"的指数达到了 700。这样的关键词量非常大，我们分析得越细致，就越能满足用户的需求，关键词获得排名的机会就越大。所以，我们可以这样撰写旅游城市天气预报 title："武夷山天气 _ 福建武夷山天气预报"。

　　内容方面我们可以首先放一些关于武夷山的介绍，然后就是武夷山的天气情况，如图 9-39 所示。

| 武夷山一周天气 | 10天天气 | 15天天气 | 30天天气 | 天气指数 | 历史天气 | PM2.5 | 旅游攻略 |

武夷山天气预报

一、天气概况

今天 2018年06月20日 星期三 农历五月初七，武夷山旅游景点武夷山天气预报：今天白天 小雨 25℃、夜间 小雨33℃ 无持续风向<3级；明天气温：白天 23℃～夜间 28℃;根据中央气象台发布最新发布的武夷山旅游出行天气指南，今天旅游指数：,以下是未来三天福建武夷山天气详细信息：

06月20日 (星期二)
白天：小雨
夜间：小雨
33℃～25℃
无持续风向<3级

06月21日 (星期三)
白天：大雨
夜间：小雨
28℃～23℃
无持续风向<3级

06月22日 (星期四)
白天：大雨
夜间：大雨
28℃～23℃
无持续风向<3级

06月23日 (星期五)
白天：大雨
夜间：小雨
27℃～23℃
南风<3级

图 9-39　武夷山天气预报页截图

　　通过分析我们还可以得知，机场天气也有非常大的搜索量，我们可以将全国甚至全球机场的天气做一个汇总页面，用户可以点击选择或者直接搜索某一个机场的天气。这个页面的 title 我们可以这样布局："福州机场天气预报 _ 福州长乐机场天气"。

　　内容方面我们可以布局机场的天气情况、机场地图等用户需求的信息，如图 9-40 所示。

| 福州长乐国际机场天气 | 福州长乐机场地图 | 福州天气预报15天 |

2018年06月20日 最新福州机场天气信息查询

白天：雷阵雨	夜间：阴	气温：33℃～26℃
风力风向：南风3-4级	空气污染指数：	紫外线指数：
穿衣指数：	舒适度指数：	机场代码：FOC
福州长乐机场电话：0591-28013249		

福州长乐国际机场未来3天天气预报查询

今天福州机场天气
白天：雷阵雨
夜间：阴
33℃～26℃

明天天气 (06/21)
白天：雷阵雨
夜间：阴
34℃～28℃

后天天气 (06/22)
白天：中雨
夜间：小雨
32℃～27℃

图 9-40　机场天气页截图

　　无论是成语类型、诗词类型还是天气类型网站，我们建设不同类型展示页面的目的都是为了满足用户的需求，读者在实际操作的过程中一定要注意，用户需求需要通过深入地分析数据或者参考同行业做得好的网站获取，切记不可自己臆想。

　　以上这些类型流量站的源码和数据会向 X 计划合伙人全部提供，后续章节中会详细介绍 X 计划的相关细节，有兴趣的读者欢迎加入 X 计划。

9.10　诗词类型流量站案例解读

　　诗词类型流量站的优势首先仍然是关键词量大，如"李白""李白的诗""李白简介""早发白帝城李白""望天门山李白"等很多关键词组合形式，并且指数都非常不错，很多诗人加诗词的组合形成了强大的关键词网络体系。

　　该类型流量站的内容建设也很简单，无须也没有办法做原创，只需采集大量的数据，并按照不同的标签聚合即可，如"描写春天的诗句"。

　　开始之前，我们要首先准备一个诗词相关的域名，根据笔者的经验，之前做过教育行业的域名都是可以建设诗词类型流量站的。域名的选择主要考虑下面这些因素：

　　（1）行业是否相关，即之前域名建设的网站是不是诗词类型或和诗词类型行业有相同的用户群体，如教育行业、文化行业等。

　　（2）域名是否被微信、腾讯、搜狗浏览器等安全助手屏蔽。

　　（3）域名是否是官网域名。

　　（4）域名的历史权重。

　　我们具体来看一个案例：使用小猪 SEO 工具分析域名 ***edu.cn 可以看出，这个域名之前是某教育局的官网，如图 9-41 所示。

序号	年月	首页历史页面标题（相一程度 90%）	页面大小	存档时间
1	2019年07月	🔗 ███育局 - 网站首页	122.66 KB	2019-07-08
2	2018年08月	🔗 ███育局 - 网站首页	122.66 KB	2018-08-04
3	2017年05月	🔗 ███育局 - 网站首页	122.66 KB	2017-05-16
4	2016年07月	🔗 ███育局 - 网站首页	123.96 KB	2016-07-15
5	2016年01月	🔗 ███育局 - 网站首页	122.66 KB	2016-01-11
6	2015年11月	🔗 ███育局 - 网站首页	122.66 KB	2015-11-21
7	2014年01月	🔗 ███	71.07 KB	2014-01-06
8	2013年07月	🔗 ███	70.27 KB	2013-07-18
9	2010年08月	🔗 ███育局 - - - 网站首页	162.54 KB	2010-08-29

图 9-41　小猪 SEO 工具分析 ***edu.cn 历史建站类型

　　该域名的历史权重为 1，如图 9-42 所示。

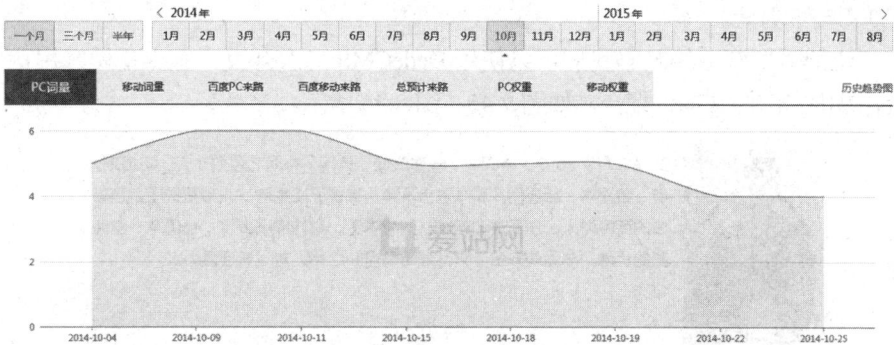

图 9-42　***edu.cn 的历史权重

综合分析后可以看出，该域名评分达到了 7 分，我们一起来看看这个域名上线后的权重趋势图，如图 9-43 所示。

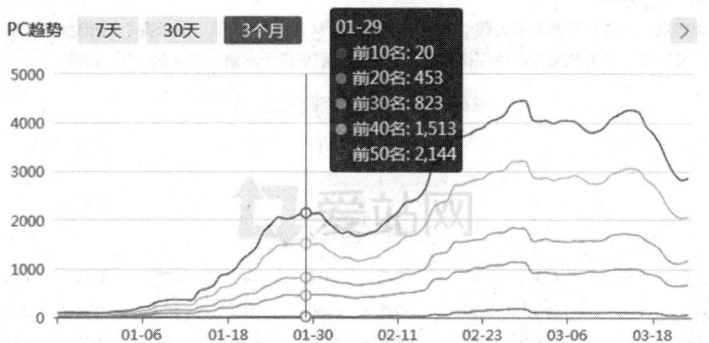

图 9-43　***edu.cn 上线后的权重趋势图

截至 2020 年 3 月 23 日，该网站的 PC 权重为 2，移动权重为 5，如图 9-44 所示。

图 9-44　***edu.cn 上线后的权重查询

按照目前的收录和权重，该网站如果在 A5 交易网或者鱼爪网出售，价格会在 3 万～ 5 万元。

诗词类型网站的源码我们可以使用 DedeCMS 二次开发，重点是做好用户体验、站内定向锚文本、聚合，如图 9-45、图 9-46 所示。

图 9-45　站内定向锚文本

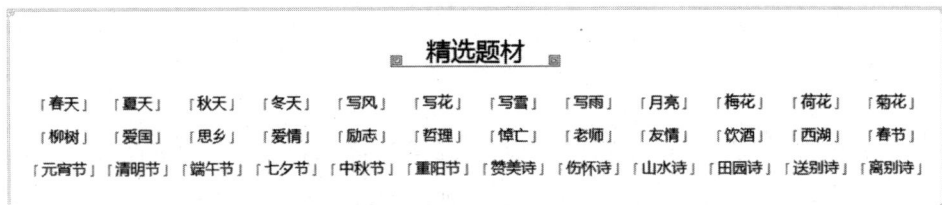

图 9-46　聚合

接下来就是布局关键词了，我们先来看首页关键词的布局。首页布局行业性关键词，如"唐诗三百首"等。建议布局 3 ～ 5 个关键词，其中 1 ～ 2 个关键词竞争性较强，其他关键词竞争性较弱，如"唐诗三百首、宋词精选 | 诗词诗歌名句大全 | 诗词常识 | 诗词下载"，其中"唐诗三百首""宋词精选"的指数很高，诗词名句大全""诗歌名句大全""诗词常识""诗词下载"的指数很低。

然后是文章页关键词布局。使用 5118.com 等工具分析后可以看出，网友在搜索诗词名称的时候往往会带上这些关键词："原文""翻译""赏析""拼音版"，因此我们在布局文章页面关键词的时候就应该融入这些关键词，如"【双调】水仙子 _ 归来重整旧原文，翻译，赏析 _ 拼音版 _ 作者张雨"。

最后也是最重要的就是聚合页面关键词的布局，通过分析可以看出，诗词类型流量站的网友搜索的关键词一般是"描写春天的诗句""描写荷花的诗句"等，如图 9-47 所示。

关键词	搜索结果	竞价公司数量	长尾词数量	百度指数	移动指数
描写春天的诗句	8820000	0	3858	10584	9549

图 9-47　使用 5118.com 工具分析诗词类型关键词

这些词的搜索量非常大，有些关键词的指数甚至会超过目标关键词，而这些关键词相对来说竞争性不大，我们只需要做好着陆页就有很大的希望把网站做起来。

看完了关键词布局，我们就要进入最为核心的要素——内容来源了。

首先我们可以整理诗人的相关资料，如图 9-48、图 9-49 所示。

纳兰性德 简介

「清朝」

纳兰性德（1655－1685）：为武英殿大学士明珠长子，原名成德，字容若，号楞伽山人，满族，满洲正黄旗，清初著名词人。性情少聪颖，读书过目即能成诵，继承满人习武传统，精于骑射。在书法、绘画、音乐方面均有一定造诣。康熙十五年（进士。授三等侍卫，寻晋一等，武官正三品。妻两广总督卢兴祖之女卢氏，赐淑人，诰赠一品夫人，婚后三年，妻子亡故，吴江叶元礼亲为之撰墓志铭，继娶官氏，赐淑人。姜颜氏，后纳江南沈宛，著有《选梦词》"风韵不减夫婿"，亡佚。纳兰性德死时，年仅三十一岁，"文人祚薄，哀动天地"葬于京西皂英屯。有三子四女。一女嫁与骁将年羹尧。纳兰性德与朱彝尊、陈维崧、顾贞观、姜宸英、严绳孙等汉族名士交游，从一定程度上为清廷笼络住一批汉族知识分子。一生著作颇丰：《通志堂集》二十卷、《渌水亭杂识》四卷，《词林正略》；辑《大易集义粹言》八十卷，《陈氏礼记说补正》三十八卷；编选《近词初集》、《名家绝句钞》、《全唐诗选》等书，笔力惊人。纳兰性德以词闻，现存349首，哀感顽艳，有南唐后主遗风，悼亡词情真意切，痛彻肺腑，令人不忍卒读，王国维有评："北宋以来，一人而已"。朱祖谋云："八百年来无此作者"，谭献云"以成容若之贵……，而作词皆幽艳哀断，所谓别有怀抱者也"，当时盛传，"家家争唱饮水词，纳兰心事几人知"。《纳兰词》传至国外，朝鲜人谓"谁料晓风残月后，而今重见柳屯田"。纳兰词初名《侧帽》，后名《饮水》，现统称纳兰词。

图 9-48　诗人简介

纳兰性德相关资料

纳兰性德介绍

纳兰性德（1655年1月19日，顺治十一年腊月十二日——1685年7月1日，康熙二十四年五月三十日）祖籍开原威远堡镇东北的叶赫河岸，满洲正黄旗人，清朝词人、学者。纳...详情

纳兰性德生平

人谓"谁料晓风残月后，而今重见柳屯田"。主要作品有《饮水词》《渌水亭杂识》等，收入《通志堂集》。纳兰性德的父亲是康熙时期权倾朝野的"相国"明珠，母...详情

纳兰性德风光

纳兰性德22岁时，再次参加进士考试，考中二甲第七名。康熙皇帝破格授他三等侍卫的官职，以后升为二等，再升为一等。作为皇帝身边的御前侍卫，以英俊威武的武官...详情

纳兰性德性格

诗人落拓无羁的性格，以及天生超逸脱俗的秉赋，加之才华出众，功名轻取的潇洒，与他出身豪门，钟鸣鼎食，入值宫禁，金阶玉堂，平步宦海的前程，构成一种常人...详情

纳兰性德评价

顾贞观：容若天资超逸，悠然尘外，所为乐府小令，婉丽凄清，使读者哀乐不知所主，如听中宵梵呗，先凄惋而后喜悦。   顾贞观：容若词一种凄忧处，令人不能卒...详情

纳兰性德故居

纳兰遗迹   陈列馆按其笔下"渌园"设计。由主展厅、录像厅和画厅组成，通过大量历史文物表现其一生，后其墓地出土的墓志铭、朝珠、封诰、康熙铜钱等也在此...详情

图 9-49   诗人相关资料

接着就是整理诗词，如图 9-50 所示。

纳兰性德的诗词

《蝶恋花（今古河山无定据）》

《菩萨蛮·萧萧几叶风兼雨》

《菩萨蛮（春花春月年年客）》

《如梦令·正是辘轳金井》

《浣溪沙·谁念西风独自凉》

《菩萨蛮（春云吹散湘帘雨）》

《山花子·风絮飘残已化萍》

《琵琶仙·中秋》

《鬓云松令·咏浴》

《清平乐（泠泠彻夜）》

·更多纳兰性德的诗词 >>>

图 9-50   整理诗词

整理的诗词越全越好，要明确诗词的作者和类型，这些都是后续做聚合页面时的筛选条件。

之后就是聚合了，聚合是流量站的生命，前面笔者已经提到如果召集编辑去创作内容，成本会非常大，最好的方法就是使用不同的标签或者筛选属性聚合，如"李白的诗""李白的七言诗""李白的五言诗""李白描写春天的诗"等，在内容整理和源码开发的时候一定要注意这一点。

9.11　"百万流量站"课程

在前面的章节中，笔者对流量站的建设思维和流程进行了深入全面的解读，我们知道了如何选择一个优质的老域名，如何开发一个符合用户体验的源码，如何建设满足用户需求的数据。这三点便是流量站的核心，也是 SEO 的核心，希望读者能认真读几遍，这样才能更加透彻地理解其中的核心要素。

2018 年年底，笔者受邀参加了广州举行的一个 SEO 行业峰会，SEOWHY 的创始人夫唯老师也参加了这个会议，巧合的是，笔者和夫唯老师被安排到了一个房间住宿。其实笔者和夫唯老师很早就认识，但是一直没有见过面，这次一见面就有很多话题可以聊。我们一直聊到了凌晨 3 点多，主要聊了笔者在过去的几年里对流量站的深度研究，夫唯老师对此非常感兴趣，当时就邀请笔者在 SEOWHY 上线一个关于流量站的课程，笔者也欣然答应了。

参加完会议回来准备的时候，笔者才意识到这样的课程有多困难，因为在这之前根本就没有关于流量站的任何系统资料，所有的框架都要重新建设。但是既然已经答应了，就要把这个事情做好。3 个月后，课程的框架终于建设好了，笔者给夫唯老师看了之后，他也非常满意。

很快，课程的前三课就上线了，学员的反馈非常不错，到撰写本章节的时候课程已经上线了 1 年多，并且依旧在更新。其实在准备课程的时候，笔者就做好了计划，这不是一个简单的在线培训课程，而是一个可以让学员参与进来的社群模式，一个可以长期更新交流的学习平台。

夫唯老师这样说过："SEOWHY 有几百个 SEO 交流群，其中"百万流量站"课程交流社群是最活跃、交流质量最高、干货最多的社群。"

读者如果对"百万流量站"课程有兴趣，可以直接到 SEOWHY 搜索"百万流量站"进行学习。

9.12　X 计划

前面笔者为大家介绍了流量站完整的建站、运营思路及"百万流量站"的课程，但是有一些读者肯定会有这样的问题：源码我自己不会开发，数据自己没有能力做，不知道从什么地方开始，等等。其实，在"百万流量站"课程上线之后，很多学员也提出了同样的问题，针对这些问题，CRAZYSEO 团队推出了 X 计划。

简单来说，X 计划的目的是提供一个完整的流量站建站流程，以解决 SEOer 最为头疼的源码、数据问题。X 计划为合伙人提供了几十套优质的源码和百万量级的数据，除此之外还提供一对一的导师指导，合伙人在建站的过程中遇到任何问题都可以随时联系导师咨询问题。今后，X 计划还会推出各种合作方案，和大家展开深度合作，完善企业和流量提供者的上下游渠道。

本 章 小 结

本章是《跟我学 SEO 从入门到精通》第 2 版的核心章节，也是笔者花费最大篇幅和精力去写的章节。本书在策划的时候笔者就确定了一条基本思路，那就是必须让读者在阅读之后可以操作，并且可以通过操作获得收益。

在本章中笔者梳理了流量站的完整思路，一个优质的流量站有三个要素：域名、源码、数据，这三个要素集合起来才能建设一个真正拥有百万流量的流量站。读者在实际操作的时候务必要注意每一个环节，一个环节的马虎或者缺失都可能导致全盘皆输。

除此之外，笔者还向大家介绍了"百万流量站"课程和 X 计划，感兴趣的读者可以随时扫描书籍封面勒口的二维码添加笔者微信了解更多相关内容。

在未来，笔者团队计划围绕 SEOER.CN 打造全新的、可持续发展的 SEO 新生态，笔者团队期待每一位读者都能加入，共同创造属于 SEOer 的传奇。

第 10 章
5118.com 使用指南

5118.com 是非常好用的 SEO 工具，其关键词挖掘、SEO 监控、AI 智能伪原创等功能都是业内最权威的。

在《跟我学 SEO 从入门到精通》第 1 版中笔者就多次提到了 5118.com 工具，之后有一些读者建议说对该工具的使用指南写得不够具体和深入，希望能在下一版中完善一下。因此，在第 2 版开始筹划的时候，笔者就计划将 5118.com 的使用指南单独作为一个章节来深入介绍。在动笔之前，笔者突然有了一个更为大胆的想法：与其笔者"班门弄斧"地写，不如直接请笔者的老朋友、5118.com 的创始人李昊先生来写。

2020 年 3 月 15 日，李昊先生将完成的稿件发了过来，笔者进行了详细的阅读后，受到的启发非常多，也学到了很多新的思维。我相信读者也能有这样的感受。

5118.com 有些工具是付费的，需要购买的读者可以扫描本书封面勒口的二维码添加笔者微信咨询，笔者为大家特意准备了优惠券。

最后，再次感谢李昊先生接受邀请！

10.1 流 量 分 析

10.1.1 SEO 综合分析

作为 SEO 从业人员，每天最关心的就是在主流搜索引擎中自己网站排名的涨跌情况，确切地了解自己的策略是否正确，内容生产工作的结果是否符合预期。

在 5118.com 首页，通过"SEO 综合查询"搜索框，输入所需要的域名，即可进入 SEO 综合分析页，如图 10-1 所示。

在页面右侧，我们看到有三种权重信息：第一行是域名的百度 PC 权重，是根据所查询域名的关键词排名数量及排名位置来综合计算的权重，这样能更精准地表达网站权重的变化；第二行的受宠排名是指根据该域名所有百度排名及所在位置计算出总积分后，再与其他网站的总积分进行对比，并得出最后排名位置，以便用户了解自己网站的 SEO 在整个互联网中所处的水平；第三行的平均排名指的是网站所有排名的平均位置，有些优质的网站整体排名会更靠前，而有些网站虽然有很多排名，但平均排名比较靠后，如一个网站的关键词排名一直在 50 ～ 100 名，那就代表着该网站虽然占的排名较多，但整体的流量不如平均排名高的网站。如图 10-2 所示。

图 10-1　SEO 综合分析页

京东商城 www.jd.com 的网站排名效果查询报表

	百度PC	百度移动	360好搜
5118权重	10+	5-	9
受宠排名	23	1560	42
平均排名	28	24	9

图 10-2　三种权重信息

接下来，我们看到下方有几大图表。第一个是百度 PC 排名趋势图，如图 10-3 所示，是指当前查询域名（子域名）在百度上的日排名关键词趋势变化。我们可以通过切换时间长短来查看网站的排名趋势，也可以点击"数据详情"，以便更详细地查看该网站所有的排名关键词。

图 10-3　百度 PC 排名趋势图

这里展示了四条不同的排名曲线，最底部的线代表百度 PC 排名前 10 名的关键词数量，之后的数据展示了今天有多少词冲入和跌出前 10 名：如果冲入大于跌出，那么最后一列就是正数；如果跌出大于冲入，那么最后一列就是负数。

紧接着看到的是整域百度 PC 关键词排名趋势图，如图 10-4 所示，是针对整个根域名下所有子域名的关键词排名的整合统计。例如，查询 item.jd.com 时，这个图表将显示整个 jd.com 根域名下所有百度 PC 关键词的排名趋势。

在这些趋势图表中，如果只想查看前 10 名曲线，可以进行勾选，这样能够清晰地看到排名曲线变化。

我们也可以通过"导出数据"功能导出图表中的所有关键词，点击"导出数据"会自动跳转到我的下载中心，并获取 Excel 图表，方便自己定制分析，如图 10-5 所示。

第三幅图是百度移动排名趋势图，如图 10-6 所示，5118.com 会默认在根域名前加入一个 m，因为 m 一般代表的是移动网站，这里展示了该移动网站在百度移动下的关键词排名变化。同样可以看到的是前 50 名的关键词排名趋势。

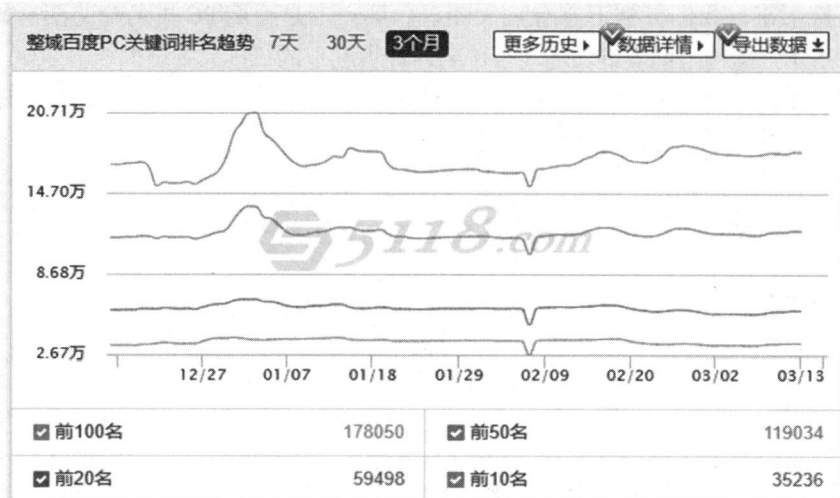

整域百度PC关键词排名趋势 7天 30天 **3个月** 更多历史▸ 数据详情▸ 导出数据±

20.71万								
14.70万								
8.68万								
2.67万								
	12/27	01/07	01/18	01/29	02/09	02/20	03/02	03/13

| ☑ 前100名 | 178050 | ☑ 前50名 | 119034 |
| ☑ 前20名 | 59498 | ☑ 前10名 | 35236 |

图 10-4　整域百度 PC 关键词排名趋势图

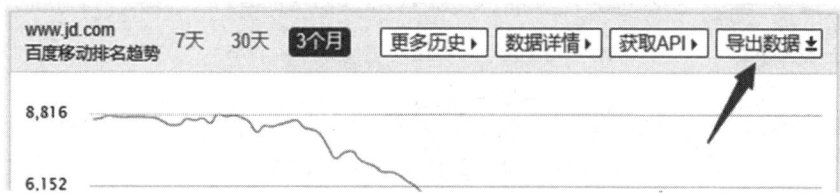

www.jd.com
百度移动排名趋势 7天 30天 **3个月** 更多历史▸ 数据详情▸ 获取API▸ 导出数据±

8,816

6.152

图 10-5　导出数据

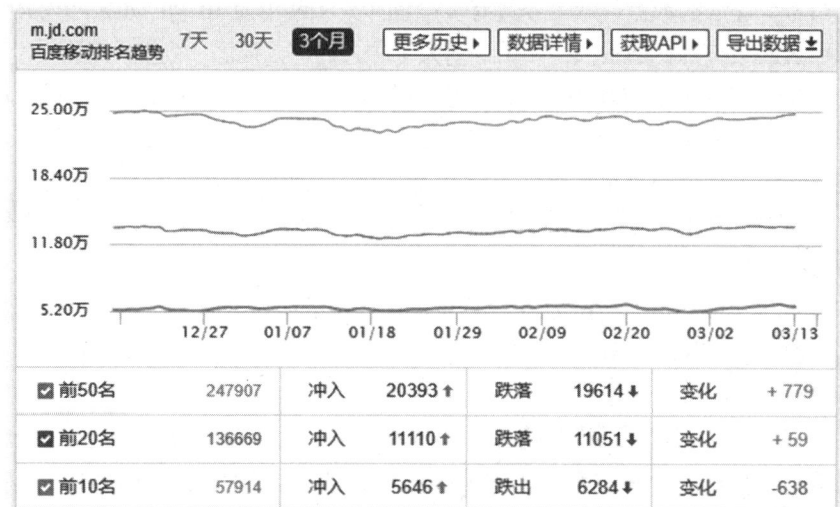

m.jd.com
百度移动排名趋势 7天 30天 **3个月** 更多历史▸ 数据详情▸ 获取API▸ 导出数据±

25.00万								
18.40万								
11.80万								
5.20万								
	12/27	01/07	01/18	01/29	02/09	02/20	03/02	03/13

☑ 前50名	247907	冲入	20393 ↑	跌落	19614 ↓	变化	+ 779
☑ 前20名	136669	冲入	11110 ↑	跌落	11051 ↓	变化	+ 59
☑ 前10名	57914	冲入	5646 ↑	跌出	6284 ↓	变化	-638

图 10-6　百度移动排名趋势图

如果你是其他前缀的移动站，可以把对应的移动站域名放入搜索框进行查询，右侧的图表将会显示当前查询域名在百度移动下的关键词趋势。

同样，下方的 360 搜索排名趋势图展示的是当前查询域名所对应的排名趋势，如图 10-7 所示。

图 10-7　360 搜索排名趋势图

接下来是百度 PC 收录趋势图，如图 10-8 所示，是百度搜索 site 后显示的收录数据形成的趋势图，5118.com 每天监控一次百度的 PC 收录。

图 10-8　百度 PC 收录趋势图

如果是分析自己的网站，可以通过百度站长后台进行；但如果是分析竞争对手的收录，就只能通过 5118.com 查询竞争对手来了解，因为百度站长后台是保密的。

接下来看到的列表展示了所查询域名下的所有子域名，5118.com 对所有的排名进行分析后，找到了在该域名下所有有关键词排名的子域名，以便我们分析其他网站的子域名布局，如图 10-9 所示。

网站下子域名 共有 27363 个　　数据详情 ▸　导出数据 ⤓

jd.com	item.jd.com
www.jd.com	club.jd.com
book.jd.com	mall.jd.com
e.jd.com	sale.jd.com
tuan.jd.com	help.jd.com
search.jd.com	read.jd.com
jipiao.jd.com	music.jd.com
list.jd.com	mvd.jd.com
channel.jd.com	wujimeng.jd.com

图 10-9 所查域名下的所有子域名列表

今日受宠排名列表和顶部的受宠排名是同样的概念，该列表是把当前网站在排行榜中的上方三个和下方三个网站罗列出来，让用户可以看到自己网站的位置所在，以便分析如何更好地做 SEO 优化策略，如图 10-10 所示。

今日受宠排名　　关键词2-15天上首页，稳定

受宠排名	网站名称	分值
20	www.[illegible].com	47199382
21	new.[illegible].com	46833664
22	哔哩哔哩弹幕视频网	46672473
▸ **23**	**京东商城**	**44737880**
24	豆瓣	37944812
25	豆丁网	34590280
26	搜狐视频	34553669

图 10-10 今日受宠排名列表

这里的"分值"是根据所查询域名关键词数量和排名位置所做的统计，前面提到的受宠排名也是按照该"分值"进行排序的。

接下来我们看到的是同行网站与学习对象列表，5118.com 会通过大数据分析了解其他网站和所查询域名讲述的页面内容是否类似，如发现相似度极高的网站，就会显示在该列表中，按照相似度高低进行排序。点击"数据详情"可以看到所有相似网站的权重信息，如图 10-11 所示。

图 10-11　相似网站

百度 PC 端所有竞价关键词列表是 5118.com 在进行海量关键词排名监控时，把每天收集的百度竞价排名记录于此的列表。点击"数据详情"可以看到该网站历史上所有的竞价词，且列出相关的指数和竞价参数供用户参考，如图 10-12 所示。

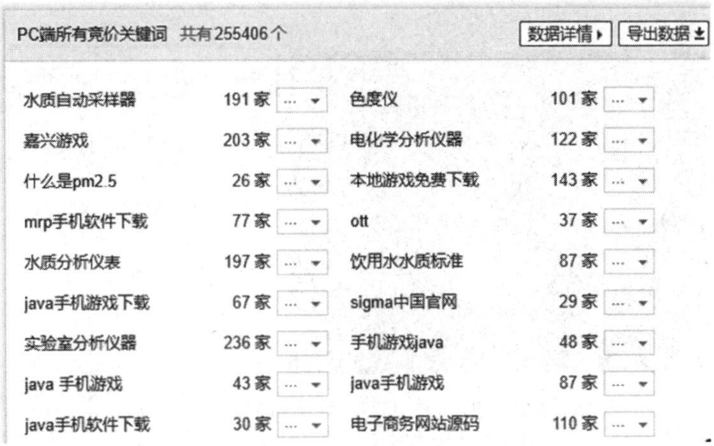

图 10-12　百度 PC 端所有竞价关键词列表

最底部的页面信息，是指所查询域名首页里最基本的 SEO meta 三要素，对应页面的 Title、Meta Keywords 和 Meta Description，如图 10-13 所示。

页面信息			
网站标题	31个字符	京东(JD.COM)-正品低价、品质保障、配送及时、轻松购物！	一般不超过80字符
网站关键词	52个字符	网上购物,网上商城,手机,笔记本,电脑,MP3,CD,VCD,DV,相机,数码,配件,手表,存储卡,京东	一般不超过100字符
网站描述	86个字符	京东JD.COM-专业的综合网上购物商城,销售家电、数码通讯、电脑、家居百货、服装服饰、母婴、图书、食品等数万个品牌优质商品,便捷、诚信的服务,为您提供愉悦的网上购物体验!	一般不超过200字符

图 10-13　SEO meta 三要素

通过 5118.com 详细的 SEO 综合分析报表，用户能够清晰了解自己和同行网站的 SEO 情况，让用户能更及时清晰地掌握自身或对手的 SEO 状态，以便及时调整内容和结构策略。

10.1.2　网站百度 PC 排名流量词分析

百度作为国内最大的搜索引擎，是我们进行 SEO 流量分析的首要分析对象，除直接通过百度统计和站长后台进行分析外，我们还需要借助第三方关键词分析工具来了解自身关键词覆盖情况，或者了解竞争对手的关键词覆盖情况。

打开 5118.com，在首页输入框里输入想要了解排名情况的域名并点击"查询"，5118.com 将为用户查询出该域名下所有的排名情况，也可以通过顶部菜单进行点击搜索，如图 10-14 所示。

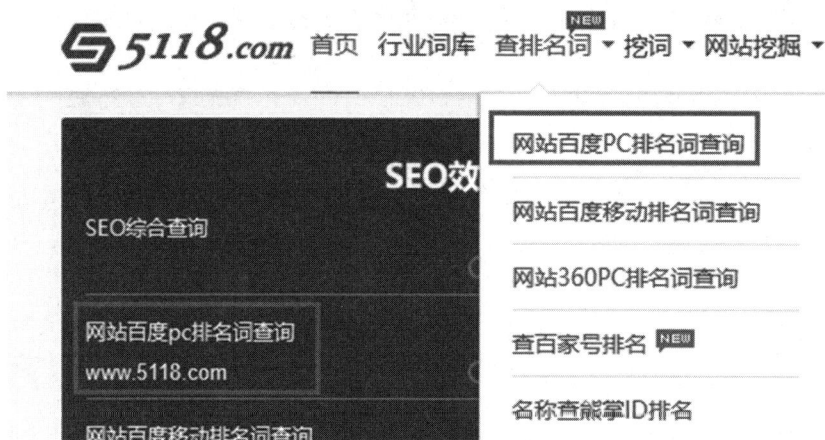

图 10-14　百度 PC 排名词查询

进入到分析页，我们可以看到 5118.com 在这个域名下总共发现了多少个关键词排名在前 10 名，这代表着在搜索这些关键词的时候，该域名将会呈现在百度搜索引擎搜索结果的前 10 名。这个网站前 20 名、前 50 名、前 100 名的关键词个数也会被展示出来，如图 10-15 所示。

排名数据

前10名（个）	前20名（个）	前50名（个）	前100名（个）
1075	2408	10071	18659

图 10-15　百度 PC 排名词统计

百度 PC 排名增长趋势图展示的是最近一周内这些数据的发展趋势，曲线趋势向上代表着数据的排名越来越好，向下则代表着数据的排名在掉落。点击趋势图后可以看到更详细的排名情况，如图 10-16 所示。

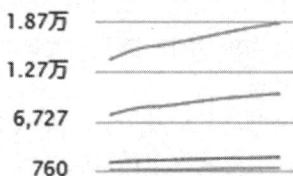

图 10-16　百度 PC 排名增长趋势图

在趋势图右侧有两个快捷按钮，点击"加入监控"能让用户批量化监控所关心的域名的整体情况；点击"SEO 分析"能让用户看到更多关于这个域名的 SEO 详细情况，如图 10-17 所示。

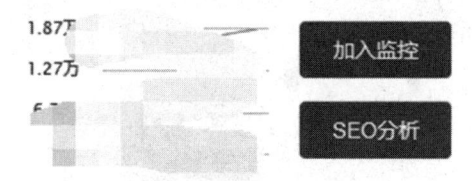

图 10-17　快捷按钮

在这个界面的右侧，用户还能看到查询的整个域名下总共发现了多少个有排名的子域名，在用户点击"查看子域名"后，就可以看到这些子域名的详细信息，以及在这些域名下有多少个关键词有排名。

这里看到的关键词比在增长曲线中看到的要更多，这是因为这里展示的是整域关键词，其包含了该域名下所有的子域名中有排名的关键词，而不仅仅是当前查询的这个域名中的关键词，如图 10-18 所示。

整域数据概况

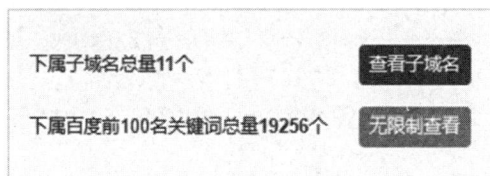

下属子域名总量11个　　　　查看子域名

下属百度前100名关键词总量19256个　　无限制查看

图 10-18　子域名个数与整域关键词

在界面的主要部分可以看到非常详细的排名列表，罗列了当前网站在百度中所有的排名信息，如图 10-19 所示，下面我们来介绍一下这个表。

关键词	排名	百度收录量	排名图	网页标题	竞价公司数量	长尾词数量	百度指数	移动指数	百度PC检索量	百度移动检索量	竞价竞争激烈程度

图 10-19　排名关键词相关参数

第一列显示了所有的关键词，其后几列分别是关键词排名的位置、这个词在百度总体的收录量，以及最近 7 天的排名波动趋势图。接下来的网页标题是当前关键词排名在百度中所在位置的着陆页，其目的是让用户准确地知道具体是哪个页面占据了排名，这样优化目标就更明确了。

此后还有一些更加细致的竞价方面的参数，如该关键词做了竞价的公司有多少家，以及 PC 和移动端检索量等最常用的一些百度指数，以帮助用户了解这个关键词在整个市场当中的竞争激烈程度。

在关键词旁边，我们还能看到对应关键词的相关快捷搜索，"搜索"按钮的下拉框可以看到 4 个功能，如图 10-20 所示。

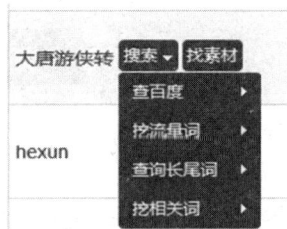

大唐游侠转　搜索 ▾　找素材

查百度　▶

挖流量词　▶

hexun　查询长尾词　▶

挖相关词　▶

图 10-20　排名列表辅助功能

　　这里我们可以看到"查百度"功能，点击它就会跳转到百度搜索页面，将当前的关键词放到百度搜索引擎中进行快速搜索并展示其结果。

　　第二个功能是"挖流量词"，它能为用户挖掘当前关键词在搜索引擎中有价值的相关流量词，流量词的价值量越大，曝光越多，流量越大。

　　紧接着就是"查询长尾词"功能了，它可以查询与当前关键词相关且可以带来搜索流量的组合型关键词，做好长尾词的规划往往能给网站带来更好的效果。

　　最下面看到的是"挖相关词"功能，该功能能挖掘更多与当前关键词有关联或相近的词，有助于对用户需求点的纵向深挖，以更深入地了解用户需求。

　　在搜索功能旁边，还有一个针对当前词找包含这个词的新闻素材的功能，能够让媒体人更快捷地找到热点素材。

　　如果用户想查找当前域名下特定的词汇，可以使用列表右上方的过滤搜索功能，来找到比较关心的某些特定词目前的排名情况，如图 10-21 所示。

图 10-21　关键词列表筛选功能

　　在搜索框中输入关键词进行搜索，将会过滤出当前列表中含有该关键词的所有词汇。

　　5118.com 贴心地提供了一些更高级的分析工具，如图 10-22 所示的需求图谱。需求图谱一般用来分析某一领域的关键词，通过词频统计快速得出分析结果，从而了解整个网站所有的排名中，哪一类内容的排名比较多，进而对用户需求有一个精确的掌握，在后面的章节中将会详细地讲述这一功能。

图 10-22　需求图谱功能

　　如果用户希望批量化地查询这些词，5118.com 提供了更贴心的高级 API 服务，该服务可针对当前的搜索结果，通过 API 接口调取结果数据，使企业能够自动化地了解每天的排名变化情况，如图 10-23 所示。

您已开通企业版,可免费使用该API,去使用　｜　获取API

图 10-23　API 服务申请

　　拉到首页的底部我们会看到页码，如图 10-24 所示。为了保证服务器的稳定性，目前页面暂时仅支持查看前 100 页，但是通过列表右侧的"导出"按钮导出数据是不受分页限制的，可以导出搜索到的所有数据。

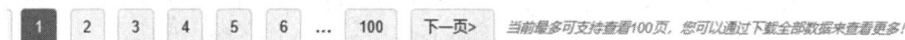

1　2　3　4　5　6　…　100　下一页>　当前最多可支持查看100页,您可以通过下载全部数据来查看更多!

图 10-24　目前仅支持前 100 页的翻页

　　在这也稍微提一下，因数据量庞大，列表中的指数和竞价参数会每 7 天左右更新一次，而排名关键词是每天 8：00—9：00 更新。

　　掌握了自己的 PC 排名关键词和竞争对手的排名关键词，就等于掌握了所有的流量来源，不断地使用内容和 title 标题覆盖这些关键词，逐步丰富流量词和长尾词，你的网站流量将会越来越大。

　　除了百度 PC 的关键词排名情况，5118.com 还提供包括百度移动、360 搜索、神马、百家号等各类搜索引擎平台的每日排名趋势图和详细列表，这些功能和之前所述的百度 PC 排名查询功能大同小异，大家可以到 5118.com 网站自行探索，掌握更多的 SEO 流量来源技巧。

10.1.3　百度 PC 流量异动内参

　　5118.com 每天都会对百度 PC、百家号、熊掌号等百度全系产品数以亿计的域名进行排名数据监控。正是因为有了这些数据，5118.com 才能够准确分析出那些变化特别异常的网站——通过把所有数据进行对比整合，运用大数据算法统计分析，找出那些涨跌幅度最大的域名。把这些域名汇聚成一个列表，就形成了排名大数据内参的页面。在该页面左侧的菜单中可以看到各类榜单，下面一一进行介绍。

　　第一项是百度排名效果暴涨，是指网站中一天内排名量突然暴涨，但从未出现过的网站，通过这个榜单用户可以分析网站排名突然暴涨的原因，学习其中隐含的 SEO 策略。通过本功能右上角的下拉框，可以回顾榜单最近每一天的历史数据，如图 10-25 所示。

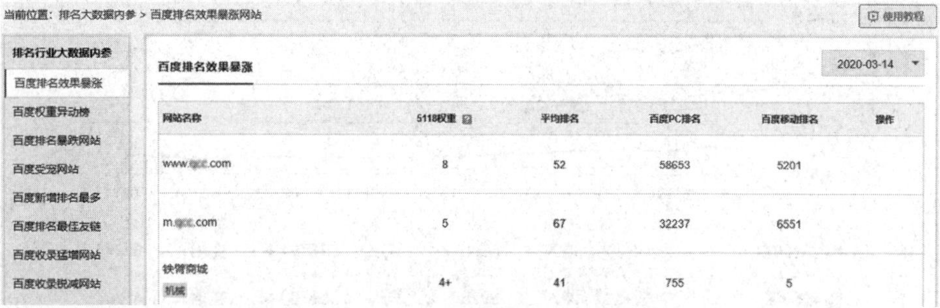

图 10-25　百度排名效果暴涨网站列表

第二项是百度权重异动榜，该功能能够找出今天关键词涨跌波动幅度特别大的网站，这些网站是 SEO 从业人员每天必须研究的对象，使 SEOer 可以从优质的案例中总结他人已经在实践的新技术，了解哪些方式会导致 SEO 的上升，哪些方式会导致网站降权，并了解百度最近是否有算法更新，如图 10-26 所示。

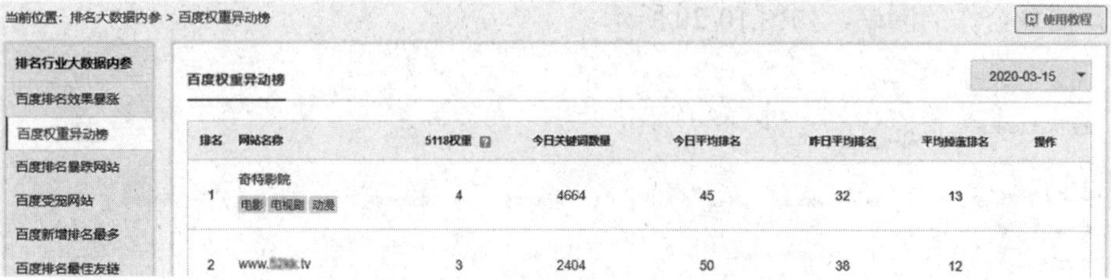

图 10-26　百度关键词异动榜网站列表

第三项是百度排名暴跌网站，暴跌网站是指当天排名数据跌得最多的网站，这些网站往往是近期触发百度算法的网站，需要引以为戒，如图 10-27、图 10-28 所示。

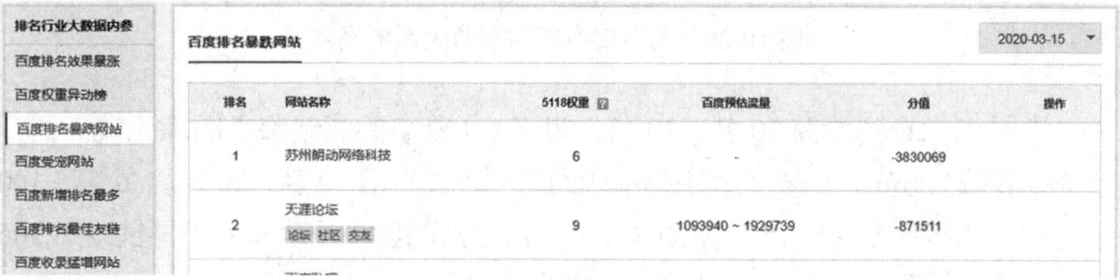

图 10-27　百度排名暴跌网站列表

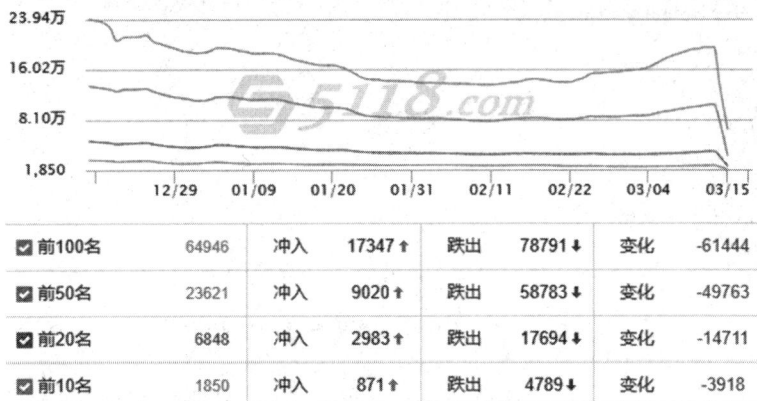

图 10-28　关键词暴跌网站的案例

第四项是百度受宠网站，是指在百度里所有排名位置的平均值特别靠前的网站，读者也许已经注意到，这里的网站一般是百度自家的产品，或与百度有密切商业合作的网站，如图 10-29 所示。

图 10-29　与百度有密切利益关系的网站

平时我们看到的前 10 名、20 名、50 名、100 名的曲线都是间隙比较大的，这意味着自然分布，而本列表中靠前的网站则不同，前 10 名、20 名、50 名、100 名的排名曲线纠缠在一起，这表明人工干预非常明显，像政府的中国铁路 12306 网站明显是人工干预的结果，如图 10-30 所示。

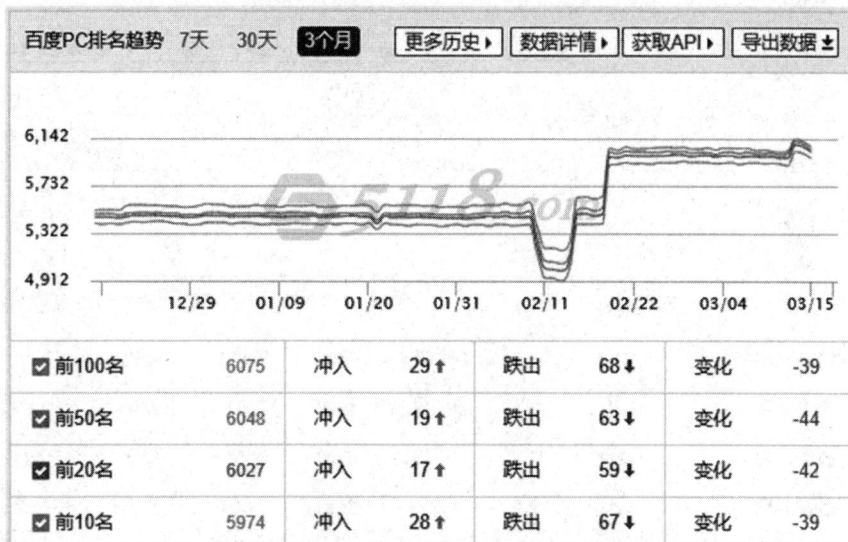

图 10-30 所有排名曲线纠缠在一起的案例

除上述百度合作网站外，找到效果确实比较好的网站，并联系这些网站交换友情链接，会得到意想不到的权重提升。

第五项是新增排名最多网站，是指在当天所有网站中排名增长最多的网站，这里的数据通常能够观察到一些被百度算法惩罚后正在恢复的大型网站，如图 10-31、图 10-32 所示。

图 10-31 当日排名增长最多的网站列表

第六项是百度排名最佳友链。系统监控所有网站外链时会发现有其他网站的首页链向同一个网站，被链接最多的网站会被视为最佳友链，因为可带来大量爬虫。本列表中，排名居前的网站中有一些是因为相关部门要求网站底部必须挂上这些链接，所以外链特别多，如备案信息、网监等。列表中还会有很多软件下载网站，这是因为提交软件到这些网站时，网站会要求软件提供方必须挂上下载站

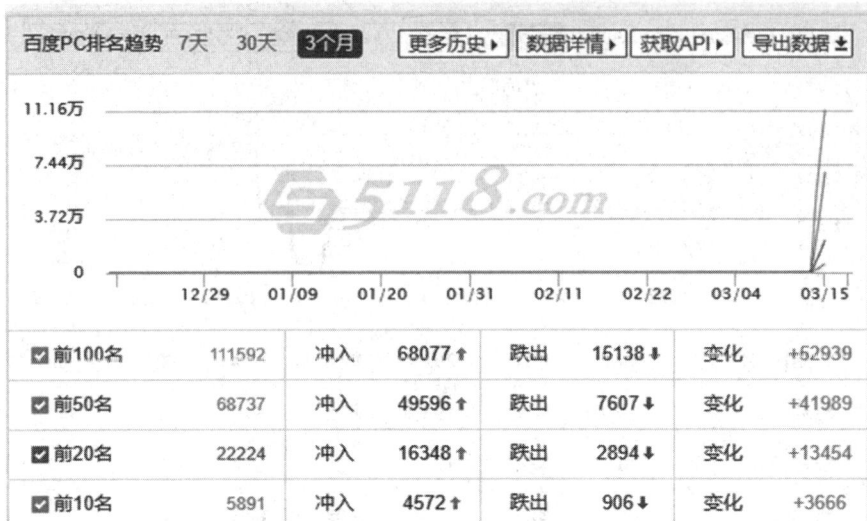

图 10-32　排名突然暴增的网站

链接。联系该列表中的网站做友情链接，可以引来更多的百度收录爬虫，带动网站权重上升，如图 10-33 所示。

排名	网站名称	外链综合分数	外链数量	前100名个数	平均排名	操作
1	微信公众平台 交友 聊天工具	425007209	103691	1605	19	
2	pc6下载站 IT 软件 下载	362336994	2537	178265	32	
3	ss.[illegible].cn	325353651	153434	1	84	
4	西西软件 网络游戏 IT 软件	294287380	2073	219913	39	
5	天极网 网络游戏 IT 软件	272733430	2162	60306	41	
6	绿色软件下载吧 网络游戏 IT 软件	261511512	2801	39076	50	
7	net.[illegible].cn	249020398	34278	13	72	
8	www.[illegible].com 招聘 人才 求职	234818222	11772	164440	43	
9	QQ下载 IT 软件 下载	225039780	1293	124700	42	

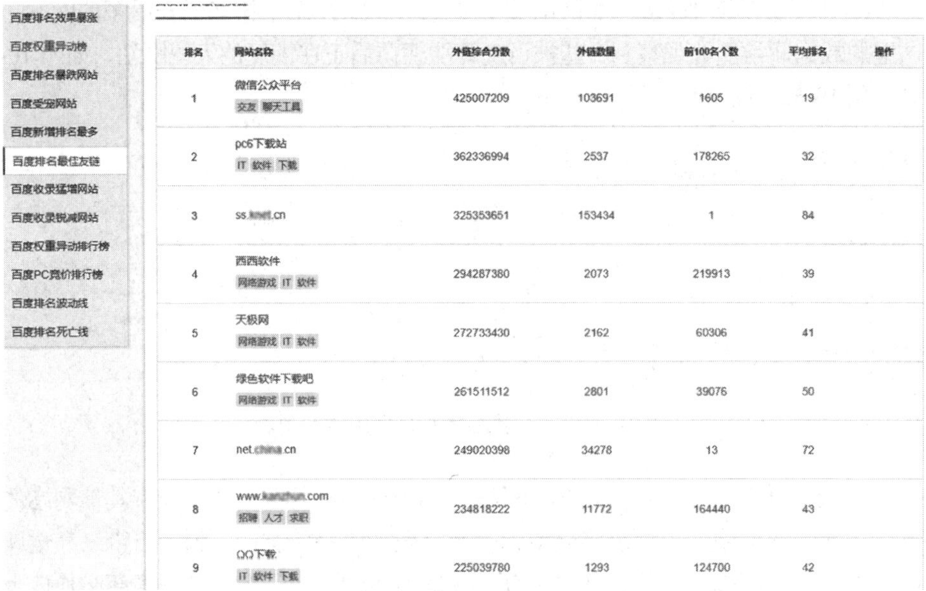

图 10-33　排名最佳友链网站

第七项和第八项分别是收录猛增和收录锐减网站，是 5118.com 监控到的在当日百度 site 的数据中涨跌异动较大的网站。

　　第九项是权重异动排行榜，榜中的是平均排名变化较大的网站，这里能够观察到一些权重异动特别明显的网站，如图 10-34 所示。

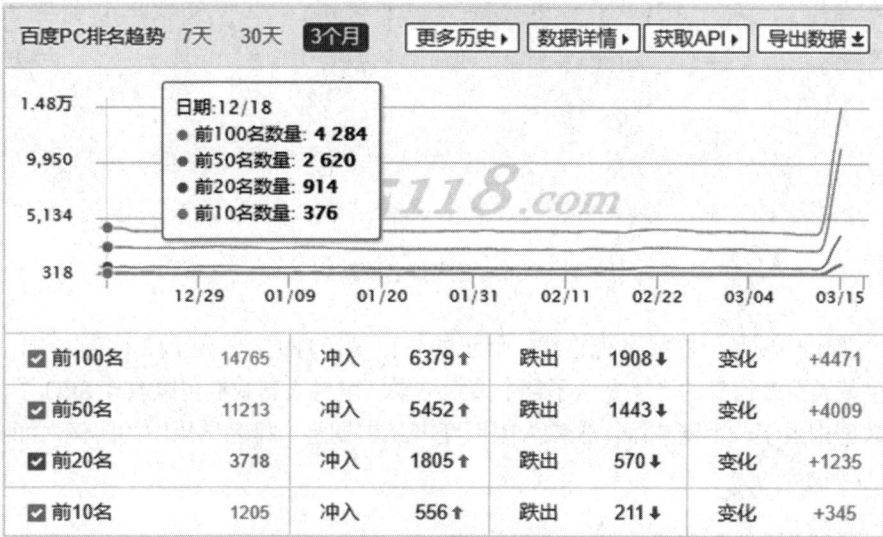

图 10-34　百度 PC 排名异动明显的网站

　　第十项是百度 PC 竞价排行榜，该榜会列出竞价个数特别多的网站，如阿里巴巴、淘宝、京东等，网站历史上发现的竞价词越多，在这个榜单中的排名就越靠前，如图 10-35 所示。

图 10-35　在百度中竞价做多的网站列表

　　第十项是百度排名波动线，展示的是 5118.com 监控的所有 300 万样本词中排名跌落 50 名以上的占比。当百度算法大更新时，关键词会猛烈波动，该图一般用以了解百度近期是否有重大更新，如图 10-36 所示。

300万关键词中百度排名跌落50名以上的比例

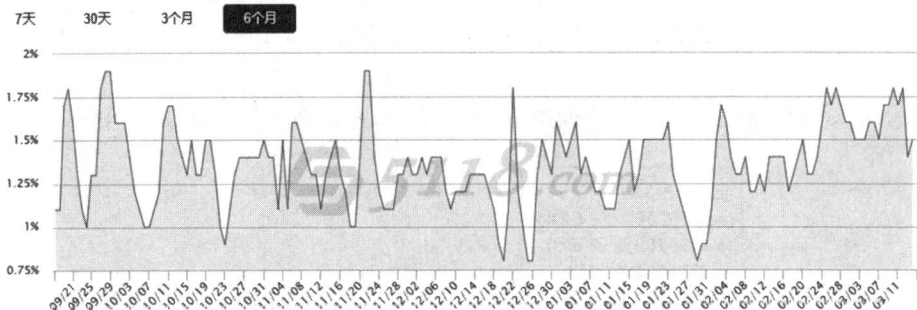

图 10-36 百度排名波动线

第十一项是百度排名死亡线，展示的是百度自身的产品在前 20 名的占比，如果某天百度自身的产品充斥了整个搜索结果，就代表着我们可以放弃 SEO 了，该数据相当于一个警戒线，告知大家百度产品占据整个排名结果中的比例，如图 10-37 所示。

前20名百度自有产品所占比例历史曲线

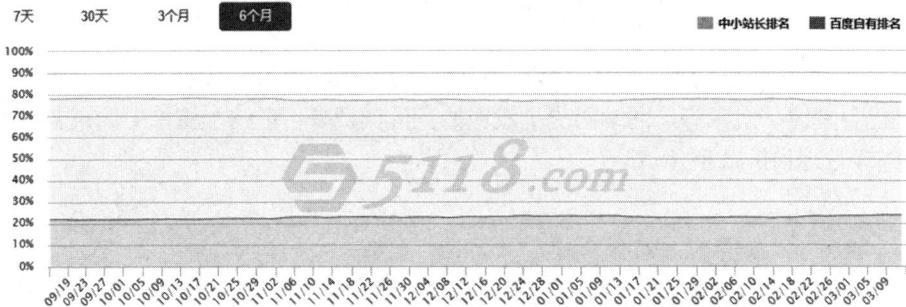

图 10-37 百度排名死亡线

借助 SEO 内参，可以从波动中了解百度算法，从排名猛增网站中学习 SEO 新策略，从排名暴跌网站中学习如何避开惩罚，做到时刻心中有数，这才是 SEO 大神的境界。

10.1.4 流量网站挖掘

成功的人往往是站在巨人的肩膀上，我们在做内容规划和 SEO 策略时，经常需要参考大量的成功案例和对手网站，从他人的成功中吸取精华。如何高效地找到这些网站是一门必须掌握的技能，下面我们介绍几个简单的工具来帮助读者提高寻找优质网站的效率。

1.SEO 优质网站挖掘

大家在做 SEO 时，很多时候希望找到一个行业内或者领域内排名最好的网站，但如果按关键词逐个查找这些网站是非常低效的，而通过使用 5118.com 挖掘 SEO 最具价值网站的功能，就能够一次性找到一批关键词在百度上 SEO 综合排名最好的网站，如图 10-38 所示。

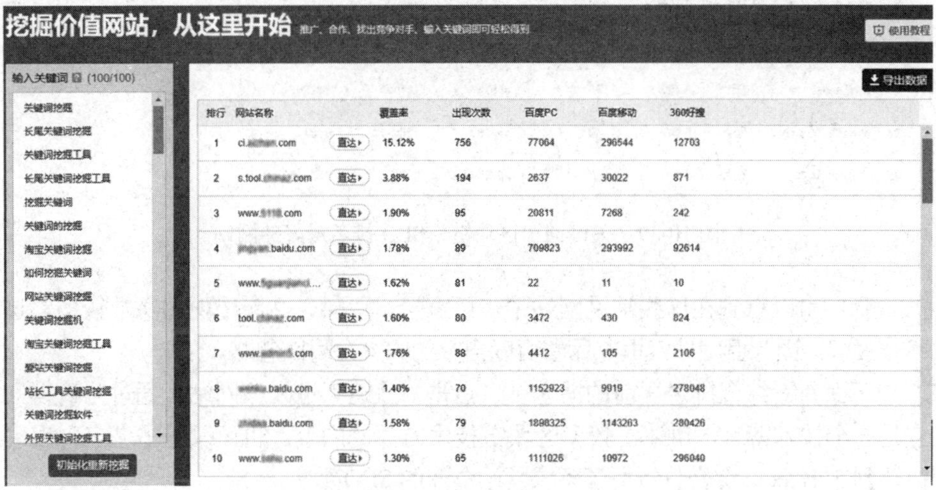

图 10-38　SEO 优质网站挖掘

通过该功能左侧的输入框输入多个关键词，系统会通过大数据搜索，逐个将关键词放入百度搜索分析，计算出其在各网站出现的频率，并得出最佳网站结果。如果希望结果更加精准，可以点击"智能扩展"，一次性扩展出关键词的 100 个长尾关键词。通过多个关键词来查看综合的排名位置，会比只用一个关键词查询得出的结论更加客观。

通过挖掘网站结果，我们可以考虑在这些综合排名好的网站进行推广。相比只有一个排名好的网站，综合排名好的网站会更有概率获得搜索引擎排名。

当我们想查找 SEO 排名最好的网站进行学习时，也可以借助该功能来挖掘。例如，我们想找到关于"区块链"SEO 综合表现最好的网站，就可以在搜索框中输入"区块链"，扩展 100 个长尾关键词并查询，在搜索结果里，系统为我们找到了最佳答案，如图 10-39 所示。

在数据列中，覆盖率代表将左侧所有搜索词放入百度进行搜索后，在搜索结果中该网站出现次数占所有网站出现次数的比例。

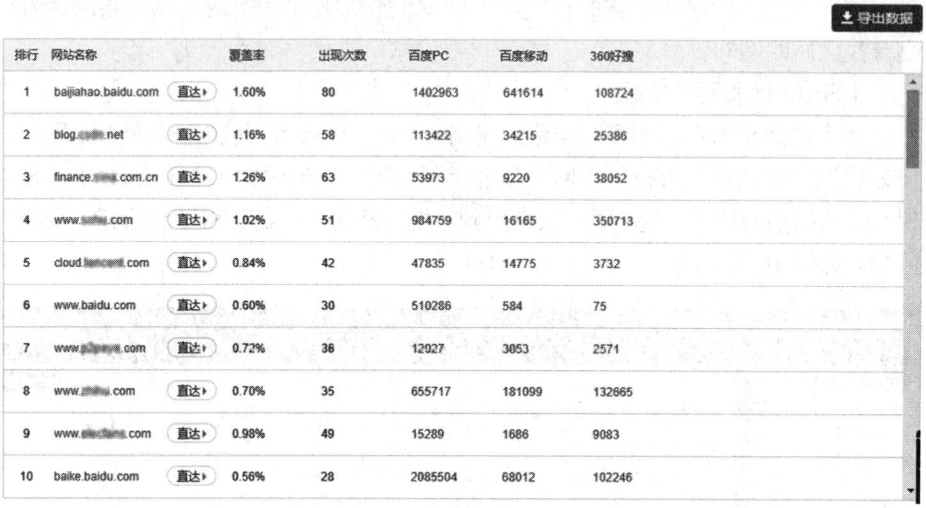

图 10-39　关键词"区块链"SEO 排名最好的网站

我们可以看到在这些常见网站中，百家号、百科、文库出现的次数较多，这不难理解，因为百度搜索里充斥着百度自家的内容，可以忽略。

下面看看综合排名居前的博客站，点击"直达"进入该网站，通过分析得知它是一个技术博客，讲述了较多区块链技术方面的内容。也可以点击域名，自动跳转到 5118.com 综合分析页了解该网站全面的 SEO 数据。

在列表中，除了大型网站，还能看到一些相对更垂直的网站，这些网站一般在某一个行业内深入运营，内容较好，所以百度给予的权重较高。

后面三个参数是域名相关的 SEO 权重数据，我们也可以把想要关注的网站加入监控，及时掌握关注的网站的 SEO 动态。

右上角的"导出数据"按钮可以把挖掘结果导出成 Excel 报表，以进行逐一分析。

通过使用 SEO 最具价值的网站挖掘功能，可以让我们更快地找到某领域内 SEO 效果最好的网站，无论是推广还是学习，比起手工一个个查找的效率高很多，能为用户节省更多的时间。

2. 竞价网站挖掘

在百度中我们经常能够看到某个词有大量的竞价广告，而且经常轮流出现，这是因为百度拥有大量的竞价客户，而这些竞价公司实际上也是我们进行流量研究的对象之一，当我们希望知道某个词到底有多少家公司投放过竞价时，就可以利用 5118.com 的竞价网站挖掘功能找到某个词下所有的历史竞价网站，如图 10-40 所示。

图 10-40　"区块链"关键词下投放竞价广告的公司

　　列表中将会记录下该网站竞价时使用的标题及它们的着陆网址，便于用户了解该网站竞价时的情况，点击网站能够进入竞价的着陆页，能够让用户知道这些网站是使用什么网页进行的竞价，它们的页面设计是怎样的，它们的文案是怎样的，以便用户学习对方的竞价策略。

3. 最佳 SEO 子域名挖掘

　　当我们在分析一个网站的流量结构时，往往希望知道该网站的具体结构，如拥有哪些子域名，这些子域名各自负责哪些流量范围，这些范围覆盖哪些流量关键词，如图 10-41 所示。

图 10-41　jd.com 下的子域名百度排名列表

通过 5118.com 的子域名挖掘功能能够快速查看一个网站下所有的拥有百度排名的子域名。

这个列表是按照拥有百度排名的个数倒序排序的，也就是让你看到该网站排名最多的那些子域名，如上图展示的就是 jd.com 这个根域名下所有子域名的排名情况，点击右侧的排名个数还能直接跳转到该子域名的所有关键词列表，方便我们分析这个网站的子域名流量覆盖策略，了解效果较好的竞争对手的子域名布局，有利于调整我们自身的 SEO 子域名策略。

4. 最佳 SEO 目录挖掘

网站 SEO 整体结构布局除了子域名布局，还有目录 SEO 布局策略，也就是如何组织网站下的目录结构来覆盖关键词，如图 10-42、图 10-43 所示。

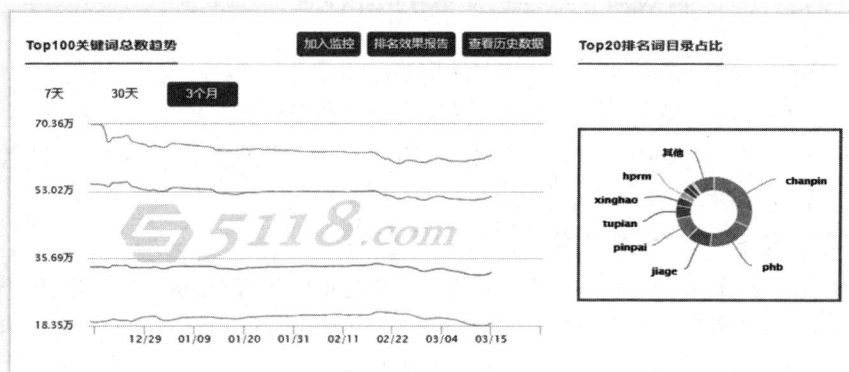

图 10-42　jd.com 的目录排名占比饼图

图 10-43　jd.com 主要占领排名的目录列表

产品目录如图 10-44 所示，是 jd.com 的产品列表页面，用于覆盖具体的产品关键词流量。

图 10-44　jd.com 产品目录页面

排行榜目录是 jd.com 的排行榜页面，用于覆盖主要产品的细分类目的核心词流量，如图 10-45 所示。

图 10-45　京东排行榜目录页面

不同的目录页面拥有不同的产品功能职责，产品设计也要兼顾 SEO 的排名覆盖，也就是说我们在设计网站产品的同时要做好流量规划的工作，两个工作应该同步进行，而不能等到网站都做好了再去规划 SEO 流量的工作，否则效果和效率都会大打折扣。

5. 相似网站挖掘

很多时候，我们分析自己的网站的同时，需要寻找和自身相似网站进行学习和借鉴，如果通过手动在百度上搜索，效率非常低下，而且也不一定能找到和自身网站相似且排名最好的那批网站。通过使用 5118.com 大数据相似网站挖掘功能，我们能够快速查看某个网站的相似网站列表，如图 10-46 所示。

输入某网站网址后，列表将会显示出该网站的所有相似网站，并且按照在百度中的 SEO 排名效果倒序显示，通过这些相似网站，我们可以快速吸取对方的 SEO 策略精华，结合之前的子域名分析功能和目录分析功能，可以透彻地了解相似网站的关键词流量覆盖策略和整站结构布局。

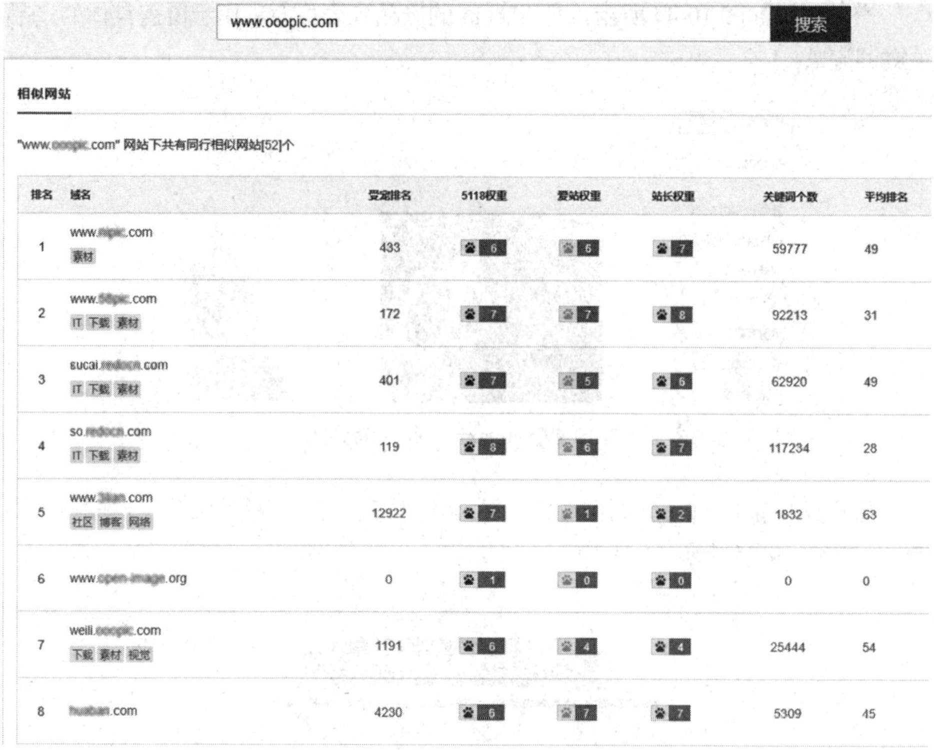

图 10-46　某素材网站的相似网站列表

10.1.5　SEO 浏览器插件

5118.com 除大量的大数据分析工具以外，还提供了集成浏览器的 SEO 分析插件，以提供所见即所得的数据体验，也就是说可以在现有网站界面上集成显示参考数据，以帮助我们快速可视化地分析，如图 10-47 所示。

1. SEO 大数据

进入网站后，打开 5118.com 站长工具箱插件，我们即可在右侧悬浮面板上看到该网站的 SEO 大数据概况，如权重、排名趋势图、百度来路的数据、日均 IP、搜狗和谷歌的 PR 等实用的数据，如图 10-48 所示。

排名趋势图可以帮助我们快速判断一个网站最近一个月内在不同搜索引擎下的发展是否正常，网站排名词数量是上涨还是下跌。图中的四根线分别代表着前100 名、前 50 名、前 20 名、前 10 名的排名词最近 30 天的涨跌趋势，无论是查看自己还是了解同行对手的情况，都非常直观。

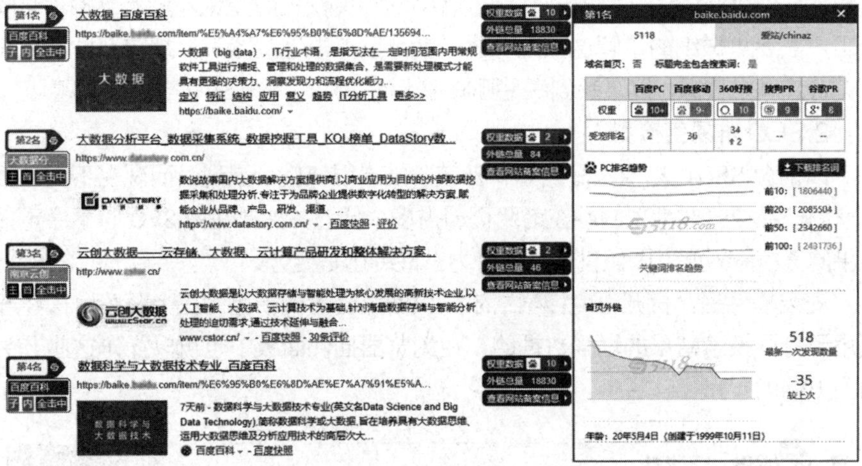

图 10-47　在百度搜索结果上集成显示 SEO 大数据

图 10-48　5118.com 站长工具箱插件显示网站的 SEO 大数据

预估日均 IP 是以关键词排名数据的维度来进行的流量估算,一般用作分析对手或广告投放对象的流量参考。

为什么要用插件来查询权重和排名数据呢? 因为插件有个特别好的优势: 所见即所得。当你查看任何一个网站时,右侧会立即显示这个网站的权重,对于做 SEO 的专业人员来说,可能每天都要打开很多个不同的网站和工具来分析数据,而通过插件就能即时在浏览器右侧查看网站相关权重的变化，大大节省了时间。当用户需要更详细的了解这些数据时，就可以点击这些图表，跳转到排名列表中去查看或导出数据，以了解到底是哪些词上涨下跌，哪些 SEO 数据有问题。

2.SEO 难易度检测

以前做 SEO，只要做好内容和外链，效果很快就会显现，而现在不同，百度自家的产品或一些大型网站在前两页霸占多个位置，如果在做 SEO 时不注重搜索结果的竞争激烈度，即使付出再多努力，最终还是徒劳。

安装插件后，打开百度搜索结果，页面上会看到新增的三个开关，这些开关是用于打开搜索结果的增强数据的，在浏览器插件面板中也可以操作这些开关，如图 10-49 所示。

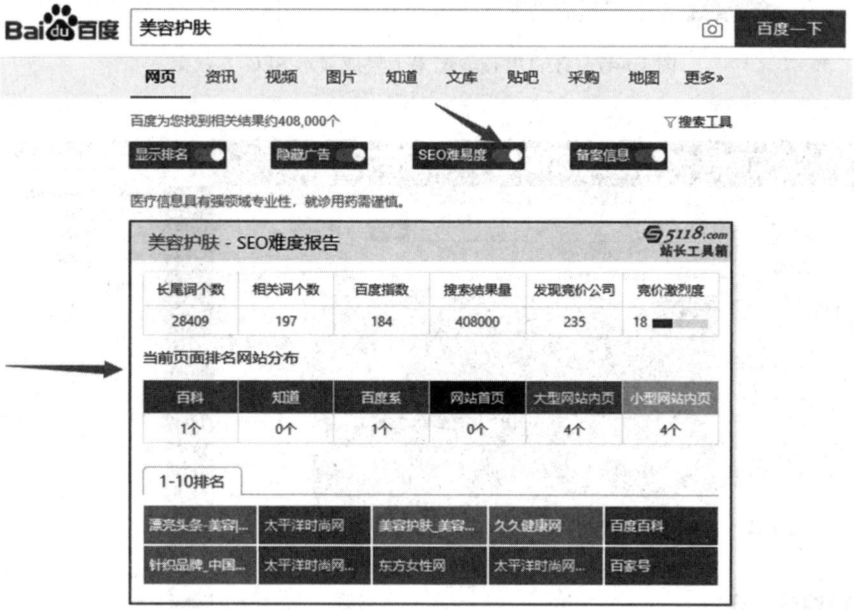

图 10-49　百度页面直接集成 SEO 难易度分析面板

打开插件开关，可以看到百度搜索框下方显示的 5118.com 插件功能效果，如图 10-50 所示。

例如，在搜索框输入"美容护肤"，第一行显示的是难度报告，首先能看到该词的长尾词有多少个，可以了解人们用各式各样"美容护肤"的词进行搜索。相关词代表着"美容护肤"相关联的一些需求词汇，点击"相关词个数"将跳转到官网相关词挖掘功能，可挖掘出如"祛斑祛痘""养生减肥""皮肤管理"等相关词。

美容护肤 - SEO难度报告　5118.com 站长工具箱

长尾词个数	相关词个数	百度指数	搜索结果量	发现竞价公司	竞价激烈度
28409	197	184	408000	235	18

图 10-50　搜索词的难易参数

百度指数代表该词每天大概有多少人在百度上搜索，它与百度指数官网数据是同步的。竞价公司是 5118.com 长期监控百度竞价的一项数据，这项数据可以让用户了解到有多少公司竞争这个关键词，与右侧竞争激烈度结果是类似的，可一并参考，竞争激烈度的最高值是 50。以上数据用于了解搜索词商业价值，从而使用户可以分析在百度上竞争的激烈程度、商业价值及带来的流量，并思考值不值得花时间做排名。

如果选择过于热门的词，意味着竞争度更高，该词就更难做。选择过冷的词，虽说容易做，但可能获取不到网站流量，这时就需要权衡要做哪些词，一般我们会选择冷热度适中的长尾词作为优化目标。

第二行是把搜索结果进行分类展示，如图 10-51 所示。

当前页面排名网站分布

百科	知道	百度系	网站首页	大型网站内页	小型网站内页
1个	0个	1个	0个	4个	4个

图 10-51　前 10 名网站的具体布局

在图表中有颜色的区分，浅蓝色代表着百度的相关网站；深蓝色标识网站首页，是指以网站首页域名所占的排名；红色的则代表大型网站内页，指 5118.com 权重大于等于 5 的其他网站内页所占的排名；权重低于 5 的绿色标识则是指用内页占排名的小型网站。

这部分决定了有没有机会上排名，假设这里显示绿色小型网站内页更多，就代表你获得排名的机会更大；反之，如果搜索结果几乎全是百度产品或大型网站，那就机会渺茫了。

第三行数据是帮助我们分析有哪些具体机会的，这里的颜色与上方的网站分布是对应的，展示了在搜索引擎里排名 1 ～ 10 名的网站，如图 10-52 所示。

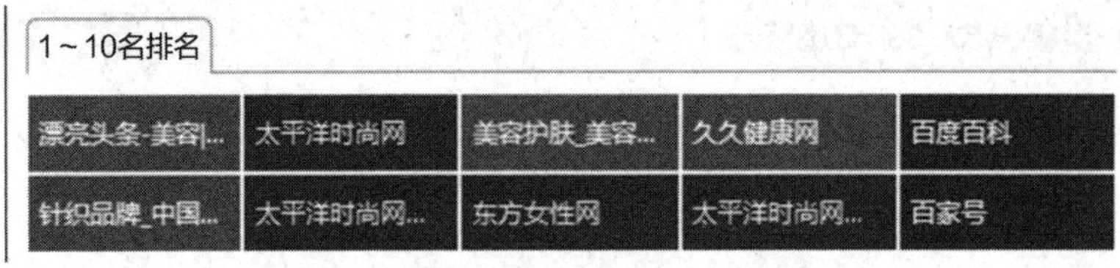

图 10-52　排名前 10 名的网站展示

插件增强的另一个内容是着陆页 SEO 信息。首先能看到显示的排名号，如图 10-53 所示。当我们想了解具体排名时，有时很难一眼看出排名具体位置，排名号的显示能帮助我们快速确定该排名所在的位置，尤其是当我们需要告诉客户或领导排名在第几名的时候。

图 10-53　百度结果直接显示排名号

紧接着，在排名号下方会将网站的标题展示在这里，如果没有标题，就会用域名展示，作用是能够帮用户快速确定网站名称，如图 10-54 所示。

图 10-54　排名辅助信息

这里显示的"主"指的是用主域名占领的排名，若换为"子"则指的是用子域名占领的排名，如 baike.baidu.com 会被判断为子域名，而"www"为首的域名会被判断为主域名。主域名的排名一般比较稳定，子域名的排名相对低一点。

图中"内"所在处的信息表示的是首页还是内页占领的排名。子域名也有首页，如百家号的域名 baijiahao.baidu.com 被判断为首页，但点击进去后如果看到斜杠后面还有后缀，就会判断为内页。利用内页占领的排名相比首页更不稳定。

再后面看到的是击中类型的标识，"全击中"是指标题里完全包含搜索词，如搜索词为"美容护肤"时，这个标题里完全包含了"美容护肤"，因此判断为"全击中"，而标题里没有完全包含搜索词时，就会判断为"泛击中"。当百度找不到更合适的排名来解决用户需求时，就会在结果中推荐一些"泛击中"的网页。如果搜索结果几乎都是"泛击中"，此时我们做优化或百家号文章，就很有可能挤占排名。

SEO 分析插件会把网站所有的权重信息显示在右侧，首先看到的是权重按钮，上面显示着 5118.com 的权重信息，点击按钮可以展开显示官网同步的权重数据，包括各大搜索引擎权重涨跌情况、PC 排名量、预估 IP、网站打开速度，还有公司信息、备案信息、域名年龄等。这里还可以查看爱站和站长之家的一些基本数据，提供多个数据供用户参考，如图 10-55 所示。

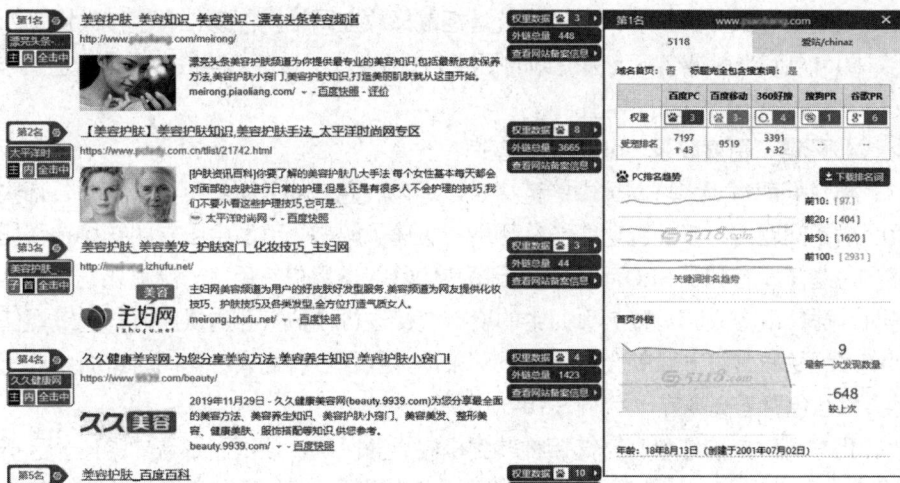

图 10-55　在百度搜索结果中直接查看某个网站的权重信息

有了视觉增强插件，便能非常清楚某个关键词的竞争到底有多激烈，有没有机会排进前 20 名。

3. 关键词排名即时查询

当我们想立即查询一个网站的关键词排名时，就可以利用 5118.com 插件的关键词排名即时查询功能。平时使用的一些排名查询工具一般都要输入网址和关键词，而使用5118.com的插件就不需要，因为我们查询的就是当前页面所在的网址，5118.com 会立即到百度搜索当前域名相关关键词的排名，不用再重复切换到其他平台逐词输入并进行查询，这样就大大提高了工作效率，如图 10-56 所示。

图 10-56　直接在任何网站上查询该网站的排名

这里可以即刻查看关键词在百度结果中所在的位置，也可以输入多个关键词进行查询。还可以点击导出数据，一键把所查询的词的数据一次性导出，导出的数据中还包含了每个词在百度中排名结果的链接，便于用户对每天的数据进行整理。

之后的"鼠标查排名词"功能就是把鼠标放在网站内任意带有链接的锚文本上，即可得到当前域名下该关键词的百度 PC 排名，记录在工具栏内的排名也同样支持含有相关链接的结果导出。

4. 死链、百度收录、nofollow 查询

当我们面对一大堆网页中的链接时，是无法立刻知道哪些页面能打开、哪些页面出了问题的，查死链功能能够帮用户快速了解整个页面中所有的链接是否能打开，这样即有利于 SEO，又有利于用户体验。当用户使用"一键查死链"的功能时，插件就会立即对整个页面中的所有链接进行模拟打开的操作，一旦发现任何链接无法正常打开，就会把它记录下来，并且显示在列表中，同时页面中的死链会以红色背景高亮显，示如图 10-57 所示。

用户可以点击红色高亮链接跳转到相应页面以确认该页面是否异常，一旦链接无法正常打开，用户就可以告知管理员或工程师进行修复，避免影响用户的使用和网站的优化。

用户还可以通过导出数据功能把这些不能打开的链接一次性导出，发给工程师并让他们迅速修复。

一般在查收录时，是把链接一个个输入在百度中进行查询，这是很低效的做法。而插件会自动把整个页面上所有的链接一一放入百度查询，并直接显示所有查到的结果，这样大大提高了工作效率。同时，页面上的插件会把没有收录的

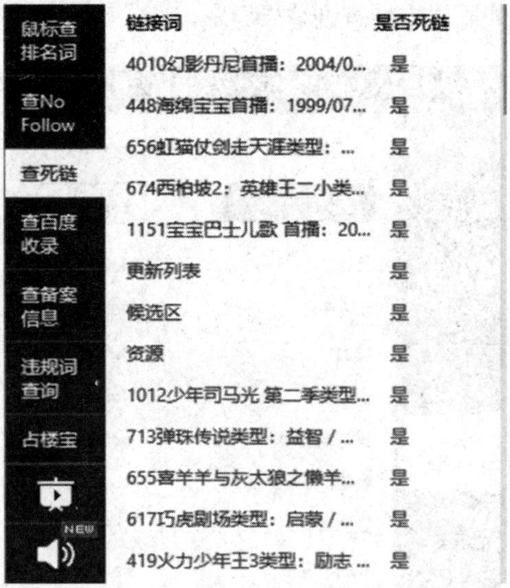

图 10-57　查死链功能演示

链接以黄色背景高亮显示出来，这让用户对哪些链接没有被收录一目了然，如图 10-58 所示。通过插件也可以把这些未被收录的页面一次性导出，发给用户的 SEO 专员来诊断这些页面是因为什么问题不能收录，或者是对这些页面进行更多外链建设，促进它们的收录。

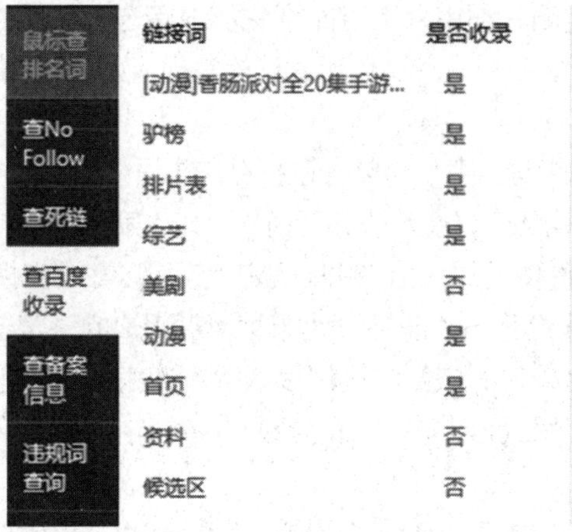

图 10-58　查页面是否被百度收录功能演示

接下来是查 nofollow 功能，点击"查询"按钮将显示出所有带 nofollow 信息的链接并保存在工具栏内，页面中的 nofollow 链接会以红色虚线框高亮显示，如

图 10-59 所示。该功能同样支持查询结果导出。

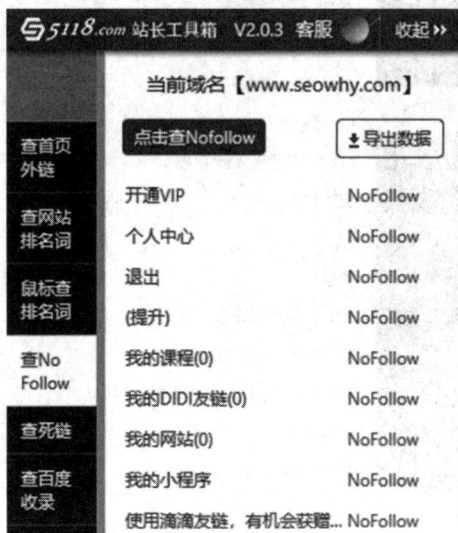

图 10-59　查 nofollow 功能演示

5.违规词检测

我们在写文章做推广或制作网页时，不经意就会触碰到一些违规词或敏感词，发布后也很难察觉到问题。5118.com 插件借助大数据的优势，每天从互联网上收集成千上万的新词，利用人工智能算法从中筛选出最新的违规词，并及时更新放入插件中，以帮助用户主动避免无意识的违规，如图 10-60 所示。

违规词检测功能主要把违规分成两大类：

第一类是广告违规词，我们经常会遇到在广告语中出现的无意识违规违禁词，导致工商局或相关版权部门责令整改甚至罚款，如"第一""最高级"等绝对化用语是广告法中规定不允许使用的，相关法律规定大家可以在网上搜索广告法进行了解。

5118.com 违规词检测插件能够快速即时地对用户的浏览器所在页面上的内容进行检测，插件会用最新的广告法违规用语数据库来检查当前页面中是否存在法规里提到的各类违规用词，点击"查违规词"按钮，插件就会自动找到违规词并以红色高亮标记。

第二类是涉政类违规词，如暴力谩骂、宣扬宗教、反政府的词汇等，这些词在国内都是不允许出现的。

目前政府部门已经有相关的爬虫技术去爬取各类页面，一旦发现页面中含有涉政、分裂国家或宣扬宗教相关的内容，都有可能将其列入网警黑名单，同时通知当地的相关部门干涉并要求断网下架。

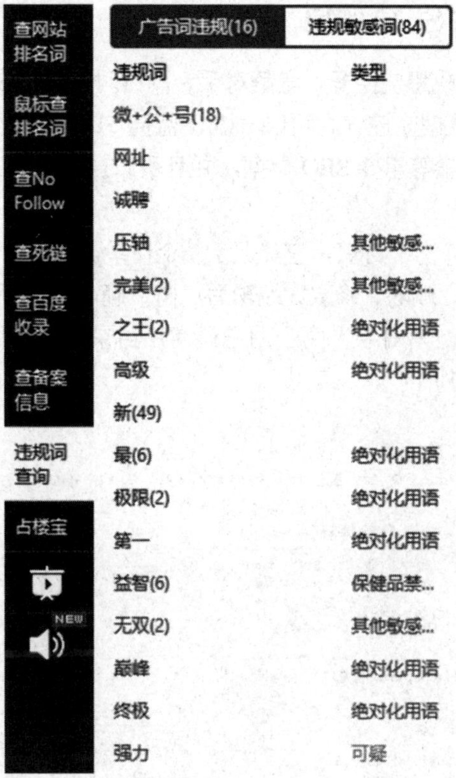

图 10-60　违规词检测功能演示

很多时候有些词我们根本不知道它是违规词，如一些人名、数字等。5118.com 不但有自己的违规词大数据，同时也对接了多个大型互联网公司违规词库，并做到了及时更新。

当然，计算机算法有时也无法百分百确定词汇是否真正违规，因为中文博大精深，此功能可以让使用者快速定位可疑位置，提示违规词后，通过人工检查内容来确认该词是否真正违规。

10.2　SEO 监控

平时除了手动查询 SEO 相关数据外，我们还需要一些自动化的工具，自动定期为用户监控相关关键 SEO 指标，通过这类自动化和批量化的工具，用户可以高效地完成数以千计的网站的一次性监控和分析。

10.2.1 群站 SEO 监控

当你有多个网站或想监控多个竞争对手、同行时，群站 SEO 监控可以帮助你进行批量化的 SEO 数据监控。它可以一次性监控 5118 个网站的权重、收录量、关键词排名、预估流量等重要 SEO 数据，并且可以通过筛选工具栏快捷寻找你关注的网站进行查看。

本功能左侧是一个分类标签，它类似于一个目录，点击"管理"可以对左侧目录中的项目进行增加、删除、修改。编辑后点击"确定"即可保存成功。5118.com 把"我的网站"和"竞争对手"两个用户最常用目录设置为默认初始目录，方便用户管理，如图 10-61 所示。

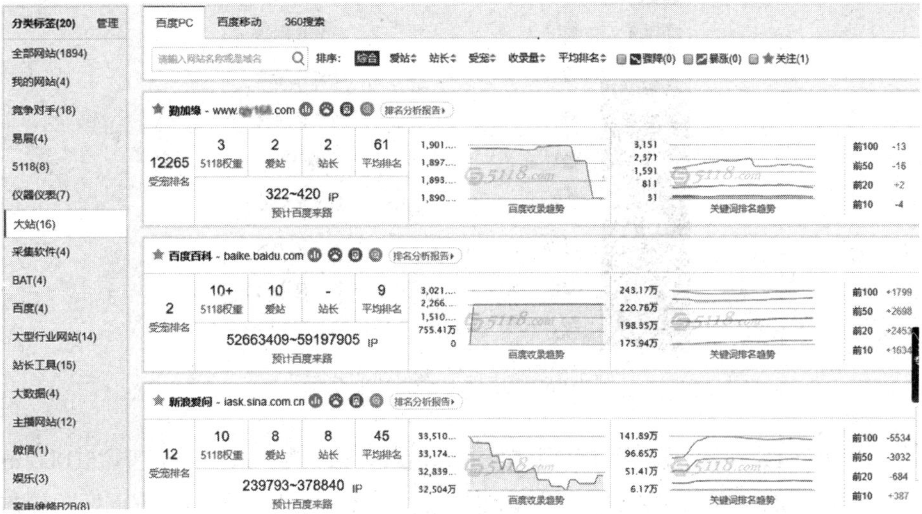

图 10-61　群站 SEO 监控界面

一个网站可以存在于多个标签目录下，当你建立目录后，就可以添加监控网站了。输入网站的名称、网址，然后选择目录标签，这里是可以多选的，如果没有合适的标签，可以自行创建，创建后即可自动生成标签以供选用，如图 10-62 所示。

右上角可以切换到批量添加功能：用户要输入域名，括号里放网站名称，然后换行添加下一个，可以一次性添加 500 个网站。如果用户想批量化管理，点击"网站库管理"可以　次性删除或添加多个标签。如需单个删除网站，在这里进行编辑即可。

图 10-62　添加监控网站界面

在列表右下角，可以对当前目录导出 Excel 报表，查看这些网站当前数据的具体变化。如需导出全部网站数据，选择"全部网站"，再导出 Excel 报表，即能查看全部网站数据。如果用户想导出特定网站，输入网站域名并搜索，即可导出当前搜索结果网站的数据，如图 10-63 所示。

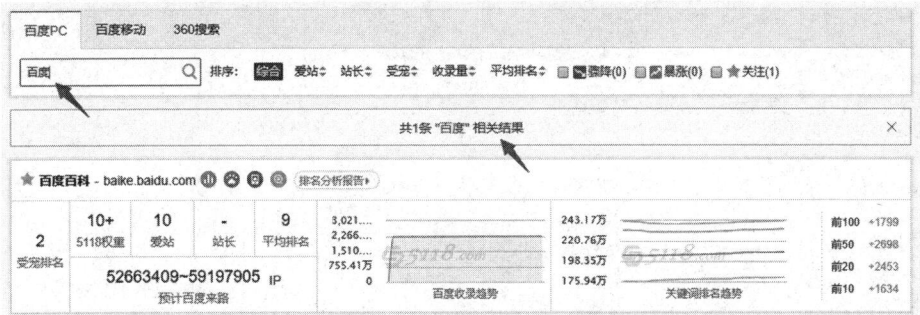

图 10-63　从大量网站中筛选网站

筛选工具栏可以让用户将关键词按照爱站、站长之家的权重排序，5118.com 受宠排名，百度收录量进行排序，这里的数据与官网查询的数据是同步的。我们可以看到右侧有一个"骤降"和一个"暴涨"筛选框，网站当日排名总数减少 30% 就会被视为骤降，而当日排名总数增加 30% 就会被视为暴涨。举个例子，监控的网站昨日有 1000 个关键词有排名，今天突然上升到 1300 个关键词有排名，那么系统就会判定该网站为暴涨。

　　最右侧的星形标志可以标记重点关注的网站或者希望收藏的网址，星标网址会置顶显示，如图 10-64 所示。

图 10-64　星标网站进行收藏

　　第一个标签下可以查看百度 PC 排名数据，点击趋势图会跳转到对应的综合页面，可以更详细地查看数据，点击右侧数据可以查看所有升降关键词的具体排名情况。如果你想看百度移动排名，请点击第二个标签，可以看到两个主要模块：百度移动排名趋势图和排名数量。这里可以看到每天冲入跌出的数据量，有多少词进入到前 10 名，又有多少词跌出前 10 名、前 20 名。同样，360 的 SEO 数据可以通过第三个标签查看。如图 10-65 所示。

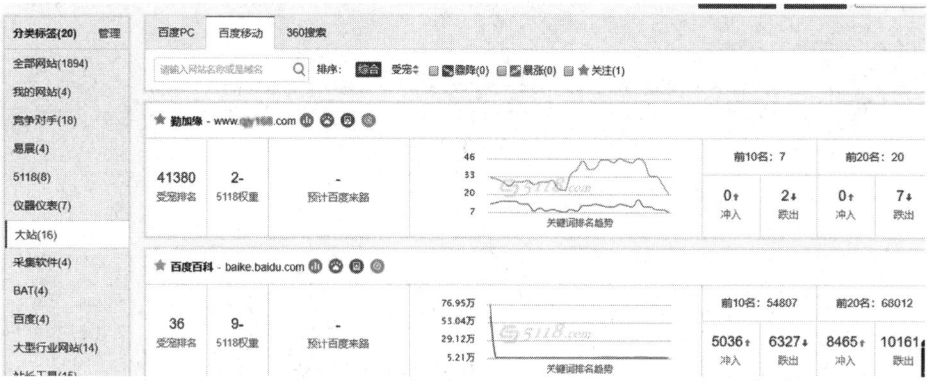

图 10-65　支持百度 PC、百度移动和 360 搜索的监控

　　群站 SEO 监控能帮助用户更便捷地批量监控 SEO 数据，以及时掌握关注的网站的 SEO 动态和搜索引擎算法波动。

10.2.2　首页外链监控

　　"内容为王，外链为皇"，虽说百度在慢慢降低外链对网站权重的重要性，但有效的外链对于一个网站来说还是十分必要的，有效外链可以引导蜘蛛更快地发现新内容，缩短索引周期，增强品牌和变向引流。只有使用内容和外链结合的运营策略，才会有更多爬虫来发现网站新的内容，爬虫在网页中是沿着链接发现新的页面的，如没有链接的话，爬虫发现新内容的可能性也会相对变小。丰富的外链资源可以帮助网站提高搜索引擎权重，从而让网站收录和排名达到更好的效果。

何为好的外链？通俗来讲，就是众多网站都推荐的外部链接。因此 5118.com 的开发团队优先提供给大家的是首页外链扫描功能，让大家能够参考各网站首页之间的相互推荐关系，从而获取外链对 SEO 影响的参考信息。

通过点击 5118.com 首页快捷键"网站首页外链"，或点击菜单中的"网站外链查询"，进入功能首页。该功能原理是通过爬虫读取数十亿个域名网站首页及子域名首页，并找到 HTML 代码中出现的非本域名链接。某网站首页外链变化趋势图如图 10-66 所示。

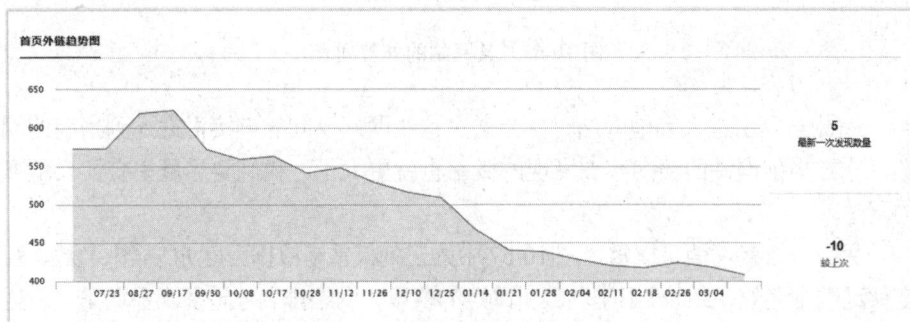

图 10-66　某网站首页外链变化趋势图

5118.com 通过每周定期更新一次外链数据，把发现的首页外链记录在"现有首页外链"列表中。每个周期新发现的域名都会在"最新发现外链"列表里呈现，每条新发现的外链右侧都有对应的发现时间。新发现的外链数量同时对应趋势图右侧的"最新一次发现时间"。该数据能让我们知道上一次发现外链后新增了多少条新外链。这里的"较上次"代表着上一次爬取数据时，发现首页外链的数据与当前发现的数据对比得出的数据变化值。通过最新发现的数据，让我们可以知道最近某个网站最新外链情况，当下一次查看时，即能知道该站新增了哪些链接，同时还可以针对新增的外链做跟进工作，减少自己主动找外链的时间。

打开查询结果后，可以借助数据列中的参数来确定外链建设的优先级。其中反链数是指从别的网站导入的链接数量，反链数越多，自己的网站被爬取的频率越高。如图 10-67 所示的是某网站的外链列表，数据显示其反链数有 408 个，也就代表着这个网站被其他网站首页推荐了 408 次。

"www.seowhy.com" 网站首页外链共找到[408]个　　导出数据

排名	域名	PC权重	移动权重	360权重	反链数	链接名称	是否nofollow	是否双链接	发现时间
1	www.5118.com 直达网站 排名效果报告 挖该站	3	3-	3	1821	搜外	否	是	2020-03-08
2	www.blueidea.com 网站建设	2	2-	3	434	SEO培训	否	否	2020-03-07
3	www.5uzz.com	1	1-	1	208	搜外	否	否	2020-03-05
4	www.niaoyun.com	3+	1-	1	166	搜外提供SEO…	否	是	2020-03-05
5	www.yiqicms.com	1+	1-	1	119	SEOWHY	否	否	2020-03-08
6	www.528yq.com	0	0	0	86	SEOWHY	否	否	2020-03-03
7	www.taizhou66.com	0	0	0	76	seowhy	否	否	2020-03-04
8	www.ipbaidu.net	0	0	0	75	SEOWHY	否	否	2020-03-04

图 10-67　某网站的外链列表

因此当爬虫进入其他网站时，会通过这些网站反向的链接再进入到当前的网站，这样当前网站的新内容被发现的概率也就更大了。我们要尽量去交换反链多的网站。

另外一个参考值是权重，图 10-67 中的三列权重是根据百度 PC 端排名数、百度移动端排名数、360 搜索排名数所确定的权重，网站排名数越多，平均排名位置越好，权重才会越高，也代表着搜索引擎对其信任度越高。

接着，我们看看历史消失外链。每次扫描后，如果发现原有外链断开链接，就会将其显示在“历史消失外链”记录中，如图 10-68 所示。列表中还会显示“发现时间”和“消失时间”。当网站排名下降时，通过该项查看历史变化，可以确认外链是否出现了问题。同样，右侧的“最后发现消失外链”，是指系统最后一次扫描时，哪些外链发生了断链，可用来查看近期交换的友情链接是否掉链，我们可以根据情况撤销对方外链或重新联系对方添加外链。

通过最新发现和消失的外链，可以让我们了解该网站近期是否有外链暴涨或消失的情况，分析网站 SEO 变动的可能原因。

另外我们看到还有三列数据，第一项“链接名称”是指对方给予这个网站的反链锚文本名称，反应了外界对该网站的品牌印象，如对于当前查询的域名，对方在网站底部链接名称为“SEO 培训”，可以理解为这就是该网站被外界所认知的核心价值。

现有首页外链　最新发现外链　**历史消失外链**　最后发现消失外链

"www.seowhy.com" 发现消失外链[305]个

⬇ 导出数据

排名	域名	PC权重	移动权重	360权重	发现时间	消失时间
1	bbs.fobshanghai.com 论坛	🐾 5	🐾 4	Ⓠ 3	2019-05-24	2019-07-23
2	www.lizseo.com	🐾 7+	🐾 7+	Ⓠ	2019-12-12	2020-01-05
3	www.shfullyear.com	🐾 1+	🐾 1+	Ⓠ	2019-06-21	2019-08-02
4	www.zuidongnet.com	🐾 1+	🐾 1+	Ⓠ	2019-08-31	2019-09-21
5	www.china-chair.com	🐾 1+	🐾 1+	Ⓠ	2019-05-17	2019-07-07
6	www.hala.cn	🐾	🐾 1+	Ⓠ	2019-12-14	2020-01-08
7	www.kwbags.com	🐾	🐾 1	Ⓠ	2019-05-17	2019-06-18

图 10-68　某网站的历史消失外链

　　锚文本名称的重要性极高，在建设外链时要特别注意。在交换友情链接时，尽量让对方添加你希望获得排名的关键词。有些外链没有显示链接的名称，这说明对方添加的可能是图片，所以没有锚文本。

　　"链接名称"右侧的"是否 nofollow"代表"不要跟随过去"的指令，意味着你的网站即使添加了该网站的链接，也不会带来更多爬虫，这是 SEO 互链中不友好的表现。因为如果你向对方抛出了橄榄枝，而对方却加上了 nofollow 标签，就不是成功的交换友链，所以在交换友链时，必须确定对方在 HTML 中没有加上 nofollow 标签。

　　综上所述，当你发现"是否 nofollow"数据列显示为"是"，"是否双链接"也显示为"是"时，说明双方共建了链接，但对方给了你一个 nofollow 链接，这代表对方可能不想为你引入爬虫；如果"是否双链接"为"否"，代表对方断链了，目前仅仅是个单向链接；当"是否 nofollow"显示"否"，"是否双链接"显示"是"时，代表着双方是有效的互链，对 SEO 是有益的。

　　列表中网站的排序是根据反链数量进行倒序显示的。在域名列表中，点击域名会自动跳转到域名对应的外链列表页。

　　点击右侧的"直达网站"，会自动跳转到对应网站的首页，方便学习研究；点击"SEO 分析"会跳转到 5118.com 的 SEO 综合分析页，方便了解该站的 SEO 策略；点击"挖该站"会跳转到百度 PC 排名列表页，方便导出排名数据。

用户可以通过右上角的"导出数据"按钮导出当前列表中的外链数据，点击导出会自动跳转到我的下载中心并获取 Excel 文件，可以用于自己定制分析，或通过翻页查看该网站更多的外链数据，如图 10-69 所示。

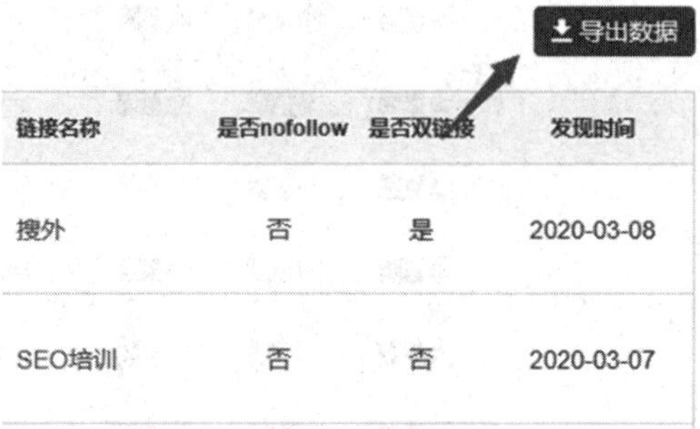

链接名称	是否nofollow	是否双谊接	发现时间
搜外	否	是	2020-03-08
SEO培训	否	否	2020-03-07

图 10-69　"导出数据"按钮

通过使用 5118.com 网站首页的外链查询功能，能够让大家更好地了解外链因素对搜索引擎算法的影响。通过分析优质网站，可以了解做哪些外链来辅助网站优化，如查看排名较好的同行网站交换了哪些链接，并去交换类似的链接来弥补自己网站外链中不足的因素。

10.3　流量挖掘工具

10.3.1　长尾关键词挖掘

关键词挖掘的重点就是长尾关键词挖掘。当我们搜索一个关键词时，它会有许多衍生需求，如"微信"这个词可以找到 2000 多万条长尾关键词，也就是说围绕着"微信"这个词用户总共有 2000 多万种查询组合，如"微信公众号""企业微信"等，这些长尾关键词都是衍生需求，是用户比较关注的与"微信"相关的需求点，如图 10-70 所示。

长尾关键词是更加细致的需求，如"微信聊天记录怎么恢复"已经具体为一个问题了，用户可能在删除聊天记录后遇到了问题，所以这个长尾关键词就代表着用户心里所想的东西。

长尾关键词挖掘的结果中有很多参数极具参考价值：图 10-70 中所示的竞价公司数量代表着有多少公司在百度上投放广告来竞争这个词，长尾词数量则说明了需求的多样性。如图 10-71 所示的三种指数则表示这个词每天大概会有多少人在百度上搜索。

微信长尾关键词挖掘

相关长尾词关键词共找到34108131条记录[有指数：1176 无指数：3410(

快捷过滤：所有词 ❓ 所有流量词 ❓ 流量指数词 ❓ 移动指数词 ❓ 360指数

关键词		收录量 ⇅	竞价公司数量 ⇅	长尾词数量 ⇅
微信	搜 ▼	100000000	0	34081926
微信下载	搜 ▼	67600000	25	664458
微信头像图片	搜 ▼	22100000	0	149596
微信网页版	搜 ▼	36000000	0	86130

图 10-70   "微信"相关的长尾词

流量指数 ⇅	移动指数 ⇅	360指数 ⇅	
313223	135460	3388524	

图 10-71   指数代表搜索热度

如图 10-72 所示的 PC 日检索量、移动日检索量和竞价竞争激烈程度都是来自百度竞价后台关键词规划大师的数据，代表着更精准的搜索量。在规划大师里，检索量超过了两万次搜索的词将会以大于两万来显示，这些参数也可以用来从侧面了解该词的热度。竞价竞争激烈程度也类似于前面所提到的竞价公司数量，代表着竞价公司对这个词竞争的热情。

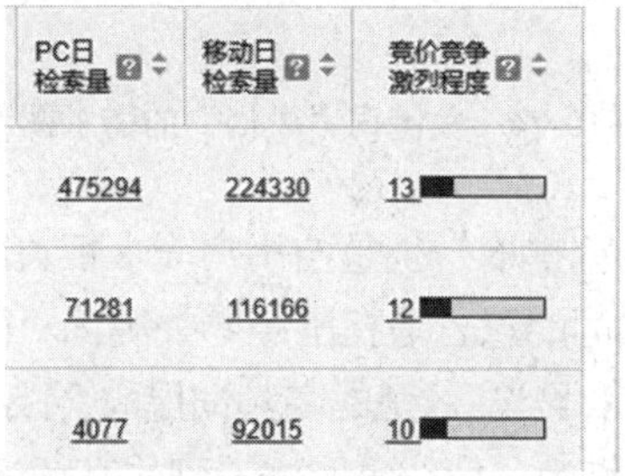

PC日检索量 ❓	移动日检索量 ❓	竞价竞争激烈程度 ❓
475294	224330	13
71281	116166	12
4077	92015	10

图 10-72   百度竞价后台关键词规划大师数据

列表右上角有一些辅助性小功能，如"内容规划"能够帮助我们从海量的长尾关键词中提取一些规律性的数据，以便在做具体的内容工作时了解用户的核心需求。"需求图谱"功能则可以帮助我们快速对相关的长尾关键词进行分析，总结出关于这些词汇的核心需求，如图 10-73 所示。

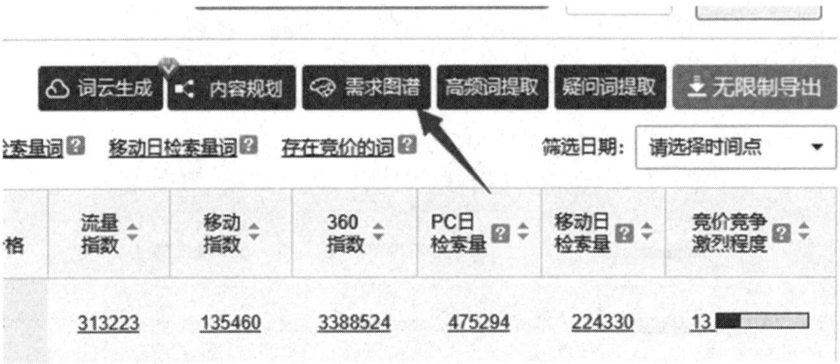

图 10-73　使用所有"微信"相关的长尾关键词生成需求图谱

还是以"微信"这个关键词为例，通过使用"需求图谱"功能我们能够了解所有关于"微信"的核心需求，如"微信群""公众号"这样的长尾关键词，如图 10-74 所示。

图 10-74　关键词"微信"的需求图谱

辅助功能中的"高频词提取"也是与用户需求相关的，我们在需求图谱里面看到的就是高频词，高频词的意思是指围绕着关键词"微信"出现的频率最高的长尾关键词，如"微信公众号"。这里的高频词提取会以列表显示，符合人们的查看习惯，比需求图谱更加细致。像需求图谱看到的高频词有"微信公众号"，而高频词还包括了与"微信公众号"相关更详细的长尾关键词，并会帮你进行归类，如图 10-75 所示。

微信公众号 (1382791)		
关键词	指数	链接
微信公众号	52876	
微信公众号平台	1862	
微信公众号注册	1564	
微信公众号登录	1405	
微信公众号平台…	1239	
微信公众平台号…	1156	

微信群 (1652417)		
关键词	指数	链接
微信怎么建群	5406	
微信群	3748	
微信如何建群	1188	
微信群名	1143	
神仙微信群	927	
微信红包群	718	

图 10-75　高频词提取

　　"疑问词提取"则包含了"怎么""如何""什么"等疑问词，我们总共列出了 32 个常用的疑问词，在"微信"近 3000 万个长尾关键词中找到了 500 多万个含有 "怎么"的长尾关键词，我们会把这些词罗列在这里，这样我们就能知道用户心中 到底有哪些问题了，如图 10-76 所示。

疑问词数据提取

通过对32个疑问词分析，从 29396419 个长尾词中得到含有疑问词的长尾词总量为 44 个。

怎么 (5417127)		
关键词	指数	链接
微信聊天记录怎…	6957	
微信聊天记录删…	6898	
微信怎么建群	5406	
怎么恢复微信聊…	2764	
微信朋友圈怎么…	2180	
微信视频怎么美颜	1962	

如何 (1591022)		
关键词	指数	链接
微信如何建群	1188	
微信如何群发	706	
微信如何群发消息	480	
如何群发微信	318	
如何建立微信群	304	
微信如何只发文字	226	

图 10-76　疑问词提取

　　这里的列表只能看到前六个词，如需查看更多，可以通过导出功能，或是通过使用需求图谱把这里含有"怎么"的长尾关键词进行二次分析，甚至三次分析。

长尾词代表着用户需求，当我们掌握了所有用户的需求时也就掌握了流量，我们需要尽量制造出各种内容和聚合页面来覆盖这些需求，帮助用户解决他们的实际问题，这样从搜索引擎来的流量才会越来越大。

10.3.2 移动流量词挖掘

移动流量词挖掘功能的目的是帮助我们从百度移动中快速找到流量词，也就是近期在百度移动上用户最关心的搜索词，是能够为你带来流量的词。

随着时间的变迁，数据也会有变化。例如，我们搜索"复仇者联盟 4"，在电影还没上映时，用户搜索的可能是"上映日期""预告片"等；在电影上映后，用户的需求就会随时间发生改变并产生新的搜索流量词，如"抢先版""评价"等，5118.com 会根据不同时间为您推荐不同词汇。

如图 10-77 所示的是"武汉疫情"相关的移动流量词，这里看到的价值量代表着如果把这个流量词的排名做到靠前的位置，能够带来的流量的价值参考。能做上去的词价值量越高，能为你带来的流量也会越高。

流量词	价值量 ❓
武汉疫情最早什么时候开始	25
关于防控疫情的手抄报	23
武汉疫情最早发现时间	22
武汉疫情最初爆发时间	20
疫情为什么突然在武汉爆发	18
武汉疫情事件全过程	17

图 10-77 "武汉疫情"相关的移动流量词

当我们在移动端搜索时，在页面的中间会显示如图 10-78 所示的搜索结果，这些词就是 5118.com 推荐的流量词，一个词出现的次数越多，说明它被点击的次数越多，从而带来的流量也会越多。

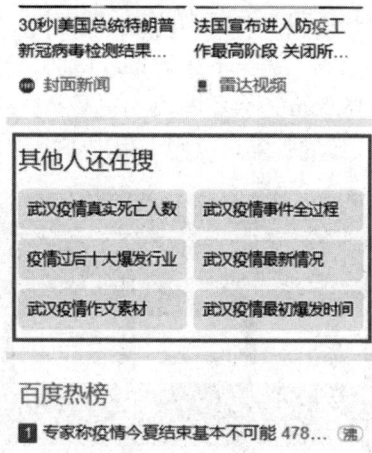

图 10-78　百度移动端关于"武汉疫情"的流量词

　　5118.com 为你一层一层挖出有流量价值的 SEO 词，这些词深藏在多层之下，如果不通过使用移动流量词挖掘这样的大数据工具，很难一眼看出真正有价值的流量词。当然，选择优化哪些词也要根据优化这个词的难易程度，热门词优化难度较高就不如选择价值量适中但相对更容易优化的词，这会大大节省 SEO 优化的时间。

　　挖掘历史保存着历史上曾经挖过的流量词，点击每个历史挖掘的词汇，这里保存着每个词的挖掘结果。

　　重新挖掘功能会即时从搜索引擎中挖掘最新的数据，如果你今天想再了解某个曾经挖掘过的词的最新变化，那么就可以通过这个功能来重新挖掘。

　　无论是电影还是人物事件，都会随着时间的变迁和事件的发酵，使用户根据不同的搜索需求在百度上进行搜索，搜索词也会不断变化。列表右侧快捷查询按钮能帮你快速进入各搜索引擎进行查询，如果打开某个词的百度移动搜索结果，发现很多标题都没有完整包含这个词，这说明该词是一个很好的 SEO 机会，因为现有百度排名靠前的标题都没有完整地包含查询词，如果你发布的页面 title 完全包含查询词，那么页面就很容易在百度上占据排名。

　　你也可以通过导出数据把所挖掘的流量词一次性导出，便于你在 Excel 表格里对其进行分析。

10.3.3　垂直行业流量挖掘

　　行业词库是通过人工智能算法，把各类用户在搜索引擎中查询的关键词分门别类地归纳的词库，如图 10-79 所示。如对于"电商"行业，5118.com 从 60 亿词库中找到了 6 亿多个"电商"有关的关键词。目前，5118.com 已累积了 300 多个行业词库，在未来，5118.com 还会不断增加更多新词库供用户参考。我们对这 300 多个行业词库进行了大致的归类，以便于用户查找。

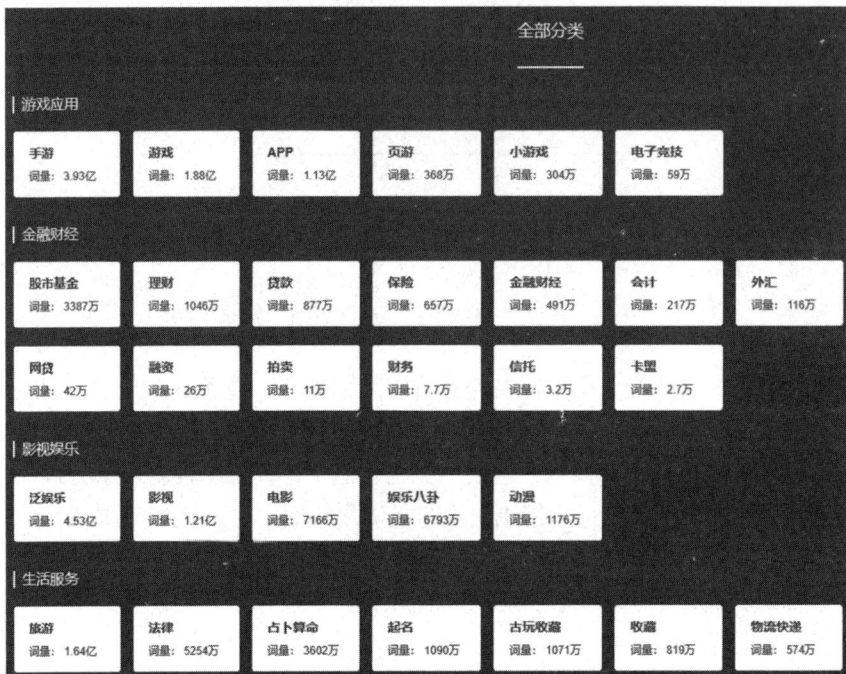

图 10-79　5118.com 的行业词库

我们可以看到，行业名称的下方显示着该行业词库关键词的总量，排在前面的是总量较多的分类。

我们可以通过搜索框输入关键词找到想要的行业词库，如在搜索框输入"化妆"，这样就能够找到"化妆"相关的行业词库。点击标签进入词库概况栏，可以看到该词库的关键词总量，在 200 多万的关键词总量里，我们发现了 7000 多个词有百度指数，指数数据是与百度官方同步的。最近更新代表最后一次更新有多少个关键词，点击可以查看历史更新记录，5118.com 每季度会定期更新数据，把属于该类的新词纳入归类。

当你想在行业词库中搜索特定关键词，可以在搜索框中查找，如在"化妆"行业词库中输入"口红"，点击查询，搜索结果会显示该行业中含有"口红"的关键词，如图 10-80 所示。

化妆 词库查询　　口红　　　　　　　　　　　　　　　　　无限制查询

查询 "口红" 在 化妆 行业词库中得到关键字的结果是 [45988] 条 ×　　　　需求图谱　高频词提取　竞价词提取　无限制导出

关键词	收录量	竞价公司数量	长尾词数量	流量指数	移动指数	360指数	PC日检索量	移动日检索量	竞价竞争激烈程度
口红排行榜	5550000	106	3917	4263	3964	219	530	5712	19
mac口红	22600000	0	87368	2639	2176	213	541	2983	16
迪奥口红	26800000	0	94200	2512	2301	624	210	3252	15
口红品牌	18500000	0	24785	2115	1889	100	222	2587	18
口红	100000000	40	2267707	2108	1725	19559	658	2593	17
圣罗兰口红	6260000	0	45402	1069	955	108	70	1043	23

图 10-80　化妆行业词库搜索 "口红"

　　回到分类页，我们可以看到这里有几个标签功能选项。第一个是 "高频词汇列表"，可以在词库中所有的长尾词里提取最高频的词汇。例如，在 "化妆" 行业词库里 "面膜" 出现了 18 万次，"价格" 出现了 10 万多次，代表着用户对面膜、各类化妆品、知名品牌的价格比较关注，也体现了用户最核心的需求。

　　下面看到的 "更多数据" 代表着用户更多的延伸需求，像一些知名品牌的名称和产地、什么品牌适合什么年龄层，等等，点击就能看到流量排在前 5 名的关键词。如需查看该词更多数据，可以点击 "无限制导出" 按钮，通过 Excel 查看，如需对该词进行更直观深入的分析，可以点击 "需求图谱"，系统会对这些词进行图谱分析，如图 10-81 所示。需求图谱的作用是让你对用户搜索需求有更深入的了解，具体功能可以查看 5118.com 的微信公众号前期发布的 "需求图谱" 功能视频教程。

香水(99371) ▾	精华(108608) ▾	系列(53823) ▾	护肤品(66200) ▾	眼霜(54695) ▾	口红(45987) ▾	洗面奶(45179) ▾
兰蔻(54615) ▾	面霜(41105) ▾	真假(33640) ▾	护肤品(66200)		膜(31188) ▾	图片(36364) ▾
保湿(59815) ▾	产品(40415) ▾	眉膏(37241) ▾	关键词　指数　链接		(9357) ▾	迪奥(34753) ▾
乳液(34177) ▾	粉底液(28313) ▾	防晒(67459) ▾	护肤品的使用顺序　2030		(2813) ▾	功效(24341) ▾
香奈儿(28980) ▾	美白(45173) ▾	bb霜(23455) ▾	护肤品十大排名　1598		(3856) ▾	眼影(22540) ▾
悦诗风吟(19311) ▾	使用方法(19094) ▾	精华液(22182) ▾	护肤品排行榜前　1096		(5421) ▾	彩妆(24037) ▾
牌子(34568) ▾	日本(21282) ▾	香港(19617) ▾	欧莱雅护肤品怎　1023		(16434) ▾	科颜氏(16747) ▾
娇兰(19693) ▾	作用(19322) ▾	倩碧(19021) ▾	自然堂的护肤品　1009		(7446) ▾	紧致(15642) ▾
粉底(49668) ▾	雪花秀(14707) ▾	爽肤水(16053) ▾		⬇ 无限制导出　需求图谱	(1740) ▾	ml(14220) ▾
隔离霜(17396) ▾	dior(14399) ▾	屈臣氏(13228) ▾	洁面(37053) ▾	护肤(84950) ▾	价格表(15371) ▾	广州(16068) ▾
玫琳凯(13530) ▾	纪梵希(14308) ▾	精油(22276) ▾	bb(38509) ▾	佰草集(12352) ▾	阿玛尼(12299) ▾	韩束(12996) ▾

图 10-81　行业词库中的高频词汇列表

　　第二个是"行业根词"标签，是指该词在相应行业里具有代表性的根词，其行业词数量是指在该行业词库中找到的相关长尾词数量，而长尾词数量是指在 5118.com 整个百亿级长尾词词库中和查询词相关的长尾词数量，如图 10-82 所示。

更多数据 ∨

护肤品 行业词 (59490) 长尾词 (865013)	眼霜 行业词 (50579) 长尾词 (340651)	专柜 行业词 (34173) 长尾词 (935457)	兰蔻 行业词 (49970) 长尾词 (310277)	面霜 行业词 (37692) 长尾词 (283983)
雅诗兰黛 行业词 (27752) 长尾词 (246806)	乳液 行业词 (31468) 长尾词 (280297)	口红 行业词 (45406) 长尾词 (1257181)	保湿 行业词 (53536) 长尾词 (319843)	唇膏 行业词 (35853) 长尾词 (296693)
欧莱雅 行业词 (33200) 长尾词 (212643)	化妆 行业词 (215597) 长尾词 (2842291)	资生堂 行业词 (26472) 长尾词 (172213)	成分 行业词 (24029) 长尾词 (1399845)	香奈儿 行业词 (25702) 长尾词 (393256)
补水 行业词 (31123) 长尾词 (356086)	兰芝 行业词 (22536) 长尾词 (156114)	眼影 行业词 (22166) 长尾词 (248855)	悦诗风吟 行业词 (18094) 长尾词 (88876)	彩妆 行业词 (20382) 长尾词 (174300)
修护 行业词 (16485) 长尾词 (97537)	倩碧 行业词 (17625) 长尾词 (93425)	爽肤水 行业词 (14446) 长尾词 (119114)	粉底 行业词 (46043) 长尾词 (417465)	娇兰 行业词 (17603) 长尾词 (100975)

图 10-82　行业根词

　　点击单个根词，可展开查看该行业词库中该根词的长尾词数据，并同样支持导出行业根词数据功能。

　　第三个是"行业代表网站"标签，是通过智能算法把与某行业最相关的行业网站汇聚于此。这里的覆盖率是通过将该站所有排名词与某个行业词库的关键词进行检查匹配得出的百分比，交叉越多越能说明属于某个行业。右侧的四个数据可以点击并自动跳转到排名详情页，也可以通过"快速导出"按钮导出该网站排名词库的数据。点击"直达网站"，会自动跳转到对应网站的首页。点击"SEO 报告"会跳转到对应网站的 SEO 综合分析页。如图 10-83 所示。

高频词汇列表	行业根词	行业代表网站	行业子分类	疑问词汇提取	用户需求画像				
排名	网站名称		覆盖率	百度PC排名词	整域PC排名词	百度移动排名词	360好搜排名词
1	太平洋时尚网化妆品库 cosme.pclady.com.cn	直达网站 ▶ 排名报告 ▶	65.02%	11356 导出 ⬇	221890 导出 ⬇	1239 导出 ⬇	4015 导出 ⬇
2	淘宝网化妆品库 product.kimiss.com	直达网站 ▶ 排名报告 ▶	63.98%	7550 导出 ⬇	16218 导出 ⬇	413 导出 ⬇	1659 导出 ⬇
3	brand.kimiss.com	直达网站 ▶ 排名报告 ▶	70.09%	4746 导出 ⬇	16218 导出 ⬇	2886 导出 ⬇	1667 导出 ⬇
4	onlylady化妆品 hzp.onlylady.com	直达网站 ▶ 排名报告 ▶	74.56%	4125 导出 ⬇	19363 导出 ⬇	2541 导出 ⬇	330 导出 ⬇
5	火爆化妆品招商网 www.5588.tv	直达网站 ▶ 排名报告 ▶	32.35%	7742 导出 ⬇	20280 导出 ⬇	427 导出 ⬇	774 导出 ⬇
6	bk.5588.tv	直达网站 ▶ 排名报告 ▶	45.19%	4982 导出 ⬇	20280 导出 ⬇	208 导出 ⬇	429 导出 ⬇
7	yoka时尚网时尚品牌库 brand.yoka.com	直达网站 ▶ 排名报告 ▶	39.16%	59 导出 ⬇	42827 导出 ⬇	54 导出 ⬇	2523 导出 ⬇

图 10-83　行业内代表网站

接着切换到"行业子分类"标签，这里也是通过智能算法，对该行业的所有关键词进行一个大概的细分类，以协助用户快速了解行业中更细致的需求。该列表包含了二级分类，像这里看到的 719 个"护肤"分类里，有 713 个二级分类，点击可以查看分类里包含了哪些关键词，如图 10-84 所示。

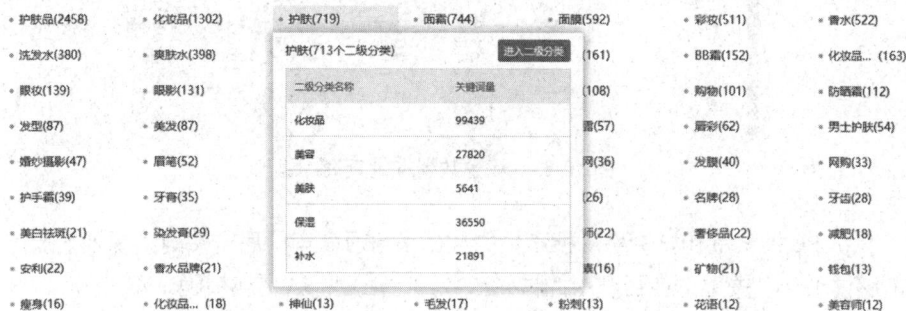

图 10-84　行业子分类

第五个是"疑问词汇提取"标签，5118.com 会把中文里常用的疑问词列举在此，同样支持单个列表和所有列表导出 Excel 数据文件，方便用户进行分析。

最后一列的"用户需求画像"标签是对整个行业词库做了可视化需求分析，把用户最核心的需求和相互之间的联系通过可视化图表呈现给你。

通过大数据分析，全面剖析一个行业中所有用户的查询需求，可以让我们更准确地把握行业流量运营。

10.3.4　流量数据批量查询

我们查询一个词的热度时，一般都会参考百度指数，如"护肤品"的百度指数中可以看到每天搜索流量的趋势变化。当我们有 100 个词需要查询时，就需要重复 100 次这样的操作，而使用 5118.com 流量数据批量查询的功能可以大大节省查询时间。

流量数据批量查询的目的是让我们能够一次性快速查询一批词的指数和其他参数，包括关键词数量、百度收录量和竞价参数，如图 10-85 所示。这些数据是后台即时采集的，和百度指数、百度竞价后台关键词规划大师中的数据是一致的。如果百度指数或竞价后台里无数据显示，则该列为零。

列表中的关键词数量是指在 5118.com 的关键词库中，共找到了多少个关键词与被搜索的关键词相关。

收录量代表着在百度上搜索关键词时显示的百度搜索结果数量，即百度收录了多少包含该词的网页。

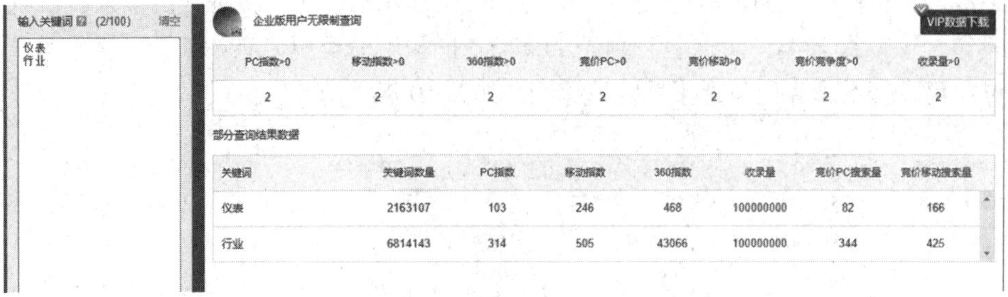

图 10-85　流量数据批量查询

竞价 PC 搜索量和竞价移动搜索量的数据来自百度竞价后台关键词规划大师，它能够体现一个关键词在百度中的搜索次数，比百度指数更加精确。

这里我们看到上方还有一行数据，是对下方列表所有数据的统计汇总，针对每列数据分别显示出每列大于零的关键词总数。

使用该功能可以一次性查询 100 个词的流量参数，让我们能够综合分析这些词的商业价值，以便确定选择哪些词进行重点优化和内容生产，大大提高了查询效率。

10.4　流量规划工具

10.4.1　需求图谱工具

大家应该都用过百度指数里的需求图谱，该功能可以查询某个词，了解每天大概有多少搜索流量。例如，受天气影响，关键词"羊毛大衣"在 10 月至来年 1 月间搜索量明显上升，而在 4 月至 9 月搜索量明显下降。

因为数据的关系，百度指数中的图谱并不全面，不能完全了解用户需求。如果希望更全面了解用户需求，可以使用 5118.com 的需求图谱功能。在 5118.com 首页输入框或关键词挖掘页都可进入需求图谱。

在 5118.dom 的需求图谱中同样用搜索词"羊毛大衣"进行查询，如图 10-86 所示的数据是对 8 万多个需求词进行分析的结果，我们发现很多用户都对"双面"这个需求比较感兴趣。切换到柱状图后，可以更清晰地看到不同词汇的需求量，如图 10-87 所示。

经数据分析得到词频最高

的词为双面，达7051个；

其次为图片、羊毛绒、价格等

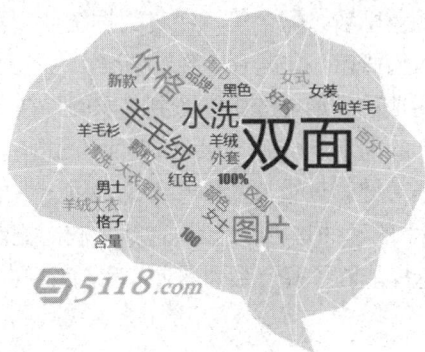

图 10-86　关键词 "羊毛大衣" 的 5118.com 需求图谱

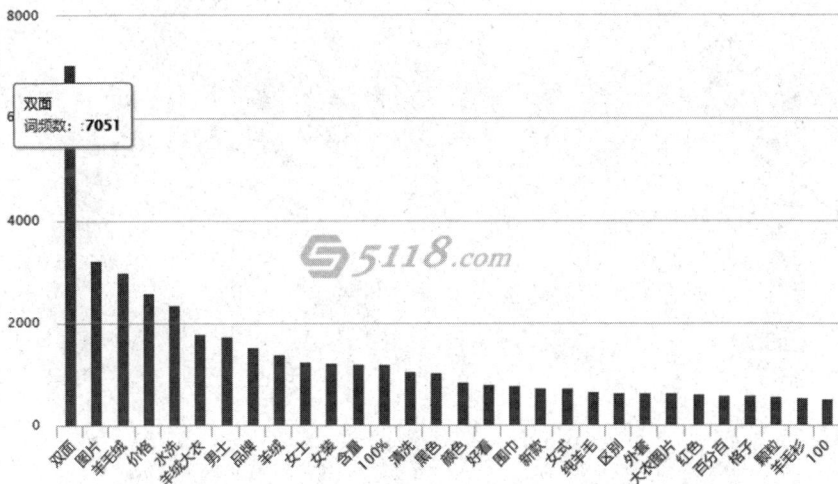

图 10-87　需求图谱柱状图

这里看到用户搜索最多的相关词汇包括 "双面" "图片" 等，说明当人们想了解羊毛大衣的款式时，就会搜索相关图片进行参考。在这 8 万多个词里，"图片" 在样本中出现了 2000 多次，占 7.8% 的比例。

点击 "图片"，就可以看到围绕 "图片" 展开的相关搜索词中包含 "搭配"。不难理解，希望了解羊毛大衣图片的用户对搭配也很感兴趣，这说明 "搭配" 和 "图片" 都是想要了解羊毛大衣的用户的相关常见需求。接着用户最想了解的就是价格、能否水洗、羊毛含量、好不好清洗等问题，如羊毛大衣弄脏后，用户第一时间就会搜索 "羊毛大衣怎么洗"。

另外我们可以看到大家对颜色的需求，黑色是大家最想了解的颜色，其次是什么颜色好看、配色等。经过数据统计，我们就能知道用户最想了解的是什么。比起人脑猜想，数据分析会更精准，绝不会遗漏和错判任何需求。

生成的圆形柱图中能看到"双面"往下延伸的需求，如图 10-88 所示。"羊毛大衣"的需求点含有"双面"，而双面的延伸有"毛绒大衣""100%"等词，进一步点击关键词查看，就能知道这些词出现的原因。切换到树形图能更清晰地看出"搭配"的延伸是"颜色"，包括大衣搭配丝巾颜色、搭配裤子颜色、搭配围巾颜色，这样能够了解一系列需求，我们就可以挖掘用户更深层的想法。

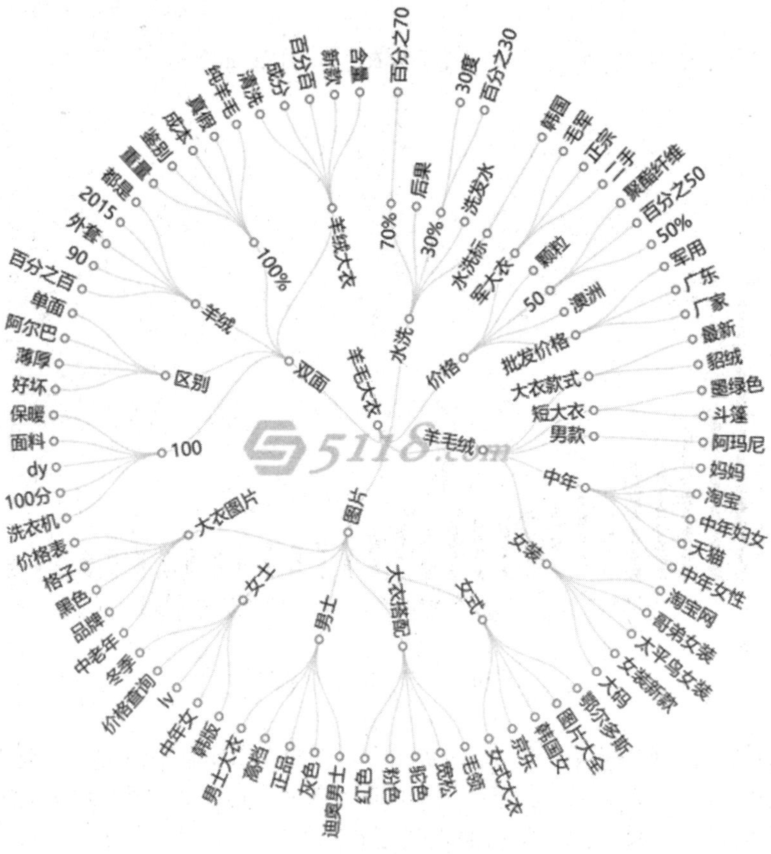

图 10-88　需求图谱圆形柱图

紧接着看到的关联脑图是关系矩阵分析，可以看出在所有高频词里"双面"和什么关联比较多，如"女装""品牌"，它把前面所有"羊毛大衣"的高频词呈现后再关联起来，形成高频词之间的关系图，如"洗涤"和"方法"这些词就会产生关联，如图 10-89 所示。

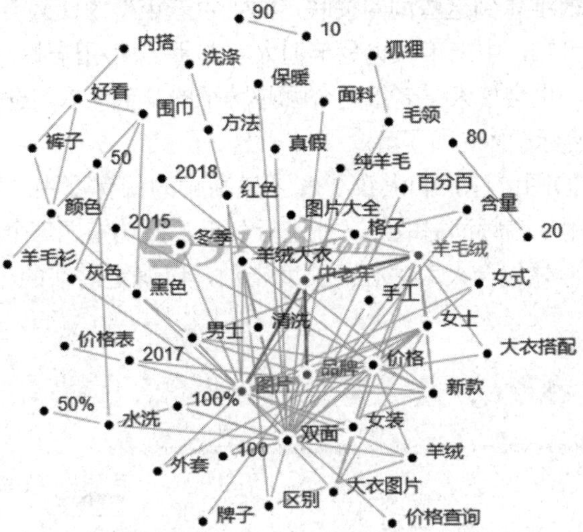

图 10-89　需求图谱关系矩阵

5118.com 会把主要疑问词罗列在列表中，如图 10-90 所示。人们会问羊绒大衣和羊毛大衣哪个好，所以衍生了"羊绒"和疑问词"哪个"相关联。这里还有很多问题，"哪个牌子好""如何鉴别""多少钱一件""多久清洗""怎么清洗"都会一一关联，点击查看详细问题，就能知道这些需求问题从何而来。

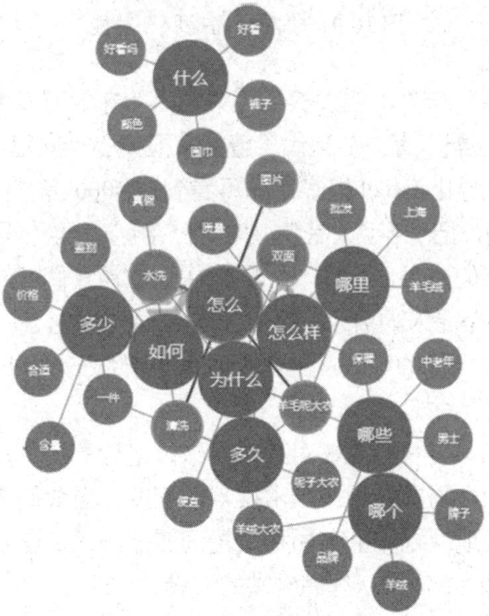

图 10-90　需求问题

有时候我们很难想到这些词的关联，如"中老年"为什么会和"羊毛大衣"有关，点击分析可知，中老年人也是羊毛大衣的重要使用群体，而且年轻人冬天给爸妈买衣服时，也会搜索中老年适合哪些牌子的羊毛大衣。通过需求图谱，我们可以对不同的目标群体有所了解。

前面所看到的图谱让我们大致了解了最高频的词有哪些，如果想要更细致地研究，可以使用"高频词提取"功能进行分析，该功能把每个高频词下所有的需求罗列了出来，并包含大家关心的百度指数，以确定潜在的流量，如图 10-91 所示。

图 10-91　"高频词提取"功能

前面提到"搭配"与"羊毛大衣"相关，因为在 8 万多个相关关键词当中，有 4000 多个词与"搭配"有关，这代表着大家很关心"搭配"的问题。如果想进一步了解需求，可以导出 Excel 报表，即可看到这 4000 多个词的详细数据。我们还可以进行二次分析，把"羊毛大衣"和"搭配"组合，再用需求图谱分析合成词，相当于进行了更深层的挖掘，这样一层层地往下挖，我们就能够对所有的需求有更细致的了解。如果单靠人脑猜想，难免会遗漏一些需求。

疑问词提取也是同样的原理，可以把疑问词导出 Excel 报表进行数据分析，或把相应的疑问词进行深挖。

通过需求图谱工具，我们能够对互联网数以亿计的用户需求进行快速分析，得到用户最关心的核心需求和用户最常搜索的问题，当我们掌握了这些核心用户需求后，便能更高效地规划流量布局和长尾词覆盖，尽量让网站内容能够击中用户搜索的大部分关键性的需求，提高网站的流量。

10.4.2　内容规划

内容规划功能的目的是让我们更快速地了解关键词的核心需求，以便我们把核心需求作为栏目规划或内容提纲来使用。

例如，搜索词汇"羊毛大衣"，通过智能分析，把相似的需求进行合并，能够及时获取关于"羊毛大衣"的所有核心需求，如图 10-92 所示。

图 10-92　"羊毛大衣"相关内容规划

该功能类似之前所讲解的"需求图谱"功能，但内容规划更偏向于数据分析和规划，并支持树形脑图编辑。

当我们创作一篇关于"羊毛大衣"的内容时，需要先了解人们对羊毛大衣的需求是什么。例如，数据分析得出，人们最想了解羊毛大衣的"双面"和"单面"的问题，我们可以把该需求词拖动到右侧的规划树形图中，这也代表该题材可以作为备选。

在分析列表里我们看到"双面"出现的频率最高，因为该词是人们最常搜索的核心需求，在"双面羊毛大衣"下，智能分析会对该词进行二次核心词提取，通过二次分析可以看到该词下"呢大衣"是重点需求，此时当我们想要写"双面羊毛大衣"的文章时，就需要涉及双面羊毛呢大衣的内容，这样就更能命中用户需求了。

　　右侧的规划树形图随时可以进行添加、修改、删除操作，像这里能看到关于羊毛大衣"水洗"的需求词，说明人们对羊毛大衣怎样水洗十分感兴趣，那么可以把该词拖动到规划图中纳入参考，我们还可以点击查看关于水洗所延伸的问题，如图 10-93 所示。

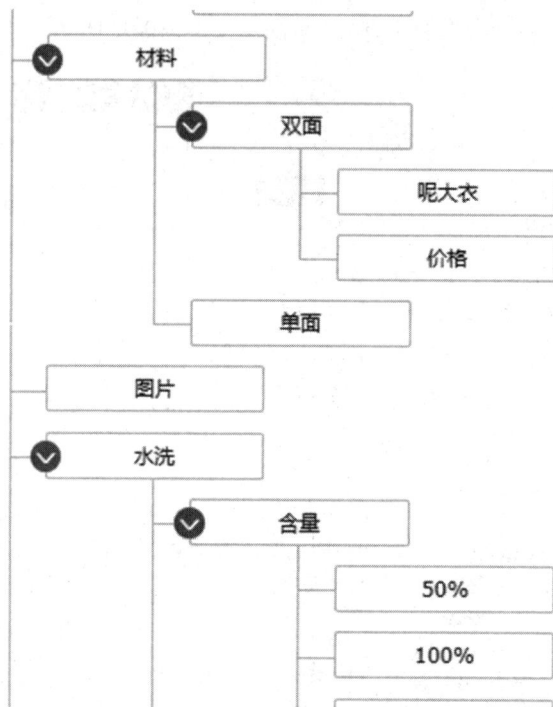

图 10-93　规划树形图

　　这里可以看到人们最关心的是羊毛大衣水洗缩不缩水、各种含量在水洗时会有什么不同，此时我们可以了解到在羊毛大衣水洗当中，人们所关心的是含量问题，那么可在"水洗"的目录下添加根目录"含量"，再把相关的需求词拖动到"含量"的目录下，一些重复或不想要的词可以删除。

　　接着可以继续挖掘其他需求了，如"颜色"。这里可以看出人们更侧重于对黑色羊毛大衣的需求，此时我们可以建立一个"颜色"的目录，把所有颜色拖动到规划图里，这样能够了解人们喜欢哪些颜色羊毛大衣，并按照顺序排列内容优先级。当建立的树形图显示过长时，我们可以通过收缩仲展操作使树形图便于查看。

　　在我们做一个关于某个主题的脑图时，如果想对二次需求的核心词了解更多，可以点击"返回搜索"，对相关词进行更深入的挖掘分析，同时右侧的规划图也会为你保留。回到分析页，我们看到每一个类型的需求词通过高频词频次数值进行倒序显示，而每个类型的首词为该类型的重点高频词，如图 10-94 所示。

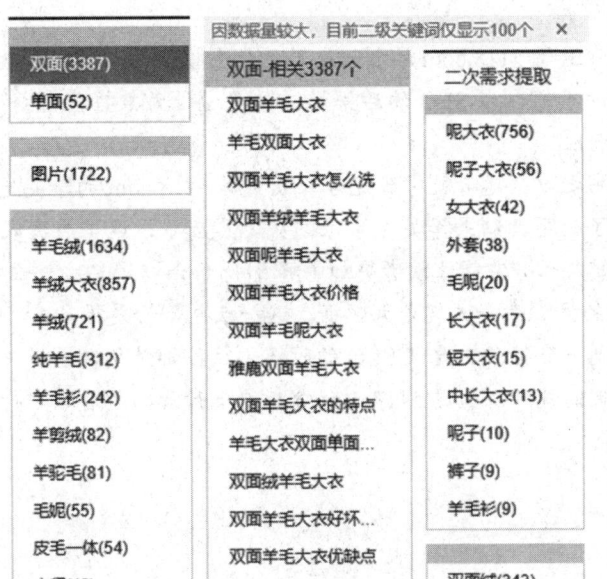

图 10-94　内容规划分析

通过拖动、添加、修改、删除操作能够让树形脑图变得更完善，当我们写文章时，就知道如何创作内容了。

当想要了解相关词更深入的需求时，可以通过更多快速辅助按钮进行深挖，如图 10-95 所示。第一个"搜内容"按钮点击后会自动跳转到 5118.com 的"内容搜索引擎"并直接查询相关内容，让我们能更快速地了解到"羊毛大衣"的最新相关资讯。当我们想要了解某关键词的长尾词时，可以点击"搜索长尾词"快捷键，在这里会看到人们经常查询的长尾词，以便更细致地了解用户的常见需求。后面可以看到各类搜索引擎的小图标，点击可以快速进入第三方的搜索引擎，5118.com 会为你自动匹配当前搜索词的相关内容，提高你的创作灵感。

图 10-95　内容规划辅助按钮

通过内容规划，结合智能分析器高效提取用户需求，让我们在创作内容时能更清晰地了解用户想看的题材，有明确的思路做出一篇用户感兴趣的文章，从而提高文章点击量。

本章小结

本章是笔者邀请 5118.com 的创始人李昊先生撰写的。笔者和李昊也是老朋友了，他用独特的思维，在 SEO 的后半场，硬是通过大数据能力将 5118.com 送上了行业领先的地位。

在筹备本书之初，笔者就考虑能否让最了解 5118.com 的李昊先生去撰写，之后特意去询问了此事，结果李昊先生很高兴地答应了，这里再次表示感谢！笔者相信这样的深度内容一定能让读者更加了解 5118.com 工具。

5118.com 的核心竞争力就是大数据，这一点也恰恰是很多 SEOer 所忽视的。以前我们在遇到一个行业需要做 SEO 的时候，往往都是胡乱选择关键词，胡乱建设内容。现在我们就可以通过 5118.com 分析这个行业，看看这个行业都有哪些关键词能带来流量。

第 11 章
老域名的投资与盈利

11.1　如何通过投资老域名获得收益

在前面的章节中笔者已经和大家提到过老域名对 SEO 的作用，也告诉了读者如何购买一个优质的老域名。那么可以反过来思考一下：既然老域名有这么大的需求，能否选择一些老域名拿来出售赚钱？

答案是肯定的，聚名网中有许多域名投资人通过投资老域名获得百万元以上的年收入，笔者和其中的很多投资者都是好朋友，结合这些投资人的经验和 SEOer 对老域名的价值分析，笔者总结出一套完整的老域名投资与盈利的方案。本章中，笔者会将这些方案完整地展现给读者。

开始之前，我们先来看一个案例，如图 11-1 所示。

51562110	交易	一口价购买	购买域名:	zj.com		-50		2020-5-8 15:03:2
51650043	交易	一口价购买	购买域名:	uliao.com		-25		2020-5-10 15:33:0
51769341	交易	一口价购买	购买域名:	nu.cn		-99		2020-5-13 9:26:1

编号	域名	数量	发往ID	索要金额	发起时间	附言	状态
578497	hu.cn	1		¥1000	2020-5-13 23:41:36		已接受
578309	zj.com	1		¥600	2020-5-13 18:09:02		已接受
575428	uliao.com	1		¥666	2020-5-10 16:57:15		已接受

图 11-1　一口价购入域名出售域名明细

图中上半部分是我们通过老域名分析的方法在聚名网一口价中购买的三个老域名，购入价格分别是 50 元、25 元和 99 元，合计投资 174 元。

图中下半部分是我们出售这些老域名的截图，出售的价格分别是 1000 元、600 元和 666 元，合计收入 2266 元。

很简单的算术：2266 元 – 174 元 = 2092 元就是我们这次投资的收益，差不多是 12 倍的投资收益。当然，这样的行情不可能每天都有，但是只要我们掌握了分析老域名的方法，每天能找到 1 个以上的老域名，陆续积累投资，每个月实现 1 万元左右的收入还是非常轻松的。当然，我这里说的是作为一个兼职的投资人去操作，也就是说我们的本职仍然是 SEO，我们只是利用业余的时间去筛选、分析老域名。如果我们计划全职并且组织团队去做，就能获得更多的收入。笔者认识的聚名职业投资人就组建了自己的公司，有 30 多个员工在分析、筛选老域名，如果你也有这样的时间和能力，也可以这样做。

　　本章中，笔者会将这些投资的技巧和方法一一叙述出来，读者有不清楚的地方欢迎添加书籍封面勒口的二维码和笔者进行沟通交流。

11.2　老域名价值评估体系

　　曾几何时，蔡文胜等互联网人通过投资域名获得了几千万元甚至上亿元的收入，现在优质的域名已经被抢注一空，如三数字域名、四数字域名、双拼域名等。

　　不过我们还有机会，就是通过投资老域名获得收益，这是一个非常大的市场，现在还是早期发展阶段，我们很容易参与进来，并且不需要多高的投资，几十元、几百元或几千元就能开始。本小节笔者就为读者介绍如何通过老域名投资获得收益。

　　开始之前，我们先要简单了解一下老域名的价值评估体系，这一点在前面的章节中笔者已经有过完整的介绍，本节中我们只是站在投资的角度再次梳理这些内容。

　　什么是老域名？简而言之就是这个域名在以前做过站就可以称为老域名，那些注册时间很长但是没有做过站的域名只能算是老龄域名，我们这里讨论的是有过做站经历的老域名。

　　老域名有什么优势？有以下几点。

1. 收录快

　　这个是必需的，因为老域名说白了就是域名以前建过站，在搜索引擎里有历史记录，如果你拿来做站会很快放出首页，内容页收录时间也会很快，有的高质量的老域名当天就可以收录内页，这个是新注册域名不可企及的。

2. 权重快

　　有了收录只是 SEO 的基础，我们要收录干什么？肯定是要权重排名啊。老域名由于在搜索引擎中有历史存档，如果历史记录信誉良好，那么很快就会给予权重排名，基本上娱乐类的网站半年内权重达到 4～7 不难。当然，那时搜索引擎也好做，现在即使用好的老域名，基本上娱乐站半年权重也就能达到 4，而如果你用新域名优化，半年权重能达到 1 ～ 2 都算不错了。

3. 排名稳定

有了权重和排名，如果不稳定那也是挺让人恼火的，老域名如果有良好的搜索引擎记录，早就过了搜索引擎反复考察期，排名就不会波动很大，而新注册的域名在半年内排名还是很不稳定的。

4. 天然外链

质量好的老域名由于做过站，往往带有外链，这样的优势是新域名不可能有的。

正是由于老域名的这些优势，所以现在很多 SEOer 建站都是优先选择老域名，这里不妨再来看一个例子，有助于读者了解老域名的优势。

前段时间有一个读者联系笔者，说想建设一个艾灸行业的网站，通过 SEO 的方法导流，而这位读者本身就是做艾灸条的。笔者进行分析之后建议他首先购买一个老域名，并最终为他推荐了 aijiu**.com 这个域名（涉及商业秘密，具体域名本书就不再展示，需要了解的读者可以扫描书籍封面勒口的二维码添加笔者微信获取）。下面我们来看看这个域名是什么样的情况，有哪些价值点值得推荐，还有这个域名上线网站之后的表现情况。

首先来看历史建站记录，如图 11-2 所示。

历史快照明细				

总记录数：20　最老记录时间：2013-05-01　最新记录时间：2020-10-21　　　　　○ 按月展示　⦿ 按年展示

序号	年月	首页标题	页面大小	存档时间
1	2020-08-10	🔗 艾灸论坛 - 中医艾灸网	115.71 kb	2020-08-10 12:05:13
2	2018-08-06	🔗 网站访问报错	1.18 kb	2018-08-06 13:25:39
3	2017-12-07	🔗 艾灸论坛 - 中医艾灸网	114.56 kb	2017-12-07 12:49:05
4	2016-01-22	🔗 艾灸论坛 - 中医艾灸网	63.26 kb	2016-01-22 11:28:20
5	2015-01-04	🔗 艾灸论坛 - 中医艾灸网	64.2 kb	2015-01-04 17:26:46
6	2014-10-14	🔗 艾灸论坛 - 中医艾灸网	56.9 kb	2014-10-14 05:06:42

图 11-2　aijiu**.com 域名历史建站记录

可以看到这个域名 2014—2020 年都在建设艾灸行业的网站，和这位读者即将建设的网站行业相关度非常好，这就是我们投资老域名需要注意的一点——行业垂直度和相关度要好，并且历史建站记录要持续统一。如果一个域名在近几年中建设了 3 个类型以上的网站，那么这个域名的价值将会大打折扣。

接着我们来看这个域名的历史权重情况，如图 11-3、图 11-4 所示。

图 11-3   aijiu**.com 域名历史权重

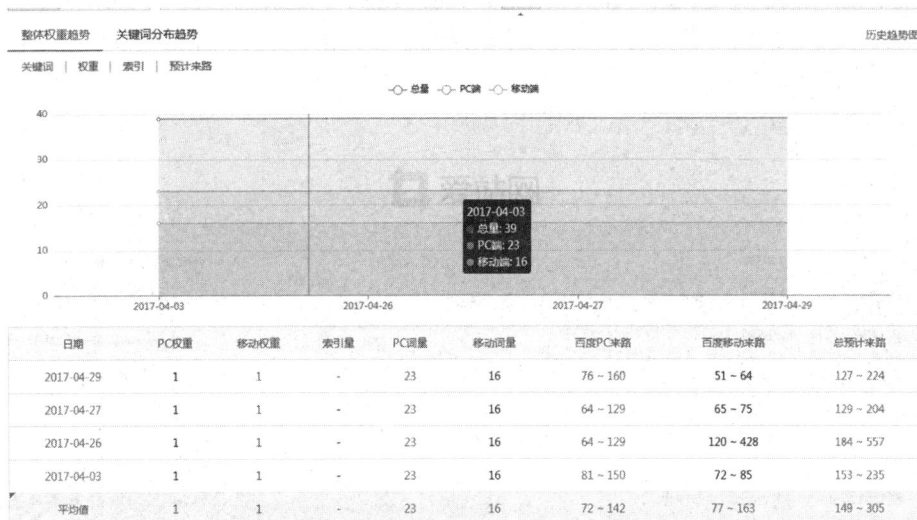

图 11-4   aijiu**.com 域名爱站历史权重

图 11-3 是使用小猪 SEO 工具查询的该域名的历史最高权重和词量，图 11-4
是爱站查询的该域名的历史权重和词量。通过分析可以看出，这个域名的历史权
重并不是很高，只有 1，但是稳定性非常好。

这又是老域名投资需要注意的一个点：历史权重固然越高越好，但是权重高
且稳定的老域名往往价格都非常高，能达到几千元甚至几万元，这样的域名投资
的性价比不太高，尤其是对于新入门的读者来说。笔者建议投资初期尽量选择历

史持续稳定的老域名，最高权重在 1 以上就行，这样的域名性价比高，一般来说价格是在几百元到 1000 元这样的区间。

就我们前面提到的这个域名来说，其价格是 499 元，性价比非常高，如果作为投资者买下这样的域名，然后再去出售，随便都是 100% 的利润。

最后我们来看看使用这样的域名建站会是什么样的效果。截至本章节写作的时候，这位读者的网站还没有上线，前期他只是搭建了一个简单的网站来吸引蜘蛛。即便是这样简单的网站，艾灸行业的核心词都已经开始出现了排名，如图 11-5 所示。

PC端　移动端				SEO优化上首页扣费
☰ 目录(大约词数)	关键字	排名 ▲	(移动)搜索量 ▲	网页标题　导出Excel ⬇　提交新词 ＋
/	艾灸视频	第3页 第4位	88	从零开始学艾灸 - 艾灸视频教程大全—中医艾灸网 - 昭曜...
	中医艾灸	第3页 第7位	82	从零开始学艾灸 - 艾灸视频教程大全—中医艾灸网 - 昭曜...
	艾灸论坛	第3页 第9位	<10	从零开始学艾灸 - 艾灸视频教程大全—中医艾灸网 - 昭曜...
	艾灸视频	第4页 第2位	<10	从零开始学艾灸 - 艾灸视频教程大全—中医艾灸网 - 昭曜...
	艾灸网	第4页 第4位	<10	从零开始学艾灸 - 艾灸视频教程大全—中医艾灸网 - 昭曜...
	艾灸	第4页 第8位	2,446	从零开始学艾灸 - 艾灸视频教程大全—中医艾灸网 - 昭曜...
	艾灸网	第5页 第4位	<10	从零开始学艾灸 - 艾灸视频教程大全—中医艾灸网 - 昭曜...
	艾灸方法	第5页 第8位	89	从零开始学艾灸 - 艾灸视频教程大全—中医艾灸网 - 昭曜...

图 11-5　aijiu**.com 域名关键词信息

可以看到，"艾灸"这个非常大的核心词已经进入百度搜索自然排名前 50 名，这已经是非常不错的效果了。如果我们使用新域名来做，一年时间都很难达到这样的效果。后期这个域名一旦上线正式的网站，其潜能将会被更大地释放出来，笔者也期待和读者一起在线交流该域名后续的发展情况。

最后，我们再来梳理一下老域名的价值评估体系。

1. 权重

域名的历史权重越高越好，历史权重距离现在越近越好；如果历史给了很高的权重，说明以前搜索引擎对这个域名很信任；域名的历史权重越近越容易把权重做出来；要更重视历史权重的稳定性。

2. 年龄

年龄越久越好，毕竟是老域名，不老怎么称之为老域名，一般超过半年建站记录都可以称为老域名。

3. 备案

看老域名备案，政府、学校、教育的大多比企业的好，企业的大多比个人的好。

4. 外链

外链越多越好，外链域越丰富越好。

5. 被墙

一般来说，域名一旦被墙就没有了价值。

6.DNS 污染

和被墙一样，一旦域名被 DNS 污染，就很难再进行交易，所以这两点在投资域名的过程中一定要注意。笔者发现即便是一些很熟练的老域名投资人都还在犯这样的错误，很大原因是看到域名其他条件都好，就忘记了查询被墙和 DNS 污染了。

7. 微信、QQ 等拦截

这个和被墙和 DNS 污染不同，虽然被拦截之后域名的价格会有所降低，但是域名本身的价值不会改变，因为这样的拦截很容易解决。在网站上线之后，我们可以到对应的平台投诉，一般情况下都会得到解决。

当然，这些参数要学会灵活运用，一个域名不可能每一个条件都满足，不可能都是完美的，我们要做的就是不断地学习积累这些经验，以找到一个投资产出的最合理区间。

下个小节中笔者将会为大家介绍如何开始老域名的投资，以及需要做哪些准备工作。

11.3　准备工作：在哪里交易老域名

前面的小节中我们已经了解了老域名的价值评估体系，那么我们应该从什么渠道、通过什么方法投资老域名？

首先我们来看目前主流的老域名交易平台。

1. 聚名网

聚名网是目前最大的老域名交易平台，自 2013 年成立以来，聚名网专注处理域名领域相关业务，包括域名查询、域名注册、域名抢注、域名竞价、域名管理、一口价等域名相关服务。秉承专业至上、服务至上、用户至上的原则，曾先后获得权威机构及合作单位颁发的"嘉许状""年度潜力注册 & 交易 & 平台"等奖项，在业内受到不少新老用户的认可。

开始之前，我们只需要在聚名网注册一个账号，注册完成之后，我们还需要创建一个域名模板，可以是个人认证的模板，也可以是企业认证的模板。模板创建完成之后需要等待官方审核，审核通过后我们就可以购买老域名了。

2. XZ.com

XZ.com 也是非常不错的老域名交易平台，有一口价交易和域名竞拍等功能，操作流程和聚名网类似，这里不再重复。

3. 66.cn

66.cn 是相对比较早的域名交易、抢购平台，其业务和功能与前两个平台类似，不再重复介绍。

除此之外，22.cn、西部数码、易名中国等平台都开通了老域名删除、抢注、交易业务，感兴趣的读者可以都了解一下。

目前看来，老域名交易业务 70% 以上都在聚名网完成，所以开始阶段我们只需要关注聚名网就可以了，后续随着业务的扩展读者可以陆续尝试关注其他平台。

接下来我们来看通过什么样的方法投资老域名。

第一种方法是一口价购买。这个非常容易理解，就是我们在一口价商城中选择有价值的老域名并购买。

一口价购买域名的核心是筛选有价值的老域名，这一点就需要结合前面小节中笔者提到的那些参考点，如历史权重、历史权重稳定性、外链、备案情况等。

一口价购买流程如下：

（1）在导航栏里面点击"一口价"板块，根据已有筛选条件（如域名包含的关键字、后缀、类型等）设置，设置好后，点击"搜索"，如图 11-6 所示。

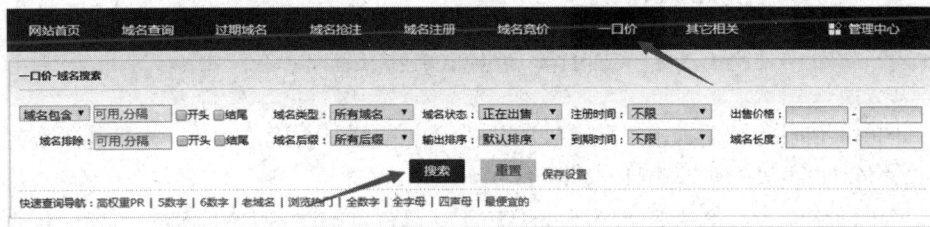

图 11-6　检索域名

符合筛选条件的域名会在下面显示出来，如图 11-7 所示。

图 11-7　域名检索结果

（2）点击具体域名进入该域名购买详情页面，如图 11-8 所示。这个页面中可以点击"安全检测"相关数据进行查看。

立即购买	
域名：	▮▮▮▮▮▮▮▮ P [Whois] [收录] [反链] [综合]
域名简介：	【百度评价】【SEO老域名】绝对过WX，QQ，有外链 （简介仅供参考，如简介描述不真实或包含违法关键词 请 举报）
安全检测：	360检测｜QQ检测｜微信检测
域名价格：	￥68元
剩余时间：	长期出售
当前状态：	正在出售
更新时间：	2019-4-1 15:11:06
	购 买　返回出售列表｜生成推广海报
域名详情	
域名卖家：	▮▮▮▮
域名注册时间：	2019-2-18
域名到期时间：	2020-2-18
域名实际注册商：	xw
浏览次数：	1次

图 11-8　域名购买详情页面

（3）确认无误后点击"购买"，网站会弹框提醒是否确认购买，如果确认需要该域名，点击"确认"即可。如图 11-9 所示。

（4）确认后，会进入"等待购买页面"，请仔细阅读下方购买注意事项，并进行勾选，再次点击购买按钮。系统会自动扣款，域名会转到买家你账户下，钱款会转到卖家账户下，如图 11-10 所示。

图 11-9　购买域名

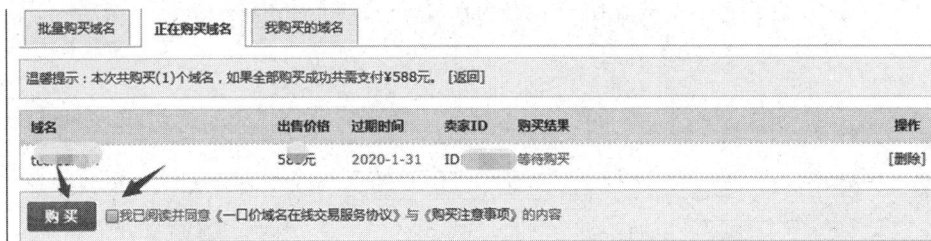

图 11-10　成功购买域名

接下来我们来看如何出售域名。

第一种方法是发布一口价。具体操作如下：

（1）首先要开通店铺。依次选择"管理中心"→"我是卖家"→"我的店铺管理"，如图 11-11 所示。

（2）按要求填写店铺名称、公告等信息，然后点击"开通"即可。开通店铺时，系统自动扣除 100 元店铺保证金，关闭店铺时会退还。如图 11-12 所示。

（3）接下来就该发布一口价了。点击"批量发布域名"，在"出售方式"中选择"一口价"，并点击"下一步"，如图 11-13 所示。

（4）接下来，只需填写域名价格、周期、简介等相关信息，并在填写好后点击"发布"即可，如图 11-14 所示。

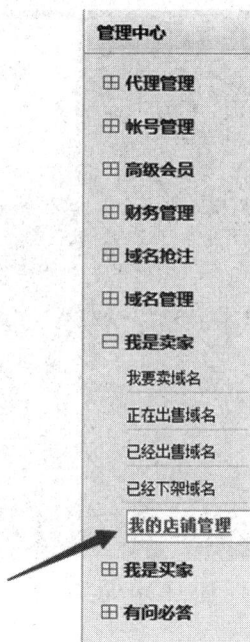

图 11-11 "管理中心"→"我是卖家"→"我的店铺管理"

图 11-12 开通店铺

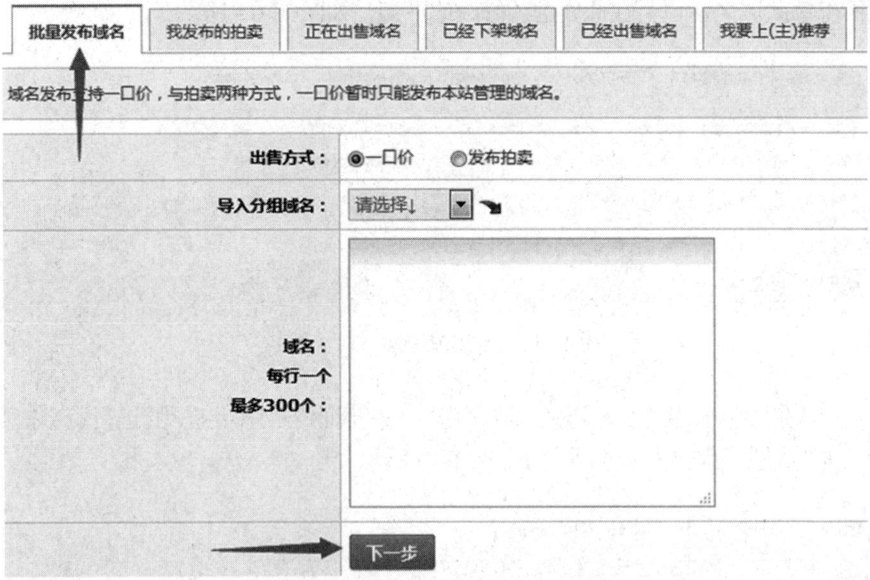

批量发布域名	我发布的拍卖	正在出售域名	已经下架域名	已经出售域名	我要上(主)推荐

域名发布支持一口价，与拍卖两种方式，一口价暂时只能发布本站管理的域名。

出售方式：	◉ 一口价　　◎ 发布拍卖
导入分组域名：	请选择↓ ▼
域名：每行一个最多300个：	

下一步

图 11-13　选择"一口价"出售方式

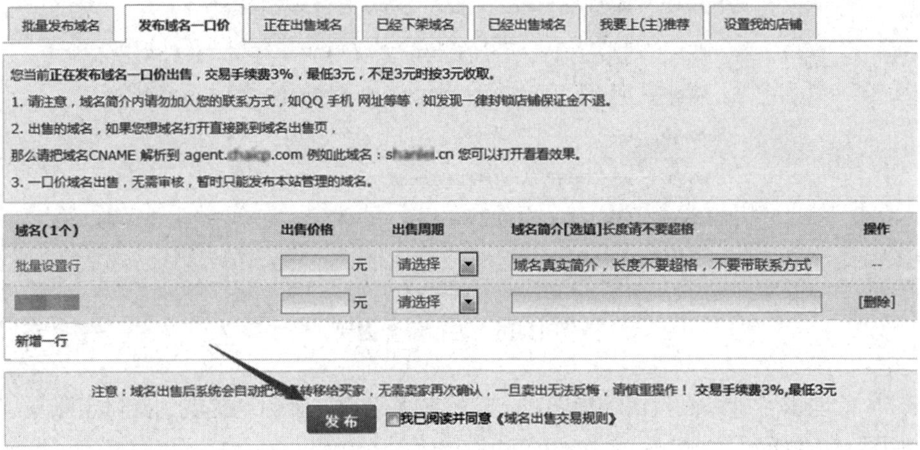

批量发布域名	发布域名一口价	正在出售域名	已经下架域名	已经出售域名	我要上(主)推荐	设置我的店铺

您当前正在发布域名一口价出售，交易手续费3%，最低3元，不足3元时按3元收取。

1. 请注意，域名简介内请勿加入您的联系方式，如QQ 手机 网址等等，如发现一律封锁店铺保证金不退。

2. 出售的域名，如果您想域名打开直接跳到域名出售页，

那么请把域名CNAME 解析到 agent.chacp.com 例如此域名：shanlei.cn 您可以打开看看效果。

3、一口价域名出售，无需审核，暂时只能发布本站管理的域名。

域名(1个)	出售价格	出售周期	域名简介[选填]长度请不要超格	操作
批量设置行	元	请选择 ▼	域名真实简介，长度不要超格，不要带联系方式	--
■■■■■	元	请选择 ▼		[删除]
新增一行				

注意：域名出售后系统会自动把域名转移给买家，无需卖家再次确认，一旦卖出无法反悔，请慎重操作！交易手续费3%,最低3元

发布 ☐我已阅读并同意《域名出售交易规则》

图 11-14　填写一口价域名相关信息

　　这里需要注意的是域名简介非常重要，建议读者在写域名简介的时候要重视这几个点：①历史权重；②建站记录和稳定性；③搜狗 PR；④是否有备案；⑤是否有污染；⑥网站类型，如教育类型等。简介写得越清晰，越容易得到买家的关注，这一点非常重要。

　　发布成功后可在"正在出售域名"中查看出售状态。如果后期想要修改价格

或不出售此域名，也可在此处进行修改或下架，如图 11-15 所示。

图 11-15　修改或下架一口价域名

（5）在域名出售之后，可以依次点击"财务管理"→"我要提现"进行资金提现，初次提现需要设置支付宝账号，如图 11-16 所示。

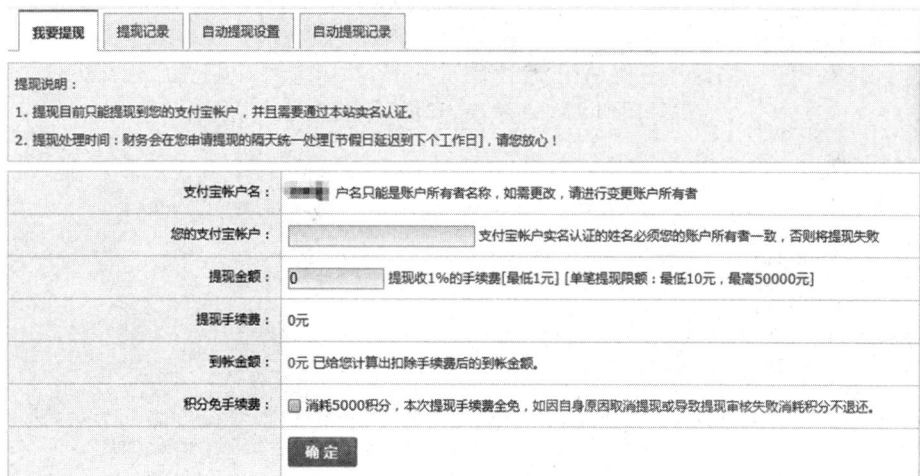

图 11-16　进行资金提现

代理账号可以设置自动提现，一口价域名出售后会自动提现到支付宝账号，如图 11-17 所示。

第二种方法是预定竞拍。通过前面章节的学习，我们已经知道老域名的来源就是网站关闭导致域名过期，然后域名就会进入删除阶段，在这个阶段我们就可以预约竞拍。如果这个过程中只有我们预约或者我们预约的价格最高就会直接得标；如果存在很多用户预约，并且价格一样的话就会进入竞拍流程。聚名网的域名预定流程如图 11-18 所示。

下面我们具体来看看如何操作：

| 我要提现 | 提现记录 | 自动提现设置 | 自动提现记录 |

使用提醒：

1、自动提现目前只能提现到您的账户所有者支付宝账户，并且需要通过本站实名认证。

2、自动提现处理时间：后台会自动处理[一般情况1分钟内]，请您放心！

3、单笔提现金额大于>10000元，将无法进行自动提现。

自动提现状态：	◉开启　○关闭
支付宝姓名：	▮▮▮　姓名必须与账户所有者一致　如需更改，请进行变更账户所有者
支付宝账户：	▮▮▮▮▮　账户必须与姓名实名一致否则无法转账成功
自动提现项目：	☑一口价出售域名　您的店铺一口价域名出售后，触发自动提现请求。
账户最低预留可用资金：	0　元　如果账户低于这个可用余额，则不进行自动提现 0=不限制
自动提现触发金额：	0　元　如果域名出售价格低于您设置的触发金额，则不进行自动提现 0=不限制
自动提现手续费：	1%　最低1元
上次更新时间：	2019-7-27 8:38:27
	修改　☑我已阅读并同意《自动提现服务协议》

图 11-17　设置自动提现

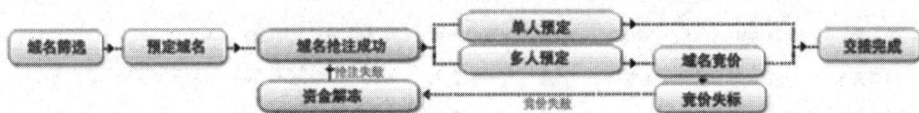

图 11-18　聚名网域名预定流程

（1）根据需求筛选需要的域名。可以根据后缀、长度、拼音／数字／字母、特殊域名等进行筛选，如图 11-19 所示。

（2）自由选择通道后，提交预定。如图 11-20 所示。

（3）预定后只需等待预定结果即可，一般预定结果会在删除日期的次日下午处理完毕。

预定流程的注意事项如下：

（1）请在早于删除日期的时间提交预定，否则可能错过预定期。

（2）各通道支持的后缀不同、价格不同、冻结的保证金不同、提供的抢注商接口数量不同、成功率不同，请根据自身的需要进行选择。

（3）抢注价格及冻结保证金等以官网提示为准。

（4）域名一旦预定，不可取消。

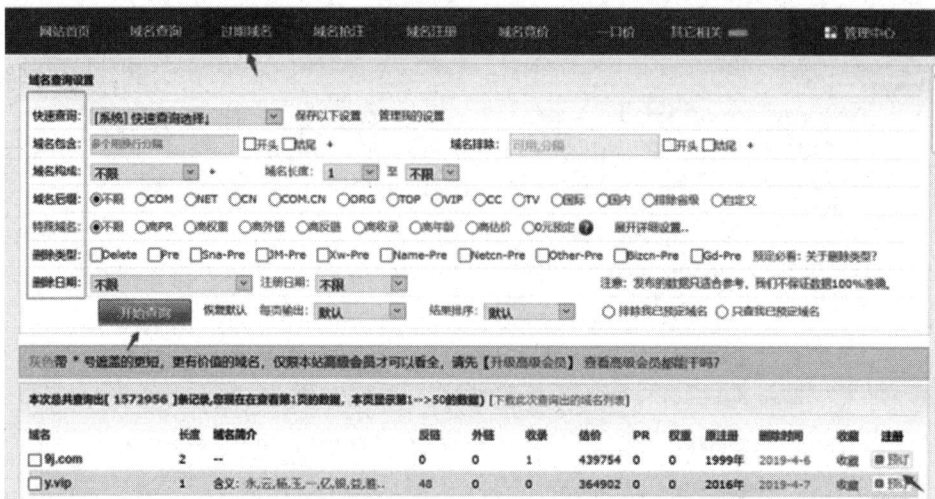

图 11-19 筛选域名

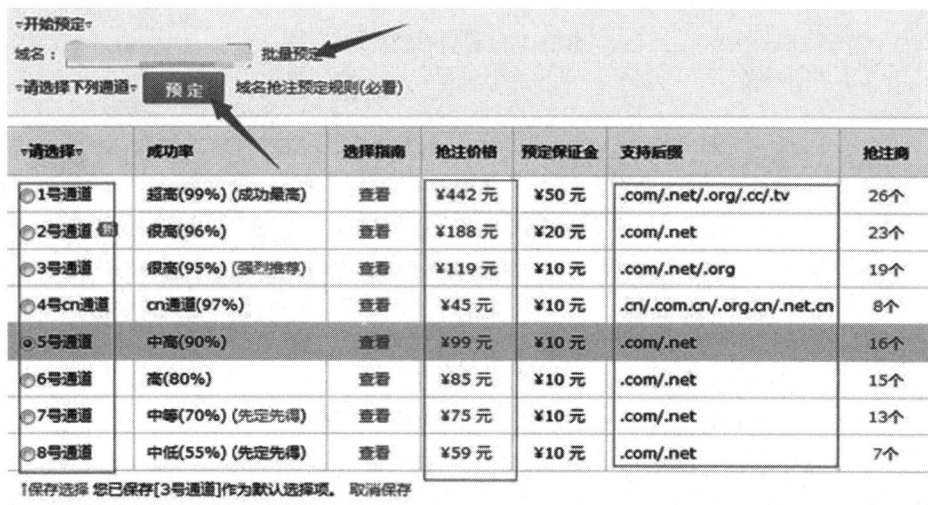

图 11-20 预定域名

预定结束后，如果进入竞拍阶段，我们就要参与竞拍，最终价格最高的获得域名。竞拍过程有如下注意事项：

（1）出价需冻结出价金额的 20% 作为保证金，出价被超出时自动解冻。

（2）竞价结束前的 5 分钟内，为了保证公平，如有新的出价，则自动延时 0 ~ 10 分钟，直至无新的出价为止。

（3）由于实际结束时间有波动，最后 3 分钟出价不能确保有效，请务必在最后 3 分钟前出价。

（4）外部出价是外部平台用户的出价，外部出价有时未按加价幅度出价（或出相同价却领先），这是由于外部平台存在代理价，属正常现象。

（5）代理出价——当你的实际出价大于当时所需最低出价时，系统仍然会以最低出价替你报价，如无人竞价，则你以最低出价得标；如有人出价，系统会自动替你竞价，直至你的代理价被超出。

（6）剩余时间显示。"即将结束"表示内部出价结束，但是外部出价还未结束，外部可能会有新的出价，请保持关注，直至结束。

（7）域名竞价的价格请以本站出价时显示的时间为准。

值得注意的是，竞拍完成之后，代理会有一个返现，返现是按照外部价的高低决定的，有时候很低甚至没有，但是有些域名返现很高。笔者建议读者在开始投资的时候不要开通代理，在积累了一些经验后或者计划进行大范围操作的时候再考虑开通代理。

聚名网代理的价格是 3888 元，代理的优势目前如下：

（1）域名竞价得标，可获得得标价减外部价的差额的 60% 返现收益。

（2）域名预定中直接得标，即可获得每个域名 5 元的返现优惠。

（3）注册任意后缀域名，即可享受每个域名 5 元的返现优惠。

（4）通过一口价渠道购买域名，即可享受域名价格 2% 的返现优惠。

（5）本站进行闯入竞价操作时，即使不得标也可享受 25 元的返现优惠。

读者计划开通代理的时候可以随时扫描本书封面勒口的二维码联系笔者，笔者这边有渠道合作，可以返现几百元到 1000 元不等。

好了，本小节中笔者为大家介绍了开始老域名投资之前需要做的准备工作，都非常简单易懂，建议读者读完之后尽快注册聚名网账号并且添加好实名认证模板，下一个小节中我们将开始探索投资老域名的时候需要参考的一些重要数据。

11.4　小猪 SEO 工具使用指南

在前面章节的学习中读者已经了解到，分析老域名的时候需要查询老域名历史建站记录、爱站历史权重、是否被墙等。本小节中，笔者就为大家介绍一个非常好用的域名工具——小猪 SEO 工具。

1. 查历史

小猪 SEO 工具可以查询域名的域龄、建站年数、内容统一度等信息，如图 11-21 所示。

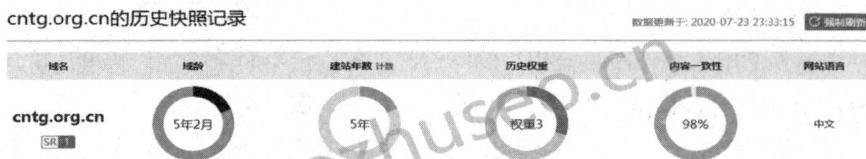

图 11-21 小猪 SEO 工具查询域名域龄

小猪 SEO 工具还可以抓取爱站缓存标题，百度、360 搜索内容等辅助信息，以帮助我们判断域名的历史建站情况，如图 11-22 所示。

辅助信息 我们希望通过多维度向您展示更多有用的信息.

爱站缓存标题	www.cntg.org.cn - 论文投稿 职称评审-中国学术杂志网【--】（缓存于: 2017-09-17） cntg.org.cn - 论文投稿 职称评审-中国学术杂志网【--】（缓存于: 2017-12-14）
百度 "cntg.org.cn" 命令	cntg.org.cn cntg.org.cn 的备案查询结果 - ICP备案查询网 cntg.org.cn-域名竞价:抢米小幽灵-xul.cc cntg.org.cn www.cntg.org.cn上涨关键词-排名上升关键词 - 爱站网 www.cntg.org.cn模拟蜘蛛爬行 meta信息cntg.org.cn检测-站长工具-第二电脑网-1818计划网 cntg.org.cn-域名竞价:聚名网Juming.Com-让域名创造更多价值 cntg.org.cn_域名备案查询_icp备案查询_网站备案查询_爱站网 www.cntg.org.cn的综合查询_爱站网
360 site:cntg.org.cn 命令	66.cn国域网、域名注册、过期域名代注册、域名论坛、域名中介

图 11-22 小猪 SEO 工具查询域名辅助信息

除此之外，小猪 SEO 工具还可以查询域名历史建站信息的关键词排名情况（该功能全网独家），如图 11-23 所示。

历史关键词排名	1	人民音乐编辑	<50	人民音乐杂志编辑部投稿
	1	社科纵横 投稿	<50	社科纵横杂志编辑部投稿
	1	音乐杂志投稿	<50	人民音乐杂志编辑部投稿
	1	大众文艺杂志投稿	<50	大众文艺杂志编辑部投稿
	1	实用手外科杂志投稿	<50	实用手外科杂志编辑部投稿
	1	现代实用医学杂志投稿	<50	现代实用医学杂志编辑部【官网】投稿
	1	学术界投稿邮箱	<50	学术界杂志编辑部【官网】投稿
	1	学术界 期刊	<50	学术界杂志编辑部【官网】投稿
	1	教师杂志征稿	<50	教师杂志编辑部投稿
	1	信息与电脑 投稿	<50	信息与电脑杂志编辑部投稿
	1	现代大学教育投稿指南	<50	《现代大学教育》杂志编辑部投稿
	1	高等工程教育研究编辑部	<50	高等工程教育研究杂志编辑部投稿
	1	现代大学教育投稿须知	<50	《现代大学教育》杂志编辑部投稿
	1	决策探索征稿	<50	决策探索(上半月)杂志编辑部投稿
	1	现代教学投稿	<50	现代教学杂志编辑部投稿
	1	卫生职业教育投稿邮箱	<50	卫生职业教育杂志编辑部【官网】投稿

图 11-23 小猪 SEO 工具查询域名历史关键词排名情况

最为重要的是，小猪 SEO 工具可以查询域名历史建站的记录和快照信息，如图 11-24、图 11-25 所示。

历史快照明细

总记录数: 24　最老记录时间: 2015-09-02　最新记录时间: 2019-04-11　○ 按月展示　◉ 按年展示

序号	年月	首页标题	页面大小	存档时间
1	2019-01-03	论文投稿 职称评审-中国学术杂志网【官方网站】	53.87 kb	2019-01-03 03:46:06
2	2018-03-18	论文投稿 职称评审-中国学术杂志网【官方网站】	53.87 kb	2018-03-18 14:40:48
3	2017-05-16	论文投稿 职称评审-中国学术杂志网【官方网站】	60.11 kb	2017-05-16 09:29:54
4	2016-01-22	论文投稿 职称评审-中国学术杂志网【官方网站】	59.82 kb	2016-01-22 04:52:48
5	2015-09-02	中国学术杂志网	47.55 kb	2015-09-02 23:26:08

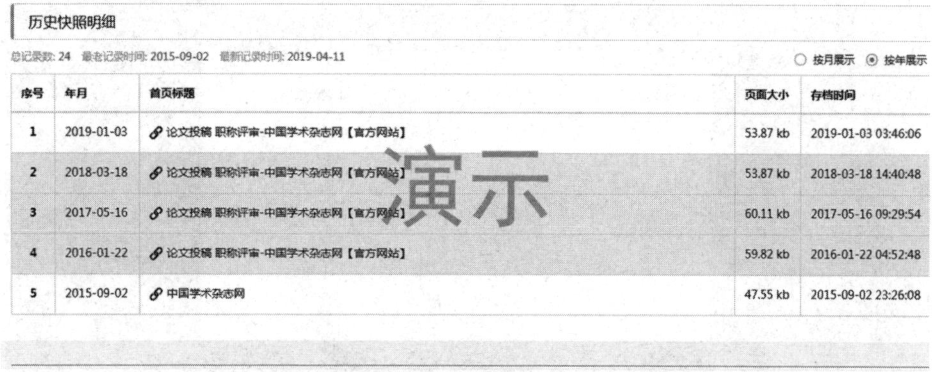

图 11-24　小猪 SEO 工具查询域名历史建站记录

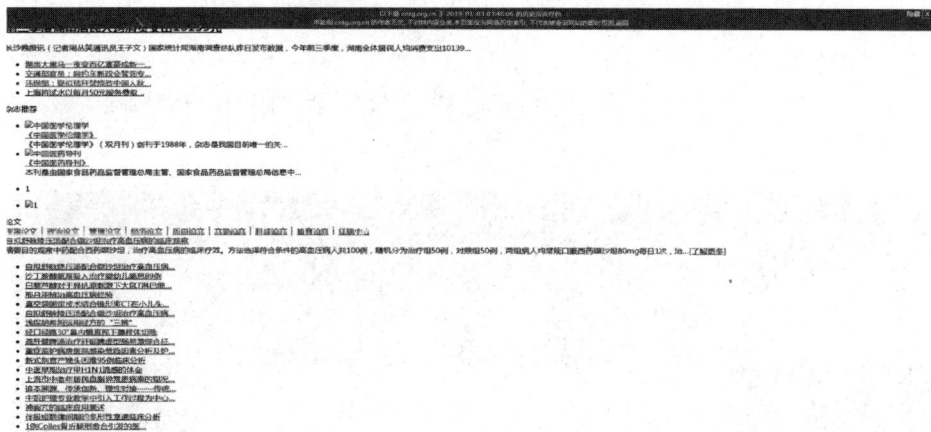

图 11-25　小猪 SEO 工具查询域名历史建站快照

历史建站快照信息有助于我们进一步了解域名之前建设的网站是什么类型，大体包含什么样的内容，这些都是判断域名价值的重要因素。

2. 查污染

小猪 SEO 工具可以查询域名是否被墙，如图 11-26 所示。

图 11-26　小猪 SEO 工具查询域名是否被墙

3. 查备案

小猪 SEO 工具可以查询域名的备案信息（包含已经删除和没有删除的），如图 11-27 所示。

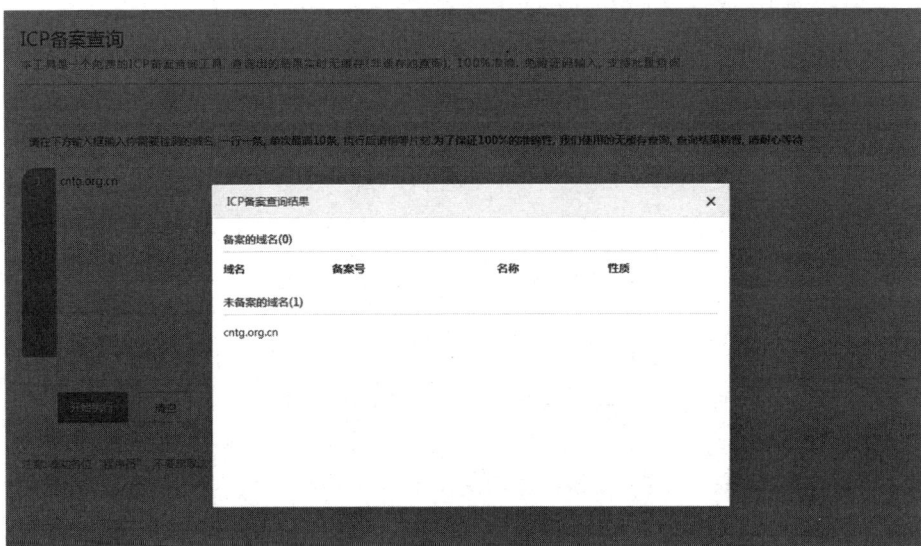

图 11-27　小猪 SEO 工具查询域名的备案信息

4. 查历史权重

在前面的章节中我们已经了解到，历史权重是评估一个老域名的核心要素。一般情况下我们要查询一个老域名的历史权重都需要到爱站网查询并逐年点击分析，非常耗时，而小猪 SEO 工具可以一次性查询出老域名的历史最高权重等信息，并且可以批量查询。该功能全网独家，且使用方法非常简单，如图 11-28 所示。

域名	最高PC权重	PC预估流量	最高移动权重	移动预估指	最高PC权重	PC流量最大	PC来路最大	最高移动权重	移动流量最大	移动来路最大	最高收录索引
cntg.org.cn	3 / 2019-03-21	808	0 / 2020-05-31	0	3 / 2016-05-17	283	511	2 / 2015-12-18	53	83	73231

图 11-28　小猪 SEO 工具查询域名历史权重

小猪 SEO 工具历史权重查询功能可以单独查询域名（网站）的历史权重（包含爱站网和站长之家的历史权重），也可以批量查询，少于 10 个可以即时查询，大于 10 个会进入后台查询，用户可以在后台的查询记录中查看相关结果，如图 11-29 所示。

编号	查询数量	创建时间	完成时间	状态	操作
1	37	2021-01-05 12:14:05	2021-01-05 12:20:43	完成	
2	87	2020-12-14 10:20:47	2020-12-14 09:29:34	完成	
3	41	2020-12-14 10:13:38	2020-12-14 10:16:31	完成	
4	36	2020-12-14 09:50:15	2020-12-14 09:52:39	完成	
5	36	2020-12-14 09:26:53	2020-12-14 09:31:24	完成	
6	47	2020-12-14 09:06:28	2020-12-14 09:11:38	完成	
7	50	2020-12-10 09:24:27	2020-12-10 10:23:44	完成	
8	25	2020-12-09 13:14:48	2020-12-09 13:18:13	完成	
9	50	2020-11-21 13:57:56	2020-11-21 14:33:41	完成	
10	50	2020-11-19 10:09:45	2020-11-19 10:10:50	完成	
11	50	2020-11-16 11:13:47	2020-11-16 11:18:24	完成	
12	14	2020-11-11 10:23:44	2020-11-11 10:25:43	完成	
13	19	2020-11-11 10:19:01	2020-11-11 10:19:05	完成	
14	19	2020-11-11 10:17:29	2020-11-11 10:17:41	完成	
15	17	2020-11-11 10:16:12	2020-11-11 10:16:45	完成	
16	81	2020-11-04 13:34:09	2020-11-04 13:46:46	完成	

图 11-29　小猪 SEO 工具批量查询历史权重

批量查询的结果可以直接在线查看，也可以导出为 Excel 表格，非常方便，如图 11-30 所示。

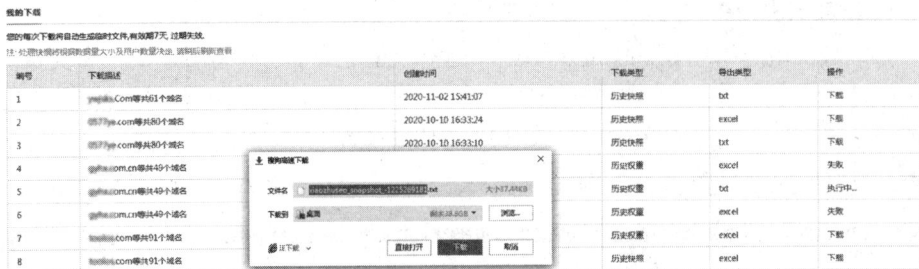

图 11-30　导出查询结果为 Excel 表格

　　这些就是小猪 SEO 工具的基础功能，其最为核心的域名捡漏功能笔者会在下一个小节中单独展开讲解。我们准备了大量的小猪 SEO 工具高级会员优惠码，需要的读者欢迎扫描书籍封面勒口的二维码添加笔者的微信索取。

11.5　使用小猪 SEO 工具捡漏域名

　　通过前面的学习我们已经了解到，一个老域名的核心价值就是爱站历史权重，也知道了购买老域名的主要渠道就是一口价域名和预定竞拍。

　　每一个平台每天都有大量的一口价域名推出，并且是不定时更新，如图 11-31 所示。

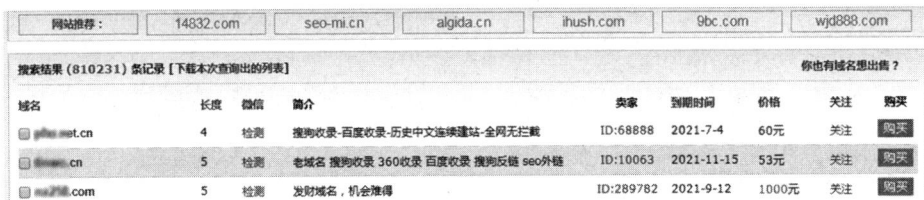

图 11-31　聚名网一口价域名列表

　　之前笔者团队的做法就是安排一个人一直刷新，有更新的域名出来就去爱站网查询其历史权重、历史建站记录等。那么有没有更好用的办法？今天笔者就为大家介绍一下可以解决此问题的小猪 SEO 工具所拥有的域名捡漏功能。

　　小猪 SEO 工具域名捡漏功能一共有四个选项，分别是历史权重、实时权重、历史快照、备案域名，下面我们具体看看这四个选项。

1. 历史权重

　　该功能可以实时显示互联网发布的有历史权重的老域名，包含爱站网历史权重和站长之家的历史权重，如图 11-32 所示。

图 11-32　域名捡漏功能页面

目前该功能监测的平台有聚名网、西部数码、易名中国，后续还会不断增加新的监测源进来。

有了小猪 SEO 工具的这项功能的帮助，我们就没有必要实时刷新那些平台了，只需要盯着这个功能的页面，看到性价比高的域名直接点击购买传送门就可以到达购买页面了。

下面我们来看一个例子。如图 11-33 所示是该工具检测到的一个域名，其价格是 188 元，爱站历史权重为 4。

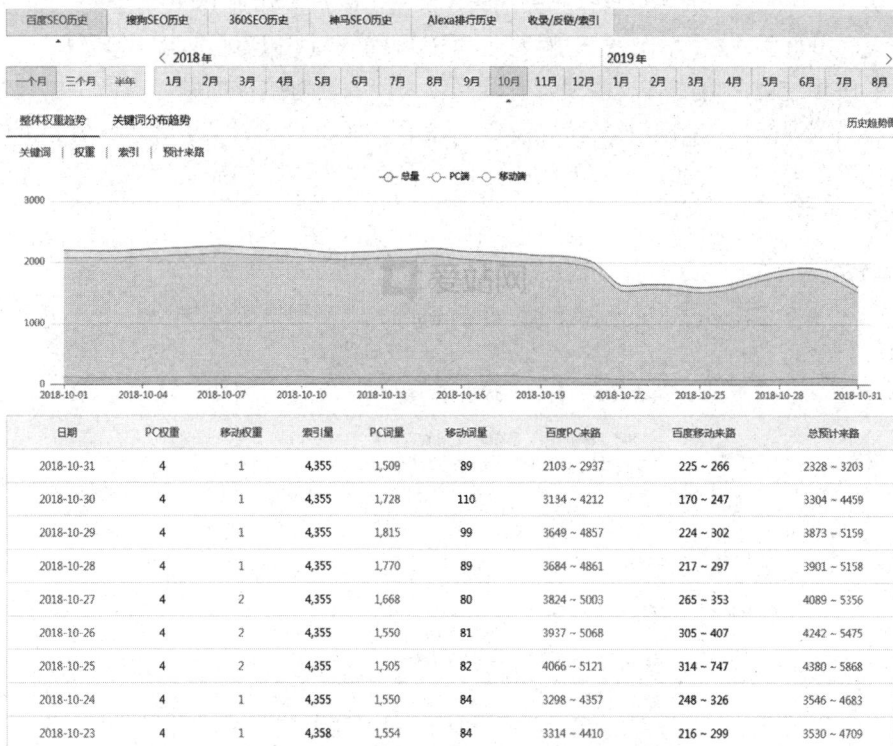

日期	PC权重	移动权重	索引量	PC词量	移动词量	百度PC来路	百度移动来路	总预计来路
2018-10-31	4	1	4,355	1,509	89	2103 ~ 2937	225 ~ 266	2328 ~ 3203
2018-10-30	4	1	4,355	1,728	110	3134 ~ 4212	170 ~ 247	3304 ~ 4459
2018-10-29	4	1	4,355	1,815	99	3649 ~ 4857	224 ~ 302	3873 ~ 5159
2018-10-28	4	1	4,355	1,770	89	3684 ~ 4861	217 ~ 297	3901 ~ 5158
2018-10-27	4	2	4,355	1,668	80	3824 ~ 5003	265 ~ 353	4089 ~ 5356
2018-10-26	4	2	4,355	1,550	81	3937 ~ 5068	305 ~ 407	4242 ~ 5475
2018-10-25	4	2	4,355	1,505	82	4066 ~ 5121	314 ~ 747	4380 ~ 5868
2018-10-24	4	1	4,355	1,550	84	3298 ~ 4357	248 ~ 326	3546 ~ 4683
2018-10-23	4	1	4,358	1,554	84	3314 ~ 4410	216 ~ 299	3530 ~ 4709

图 11-33　小猪 SEO 工具域名捡漏功能检测到的某域名页面

接着我们点击"查历史",进行历史建站记录分析,如图 11-34 所示。

历史快照明细

总记录数: 23   最老记录时间: 2013-11-05   最新记录时间: 2018-10-18   ○ 按月展示 ● 按年展示

序号	年月	首页标题	页面大小	存档时间
1	2018-02-21	冷笑话,幽默笑话,搞笑图片,内涵图,动态图,趣图阁 - www.___ge.com	38.54 kb	2018-02-21 18:29:20
2	2017-02-25	冷笑话,幽默笑话,搞笑图片,内涵图,动态图,w___utuge.com	38.09 kb	2017-02-25 14:20:57
3	2016-03-08	冷笑话,幽默笑话,搞笑图片,内涵图,趣图阁 - www.q___ge.com	36.14 kb	2016-03-08 04:00:34
4	2015-12-15	冷笑话,幽默笑话,搞笑图片,内涵图,趣图阁 - www.q___ge.com	36.93 kb	2015-12-15 01:33:20
5	2014-12-22	冷笑话,幽默笑话,搞笑图片,内涵图,趣图阁 - www.q___ge.com	35.42 kb	2014-12-22 03:19:59
6	2013-11-05	冷笑话,幽默笑话,搞笑图片,内涵图,趣图阁 - www.q___ge.com	34.38 kb	2013-11-05 02:45:47

图 11-34   某域名建站历史信息查询页面

可以看到该域名的历史建站记录非常统一,从 2013 年到 2018 年一直都是笑话类型网站,这样的域名非常有价值。看到这样的域名我们就可以毫不犹豫地投资买下,将描述写清楚后再挂出去出售,价格可以直接标到 1000 元左右。188 元购入,1000 元左右卖出,一天能找到一个这样的域名可以算是非常不错了!

讲到这里,可能有一些读者有疑问:为什么会有这样的域名被低价出售?其实原因很简单,因为很多域名投资人并不了解 SEO,更不了解老域名的价值在哪里,他们一般都是只看品相来定价。看看这个域名的描述就知道了,如图 11-35 所示。

立即购买

域名:	___je.com 综合	Whois	关注
域名简介:	[三拼] (数据仅供参考,我们不保证数据100%准确)		
安全检测:	360检测 百度检测 已拦截 已拦截 正常 (第三方数据检测仅供参考,购买前务必自行判断)		
域名价格:	保密		
当前状态:	已出售		
出售时间:	2020-12-17 01:56:18		
	该域名已出售,但您还可以申请 委托购买		

图 11-35   某域名的出售页面

域名简介部分只有简单的三拼，根本没有对域名历史建站记录类型和历史权重做详细的描述，这也恰恰就是我们 SEOer 投资老域名的优势所在。

2. 实时权重

除了有历史权重的老域名有价值，有实时权重的老域名也同样有价值，实时权重指的是虽然域名没有建站，但是依旧在百度搜索引擎中有收录，并且有关键词排名。小猪 SEO 工具可以实时显示互联网发布的有实时权重的域名（也就是有收录和关键词排名的域名），如图 11-36 所示。

图 11-36　小猪 SEO 工具实时权重域名查询界面

3. 历史快照

有些客户并不需要有历史权重的域名，他们只需要有历史建站记录和与现在计划建站类型相似或者相同的域名，这样的域名我们也可以投资。该工具可以实时显示互联网发布的有历史快照（也就是建设过网站）的域名，如图 11-37 所示。

图 11-37　小猪 SEO 工具有历史建站记录的域名查询界面

4. 备案域名

除此之外，有些客户专门寻找有备案的域名，该工具可以实时显示互联网发布的有历史备案信息的域名（个人、企业等用户可以自行筛选），如图 11-38 所示。

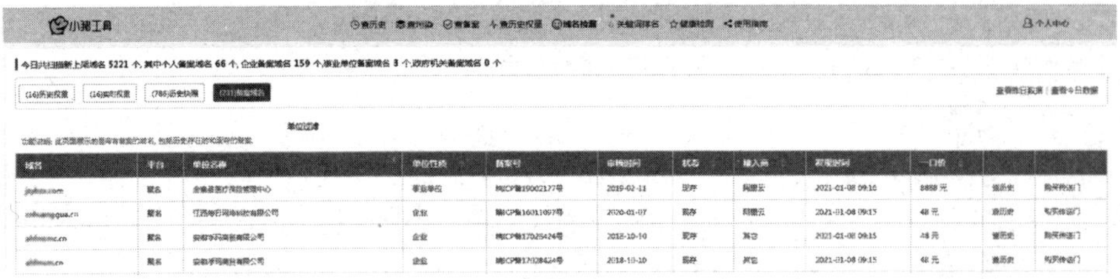

图 11-38　小猪 SEO 工具有备案域名查询界面

到这里，小猪 SEO 工具域名捡漏功能就介绍完了，后续还会不断推出更多的工具，读者可以自行体验。下一小节中笔者将为大家介绍投资哪些行业老域名更容易获得收益。

11.6　投资哪些行业老域名比较好

通过前面的学习，读者已经掌握了老域名投资的渠道和方法，并了解了历史权重、词量、建站统一度等都是可以量化的指标，但是我们应该投资哪些行业的老域名呢？到这里读者都会有这样的疑问。

本小节中，笔者将为大家介绍一些建议投资的行业，当然这些并不能代表全部，读者在学习的过程中结合自己的行业经验可以开拓出更多行业类型，欢迎大家扫描书籍封面勒口的二维码添加笔者微信进行在线交流。

1. 易于变现的行业（商城类型、股票黄金类型、游戏类型）

举例来说，jin***.com 是一个黄金类型域名，具体域名信息请联系笔者索取，我们使用小猪 SEO 工具对其历史建站信息进行分析，如图 11-39 所示。

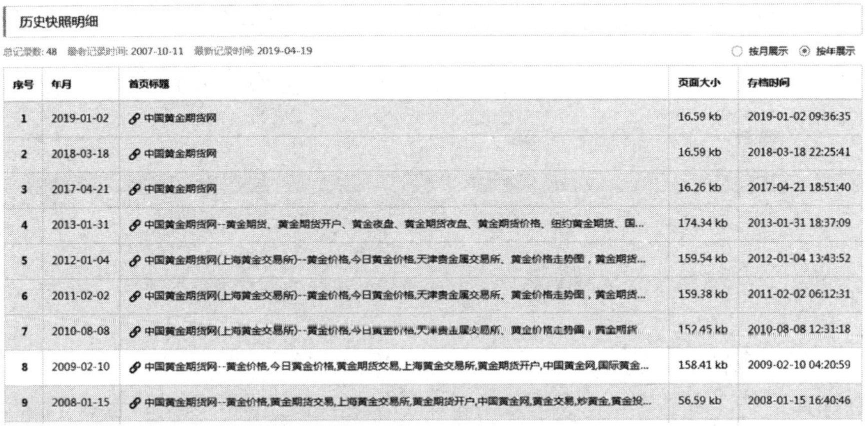

历史快照明细

总记录数: 48　最老记录时间: 2007-10-11　最新记录时间: 2019-04-19　按月展示　按年展示

序号	年月	首页标题	页面大小	存档时间
1	2019-01-02	中国黄金期货网	16.59 kb	2019-01-02 09:36:35
2	2018-03-18	中国黄金期货网	16.59 kb	2018-03-18 22:25:41
3	2017-04-21	中国黄金期货网	16.26 kb	2017-04-21 18:51:40
4	2013-01-31	中国黄金期货网--黄金期货、黄金期货开户、黄金夜盘、黄金期货夜盘、黄金期货价格、纽约黄金期货、国...	174.34 kb	2013-01-31 18:37:09
5	2012-01-04	中国黄金期货网(上海黄金交易所)--黄金价格,今日黄金价格,天津贵金属交易所、黄金价格走势图，黄金期货...	159.54 kb	2012-01-04 13:43:52
6	2011-02-02	中国黄金期货网(上海黄金交易所)--黄金价格,今日黄金价格,天津贵金属交易所、黄金价格走势图，黄金期货...	159.38 kb	2011-02-02 06:12:31
7	2010-08-08	中国黄金期货网(上海黄金交易所)--黄金价格,今日黄金价格,天津贵金属交易所、黄金价格走势图，黄金期货	152.45 kb	2010-08-08 12:31:18
8	2009-02-10	中国黄金期货网--黄金价格,今日黄金价格,黄金期货交易,上海黄金交易所,黄金期货开户,中国黄金网,国际黄金...	158.41 kb	2009-02-10 04:20:59
9	2008-01-15	中国黄金期货网--黄金价格,黄金期货交易,上海黄金交易所,黄金期货开户,中国黄金网,黄金交易,炒黄金,黄金投...	56.59 kb	2008-01-15 16:40:46

图 11-39　jin***.com 历史建站信息

可以看到该域名从 2007—2019 年一直为黄金类型网站，统一度和行业垂直度都非常高，并且黄金类型是非常容易变现的类型，无论是导流还是悬挂广告都能获得非常高的收益。

接着我们继续使用小猪 SEO 工具分析其历史权重，如图 11-40 所示。

历史权重查询结果												✕
域名	最高PC权重	PC预估流量	最高移动权重	移动预估流量	最高PC权重	PC词量最大	PC来路最大	最高移动权重	移动词量最大	移动来路最大	最高收录索引	
***.com	1 / 2020-10-21	0	1 / 2020-10-21	0	3 / 2016-01-19	181	333	2 / 2016-08-02	76	111	6489	

图 11-40　jin***.com 历史权重

可以看出，该域名 PC 历史最高权重为 3，词量为 181；移动历史最高权重为 2，词量为 76。接着我们可以直接到爱站网分析该域名的历史权重持续稳定性，如图 11-41 所示。

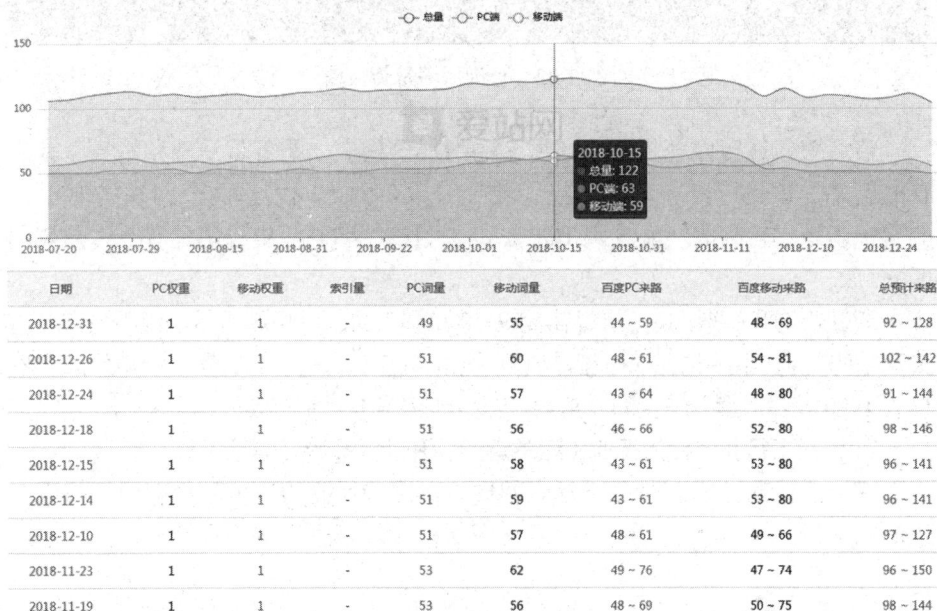

日期	PC权重	移动权重	索引量	PC词量	移动词量	百度PC来路	百度移动来路	总预计来路
2018-12-31	1	1	-	49	55	44～59	48～69	92～128
2018-12-26	1	1	-	51	60	48～61	54～81	102～142
2018-12-24	1	1	-	51	57	43～64	48～80	91～144
2018-12-18	1	1	-	51	56	46～66	52～80	98～146
2018-12-15	1	1	-	51	58	43～61	53～80	96～141
2018-12-14	1	1	-	51	59	43～61	53～80	96～141
2018-12-10	1	1	-	51	57	48～61	49～66	97～127
2018-11-23	1	1	-	53	62	49～76	47～74	96～150
2018-11-19	1	1	-	53	56	48～69	50～75	98～144

图 11-41　jin***.com 爱站网历史权重

可以看到，该域名的爱站网历史权重持续稳定，前面的章节中笔者多次提到，相对于权重忽高忽低的域名，这种历史最高权重不是特别高，但是曲线持续稳定的老域名价值更好。

接下来一定要使用小猪 SEO 工具查询一下该域名是否被墙，如图 11-42 所示，可以看到，该域名被墙检测正常，符合投资的条件。这一点至关重要，无论这个域名的历史权重多么好、垂直度多么高、行业多么优质，一旦被墙基本就无法投资的了，除非有客户愿意使用 301 转向去建设网站。

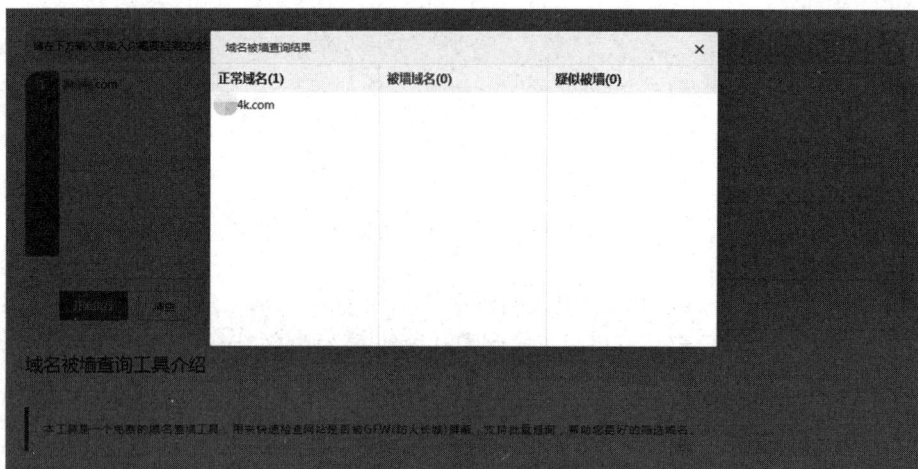

图 11-42　查询域名是否被墙

最后我们还可以分析一下该域名的附加价值，如是否是爱站和站长之家的 TOP 网站，这也可以作为域名投资的加分项，因为成为这两个网站的 TOP 站的要求还是比较高的，能成为 TOP 站，说明该域名的历史建站是有一定的知名度的。

通过查询我们得知，该域名是爱站 TOP 站，如图 11-43 所示。说明该域名历史建站的黄金类型网站在行业内具有一定的知名度。这个域名聚名一口价成交价格为 1999 元，后续升值空间非常大，至少能达到 1 万元的级别。

2. 和线下行业结合的行业（违章查询、开锁、家政，等等）

有一些行业非常容易通过互联网导流，这些行业的域名就具有很高的投资价值。

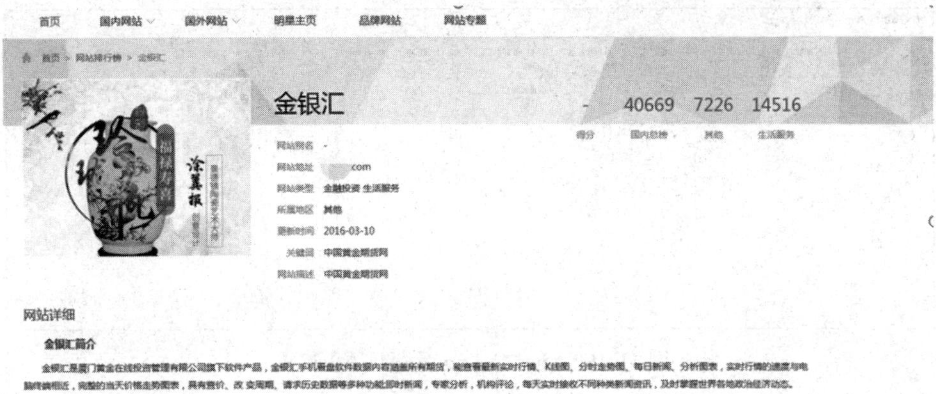

图 11-43　查询域名是否是爱站 TOP 站

我们都知道现在人们出行经常自己开车，开车就会遇到违章的问题，很多人会选择百度搜索“某某地区违章查询”等关键词去查询违章信息，这个流量是非常大的，前面章节中笔者介绍流量站的时候就提到过违章查询类型流量站。正是由于行业流量非常大，所以投资违章查询类型老域名具有很高的回报率，下面我们一起来看一个案例。

域名 Che***.com 在聚名网一口价出售价格为 3999 元，笔者在投资后最终以 7999 元卖出，售价是购买价的 2 倍都不止。我们一起来分析一下这个域名为什么具有这样高的价值，首先我们来看历史建站记录，如图 11-44 所示。

历史快照明细

总记录数: 35　最老记录时间: 2014-07-12　最新记录时间: 2018-12-03　○ 按月展示　◉ 按年展示

序号	年月	首页标题	页面大小	存档时间
1	2018-01-13	违章查询接口_交通违章查询_全国违章接口-车首页	25.47 kb	2018-01-13 22:18:10
2	2017-05-14	违章查询接口_交通违章查询_全国违章接口-车首页	25.45 kb	2017-05-14 10:40:39
3	2016-01-12	违章查询_交通违章查询_车辆违章查询-车首页	25.71 kb	2016-01-12 15:14:44
4	2015-02-10	违章查询_交通违章查询_车辆违章查询-车首页	2.18 kb	2015-02-10 17:15:50
5	2014-07-12	违章查询_交通违章查询_车辆违章查询-车首页	1.57 kb	2014-07-12 08:34:51

图 11-44　Che***.com 历史建站信息

可以看出，该域名从 2014 年开始建设违章查询类型网站，直到 2018 年也一直没有改变行业类型，垂直度非常高。

接着我们来看该域名的爱站网历史权重，如图 11-45 所示。

图 11-45　Che***.com 爱站网历史权重

可以看出，该域名历史 PC 最高权重为 4，词量为 1116；移动最高权重为 4，词量为 1553。这是一个非常好的加分项。

接着，我们使用爱站网历史查询工具分析该域名历史权重的稳定性，如图 11-46 所示。

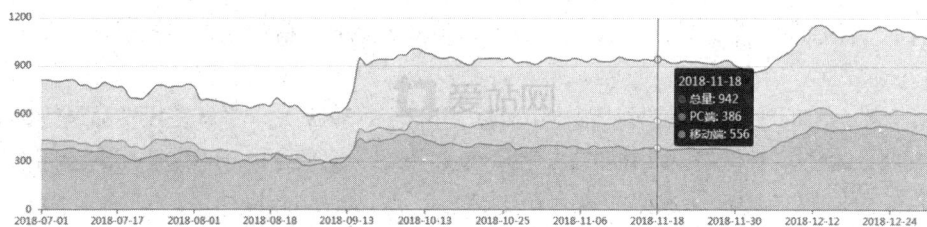

日期	PC权重	移动权重	索引量	PC词量	移动词量	百度PC来路	百度移动来路	总预计来路
2018-12-31	2	3	-	462	602	330 ~ 348	632 ~ 1036	962 ~ 1384
2018-12-30	2	3	1,423,058	477	610	350 ~ 370	618 ~ 1026	968 ~ 1396
2018-12-29	2	3	1,423,058	484	606	317 ~ 375	652 ~ 986	969 ~ 1361
2018-12-28	2	2	1,423,058	500	615	396 ~ 512	697 ~ 891	1093 ~ 1403
2018-12-27	2	2	1,423,058	503	616	359 ~ 530	661 ~ 893	1020 ~ 1423
2018-12-26	2	3	-	510	624	381 ~ 536	714 ~ 875	1095 ~ 1411
2018-12-25	2	3	1,473,093	-	-	-	-	-
2018-12-24	2	3	-	519	605	388 ~ 545	672 ~ 1011	1060 ~ 1556
2018-12-23	2	2	1,473,093	524	620	401 ~ 508	705 ~ 878	1106 ~ 1386
2018-12-22	2	3	1,473,093	526	620	431 ~ 555	711 ~ 987	1142 ~ 1542
2018-12-21	2	3	1,473,093	514	610	433 ~ 540	632 ~ 884	1065 ~ 1424
2018-12-20	2	3	1,473,093	519	606	381 ~ 571	696 ~ 906	1077 ~ 1477
2018-12-19	2	3	-	510	609	385 ~ 556	695 ~ 978	1080 ~ 1534

图 11-46　Che***.com 爱站网历史权重稳定性

可以看出，该域名历史持续稳定，曲线图变化比较小。

最后我们还需要分析该域名是否被墙、有没有 TOP 站排名等，这里不再重复介绍。

3. 垂直度高的行业（垂直度越高，价值越高）

投资老域名的时候我们要注意多投资行业垂直度高的域名，那些垂直度低的行业老域名价值相对较低。

本小节中，笔者介绍了老域名适合投资的行业，这些是笔者依据自身经验总结出来的。读者学习的时候务必要触类旁通，这样才能获得更好的学习效果。

下一个小节中，笔者将为大家介绍如何打造一个优质的老域名筛选、投资团队，团队应该如何分工，老域名出售的时候应该如何填写描述信息等。

11.7 组 建 团 队

通过前面小节的学习，读者已经了解到投资老域名的流程和方法。任何事情想要做得更好，都需要团队的配合，本小节中笔者就为大家介绍一下优质的老域名筛选团队需要什么样的配置。当然，如果是初涉投资老域名，一个人也是可以胜任的，但是要想达到规模化就需要团队的配合了。

根据笔者的经验，一个好的老域名投资团队大概包含以下分工：一口价筛选人员、删除域名筛选分析人员、竞价负责人、销售负责人。接下来，笔者详细为大家介绍每一个类型的人员具体的分工和操作流程。

1. 一口价筛选人员

该类型人员主要负责聚名网、易名网、西部数码等平台一口价域名的检测和分析，每天上架的一口价域名大概有 3 万～ 5 万个，当然这里也包含之前上架的及下架之后重新上架的域名，全新的域名也就是 5000 ～ 10 000 个。

对于该类型人员的招聘，笔者建议选择比较有责任心，并且会熟练使用 Excel 工具进行分析、统计、排序的人，对数据要有敏锐的感知。

因为一口价上架的域名没有时间规律，所以该类型人员需要时刻刷新关注最新上架的域名。除此之外，该类型人员还要有夜班，最好是两个人轮流值班，因为晚上零点左右都还有新的优质老域名上架，这个时候很多投资人都休息了，往往更容易捡漏。

下面我们具体说一下该类型人员工作的操作流程，我们就以聚名网为例。

第一种方法就是盲选，如图 11-47 所示。

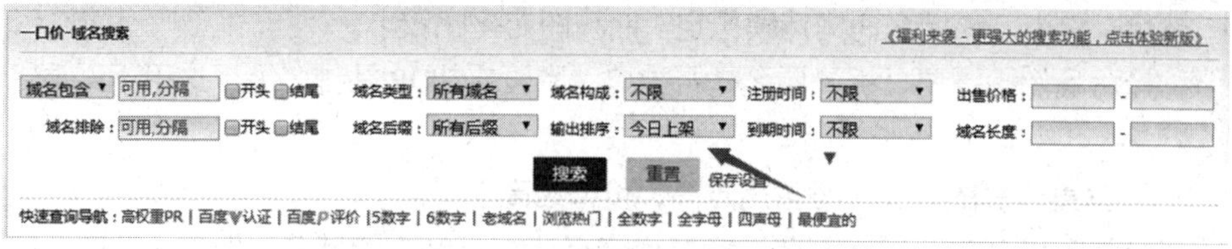

图 11-47　一口价盲选域名

我们只需要在“输出排序”中选择“今日上架”即可，然后就是一一分析数据，这样的工作量很大，但是正因为工作量大，所以很少有人这样操作，这就增加了我们捡漏的概率。

例如，我们来看下面这个域名：439**.cn。该域名在 2010—2019 年历史建站持续统一，爱站网历史权重持续稳定，历史建站类型为小游戏类型，如图 11-48 所示；历史最高权重为 6，历史最高词量为 1217，如图 11-49 所示；有爱站网 TOP 排名，如图 11-50 所示；历史关键词都非常不错，如图 11-51 所示；使用小猪 SEO 工具查询可以看到没有被墙，如图 11-52 所示。

总记录数：28　最老记录时间：2010-06-16　最新记录时间：2019-07-06　○ 按月展示　◉ 按年展示

序号	年月	首页标题	页面大小	存档时间
1	2019-07-06	502 Bad Gateway	0.11 kb	2019-07-06 02:34:24
2	2017-06-11	2213小游戏_美女小游戏_2231小游戏_439pk小游戏-	154.51 kb	2017-06-11 22:03:21
3	2016-07-07	2213小游戏_美女小游戏_2231小游戏_439pk小游戏	153.65 kb	2016-07-07 04:22:56
4	2015-01-02	2213小游戏_美女小游戏_2231小游戏_439pk小游戏	156.04 kb	2015-01-02 01:52:49
5	2014-07-28	2213小游戏_美女小游戏_2231小游戏_439pk小游戏	155.12 kb	2014-07-28 22:10:59
6	2013-03-17	439作文网 高考作文 话题作文 中学生作文 小学生作文	72.98 kb	2013-03-17 17:36:08
7	2012-01-02	美女小游戏,调教美女小游戏_成人小游戏_h小游戏_k7k7_7k7k7小游戏_9877_43999_33666小游戏_439小游戏	80.1 kb	2012-01-02 21:47:38
8	2011-09-03	调教类小游戏_成人小游戏_答题美女小游戏_美女小游戏_7k7k小游戏,439小游戏大全	164.03 kb	2011-09-03 00:24:40
9	2010-06-16	439小游戏,小游戏大全,4399小游戏,4399棋牌小游戏,439PK	71.11 kb	2010-06-16 05:13:13

图 11-48　分析 439**.com 历史建站记录

2015-05-20	5	-	-	1,162	-	-	-	12638 ~ 15702
2015-05-19	5	-	-	1,172	-	-	-	14344 ~ 17654
2015-05-18	5	-	-	1,177	-	-	-	14378 ~ 17750
2015-05-17	5	-	-	1,171	-	-	-	14833 ~ 18283
2015-05-16	5	-	-	1,169	-	-	-	12957 ~ 16199

图 11-49　分析 439**.com 历史权重

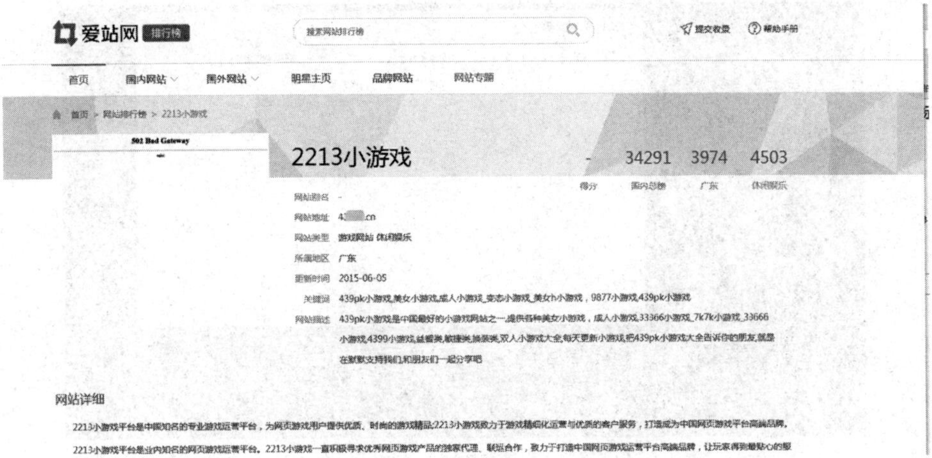

图 11-50　439**.com 的爱站网 TOP 排名

历史关键词排名

22	小游戏	134	,小游戏, 游戏大全, 小游戏下载,2231 类小游戏
22		86	,,大全, 下载,2231 类小游戏
22	6399美女小游戏	<50	2213小游戏_美女小游戏_2231小游戏_439pk小游戏-www.439pk.cn
22	小游戏游戏	<50	,小游戏, 游戏大全, 小游戏下载,2231 类小游戏
24	、游戏	326	,小游戏, 游戏大全, 小游戏下载,2231 类小游戏
24	成年小游戏大全	<50	,,大全, 下载,2231 类小游戏
24	同性 快乐小游戏	<50	2213小游戏_美女小游戏_2231小游戏_439pk小游戏-www.439pk.cn
25	游戏	<50	,小游戏, 游戏大全, 小游戏下载,2231 类小游戏
26	蒂法	<50	2213小游戏_美女小游戏_2231小游戏_439pk小游戏-www.439pk.cn
26	游戏大全	<50	,,大全, 下载,2231 类小游戏
26	游戏	<50	,,大全, 下载,2231 类小游戏
27	3265	<50	2213小游戏_美女小游戏_2231小游戏_439pk小游戏-www.439pk.cn
28	游戏	<50	,,大全, 下载,2231 类小游戏
28	真人模特	<50	,,大全, 下载,2231 类小游戏
28	最新 游戏	<50	,小游戏, 游戏大全, 小游戏下载,2231 类小游戏
28	女忍者	<50	2213小游戏_美女小游戏_2231小游戏_439pk小游戏-www.439pk.cn
29	手机游戏下载	<50	,小游戏, 游戏大全, 小游戏下载,2231 类小游戏
29	关于 的游戏	<50	,小游戏, 游戏大全, 小游戏下载,2231 类小游戏
29	2231小游戏大全	<50	,,大全, 下载,2231 类小游戏
29	互动游戏大全	<50	,,大全, 下载,2231 类小游戏
30	触手小游戏	<50	2213小游戏_美女小游戏_2231小游戏_439pk小游戏-www.439pk.cn

图 11-51　439**.com 历史关键词信息

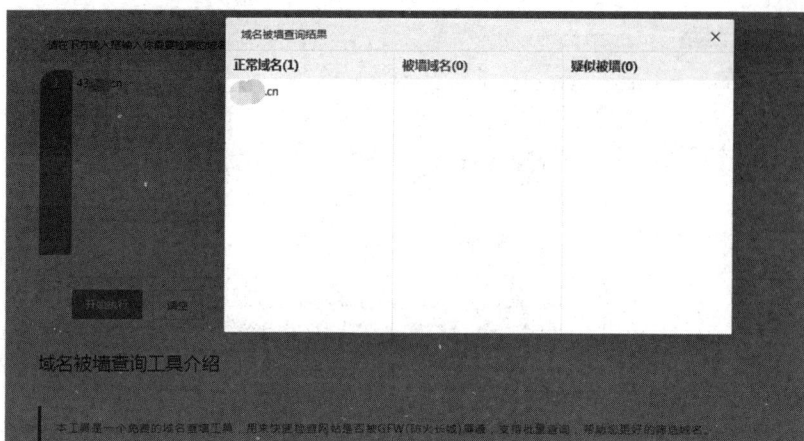

图 11-52　查询 439**.com 是否被墙

综合判断可知这个域名的价值非常高，价格应该至少为 2000 元。下面我们来看看这个域名的购入价格，如图 11-53 所示。

| 65628693 | 交易 | 一口价购买 | 购买域名： | .k.cn | | -58 | ¥94 | 2021-1-6 19:18:14 |

图 11-53　购买域名

该域名的购入价格为 58 元，后续这个域名笔者是以 1700 元出售的，读者可以算算这个利润空间。这个域名就是笔者的域名团队通过盲选找到的，如果卖家非常了解这个域名，就会知道有这样的历史权重的域名不该设置这么低的价格。

如果团队的人力有限，我们也可以多选择一些附加条件，如高 PR 的，或者价格低于多少的，都是可以的，如图 11-54 所示。这样的话数据量就会少很多，但是捡漏的机会也会降低很多。

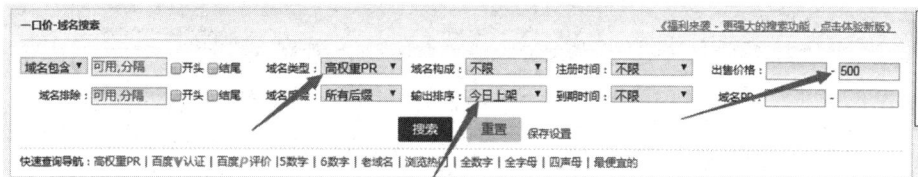

图 11-54　按照条件筛选域名

在数据筛选的时候，我们可以配合小猪 SEO 工具批量查询数据，操作非常简单，首先我们要导出聚名网筛选域名的数据，如图 11-55 所示。

图 11-55　导出聚名网筛选域名的数据

点击"下载数据"，就会得到一个文本文件，然后我们把这些数据直接导入小猪 SEO 工具查询，如图 11-56 所示。

图 11-56　使用小猪 SEO 工具批量查询域名历史建站信息

提交之后我们就可以到后台的"查询记录"里面看具体的执行情况，如图 11-57 所示。

图 11-57　通过"查询记录"查看域名历史建站信息

这样我们就能快速地了解这些网站的历史建站记录情况，如图 11-58 所示。

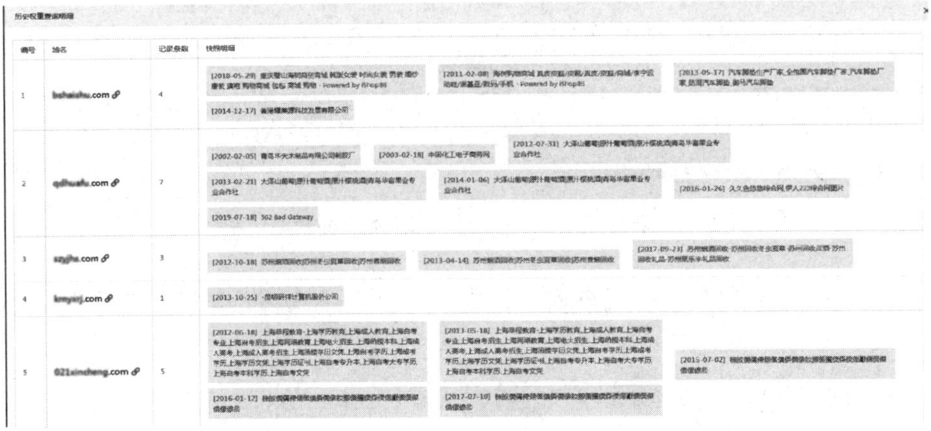

图 11-58　查看域名历史建站记录

我们也可以直接导出 Excel 文件以便我们做下一步的分析，筛除没有历史建站记录的域名和不太理想的行业的域名，下一步我们只需要将符合我们要求的域名再次导入小猪 SEO 工具进行爱站网历史权重批量查询，如图 11-59 所示。

图 11-59　使用小猪 SEO 工具批量查询域名爱站网历史权重

点击提交之后我们就可以到后台实时查看这些域名的爱站网历史权重，也可以导出 Excel 文件进行详细分析，如图 11-60 所示。

历史权重查询明细

编号	域名	最高PC权重	PC预估流量	最高移动权重	移动预估流量	最高PC权重	PC流量最大	PC来路最大	最高移动权重	移动流量最大	移动来路最大	最高收录索引
11	[illegible].com	0 / 2020-11-03	0	0 / 2020-11-04	0	无记录	0	0	无记录	0	0	0
12	[illegible]5.com	0 / 2021-01-10	0	0 / 2021-01-11	0	0	0	0	0	0	0	0
13	[illegible]en58.com	0 / 2021-01-10	0	0 / 2021-01-11	0	无记录	0	0	无记录	0	0	0
14	[illegible].com	1 / 2020-10-17	0	2 / 2020-09-06	0	0	0	0	0	0	0	788
15	[illegible].com	0 / 2020-11-25	0	0 / 2020-11-26	0	无记录	0	0	无记录	0	0	0
16	[illegible].com	0 / 2020-11-24	0	0 / 2020-11-25	0	无记录	0	0	无记录	0	0	0
17	[illegible].com	1 / 2020-11-03	0	1 / 2020-11-04	0	无记录	0	0	无记录	0	0	0
18	[illegible].com	0 / 2020-11-25	0	0 / 2020-11-26	0	无记录	0	0	无记录	0	0	0

图 11-60　导出域名历史权重 Excel 文件

这个步骤完成后，我们就可以筛选出符合我们要求的老域名了。

最后我们还要使用小猪 SEO 工具批量查询域名是否被墙，将被墙的域名筛除之后，剩下的就是我们可以投资的老域名。

以上就是域名一口价筛选人员的日常工作，开始的时候每个人每天能找到一个以上的具有投资价值的老域名就非常不错。只要循序渐进，不断积累经验，效率就会越来越高。开始的时候建议先培养一个这样的人员，等该人员完全掌握工作内容之后就让他去组建小团队，培养更多的人，这样团队就会慢慢壮大，效率就能大大提升了。

2. 删除域名筛选分析人员

这个类型人员的工作量非常大，投入也较大，如果是前期比较小的团队可以忽略这个类型的人员，专注做一口价域名筛选投资就可以了。

聚名网数据中，每天删除的域名大概有 5 万～ 30 万个，这是一个非常大的数量，目前笔者团队的技术人员也在开发专门针对这类型域名的工具——挖域名，到了本书出版的时候该工具应该就上线了，到时候读者可以关注一下。

和一口价不同的是，删除域名是提前几天就放出来的，我们可以得到其数据，这就给了我们充足的时间去筛选分析。就拿笔者撰写本章节的当天来看，删除的域名就有 28 万之多，如图 11-61 所示。

和一口价域名一样，如果我们成立一个小组去做盲选，那么捡漏的概率会大大增加，在初期没有那么多员工的情况下，笔者建议按照以下条件进行筛选，如图 11-62 所示。

被墙检测选择“正常”；建站历史选择“存在”；域名后缀选择“自定义”并填写“com,net,cn,com.cn”；删除类型不要选择“NAME-PRE”，因为这个是聚名网主动删除的域名，这样的域名一般价格都比较高，其投资价格和回报价格差距较小。

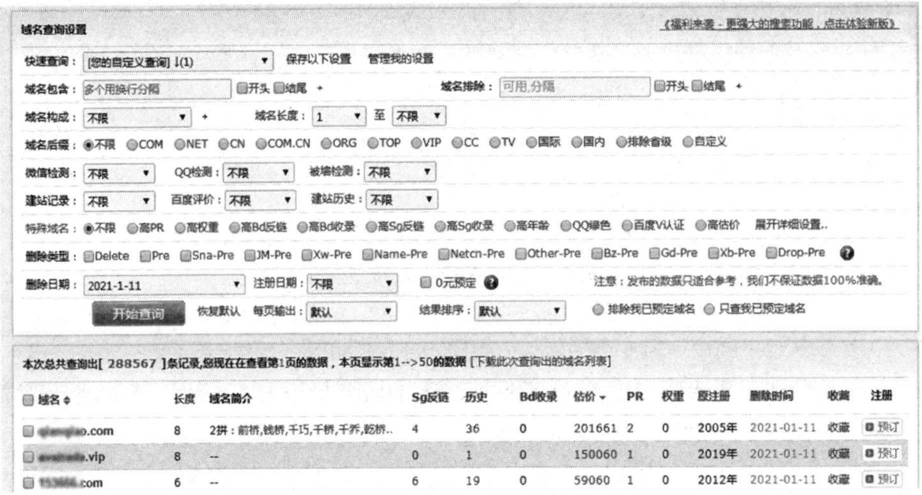

图 11-61　导出删除域名数据

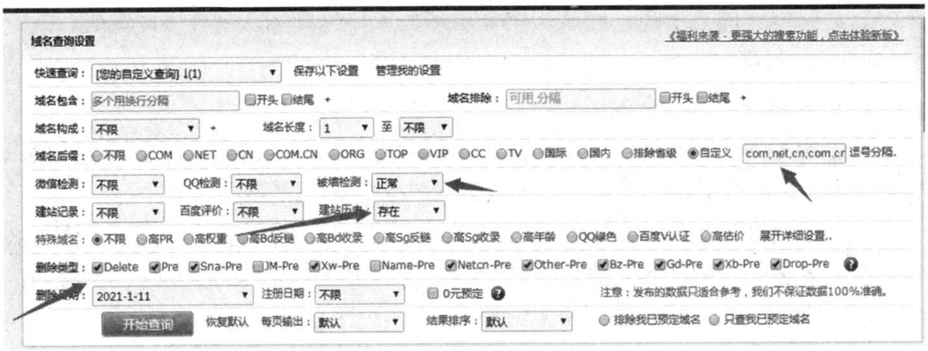

图 11-62　按照条件筛选删除域名

这样选择之后，数据就会减少 60% 左右，然后我们再去分析这剩余的数据就轻松很多了。

分析数据的时候我们同样可以用小猪 SEO 工具辅助，和一口价筛选的方法相似，这里不再重复。

筛选完成之后，该类型人员就可以把有价值的域名总结到 Excel 表格中，并且在后面附注上预期价格，这一做法的目的是让后续负责竞价的人员心中有数，有一个大概的价格概念。

3. 竞价负责人

竞价负责人要有比较好的心态和非常负责任的工作态度。该类型人员需要经常加班，很多域名都是晚上截止拍卖，有些甚至能到凌晨。根据笔者的经验，这样的拍卖如果没有良好的心态很容易跟风，导致投资的域名价格超出预算，所以在拍卖之前竞价负责人一定要和删除域名筛选人员做好对接和沟通，明确域名的价值，超过预算就停止竞拍。

需要注意的是，聚名网竞拍的时候有一个代理返现，有些域名返现非常高，能达到 60% 以上，所以笔者建议读者在计划做删除域名竞价的时候一定要开通聚名网代理，需要开通的读者可以扫描书籍封面勒口的二维码添加笔者微信进行联系，笔者团队和聚名有合作，可以为读者节省一些费用。

下面我们具体来看看竞价负责人的工作流程。

在删除域名筛选分析人员将梳理好的域名发送过来后，竞价负责人要做的第一件事就是做二次分析，尤其是对域名的预估价格做判断，如有疑问要尽快和删除域名筛选分析人员沟通确认。

一切都完成之后，竞价负责人需要到聚名网等平台预定域名，如图11-63所示。

▽请选择▽	成功率	选择指南	抢注价格	预定保证金	支持后缀	抢注商
◉ 1号通道	超高(99%) (成功最高)	查看	¥470 元	¥50 元	.com/.net/.org/.cc/.tv	25个
◎ 2号通道 代	很高(97%)	查看	¥188 元	¥20 元	.com/.net/.org/.cc	21个
◉ 3号通道 代	很高(95%) (推荐)	查看	¥119 元	¥10 元	.com/.net/.org/.cc	18个
◎ 4号cn通道	cn通道(97%)	查看	¥45 元	¥10 元	.cn/.com.cn/.org.cn/.net.cn	12个
◎ 5号通道	高(91%)	查看	¥99 元	¥10 元	.com/.net	15个
◎ 6号通道	较高(85%)	查看	¥85 元	¥10 元	.com/.net	13个
◎ 7号通道	中等(75%) (先定先得)	查看	¥75 元	¥10 元	.com/.net	11个
◎ 8号通道 新	中低(55%)	查看	¥63 元	¥10 元	.com/.net	6个
◎ 9号通道	较低(30%)	查看	¥52 元	¥10 元	.com/.net	3个
◎ 12号通道	新后缀专用通道(99%)	查看	¥39 元	¥10 元	.top/.vip	10个
◎ 13号通道 新	活动通道(特价) (无提成)	查看	¥40 元	¥5 元	.com/.net	1个

↑保存选择

图 11-63　预定删除域名

聚名网有 13 个预定通道，一般情况下选择 3 号通道就可以，每一个通道的域名保证金是不同的，保证金是可以退还的。

这里需要注意的是，如果我们预估的域名价格是 500 元左右，那么笔者建议直接在 1 号通道预定，这个通道的抢注价格是 470 元，也就是说如果其他预定该域名的用户没有超过 470 元的，那我们会直接得标，不需要进入竞价环节。

预定完成之后我们就可以在后台看到该域名具体的删除日期和竞拍开始日期

了，一般情况下，域名会在删除后的第二天开始竞拍，我们只需要提前充值好，安排好时间竞价就可以了。

如果我们一时疏忽没有预定域名，也可以直接参与竞拍，但是没有预定的用户需要支付闯入费用，如图 11-64 所示。只有我们最后得标此域名，才会退还闯入费用，否则不退，这一点读者需要注意一下。

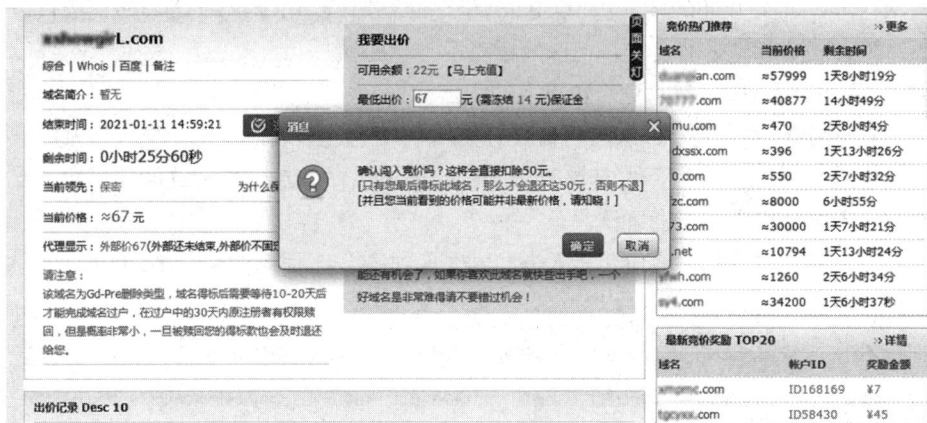

图 11-64　闯入竞价费用

如果我们没有时间进行竞拍，也可以选择代理出价。代理出价就是用户提前设置好一个心理价，当用户的设置的代理价格大于当前最低出价时，系统仍然会以最低出价替用户报价，如无人竞价，则用户以最低出价得标；如有人出价，系统会自动替用户竞价，直至用户的代理价被超出。

举例来说，某域名正在竞价中，用户的心理价位是 1000 元买入，于是设置代理出价 1000 元。假设目前别人的最高出价是 600 元，最低加价幅度为 100 元，系统会自动代用户出价 700 元，在别人出价 800 元后，系统再代用户出价 900 元，如果此后再无人出价，则用户以 900 元的价格获得该域名，而不是用户原先所出的 1000 元。

设置代理出价的操作步骤很简单：首先打开域名的竞价页面，然后在出价框内填入我们的心理价位，最后点击立即出价即可，如图 11-65 所示。

设置代理出价后是可以修改价格的。在你为一个域名设置了代理出价后，在其他用户出价超出该代理出价前，我们都可以对设置的代理出价进行修改。竞拍成功后我们只需要补齐剩余款项就可以了，域名会自动转入我们的账户，接着就是出售域名的工作了。

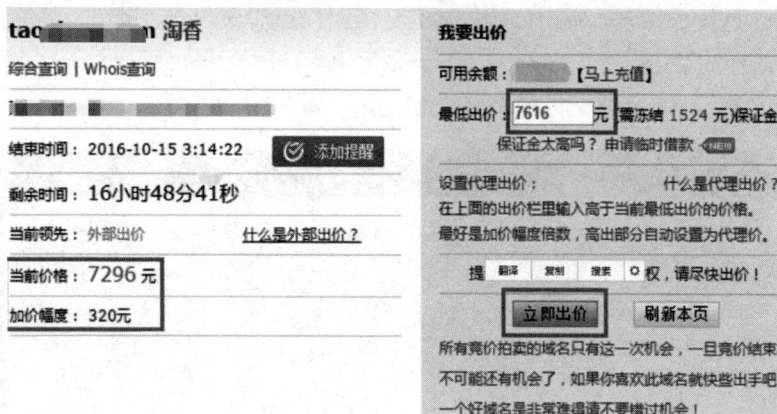

图 11-65　竞拍域名的代理出价设置

4. 销售负责人

接下来到了最后域名销售的阶段，好的域名要有好的描述和宣传。域名的出售基本是两个方法：一个方法是直接挂一口价，描述写清楚，等待顾客直接购买；另一个方法是加入各种域名交流群，在里面和大家交流，推广域名。

首先我们来看如何为一口价域名写一个好的描述，一个好的描述包含以下几个方面：

（1）域名历史建站类型。

（2）域名历史建站持续时间。

（3）爱站网历史最高权重。

（4）爱站网历史最高词量。

（5）是否是官网。

（6）是否是爱站网或者站长之家 TOP 网站。

下面我们结合实际案例来看。

Miyu**.com 的历史建站记录如图 11-66 所示。

图 11-66　分析 Miyu**.com 的历史建站信息

对于这样的域名，在一口价描述介绍的时候就应该包含"谜语、脑筋急转弯类型"这样的话语。

接着我们来看该域名的爱站网历史权重，如图 11-67 所示。

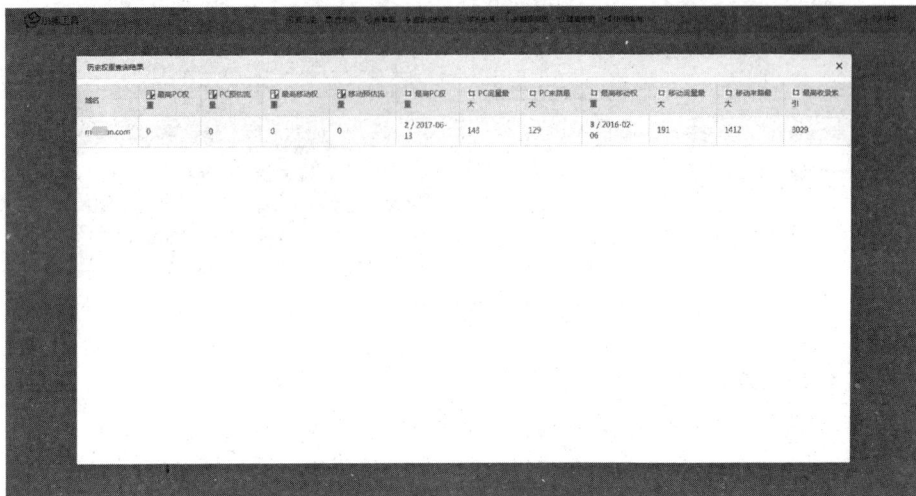

图 11-67　分析爱站网历史权重

根据图中的信息，我们的描述中还应该有这样的话语："爱站网历史最高权重为 2，最高词量为 143。"

综上所述，对这个域名可以这样描述："谜语、脑筋急转弯类型，品相一流，爱站网历史权重最高为 2，最高词量为 143，稳定持续 4 年，建站历史持续统一，升值空间大。"

学会了撰写描述，接下来就是定价的问题了，一般定价都是 199 元、1999 元、19 999 元这样的规律，和传统销售差不多，这样的定价会让客户觉得价格较低，199 元其实和 200 元一样，但是客户会觉得 199 元还在 200 元之内。

上架完成后就等顾客上门了，如果域名非常优质的话，我们也可以使用聚名网的推广工具，如图 11-68 所示。

该工具可以使用积分将自己的域名推荐到网站首页等页面，如图 11-69 所示。

除此之外，我们也可以多加入一些微信 /QQ 域名相关的交流群，在里面推荐自己的域名，从而达成交易。

本小节中笔者对域名投资团队分工做了详细的介绍，读者要学会灵活运用，如开始的时候一个人可以兼职所有的工作，也可以两个人来做，没有具体的限制。

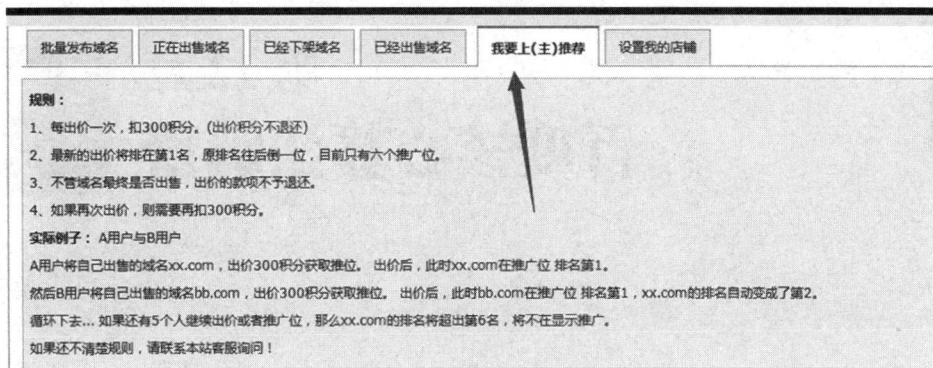

图 11-68　聚名网域名推广工具

图 11-69　推广域名到网站首页

本 章 小 结

　　本章是非常重要的一章，在继承了前面流量站章节中的知识点的同时，还让读者站在了域名投资人的角度上，使读者更加深入地了解老域名的价值，并在进行老域名筛选的时候获得额外的回报。如果我们学会了投资老域名，就可以将它作为一个兼职或者副业，赚点零花钱何乐而不为？

　　有一些读者可能会有这样的疑问：那么多的投资人，面对数量有限的域名，好的老域名会不会都被别人抢走？肯定是不会的，因为每一个投资人的阅历不同、行业不同、看待老域名的角度不同，找到的老域名也是不同的。在笔者的团队中，每个人找到的老域名都是不同的，所以读者无须担心这个问题。

　　本章节中涉及的工具等与笔者都有合作关系，读者如果需要购买或者升级这些工具，欢迎扫描书籍封面勒口二维码添加笔者微信进行沟通，笔者会尽最大努力帮大家去争取优惠。

第 12 章
百度核心算法解密

12.1 新 站 期

很多 SEOer 都对百度搜索引擎算法非常好奇，搜索引擎如何去收录、索引一个网页？如何判断网站、网页的质量？如何给予网站、网页权重和排名？在本章，笔者将结合这些年的实战经验，站在 SEOer 的角度解读一下搜索引擎的这些算法。这些内容并非官方数据，仅供读者参考学习。

以前想要获得百度搜索引擎关键词排名主要通过站内更新和站外链接实现。在现在的 SEO 环境中，百度相对前些年更加看重站内。蜘蛛在爬行的同时，会给予当前页面一个基础分值，其中低于基础分值的不予收录，只有过了基础分值的才会建立词库索引。

关于百度对网站的判定，在不同时期会有不同的参数参与其中。我们首先来看看新站上线的索引问题。

新站上线是一个网站发展的第一阶段，这个阶段是非常重要的，笔者在《跟我学 SEO 从入门到精通》第 1 版中多次强调网站上线初期的重要性，但是一直没有一个系统、量化的指标来衡量网站上线初期操作模式和收录过程。

为此，笔者团队做了大量的实验，同时结合一些百度工程师透露出来的信息，为大家全方位、量化地解读新站上线过程中的操作模式和收录过程。

在开始之前，我们引入一个参数 T，1T=15 天，后续的内容中我们将使用 T 这个参数衡量网站上线的时间。

网站上线从 0 到 1T 的这段时间被称为"新站期"，在这 15 天中，最重要的参考数值是增加的文章数量，我们把文章数量的标准用 AS 表示；其次是对文章内容的判定，我们把文章内容的标准用 UT 表示。AS 的初始值一般为 0，也就是说这个时期的网站完全靠增加的文章数量取胜。

这样，AS+UT 就组成了一个判断网页质量的数据，网站上线初期，这个数据会直接影响网站的收录。CRAZYSEO 的工程师通过大量的研究发现，搜索引擎对待每一种类型网站的标准是不一样的，且只有网站的 AS＋UT＞该类型网站的参考值的时候才能获得收录。

下面是不同类型网站的参考值，如表 12-1 所示。

表 12-1　不同类型网站的参考值

企业站: 5
CMS : 20
论坛: 150
图片站: 3
博客: 1 ～ 3
商城: 200
新闻站: 50
其他: 2

我们的研究还发现，不同类型网站的 AS＋UT 的基础分值也不一样，大体如表 12-2 所示。

表 12-2　不同类型网站的 AS＋UT 的基础分值

企业站: AS＋UT＝3.2
CMS : AS＋UT＝3.6
论坛: AS＋UT＝0.7
图片站: AS＋UT＝0.3
博客: AS＋UT＝4.5
商城: AS＋UT＝9
新闻站: AS＋UT＝95.5
标记新闻源强制 UT : 0.1

有了这样的数据，就可以针对不同类型的网站制定不同的内容发布频率：如果网站是论坛或者商城类型，那么文章发布条数就要比较高；如果网站是博客或

者企业网站等，那么文章发布条数就可以比较低。

结合基础分值和前面的参考值可以看出，博客类型网站是最容易收录的，因为其基础分值相对很高，达到了 4.5，同时其参考值相对较低，仅有 1～3。

因此，如果我们计划建设的网站内容比较少，并且没有足够的时间寻找更多内容的话，选择博客类型网站是最佳的选择，这也就是为什么站群大多使用博客的形式建设。最近，CRAZYSEO 负责的一个站群项目就是使用博客的形式建站，网站的收录率达到了 90% 左右。

那么一个网站上线后每天到底应该发多少篇内容？笔者团队通过大量的实践总结了一个参考数值，如表 12-3 所示。

表 12-3　一个网站上线后每天到底应该发多少篇内容

企业站：1～5 篇 / 天
CMS：10～20 篇 / 天
论坛：20～50 篇 / 天
图片站：5～10 篇 / 天
博客：1～5 篇 / 天
商城：20～30 篇 / 天
新闻站：5～15 篇 / 天
其他：10～30 篇 / 天

当然，这只是一个基础的数值，大家应该参考不同的行业具体调整操作。如果所在的行业排名靠前的网站内容更新数量非常大，那么我们也要计划大量的内容更新，不然是无法和同行竞争的。

在实际操作中，一天发布几十篇原创高质量内容是非常吃力的。因此，笔者建议在网站上线 3T 的阶段，我们可以尝试采集并伪原创一些内容补充网站更新条数，如我们可以自己撰写 10 篇高质量内容，然后采集并伪原创 50 篇内容。

实战证明这样的操作方法是完全可行的，效果也是比较明显的。在网站上线 3T 之后，我们可以继续保持 10 篇的高质量原创，采集并伪原创的条数可以逐步减少。因为在网站上线 3T 之后，搜索引擎对网站的评分开始更多地加入内容质量的参数，关于这点我们将在后面的内容中详细分析。

12.2　发　展　期

前面一节笔者为大家解读了新站上线时的一些算法策略，我们也知道了一个网站在上线的 45 天内，文章数量是网站质量最重要的衡量标准。一些 SEOer 可能有这样的疑问：我是一个业余爱好做网站的站长，没有足够的时间打理网站，每天能自己原创的内容也就是 1 ～ 2 篇，该如何操作呢？

的确，这是一个普遍存在的问题，但是搜索引擎判断一个网站质量高低的重要因素就是成本，它包括内容建设、网站模板是否定制开发、域名是否和网站定位或者品牌相关、服务器是否稳定，这些综合因素决定了网站的排名趋势。试想如果一个网站的模板是下载的，域名是廉价的，服务器三天两头打不开，内容是采集的，如何能有竞争力？因此，现阶段我们要多从自己的角度找问题，不要埋怨算法，一个网站如果在 45 天内没有一个关键词进入前 100 名，那就说明我们的努力是不够的。

本节我们接着之前的内容，继续为读者解密百度核心算法。经过 45 天的发展，一个网站已经初具规模，如果按照一天 50 篇文章的发布频率，45 天的时间应该发布了 2000 多篇文章，收录的文章数量也有 500 ～ 1000 条。这样，我们的网站就进入了发展期。

发展期在搜索引擎来看也可以称为观察期，期间搜索引擎对网站的质量判断标准已经由之前的文章数量调整为文章数量 + 文章质量。

网站在这个时期是最容易被百度过滤的，这段时间除了收录的增加，搜索引擎也对网站赋予了初值，并在这段时间进行减法运算，当初始分值扣光时，就会降权该网站，并送入沙盒中。

之前的章节中多次提到临时权重的概念，临时权重一般是在网站上线的 7 ～ 15 天开始出现，而在 45 天之后，临时权重也开始变化：如果网站内容的质量足够好，那么临时权重将会延续；如果网站内容的质量很低，临时权重将会开始做减法运算，直到完全消失。

在发展期内，一旦将初始赋值减完，网站将很难在短期之内有新的进展。根据笔者的经验，这个过程要延续到 6T 之后。也就是说，一旦临时权重消失，如果网站关键词想要再次获得排名，哪怕我们意识到了错误，提升了网站内容的质量，想要重新获得搜索引擎的认可需要 90 天左右的时间。这个阶段是非常痛苦的，我们的操作很难通过排名或者收录看到具体的效果，从而很容易让我们失去信心，大部分网站都死在了这个时期。

下面我们通过一个图表具体看看搜索引擎在发展期通过哪些方面判断一个网

站的质量，如表 12-4 所示。

表 12-4 搜索引擎在发展期通过哪些方面判断一个网站的质量

第二周期（3T）	观察期	初始值：30	初始权重 =AS+UT，其中 UT 为文章质量，直接调用新站期的数据，AS=（100＋初始值）/（50＋初始值）＋3.2。
		连接作弊：-1	
		锚文字密度：-5	
		外链作弊：-10	
		文章收录不增长：-1	
		友链作弊：-2	
		代码作弊：-1	

通过图表可以看出，这个周期的时间是 3T，在这个周期中百度搜索引擎会给予网站一个初始值，根据一些公布的资料，这个值应该为 30（无从考证，只作为参考）。这个时期有很多操作会导致初始值减少，如外链作弊 -10 分，文章收录不增长 -1 分等，具体内容请大家参考上面的图表。

可以看到，在所有的减分项中，外链作弊和锚文字密度是减分最严重的，我们有必要对此进行重点分析。所谓的外链作弊指的就是通过买卖产生的外链，或者是通过入侵别人网站悬挂的黑链。关于百度搜索引擎如何识别外链作弊，笔者没有详细的资料，但是链接源的相关性应该是最为重要的因素，这也就是为什么笔者一直强调做外链的时候一定要选择和自己网站行业相关的外链，不然效果是不明显的，甚至有不好的影响。接着我们看另一个减分很高的项目：锚文字密度，这个很容易理解。一般情况下，如果我们的网站内容质量很低，或者是采集的内容，为了让内容和我们优化的关键词有相关性，我们就会刻意在内容中添加关键词，然后在关键词在其他内容中出现的时候加上锚文本。现在流行的很多站群软件或者内容采集软件都有这样的功能，百度在官方的公告中也多次提到这样的问题，飓风算法就是专门打击这样的内容的。

这个时期是网站发展最危险的时期，我们一定要谨慎操作。笔者的建议如下。

（1）尽量不要使用采集的内容。

（2）网站内容原创度越高越好，内容最好是有深度的。

（3）如果时间有限，内容更新数量可以较新站期有所减少，但是至少要保证每天 5 篇。

（4）可以适当引入外链，但是一定要和自己的网站行业有相关性，不要贪图高权重。

　　现在做 SEO 开始的时候感觉都是无从下手，怎样操作都没有什么动静。但是只要我们认真做好每一步，越往后效果越明显，尤其是 10 个月之后，各种操作的效果都会凸显。一旦进入上升通道，一切都会变得简单，哪怕采集的内容也可以排名。

　　到目前为止，SEO 依旧是性价比最高的互联网营销手段，一旦成功，就像是挖了一口井，以后流量会源源不断，网站运营也就非常轻松了。

12.3　澎　湃　期

　　前面一节笔者为大家深入解读了百度核心算法解密之发展期，通过分析我们了解到，在发展期中百度搜索引擎开始对网站初值进行减法计算。这是一个非常关键的时期，一旦减法运算将初值消耗完，网站将会直接进入搜索引擎沙盒，要逃出这个沙盒需要我们投入几倍的努力和时间。因此，在发展期阶段，我们的任何操作都要谨慎，这个阶段的原则就是一个字"稳"，不要贸然做外链、调整网站结构、改变网页 title 等。

　　我们一起来看看网站发展的下一个阶段——澎湃期，从这个时期开始，百度搜索引擎开始对网站进行加分操作。值得注意的是，这个时期的加分都是双倍加分，目的是给予能通过发展期的网站一定的扶持。百度搜索引擎希望出现优质的网站。

　　澎湃期的开始是一个网站从上线起经历了 4T 的时候，也就是两个月。从这个时期开始，我们就可以做一些尝试了，如适当增加外链、调整不合理的 title、布局更多的关键词到内容中、建设长尾关键词记录单（站内定向锚文本）。

　　尤其需要重视的是布局关键词到内容中，因为这个时期百度搜索引擎对网站都是双倍加分，对于网站中每一个页面的重视程度都是其他任何一个时期所不能比的，因此，在这个时候我们要尝试挖掘更多的关键词。关于关键词的挖掘在之前的章节中已多次提到过，用户可以使用 5118.com 工具，非常方便。

　　完成关键词挖掘后，我们还需要对这些关键词进行整理，将相关联的关键词整理到一起。例如，我们要优化"快照投诉"这个关键词，首先使用 5118.com 工具挖掘关键词，如图 12-1 所示。

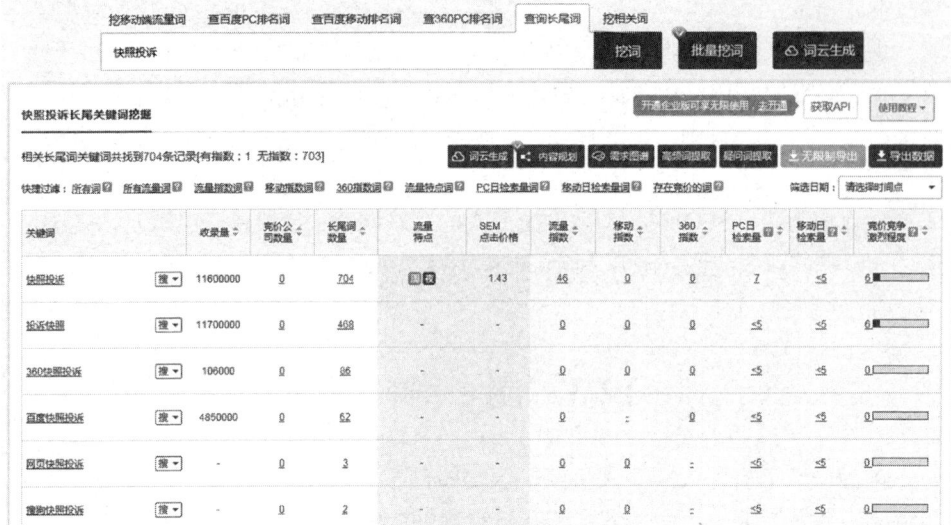

图 12-1　使用 5118.com 工具挖掘关键词

　　可以看出，和"快照投诉"相关的关键词还有"百度快照投诉"，那么我们就可以把这两个关键词合并为"百度快照投诉"。

　　接着我们就要为这个关键词准备文章和撰写标题，文章的撰写这里我们不再深入展开，我们重点看看标题撰写。以前很多 SEOer 如果遇到这样的关键词，标题肯定会写成"快照投诉_百度快照投诉"，百度推出的清风算法专门打击的就是这样的标题，笔者在 SEO 诊断中发现很多网站因为这样的标题被清风算法打击，因此现阶段我们在撰写标题的时候切记不可简单地将关键词堆砌重复。CRAZYSEO 工程师为这篇文章撰写的标题为"<title> 关于百度快照投诉的问题讨论_CRAZYSEO </title>"，非常简单，如实描述，建议大家都诊断一下自己的网页标题，看看是否有堆砌的嫌疑，有的话尽快调整。

　　通过上面的方法，我们将大量的关键词布局到了网站内容中，这就是澎湃期SEO 操作的核心。下面笔者为大家总结了一个图表，如表 12-5 所示。

表 12-5　澎湃期优化策略

第三周期（4T）	澎湃期	从这一时期开始，百度使用加分法则，这个时期的加分都是双倍加分，是给予能通过观察期的网站一定的扶持。百度希望出现优质的网站。	优质文章收录：1
			网站版面优化：1
			网站交互改进：3
			网站规模增长：10

可以看到澎湃期的加分项主要有以下几点。

（1）优质文章收录：说明这个时期文章的收录量非常重要。

（2）网站版面优化：说明这个时期我们要对网站版面进行优化，以适应用户的浏览习惯，因为这个阶段已经开始有用户进入网站了。

（3）网站交互改进：这个时期我们要重视网站和用户的交互，尽量让用户更多地浏览网站内容，增加 PV，这对 SEO 非常有利。

（4）网站规模增长：这一点是最为重要的，所谓的规模增长就是要布局更多的关键词到网站，这也就是前面我们提到的关键词挖掘和布局。

澎湃期是一个网站发展的巅峰时期，这是一次化蝶的机会，只要抓住这个机会，网站的定位和价值都会在这个阶段形成。

12.4　平　稳　期

在上一节中我们提到，澎湃期是网站发展的关键时期，在这个时期中百度搜索引擎开始对网站评分进行加法运算，因此在这个阶段我们要挖掘更多的关键词布局到网站中。

针对这个问题，读者可能会有疑问：到底内容和关键词是怎样的关系？每一篇内容都要包含关键词吗？笔者建议，在网站发展到澎湃期的时候，每一篇文章最好都包含关键词，这是为后续的长尾关键词记录单和站内定向锚文本做准备的。具体的操作流程如下。

（1）分析网站所在行业，确定目标关键词。

（2）通过目标关键词挖掘长尾关键词。

（3）梳理长尾关键词并且布局到对应的着陆页，这个着陆页就是我们需要撰写的文章。

在澎湃期只要能静下心来将这个工作完成，我们的 SEO 之路也就成功了大半。在澎湃期之后，我们只需要围绕这些长尾关键词展开内容建设，并在这些内容中出现澎湃期建设的长尾关键词内容的时候做好站内定向锚文本即可。

网站经过澎湃期，在 9T 之后就进入了平稳期。从这个时期开始，百度搜索引擎对网站进入正常的平稳期关注，对于网站出现的作弊行为会进行减分，对好的方面则会加分。

平稳期最重要的是网站分类，不同的分类会给予不同的推荐度，这相当于百度搜索引擎允许这些网站拥有合法的、有效的投票权。这个时期百度搜索引擎会逐渐降低对作弊行为的处罚力度，但对格外严重的、会被人工审核到的作弊行为，一经发现会立即被百度处理，使网站的排名下降、流量下降。

推荐度方面笔者缺乏最精确的相关资料，只是大致知道推荐值，具体数值代表的意思不详，推荐值本身不参与到排名计算中。下面笔者准备了一份不同行业的推荐度图表，供大家参考，如表 12-6 所示。这些数据只是依托一些资料的推测，并非官方的数据，今后笔者会做更加深入的研究和解读。

表 12-6　不同行业的推荐图表

		工业行业：5
第四周期（9T）	平稳期	IT 科技行业：3
		文字行业：1
		个人网站：1
		政府网站：5（有时候为 0）
		门户网站、新闻源：0
		垃圾站：1（百度对于垃圾站本身不封杀原因是站长圈的反击。但是对于垃圾站，百度更多会进行人工过滤）

可以肯定的是，百度搜索引擎对不同行业网站的看待方式是不一样的。按照 2017 年笔者团队的经验，百度搜索引擎对工具性网站的评分较高，如在线转化 PDF 工具、在线排版工具、在线站长工具等网站，这种类型的网站几乎没有什么内容更新，但是权重和流量都非常不错。

为此，笔者团队还做过一个这样的试验：我们建设了一个 Word 教程相关的网站，权重做到了 3，但是无论怎样建设内容，关键词排名都无法有进一步的提升。后来，我们在这个网站的首页添加了一个"在线 Word 转 PDF"工具，结果不到一个月的时间，关键词排名就迅速提升了。

看到这个案例，我们可以试想，为什么会有这样的情况发生？其实归根结底还是用户需求的问题。从用户角度出发，添加"在线 Word 转 PDF"工具，能满足很大一部分网站用户的需求，这样一来用户的黏连度就会提升。这一切都会被百度搜索引擎察觉，搜索引擎就会觉得这个网站的价值在提升，接下来关键词排名、权重的提升就是自然的事情了！

综合这些因素，笔者给出的平稳期操作策略如下。

（1）更加关注用户的需求，监测网站 IP 和 PV 的关系，如果 PV 过低，就需要考虑内容的相关性和网站结构设计是否合理。

（2）减少文章更新的数量，提升文章的质量，文章内容更加贴合用户需求，而不是像之前那样为了发文章而发文章。

（3）挖掘网站行业中有没有一些用户有需要但是没有被满足的痛点，如某些在线工具，一旦发现这样的痛点，就可以尝试提供解决方案，这样的操作能让网站权重飞速提升。

（4）在网站中添加评论功能，尽可能和用户产生互动。

（5）开始增加外链，需要注意的是外链不要贪图数量和权重，要注意链接源网站一定要和自己的网站在相同行业。

一些 SEOer 把 SEO 看得太过神秘，觉得 SEO 就像是走迷宫，东一榔头西一棒子，总是找不到正确的方向。笔者想对大家说，其实 SEO 的关键是我们对每一个时期的把握和用心，只要每一个时期比别人多付出一点点，累积到最后我们的网站才有获胜的可能，如果每一个时期我们都在偷懒，那么结果就不言而喻了！

12.5　信　任　期

在前面的内容中，我们深入解读了网站发展的平稳期。平稳期的一个重要特征就是百度搜索引擎会逐步降低对网站作弊的处罚力度。在 20T 之后，网站就进入了信任期，信任期的网站作弊行为不会减分，而是会影响信任值。如果信任值减到临界值，会一下子清算，这个清算将会是致命的。

让我们首先对平稳期做一个回顾。对平稳期的内容进行阅读之后，有的读者会有这样的疑问：澎湃期和平稳期似乎都可以进行大规模的内容建设，但是这个内容到底该有怎样的侧重点？内容撰写需要注意什么？下面就此问题做简要的说明。

（1）澎湃期和平稳期的内容建设是有差异的，澎湃期的内容主要是为关键词准备着陆页，而平稳期的内容主要是为这些着陆页服务，提供站内定向锚文本源。

（2）澎湃期的内容最好是围绕需要布局的长尾关键词展开撰写，发布中需要注意的是标题、关键词描述、内容中都要出现这个长尾关键词，这一点就做到了四处一词中的三处，剩余的一处要在平稳期中通过站内锚文本实现。

（3）所有的内容都要为关键词服务，不要为了充数量发内容，这样没有意义，我们要明确一点——有关键词布局的收录才是有效收录。

20T，也就是 300 天是一个不短的时间，在前面的内容中就提到过，现阶段 SEO 的核心是坚持，无论是什么样的网站，即便内容是采集而来的，只要坚持

300 天，网站的发展总会进入一个新的阶段。

2016 年，CRAZYSEO 工程师测试建设了 5 个网站，它们的模板都是从网上下载的，内容则是每天使用 OCR 软件转化发布的，虽然排名一直没有什么起色，但是内容的发布一直都在坚持，直到 300 天后的某一天，关键词排名突然全部出现。后续我们对网站进行了改版，内容质量也开始提升，结果不到一个月的时间，这些网站布局的关键词就全部进入了百度搜索引擎自然排名前 10 名。

网站进入信任期后，每过 1T 的时间增加 1 个单位的信任值，信任值 M 参数的计算很复杂，大致公式为 M =（当前周期 AS- 上一周期 AS）/UT 变化值。

也就是说，网站发展过了 300 天之后，每过 15 天，其信任值就会自然增加，只要我们在之前的发展期、澎湃期、平稳期没有过激的操作导致被搜索引擎降权，那么在信任期阶段，网站关键词排名将会呈井喷式发展。

有一些 SEOer 会说：一个网站排名如果一直没有进展，是很难坚持到 300 天的。因此，笔者在《跟我学 SEO 从入门到精通》第 1 版中就一直在强调，在 SEO 过程中我们一定要树立小目标，一步步地操作，切记不要定望尘莫及的目标，这样一旦实现不了，我们就会气馁、关站。

搜索引擎排名机制看似复杂，其实无非就是各个算法的累计，这个累计到达一个阈值，排名就会出现；减少到一个阈值，排名就会消失，甚至导致网站被"K"。这个阈值是多少我们无法得知，但是很多网站都死在了阈值即将到达的路上。

最后，笔者为大家总结了信任期 SEO 的操作策略，具体如下。

（1）信任期务必须重视服务器的稳定性，频繁的服务器故障会导致信任值的降低。

（2）网站结构可以进行调整以适应更多用户的访问习惯，如果需要调整网站标题，建议逐步修改。

（3）思考网站盈利模式，包括广告投放的选择、解决用户痛点、提供差异化服务。

（4）内容方面的侧重点要偏向用户的浏览习惯和阅读兴趣。

（5）开始对网站栏目、信息进行分类，适当的时候可以启用二级域名将网站板块分割，方便关键词布局和用户的访问。

本 章 小 结

至此，网站发展之路经历了新站期、发展期、澎湃期、平稳期、信任期五个阶段。尽管这些阶段的数据和算法没有办法得到百度搜索引擎官方的数据支持，但按照笔者团队多年数次的测试经验来看，这些数据是真真切切存在的。

SEO 是一个系统化的工作，作为一名 SEOer，我们一定要有严谨的态度，从网站上线之初的关键词筛选、内容准备，到网站上线之后的维护都要一丝不苟，这样我们才能在每一个阶段都取得胜利。一旦在某一个阶段失败，导致网站进入沙盒，那后果可能比重新建设一个新站来得更加困难。

第 13 章
我是 SEOer

13.1　欢迎加入 SEOER.CN 大家庭

一直以来，SEOer 都没有一个纯粹的可以分享、交流的地方。之前的一些 SEO 相关网站、论坛都陆续转型为综合互联网创业平台。笔者从 2019 年就在构思能不能上线一个能让 SEOer 分享知识，为 SEOer 提供工具、服务的网站。经过一年的准备，这个网站已经进入内测阶段，到本书出版的时候，网站应该就可以开放访问了，欢迎读者浏览 SEOER.CN（搜易乐），加入这个属于 SEOer 的大家庭。

说起 SEOER.CN 这个域名，还有一段故事。笔者在构思网站的时候就在想用一个什么样的域名好，SEOER.CN 是首选的，但是这个域名早就被注册了，之后笔者多次尝试联系注册人也没有什么进展。2019 年 8 月的一天，正好易名中国的一个中介联系笔者说最近如果有什么域名需要购买，他们可以帮忙去谈。笔者就顺便说了 SEOER.CN 这个域名，其实没有抱多大希望，还胡乱报了一个 5 万元的预算，实际上笔者心里准备的预算是 10 万元。出乎意料的是，不到 30 分钟中介就回复说谈好了 3 万元成交，笔者都不敢相信，再三确认没有问题后只用了不到 5 分钟的时间就完成了交易。至此，SEOER.CN 就正式开始了筹备工作。

有了域名之后，该为网站取一个什么样的名字？笔者左思右想，想到了"搜易乐"，这个名字和 SEOer 发音相似，并且有"让搜索变得容易快乐"的意思，完全符合网站的定位。

有了域名和名字，接下来就是考虑网站要为 SEOer 提供什么样的服务了。

首先，主站下面计划建设付费问答社群，邀请一些 SEO 行业老兵和大咖入驻，如本书中提到的"隐世高手"和 X 计划优秀合伙人都会邀请入驻进来。用户可以和这些优秀人才进行在线交流，向他们咨询关于 SEO 的问题。

其次，我们还计划建设域名评分工具，这个主要是针对老域名，现在的市场中有一些类似的工具，但是没有一个完整的评分体系，在 SEOER.CN 的工具中，笔者团队会将这些年摸索出来的域名价值体系算法引入，形成一套完整的域名评分体系。

简单地说，只要用户输入一个域名，系统就能判断出来这个域名的价值，如图 13-1 所示。

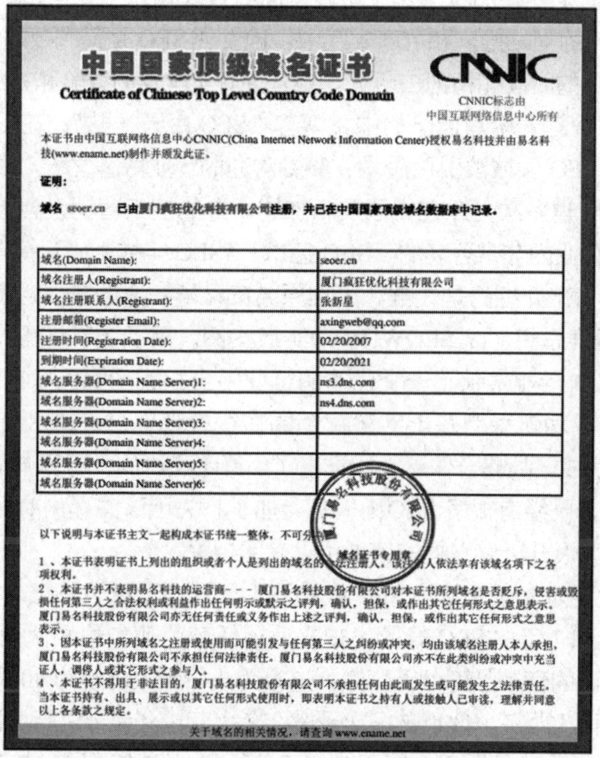

中国国家顶级域名证书

Certificate of Chinese Top Level Country Code Domain

CNNIC

CNNIC标志由中国互联网络信息中心所有

本证书由中国互联网络信息中心CNNIC(China Internet Network Information Center)授权易名科技并由易名科技(www.ename.net)制作并颁发此证。

证明：

域名 seoer.cn　已由厦门疯狂优化科技有限公司注册，并已在中国国家顶级域名数据库中记录。

域名(Domain Name):	seoer.cn
域名注册人(Registrant):	厦门疯狂优化科技有限公司
域名注册联系人(Registrant):	张新星
注册邮箱(Register Email):	axingweb@qq.com
注册时间(Registration Date):	02/20/2007
到期时间(Expiration Date):	02/20/2021
域名服务器(Domain Name Server)1:	ns3.dns.com
域名服务器(Domain Name Server)2:	ns4.dns.com
域名服务器(Domain Name Server)3:	
域名服务器(Domain Name Server)4:	
域名服务器(Domain Name Server)5:	
域名服务器(Domain Name Server)6:	

厦门易名科技股份有限公司　域名证书专用章

以下说明与本证书主文一起构成本证书统一整体，不可分割。

1、本证书表明证书上列出的组织或者个人是列出的域名的合法注册人，该注册人依法享有该域名项下之各项权利。

2、本证书并不表明易名科技的运营商－－－厦门易名科技股份有限公司对本证书所列域名是否贬斥，侵害或毁损任何第三人之合法权利或利益作出任何明示或默示之评判，确认，担保，或作出其它任何形式之意思表示。厦门易名科技股份有限公司亦无任何责任或义务作出上述之评判，确认，担保，或作出其它任何形式之意思表示。

3、因本证书中所列域名之注册或使用而可能引发与任何第三人之纠纷或冲突，均由该域名注册人本人承担，厦门易名科技股份有限公司不承担任何法律责任。厦门易名科技股份有限公司亦不在此类纠纷或冲突中充当证人，调停人或其它形式之参与人。

4、本证书不得用于非法目的，厦门易名科技股份有限公司不承担任何由此而发生或可能发生之法律责任。当本证书持有、出具、展示或以其它任何形式使用时，即表明本证书之持有人或接触人已审读，理解并同意以上各条款之规定。

关于域名的相关情况，请查询 www.ename.net

图 13-1　SEOER.CN 域名证书

最后，我们还计划建设书籍在线阅读平台、网站在线交易平台等围绕 SEO 的服务，这里不再展开，更多精彩内容请读者访问 SEOER.CN 进行体验。

对于 SEOER.CN 的所有收费服务，本书读者专享 5 折优惠，读者只需联系网站客服，拍照书籍并且提供相关信息即可享受优惠。

至此，我们有了属于 SEOer 的互联网家园，欢迎加入 SEOER.CN 大家庭！

13.2　认识 SEO 行业大咖

在 SEO 行业打拼的朋友们肯定都听说过一些行业内的大神级人物，很多人以他们为学习的榜样和奋斗的目标！接下来，笔者就来给大家介绍认识那些年我们追过的 SEO 大咖！

　　首先为大家介绍第一位 SEO 大神昝辉（Zac），昝辉自 2000 年开始做自己的第一个网站，后来在新加坡创建了中新网络科技公司，主要从事虚拟主机和服务器业务。在几年的网站推广和电商实践中，他发现 SEO 是最有效的网络营销手段，所以投入了大量的时间和精力去研究，并且拥有了丰富的经验和方法。

　　2006 年，昝辉开始写自己的中文博客"SEO 每天一贴"。在短短的几个月之内就成了中国 SEO 领域被引用最多、最受欢迎的行业博客之一，很多文章在网上广为流传。昝辉也多次受邀在中国及新加坡举办的搜索营销大会上进行演讲，同时还出版了在行业内非常著名的《SEO 艺术》《SEO 实战密码》等书籍。

　　接下来为大家介绍的是夫唯。夫唯原名黄凤华，他推崇"循序渐进，基业长青"的 SEO 运维思想，以 SEOWHY 为实战案例，用了 2 年时间零起步创造了网站品牌，为 SEO 行业奉献了一个优秀的行业平台和成功案例。在 2015 年，夫唯创办的搜外网成功转型为基于网络营销的在线教育平台。2018 年，CRAZYSEO 和 SEOWHY 达成了战略合作，共同推出了由笔者主讲的"百万流量站运营社群"这一大型课程，已经有很多 SEOer 报名参加了！关于该课程，前面章节中有详细介绍，这里不再展开，感兴趣的读者可以参阅相关章节。

　　另外一位要为大家介绍的 SEO 大神是刑天。刑天原名陈超，拥有 10 年的互联网工作经验和 7 年的 SEO 经验，曾先后担任梦芭莎和达闻营销的 SEO 总监，后来创办了自己的营销品牌刑天营销。迄今为止，刑天已经为 40 多家知名品牌提供了搜索引擎优化服务，他也曾多次受邀在各大营销会议上进行演讲。

　　下一位要介绍的是图王。图王本名章征军，他创办了国内赫赫有名的 A5 站长网，被誉为是最仗义的网站站长。他通过自己的建站经历，深刻地感受到广大站长非常需要专业的赢利和推广方面的指导，于是开始钻研 SEO 和推广技巧。图王撰写的网站推广的文章被大家争相转载，他也经常会对一些个人站长进行指导，教大家如何建站、怎样推广，再加上后来为站长维权的迅雷事件等，图王的名气也越来越大！

　　还需要为大家介绍的就是国内知名网站爱站网的创始人郑志平。在 2003 年开始进入互联网之后，郑志平凭借运营网站获得了第一桶金，也是中国互联网史上最早的一批站长。如今他所创办的爱站网已经成为站长工具中的主流工具，查询的数据覆盖了所有的中文网站。身为"80 后"的他，如今已经在互联网行业摸爬滚打了 10 多年，同时也成了很多"80 后"互联网追梦人的榜样！

　　接下来要介绍 5118.com 的创始人李昊。李昊是一位技术性互联网创业老兵，他创建的 5118.com 是目前最好用的 SEO 工具，其关键词大数据被业内普遍认可。本书中关于 5118.com 使用指南的章节就是笔者邀请李昊先生亲自撰写的，其含金量非常高！

最后要为大家介绍渠成。渠成是 Netconcepts 创始人，毕业于奥克兰大学市场营销与 IT 专业，是谷歌广告专家和雅虎搜索营销大使，并拥有网络营销、精准营销、网站设计等行业认证。此外，渠成在网站开发、多媒体设计及 Web 2.0 应用领域中均有不凡的业绩。

渠成带领 Netconcepts 中国团队为亚太市场的领先互联网公司提供自然搜索、付费搜索营销、网络营销和网站建设推广等服务，主要客户包括 Expedia、艺龙旅行网、The Planet、泰康人寿、微软、去哪儿、途牛旅行网、道道网（TripAdvisor）、易登网、天娱传媒、优卡二手汽车网、悠视网、MadeInChina、RealEstate、视频看房网、新西兰航空，等等。渠成专业于搜索引擎优化、付费搜索营销、社会传媒优化、电子邮件营销、博客与病毒性网络营销、PR 与网络危机公关、RSS 优化及线下营销策略，并在 SEO 及 SEM 领域取得了卓越成果。在创建 Netconcepts 前，渠成对电子商务运营及管理亦有丰富的经验。

此外，渠成多次受邀出席各种大型搜索及在线营销大会，作为大会演讲嘉宾与公众共同分享专业经验与心得；在电视领域，渠成也曾多次受邀参与各种网络相关节目的录制。

读者如果需要和诸位大咖对接资源，可以扫描本书封面勒口的二维码添加笔者微信进行联络，后续笔者也会邀请诸位大咖在线上或者线下分享干货。

13.3　参加 SEO 行业大会

很多刚进入 SEO 行业的小伙伴都想知道在行业内到底有哪些值得去参加的 SEO 大会，在本节中笔者就来为大家介绍几个在行业内最具权威性的 SEO 大会。

1. MADCon 大会

首先介绍 MADCon 大会。MADCon 大会相信很多人都已经听说过了，它是由点石大会和 RobinClub 聚会演变而来的，一直以来都是行业内的标杆性会议，也可以说是最具技术含量的 SEO 大会了。会议举办至今，分享足迹已经踏遍了全国大中小城市，每年举办 1～2 次，地点主要在厦门和北京。

会议曾经邀请过的嘉宾主要有大家都熟知的昝辉（Zac）、柳焕斌（Robin）、陈小华（石头）、付必鹏等行业大咖，当然还有一些 SEO 行业内的知名人士，如渠成、王淘、刑天、夫唯、张新星等人。

在大会举办的前一天，还会有一个由百度站长平台和 MADCon 联合举办的"百度之夜"活动，活动主要围绕百度搜索引擎为站长们提供的生存空间及流量增长等话题进行探讨。

2. 中国 SEO 排行榜大会

中国 SEO 排行榜大会创办于 2011 年，是由 Netconcepts 创办的一个 SEO 会议，每年举办一次，地点主要在北京。早期只是评选一些 SEO 做得比较好的网站并进行颁奖，后面慢慢就演变成了邀请嘉宾分享的会议。

会议云集了国内外 SEO 行业的精英人物及领先企业，共同揭晓百强企业名单，分享年度成功案例，解析搜索引擎营销市场全球最前沿的动态趋势，为国内 SEOer 提供了最权威的行业参考。

3. 中国网络营销行业大会

中国网络营销行业大会由中国网络营销行业大会组委会主办，自 2015 年首次在北京成功举办之后，就迅速成为一年一度探讨国内网络营销行业发展、分享干货、拓展人脉、对接资源的权威平台。大会每年举办一次，地点在北京。

会议的参会人员主要覆盖了营销、推广、运营、SEO、SEM、自媒体、微商、新媒体等众多营销领域的行业精英、民间高手及专家教授。在这里，你可以获得各位大神成功的经验和方法。

4. 华南 BAT 互联网实战峰会

华南 BAT 互联网实战峰会于 2016 年由曾经的广州 39 健康网 SEO 总监大吉创办。会议每年举办一次，地点在广州。

会议主要邀请一些国内知名的 SEO 大神、专家、学者进行干货分享和答疑解惑。华南 BAT 互联网实战峰会是一个很好的分享平台，同时也是拓展人脉的绝佳机会。

以上这些就是在 SEO 行业里面最具权威性的会议了。在过去的几年中，CRAZYSEO 一直是 MADCon 大会、中国网络营销行业大会、华南 BAT 互联网实战峰会的战略合作伙伴，笔者也多次作为演讲嘉宾给 SEOer 带来了关于流量站的主题演讲，如图 13-2 所示。

计划参加这些会议的读者可以联系笔者获取优惠票或者免费票，也可以关注 SEOER.CN 发布的关于大会的相关资讯。

13.4　阅读 SEO 书籍

SEO 是一个日新月异的行业，现在很多朋友都习惯于通过互联网来获取知识，但是像这样碎片化的学习很容易让我们感到迷茫，无法把握重点，知识点没有连贯性，到最后连最基本的知识体系都搞不清楚。

图 13-2　笔者在 2019MADCon 中国互联网优化大会中关于流量站的主题演讲

　　这个时候，书籍就要登场了。书籍虽然具有一定的滞后性，但是它的知识体系非常完善，阅读几本好书，可以让我们有一个稳固的基础，同时也是思维发散的源泉。那么作为一名 SEOer，有哪些书籍是必读的呢？下面笔者就来为大家介绍一下。

　　第一本要介绍的书是《SEO 的艺术》，如图 13-3 所示，其中文版由中国 SEO 灵魂人物昝辉（Zac）老师翻译，无论是从哪个层面参与 SEO 的人员都会发现这本书是无价的，它所面向的人群主要包括网站开发人员、市场人员及公司的主要决策者。如果 SEO 不是你的专业，这本书可以作为参考；如果你是或者想成为一名 SEOer，最好从头到尾读一遍这本书；有经验的 SEO 老手可以把这本书当作有用的全方位参考书，无论面对公司内部 SEO 团队还是外部的 SEO 客户，这本书都能支持你的 SEO 活动；最后，这本书也可以作为从新手到专业人员的 SEO 进修教材。

　　第二本要介绍的书是《SEO 实战密码》，笔者依然是昝辉老师，如图 13-4 所示。这本书不仅对 SEO 人员有所帮助，对于个人站长、网络营销人员及所有从事与网站相关工作的人员都有参考价值。

　　《SEO 实战密码》详细和系统地介绍了正规、有效的 SEO 实战技术，包括为什么要做 SEO、搜索引擎工作原理、关键词研究、网站结构优化、外部链接建设、SEO 效果监测及策略修改、SEO 作弊及惩罚、排名因素列表、常用的 SEO 工具、

SEO 项目管理中需要注意的问题等专题，最后提供了一个非常详细的案例供读者参考。

图 13-3　《SEO 的艺术》

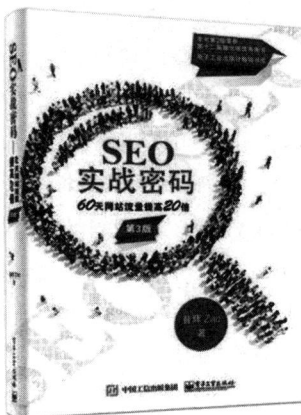

图 13-4　《SEO 实战密码》

该书的第 3 版增加了移动搜索优化、App 排名优化、百度 2015 年排名因素调查结果等新内容，并对前两版中不再适用的内容进行了调整，如删除已无法使用的 SEO 工具、增加新工具介绍、更新已产生变化的搜索结果页面抓图、修正一些新形势下的 SEO 观点等。

本书不仅对需要做 SEO 的人员有帮助，如个人站长、公司 SEO 或网络营销人员、SEO 服务公司人员等，对所有从事与网站相关工作的人也具有参考价值，如网站设计人员、程序员、大中专院校网络营销和电子商务专业学生、网络公司技术和营销团队、传统商业公司电子商务团队等。

接下来要介绍第三本书：《跟我学 SEO 从入门到精通》，如图 13-5 所示，作者是张新星。在这里介绍笔者自己写的书，确实有点自卖自夸的意思。

这本书首次将 SEO 体系完整地构建出来，无论是域名、服务器的选择还是关键词的布局及外链的建设，都无一例外地进行了深入的解读，对于新入门的 SEOer 来说有着非常重要的意义。《跟我学 SEO 从入门到精通》从出版到现在重印了 13 次之多，足以看出读者对该书的喜爱程度，这也是笔者写第 2 版的原因。

当然，优秀的 SEO 书籍不仅仅是这些，后面如果再遇到好书笔者会在朋友圈或者搜易乐（SEOER.CN）和大家分享。

图 13-5　《跟我学 SEO 从入门到精通》

13.5　用好 SEO 工具

人类自从学会了使用工具，文明就有了翻天覆地的变化！而在互联网行业，作为一名 SEOer，如果你不会使用工具来提高自己的工作效率，那还怎么混？

这里笔者就为大家介绍几个在 SEO 工作中经常使用到的小工具，掌握这些工具，能让我们的工作变得更加轻松。

1.5118.com

SEO 是越来越难做了，但是难做并不代表没有市场，依旧有很多小伙伴能够通过 SEO 获得大量的流量。那么我们该怎么做才能做好 SEO 呢？这就要从关键词的挖掘和选择出发了，我们得不断地寻找搜索引擎需要的内容，而 5118.com 就是一个挖掘关键词的好去处！如图 13-6 所示。

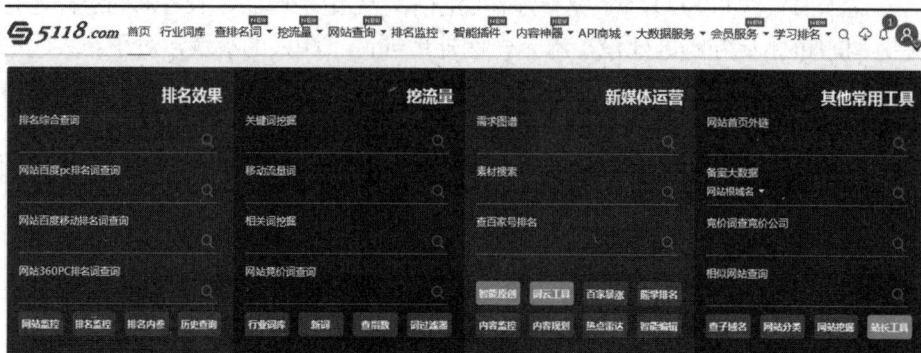

图 13-6　5118.com 界面

在这里笔者简单介绍一下如何使用 5118.com 来挖掘关键词。

第一步：在全行业词库中找到搜索引擎需要的内容，筛选出行业中最能带来流量的一批词，而这些词就代表了用户的需求。获取行业词最简单的方法就是直接在 5118.com 行业词库中进行下载。

第二步：将流量词放到搜索引擎中来查看排列在前几名的网页对应的 URL 级别和标题情况，了解内容是否饱和。

第三步：帮助搜索引擎完善这些内容。这个时候我们就可以将之前筛选出来的具有价值的关键词拿来做内容了。

除此之外，5118.com 还具有很多非常强大的功能，如网站数据监控、需求图谱等，这些功能都非常实用，详见第 10 章。

2. 爱站网

接下来要为大家介绍的是爱站网，如图 13-7 所示。

爱站网是第一个提出百度权重的工具，虽然这个权重是依据关键词的指数和搜索引擎的排名推算得来的，但是丝毫不影响其价值。我们可以使用爱站网里面的工具来查询网站权重、关键词排名趋势，进而调整我们的优化方案。

其次，爱站网提供的历史权重查询工具也非常好用，不仅能够帮助我们分析权重的发展规律，还能够在购买域名的时候帮助我们判断域名的历史情况，如图 13-8 所示。

平台	总词数	第一页		第二页		第三页		第四页		第五页			
PC端	45	7	15.56% ▼	10	22.22% ▲	17	37.78% ▼	8	17.78% ▲	3	6.67% ▼	↕	📊
移动端	32	2	6.25% −	7	21.88% ▼	10	31.25% ▲	11	34.38% ▲	2	6.25% −	↕	📊

排名趋势 7天　30天　**3个月**

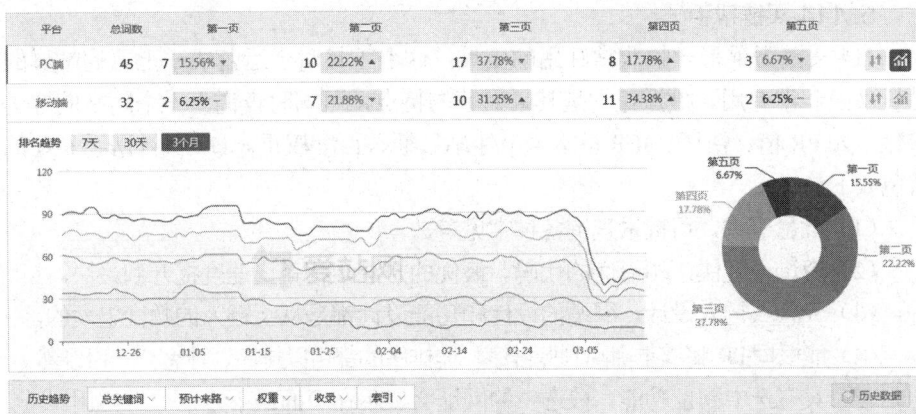

图 13-7　爱站网界面

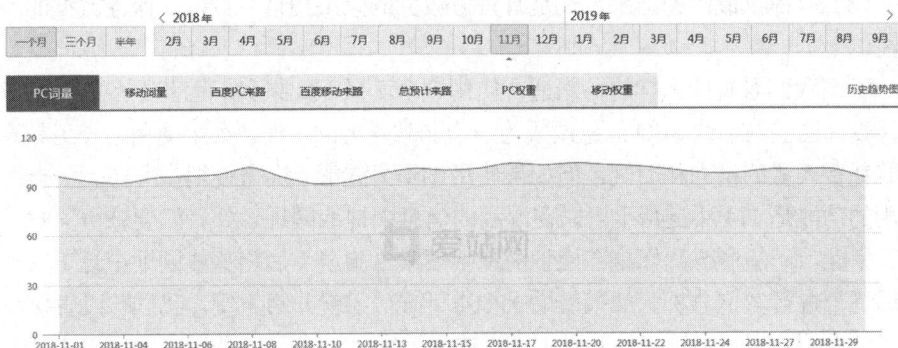

图 13-8　使用爱站网查看域名的历史情况

3. 批量修改图片 MD5 转码工具

我们都知道，百度等搜索引擎已经可以判断一张图片的原创性，其判断一张图片是否原创的方法就是检测图片的 **MD5** 码。为了让搜索引擎判断出我们网站的内容质量更高，就可以使用批量修改图片 MD5 转码工具，其操作方法非常简单，读者可以百度搜索下载相关工具，也可以扫描书籍封面二维码添加笔者微信在线索取。

4. 一键排版工具

接下来要为大家介绍的就是一键排版工具。该工具虽然非常简单，但是很实用，我们可以直接将撰写好的内容粘贴进去，单击"一键排版"按钮，然后复制出来排版后的内容就可以直接发布了。读者百度搜索"一键排版"可以看到很多类似工具。

5. 114 买链帮手

114 买链帮手是一款非常好用的工具，这个工具对于运营成千上万的站群的站长来说非常有用。批量查询是其最显著的特点，可同时查询上千个网站的各类参数，如 PR 值、快照、ICP 备案号、建站日期、百度权重。114 买链帮手具备的特色如下。

（1）批量查询，可批量查询各种常见参数。

（2）查询速度快，用最优的代码、最优的方法，将查询速度提升到最快。

（3）专为买链人设计，网站的设计和功能设计都是从买链人的角度出发的。

（4）能根据 PR 将权重由高到低排序，能排序的都可以排序，让客户一目了然。

（5）具有选中网址功能，被选中的网址会显示在页面最下方，非常实用。

（6）界面功能全部由 JavaScript 写成，一点即用，没有等待网页打开的烦恼。

（7）紧跟潮流，所有功能紧跟互联网变化，让用户的查询也与时俱进。

（8）只提供最优的结果，凡是有官方数据的只采用官方数据，保证数据的准确性。

下面我们看看什么样的场景适合使用这个工具。如果我们运营很多的网站，每天查询这些网站的 SEO 信息便成为一个非常吃力的工作。如果使用站长工具等需要耗费大量的精力和时间，但如果使用 114 买链帮手会方便很多。还有一点很好用的功能是 114 买链帮手可以在混乱的信息中提取网址，如我们要分析关键词的竞争性，一般情况我们是在搜索引擎中搜索"旅游"后将这些网址记录下来，然后逐个进行查询分析。如果借助于 114 买链帮手就非常方便，我们可以直接将搜索结果的源码复制出来粘贴到 114 买链帮手中，如图 13-9 所示。然后单击"网址提取"按钮，系统会自动将所有的网址提取出来。然后再单击"提交"按钮便可以将这些网址的权重等信息查询出来，如图 13-10 所示。

114 买链帮手还有其他一些非常好用的功能，这里不再一一讲述，感兴趣的读者可以亲自体验。总归记住一点就可以了，那就是涉及站群等大规模的网站信息查询时，使用 114 买链帮手是很好的选择。

6. AI 伪原创工具

CRAZYSEO 和 5118.com 联合推出的 AI 伪原创工具是一款网站编辑、SEOer 和站长非常需要的工具，它为降低文章重复度而生，其一键生成伪原创文章功能可用于绕过一些重复度检测算法，用该 AI 原创工具可以把复制或采集的文章瞬间变成另一篇原创文章，并自带与搜索引擎及新媒体相同的 AI 原创度检测即时提示。

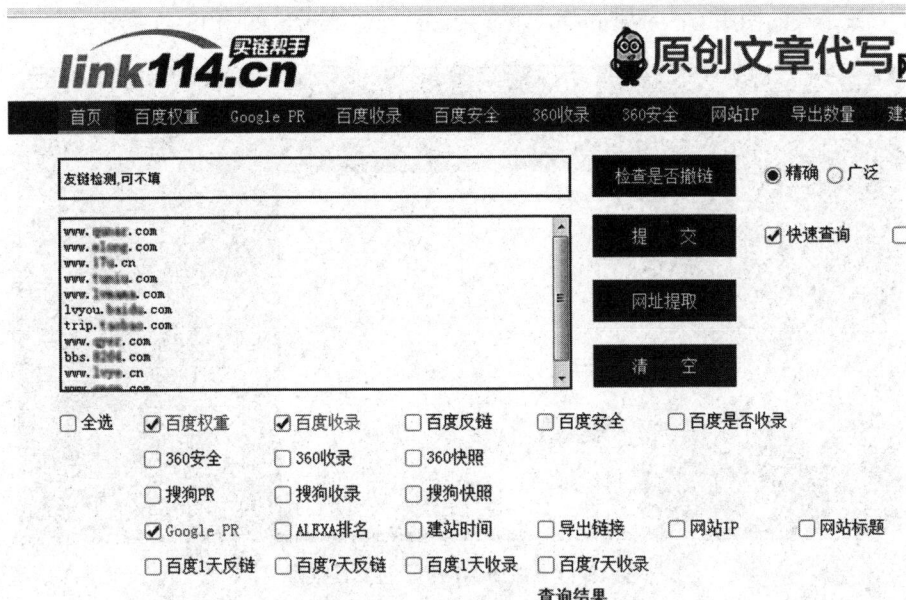

图 13-9　114 买链帮手提取网址功能

图 13-10　114 买链帮手域名信息批量查询

　　本工具主要针对百度、360、搜狐、神马、谷歌、公众号、头条等大型搜索引擎和新媒体引擎收录设计，通过本工具生成的 AI 原创文章会被搜索引擎后台算法认为是低重复度的文章。

该工具的使用方法非常简单，首先要注册一个账号，如图 13-11 所示。

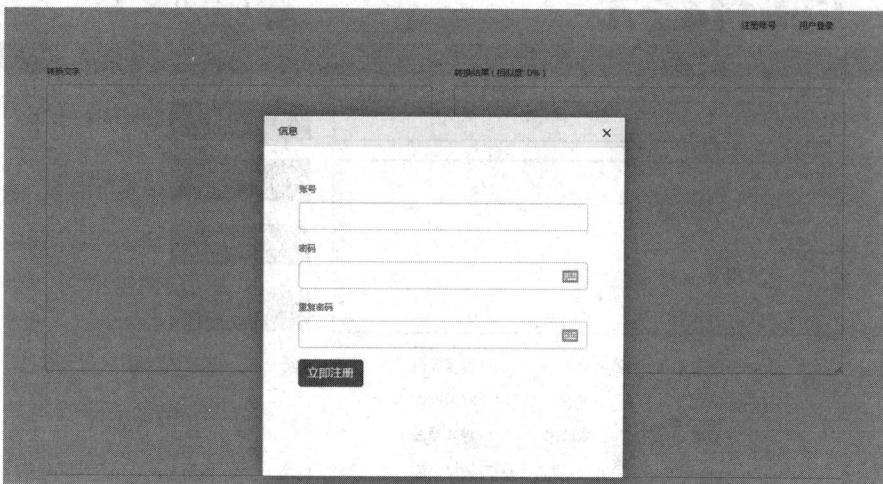

图 13-11　注册 AI 伪原创工具账号

　　成功注册并登录后，将需要伪原创的内容粘贴到"转换文字"文字框中，如图 13-12 所示。

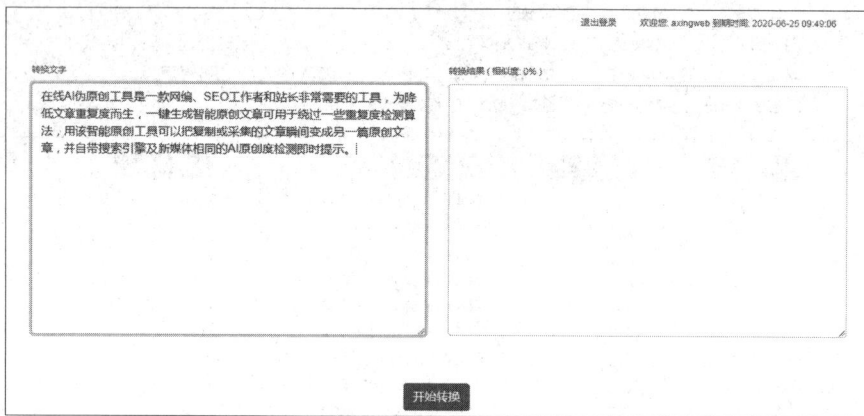

图 13-12　粘贴要转换的文字到"转换文字"文字框中

　　最后单击"开始转换"按钮，就可以很快通过 AI 算法生成对应的内容，如图 13-13 所示。

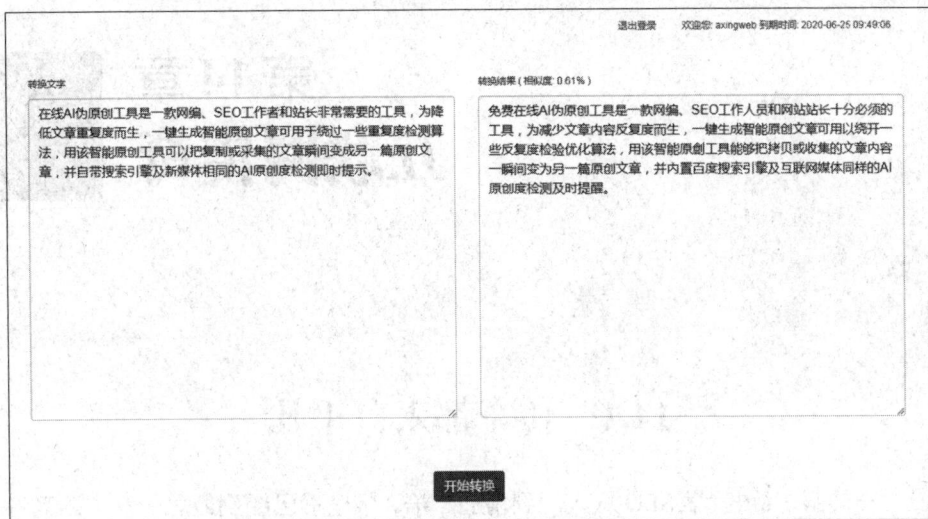

图 13-13　通过 AI 算法进行伪原创

转换之后，系统还会通过大数据算法计算出转换后的内容和原始内容的相似度，如刚才我们测试的这个内容转换后的相似度是 0.61%，相似度越低，效果越好。

本 章 小 结

本章笔者介绍了一些优质的 SEO 书籍。就在本书出版的前几个月，Zac 老师的《SEO 实战密码》第 4 版上市了，Zac 老师也特意邀请了笔者写推荐语。该书的第 4 版更新了很多最新的知识点，感兴趣的读者可以阅读一下。

本章还介绍了一些 SEO 的大会。这些年 SEOer 数量确实在不断下降，很多 SEO 大会都停止举办了。前几年我们和 MADCon 联合举办了几次 SEO 会议，效果还是非常不错的，原定这两年也会举办，但是因受到新冠肺炎疫情影响而作罢。希望之后能有机会继续举办 SEO 行业会议和诸多 SEOer 进行线下交流。

最后，本章还介绍了一些实用的 SEO 工具。因为书籍出版需要时间，当读者阅读到这里的时候，有些工具可能已经无法使用了。如果遇到这样的问题，读者可以扫描本书封面的二维码添加笔者的微信，我们会提供更为优质的工具给大家。

第 14 章
互联网传奇

14.1　传奇都来自平凡

　　一转眼，《跟我学 SEO 从入门到精通》第 2 版全书已经到最后一章了。笔者一直在思考最后一章要和大家聊一些什么，前面的章节都在聊 SEO、聊干货，所以这个章节就不聊 SEO 了。作为一名创业多年的互联网老司机，笔者有很多故事一直想和大家分享，下面就借这个机会和大家聊聊吧。

　　互联网是一个充满传奇的地方，笔者在大学一年级的时候就开始梦想着能像硅谷大神那样去创业，这样的想法在大学二年级的时候再也按捺不住了，之后笔者就真的像硅谷大神那样退学创业了。

　　从开始的满怀斗志，到中途的迷茫，再到后来的坚定信念，笔者坚持过、犹豫过、奋斗过，但始终没有放弃梦想，关于这些经历笔者在《SEO 全网优化指南》一书中详细聊过，这里不再展开。

　　正是这样的经历，让笔者收获了很多故事，细细梳理后，确实有一些故事可以拿出来和大家分享。本章笔者将从 Google AdSense 那段疯狂的岁月开始，和大家聊聊自己亲身经历过的互联网传奇。希望读者能从这些传奇中吸收到能量，结合从本书学到的内容，创造属于自己的传奇。

14.2　Google AdSense 传奇

　　从 2000 年开始到现在，中国的互联网发生了翻天覆地的变化，作为站长、SEOer 的我们也是经历了很多的故事，这其中最值得聊一下的莫过于赚钱这样的事情。

　　这里我们就从 Google AdSense 说起。说到 Google AdSense 大家一定都不会陌生，Google AdSense 是一个快速便捷的网上赚钱方法，可以让具有一定规模访问量的网站展示与网站内容相关的谷歌广告并将网站流量转化为收入。最近这些年，随着百度联盟等各大联盟的诞生，Google AdSense 已经不是我们唯一的赢利渠道，但是如果你是一个有 10 多年互联网奋斗经验的老站长，那么说起 Google AdSense，你一定会感到无比怀念。

2004 年前后，正是 Google AdSense 发展得如火如荼的时候，那时候的站长没有什么收入来源，一个网站有了用户访问，有了一万以上的 IP，变现的手段却只有 Google AdSense。我们每天为了 Google AdSense 的数据而疯狂，为了让 Google AdSense 能够展示点击单价更高的产品彻夜不眠。

同样的网站，同样的访问量，通过优化内容和广告颜色，就能将收入提升几百倍。一个新的网站，一个新注册的账号，或许刚开始的时候每天只有几美元的收入，经过优化后就能达到几百美元甚至上千美元。这是一个什么样的概念呢？当时一美元能兑换人民币 8 元多，也就是说如果一个网站运营得好，每天就能赚到几千元的佣金。对比当时的物价，这简直就是让人想想都激动的事情。很多站长也都是在这个时期完成了人生原始资金的积累。现在名震站长圈的图王，当时就是通过大量建设图片类型的网站，通过 Google AdSense 赚取了人生的第一桶金。

高兴了这么久，还是要回到现实，随着互联网的发展，Google AdSense 的点击单价也没有那么高了，那个时代的传奇也在渐渐消退。

14.3　域　名　传　奇

域名是互联网的窗口，一个好的域名是网站成功的关键！从京东花费 3000 万元收购 jd.com、360 花费 1 亿元购买 360.com 这些案例就可以看出，一个网站无论发展到多厉害的地步，始终不要忘记用一个好的域名来提升品牌形象。

当然，这些域名当初也都是注册而来的，注册的价格从几十元到几百元不等，相信注册这些域名的人当初也不会想到后来能够卖那么多钱！那么这些厉害的域名究竟都是谁注册的？那个时候我们为什么就没有想到这些呢？

说到域名就不得不提到蔡文胜，在过去很长的一段时间里，人们提到蔡文胜就会联想到"域名"两个字。这位域名狂人曾经拥有过 265.com、360.cn、baofeng.com、g.cn、fm365.com 等知名域名，并在域名生意上累计赢利上亿美元。下面我们简单地了解一下蔡文胜是如何开启域名传奇的。

2000 年 4 月，蔡文胜在香港偶然看到一条报纸新闻，有一个域名卖了 750 万美元。第二天，他就用 2 万元买了一台联想天禧电脑，开始了他的域名生意。在当时，注册域名费用低，只要 220 元，但是蔡文胜意识到某个域名将来有可能被有需要的人买走，从而产生非常高的价值。

单个域名注册，要歪打正着地被有意向的人最终收购，也许并不容易，但有计划且大批量注册收购特定的域名，然后高价卖出，却是一个概率不小的事件。这实际上也是一个非常典型的低风险、高回报的投资模式。只要前期的资金能到位并维持到赢利，这个投资模式就能滚动下去。

故事到了这里，读者朋友可能会认为蔡文胜的域名收购生意接下来应该是一马平川、高歌猛进了。但实际上，在蔡文胜 2000 年刚开始做域名时，域名投资的黄金时期已经过去了。因为在 20 世纪 90 年代互联网在国外开始兴起的时候，国外的商人已经先嗅到了商机，大批的域名被捷足先登收入囊中。而蔡文胜的故事精彩的部分其实才刚刚开始。有以下几个情节，笔者是从公开的渠道获取的，不涉及任何隐私，足以佐证蔡文胜投资的过人之处。

情节一：蔡文胜是个善于找窍门的人。域名和商标类似，每年都要续费，不续费就会过期无效，别人可以重新注册。瞄准了这一点，蔡文胜开始抢注那些忘记续费的好域名，其中最贵的一个域名的买家是一家西班牙生物科技公司，蔡文胜卖出了 120 万美元的好价位。

情节二：抢注域名最开始的时候是一家一家地查，这个方法效率极低。蔡文胜通过论坛认识了一位叫张立的技术人员，通过张立把中国几千个县市的拼音、全世界所有国家、有名的公司、常用的单词甚至农业用语全部导进了自家数据库，再从国外网站买到域名拍卖清单进行匹配，集中精力抢注最贵的域名。结果证明具有中国特色的拼音域名真是个神奇的东西，那些最初看来土得掉渣的拼音域名最终却卖出了好价钱，如 tudou.com（土豆网）、qiyi.com（奇艺网）。

一个未被确切证实的消息是，腾讯微信在 2013 年加入了视频拍摄和分享的功能，并收购了域名，这个域名就来自蔡文胜。该域名注册于 2001 年，"微"字在网络上爆火之前，"卫视"是这个"wei"系列域名最具价值的解释，其还具有"卫士"的含义。在微博微信等"微"字系火爆之后，"wei"系列的双拼和三拼域名身价暴涨，由此可见蔡文胜对市场敏锐的判断力。

情节三：这也是所有的情节中最令笔者感到惊讶的。蔡文胜为了提升抢注域名的成功率，竟然在国外租赁了服务器。不仅如此，为了抢时间，他甚至对注册流程进行了压缩精简，每次进行抢注操作时注册信息里只填姓名 1、地址 1、邮箱 1@1.com，用这种最简化的方式节省字节，目的就是让传送效率更高，比别人更快地抢注到理想域名。

敬佩之余，反思蔡文胜的赚钱逻辑，有什么地方值得学习呢？笔者总结出以下几点。

（1）"知行合一，有钱人不会只是想，'做'也很重要。"意识到抢注域名是一单低买高卖的好生意的，当然不会仅仅是蔡文胜一个人，但大部分人都只是停留在"想"的阶段，即使迈开了第一步，在网上查了一下，发现很多域名已被注册，相信很多人也就到此为止，不会有下一步的行动了。仅仅在这一步上，蔡文胜大约可以淘汰超过一半的潜在竞争者。

（2）"勤奋努力很重要，但是深度思考会让勤奋努力变得更加有效。"这个世界上的赚钱模式，当它是一本万利却成功者寥寥的时候，必定存在着诸多操作上的困难，而只要能够想出一个解决方案，就是往前走多了一步。钻得越深，走得越远，越能意识到别人没有意识到的问题，也越能把握别人不能把握的机会。到这一步，蔡文胜的竞争者又少了剩下的一半以上。

（3）"不要自己炒菜，雇一个厨师。"术业有专攻，每个人都只能在自己的能力范围内做自己擅长的事情，而要将事情搞大，就不得不借助别人的力量。当蔡文胜意识到自己的办法太土、效率太低的时候，他找到了具有技术背景的张立。结果，张立的加入让蔡文胜的域名收购生意如鱼得水，从 2001 年到 2003 年，蔡文胜注册了大约 5000 个域名，卖了 1000 多个，而他的域名买卖生意也因此得以遍布全世界。

蔡文胜曾说，他对于用 1 元赚 1 元的生意不感兴趣，而一个域名注册费只要200 元左右，之后却有可能卖到几万元甚至更多，这才是他想要的生意。当然，看到商机的不只是他，但蔡文胜却总能做到最好。虽然在 2000 年才开始做域名已经错过了黄金时期，不过他的独特之处在于深入思考域名生意的本质，并拆分为两个步骤——发现好域名和进行抢注。

再举个例子，当年 26 岁的网易创始人丁磊曾大胆设想用 163 这样的数字来注册一个域名，这样不仅方便记忆而且不会像英文字母那样容易混淆。后来，当丁磊通过查询发现像这样的域名还没有被注册时，他迅速注册了 163.com。在这之后丁磊又一口气注册了一大串域名，如 188.com 等。这些域名即便没有用来建站，现在也是价值不菲的！

笔者清晰地记得，在 2004 年前后有很多优质的 .cn 域名都可以直接注册，两位数或三位数的都是可以的。让笔者记忆犹新的是 2013 年前后，那个时期四数字的 .com 域名价格很低，带"0"和"4"的都可以注册，而现在这类型域名已经随便卖到了几万元甚至几十万元了！

所以说，每个时代有每个时代的机遇和困难，虽然错过好的风口很可惜，但只要抓住当下，还是有成功的希望的！

14.4　站 群 传 奇

　　说起站群，很多 SEOer 都非常熟悉。六七年前，站群模式一度占领了百度自然搜索排名的大部分市场，虫虫、黑豹等站群软件层出不穷。原来大都是通过自动建站、泛解析、内容采集、轮链来让网站关键词短期之内获得提升，但是这样的盛宴并没有持续多久。2012 年 6 月 18 日，百度算法大更新，这种模式的站群几乎一夜之间被连根拔起，第二天整个 SEO 圈怨声一片。要知道，站群投资可不是一个小数目，动辄就是成千上万个域名的投资，按照当时 20 元一个域名的最低价格（通过海外渠道优惠码注册），1 万个域名的站群就要投资 20 万元。这么庞大的站群一夜之间全部被 "K" 掉，很多人还是接受不了的！

　　细细分析背后的原因，我们也看到了百度的无奈，如果一个搜索引擎的自然排名被垃圾页面占领，这只能说明其算法的无能。这次的算法更新除了打击了站群，其他一些正常网站也受到了牵连，可谓是 SEO 圈的一个大事件。在此之后，百度再没有这样大规模地升级算法了。

　　"网站 628 事件" 之后，CRAZYSEO 也经历了一段时间的沉寂，笔者团队也开始尝试新的站群模式。2014 年年初，笔者发现，每一个模板单独开发、使用 OCR 软件转化内容建设站群效果非常好，这些网站之间没有任何链接，就和独立的网站一样。网站只优化长尾关键词，并且将长尾关键词布局到网站首页。通过这样的模式，最多的时候我们运营超过 10 万规模的站群，每天流量能上亿。

　　那时候，每天不是想着如何获得流量，而是想着如何将这些流量转化出去。上千台服务器，发文章的电脑就要几十台，每一台都是独立光纤接入。搜索一个长尾关键词时，百度排名前 30 名都是我们的网站，这一切无不让人疯狂！

　　每一场狂欢都有结束的时候。2016 年前后，这种模式的效果也渐渐变弱，不过直到今天，这种模式在小范围操作中还是有很大的机会的。2020 年，CRAZYSEO 团队给一个公司做过这样的项目，效果还是非常好的。为此本书专门有一个章节深度解读新环境下的站群模式，有兴趣的读者可以按照其中所讲的方法进行尝试：模板要独立开发，简单一点无所谓，不要使用下载的；内容使用 OCR 软件转化，每一个网站单独运营，不互相链接，首页要布局长尾关键词。

14.5　高 手

　　在前面的章节中笔者多次提到，这些年总有一些所谓的 SEO "大咖" 不断唱衰 SEO 行业，认为这是一个穷途末路的行业，无论怎样也是不可能赚到钱的，而另一方面笔者认识的很多高手依旧在通过 SEO、建站的方法赚钱。这些人不会出席任何圈内组织的论坛或者会议，更不会在公开场合发表关于 SEO 的相关言论，甚至不愿意透露自己的姓名。

　　本节笔者将为大家介绍几位 SEO 高手。这些人每一个都是传奇般的存在，有一些人有正式的工作，只是兼职做网站，结果一不小心做成了财富自由；有一些人是刚进入社会的学生，凭着一股子闯劲做网站，结果做成了拥有千万资产的 BOSS。希望读者能从这些隐士高手的故事中得到鼓励和灵感，坚定信念一路向前，创建属于自己的赢利模式。

　　就在笔者撰写本节的时候，头条、华为都宣布进入搜索引擎行业。近期在安卓应用商店大家都能看到来自字节跳动的"头条搜索"App 在排行榜上冉冉升起，如图 14-1 所示。

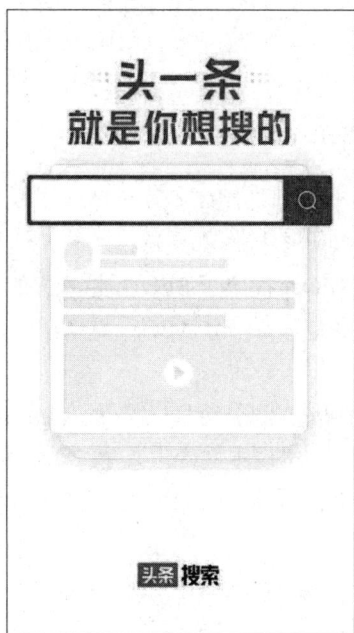

图 14-1　"头条搜索"App 界面

　　这款 App 功能也类似于"百度搜索"。虽然字节跳动对外宣称这款 App 仍处于内测阶段，但用过的朋友都能感受到，"头条搜索"已经拥有自己非常成熟的体系了。

　　"头条搜索"的页面当然还是非常经典的"头条红"了，还是非常简洁，一打开就能看见"头一条就是你想搜的"的 Slogan，也正是这个搜索框让很多人都打趣道：以后除了"百度一下"还能"头条一下"了。

一般搜索引擎有的基础功能"头条搜索"一个也不少，此外，"头条搜索"还注意到了小说板块，单独留出了书架，用户点开就能看到各类热门小说。

当然，既然是字节跳动的亲儿子，"头条搜索"以搜索引擎为起点，还与抖音和西瓜进行了长短视频平台搭建，各类新闻也能够跳转到今日头条上，可以说"头条搜索"连接的是字节跳动旗下的一整条生态链。

华为 HMS 的发布会想必大家不陌生，近期"华为搜索"App 作为华为生态链家族中的一员也即将上线。巧的是，"华为搜索"也被宣称是仍处于内测阶段。

华为和字节跳动这两家企业入局搜索市场不管是理由还是特性都有着极为相似之处，但可以肯定的是，搜索引擎作为生态闭环的一个重要环节，未来或许会有更多企业入局。头条和华为相继进入搜索引擎市场足以证明，在未来搜索引擎仍然是非常大的市场。有了搜索引擎，SEO 自然少不了，有了 SEO，又怎么可能少得了我们 SEOer 呢？

14.5.1　技术型高手

说到 SEO，相信很多小伙伴都是痛不欲生，为了排名绞尽脑汁，四处一词、h1 标签、次导航、外链，每一个操作都是竭尽所能，但是最后的结局往往让人伤心至极。因此，现在一些 SEOer 提出了 SEO 即将死亡的观点，做了几年，一分钱都没有赚到，反而弄得浑身是病，一些 SEOer 更是早早地放弃了 SEO，转战其他行业了。

那么，SEO 真这么可怕吗？我们一起看看下面这位绝世高手是如何操作的吧！

本小节笔者为大家介绍一位技术性绝世高手：无影剑。这位高手的真名保密，笔者多次和他深度沟通，请他现身说法，但是都被婉言拒绝，或许这就是隐士高手的性格吧。

无影剑是从名牌大学毕业的，先后在中国移动、华为等大企业做过技术主管，2016 年辞职摸索 SEO，建设网站。他做网站的目的很简单，就是做到有流量、有权重了直接出售获利。建设的网站类型主要是文字、工具类型，由于是软件工程师出身，内容方面都是他自己写软件采集、组合，这些软件的功能非常强大，他还善于将小工具集成到网站，如繁体字转化工具、甲骨文翻译工具等，如图 14-2 所示。

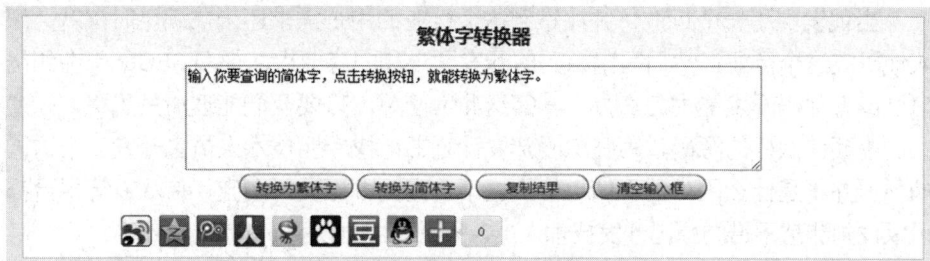

图 14-2　繁体字转化工具

下面给大家简单说说无影剑的内容组合软件工作原理，提前申明：大家不要联系笔者咨询软件是否出售，这样的东西都是不可能买到的。在前面的流量站相关章节中我们已经对内容组合原理进行了深度的分析，感兴趣的读者可以自己尝试开发一下。

软件先按照某一个关键词采集内容，采集完成后再通过中文分词技术将内容分段保存，如采集一篇"泡菜的做法"的内容时，我们知道泡菜的做法有很多步骤，第一步可能是洗菜，软件会将大量的文章采集进来，通过"洗菜"这个词把第一步分离出来，然后进行保存，其他步骤的操作同上。这样如果我们的网站需要一篇"泡菜的做法"的文章，软件会自动从大量的数据中组合出来一篇内容，这些组合前的内容其实都是互联网中已经存在的内容，但是组合后的内容则是全新的内容，这样的内容搜索引擎是非常喜欢的，收录非常迅速，做排名自然也很轻松了。

大家千万不要认为写出来的文章就是好文章，对用户有价值的内容才是搜索引擎喜欢的，如果让一个水果店老板写一篇关于 SEO 的文章，或许他通过东拼西凑也可以完成，但是这样的文章让我们这些 SEOer 来看的话就没什么价值了。

有了这样的软件，无影剑一个人就能维护 50 个左右的网站，权重做到 6 以上之后，一个网站卖掉可以赚 50 万～ 100 万元。

14.5.2　思维型高手

上一小节中的主角无影剑是一位不折不扣的技术大咖，许多读者可能会觉得技术操作太困难，从而望而却步，心想我自己没有那个能力，没有办法开发出来那样厉害的内容组合软件。不要着急，相信读完本小节，你就会有一些新思路。

思维型隐士高手：盟主。他不懂任何技术，什么 HTML、CSS、SEO、服务器一概不懂。但是他有敏锐的观察力，他能发现哪些行业适合建设流量站，什么样的源码能够符合用户的需求。

当他发现了一个行业，并注意到这个行业的用户需求还未被满足时，就会深入地研究这个行业，然后写出源码的开发要求和内容要求。很多 SEOer 都在纠结自己没有源码开发能力怎么办，其实这非常简单，只要我们能理清楚思路，知道我们需要什么样的源码，写好源码开发计划书，找专业技术人员去开发一个这样的源码并不是什么困难的事情，价格也不会高到哪里去，淘宝、猪八戒等平台都可以找到非常不错的源码开发技术人员，如图 14-3 所示。

图 14-3　寻找源码、模板开发技术人员

源码开发的话价格一般是 2000 ～ 5000 元，DedeCMS 等 CMS 模板开发、二次开发价格一般是 500 ～ 1000 元，如果长期合作的话价格会更低。我们自己没有必要什么事情都会做，没有必要什么事情都亲力亲为，我们只需要有一个完整的可执行的方案即可。

笔者特意看了盟主写的这些要求、计划，并没有多么高深，无非就是哪个网站源码做得好，哪个网站内容做得好，可不可以把其他行业的一些用户体验搬到需要做的行业上，等等。

要求、计划写完之后可以直接找技术人员开发源码，找内容团队外包内容。盟主有长期合作的技术团队和内容团队，在多次深度合作后，对方能很快明白他需要什么。这样一来，源码开发、内容建设都是非常高效的。

在源码和数据完成之后，盟主就会找一些域名进行测试，在测试的过程中总结经验、修改源码、调整数据，直到他觉得各个方面都达标了，就会使用这套源码和数据建站。需要注意的是，不是一下子建设一大批网站，而是陆续建站，如先建设几个，过几个月出售之后再建设几个。

据盟主的说法，一套源码和数据的生命周期至少有 2 年。大家注意一下，这些源码和数据建站之后都是不再更新的，所以维护非常简单。上线网站、维护网站、出售网站之后的工作都是合作的技术团队在做。他们的合作模式大概是这样的：源码开发免费，网站出售之后直接给技术团队分成。在这样的模式之下，他通过三年的时间实现了财富自由。

撰写本小节的时候，笔者和盟主聊了许多，据他自己说，他只是一个普通的上班族，建设网站只是他业务爱好，一不小心就进入这个圈子，顺便解决了财富问题。看似简单的回答，看似轻松的赚钱方法，背后肯定隐藏着巨大的付出和坚持。没有无缘无故的成功，也没有无缘无故的失败。我们唯有坚持不懈，才有可能成功。

14.5.3　全能型高手

上一小节笔者带大家一起了解了思维型隐士高手——盟主，他的传奇笔者之前在公开课中也讲过，当时引发了很多 SEOer 的热议。为什么一个没有任何技术的人能在 SEO 行业做到财富自由，我们夜以继日地在这个圈子里面打拼，到了现在还是连温饱都没有解决。

许多 SEOer 虽然在 SEO 圈子里混了很久，但思路根本就不对，这些 SEOer 一直想着 3 天上排名，一周获得流量，却忽略了建设一个网站时最基础的东西，如网站的核心是什么，关键词背后的需求是什么。不要总是仰望星空，试试看看脚下的路，弄清楚 SEO 的本质才是我们要做的。希望本小节的内容能给大家带来一定的启发。

下面正式开始介绍本小节的主角，全能型隐士高手：猪猪侠。看到这个名字，大家肯定能想到这位同学年纪不大。猪猪侠今年 25 岁，高中学历，自由职业者，编程全靠自学，起初只是因为兴趣，感觉自己能够做一个网站是很酷的事情，后面无意中发现有流量的网站居然能赚钱，从此一发不可收拾。

　　猪猪侠的源码开发能力很强，善于用 .NET 开发工具集成类型网站。他开发的源码可以让数据以更好的方式展现，这样的展现方式能更好地满足用户的需求或者有更好的用户体验，如图 14-4 所示。

最新银行存款利率查询　　　　　　　　　　　　　　　　　　　　　　　　　　　　2020-03-09 09:05:39 更新

央行决定，自2015-10-24起，一年期存款基准利率调至1.50%，活期存款利率调至0.35%；其他各档次贷款及存款基准利率、人民银行对金融机构贷款利率相应调整。以下是最新国内各银行历史存款利率（利息）详情：

银行	活期	定期（整存整取）						定期（零存整取）			协定存款	一天通知存款	七天通知存款
		3个月	6个月	一年	二年	三年	五年	一年	三年	五年			
基准利率存款利率	0.35%	1.10%	1.30%	1.50%	2.10%	2.75%	--%	1.10%	1.30%	--%	1.15%	0.80%	1.35%
工商银行存款利率	0.30%	1.35%	1.55%	1.75%	2.25%	2.75%	2.75%	1.35%	1.55%	1.55%	1.00%	0.55%	1.10%
农业银行存款利率	0.30%	1.35%	1.55%	1.75%	2.25%	2.75%	2.75%	1.35%	1.55%	1.55%	1.00%	0.55%	1.10%
中国银行存款利率	0.30%	1.35%	1.55%	1.75%	2.25%	2.75%	2.75%	1.35%	1.55%	1.55%	1.00%	0.55%	1.10%
建设银行存款利率	0.30%	1.35%	1.55%	1.75%	2.25%	2.75%	2.75%	1.35%	1.55%	1.55%	--%	0.55%	1.10%
交通银行存款利率	0.30%	1.35%	1.55%	1.75%	2.25%	2.75%	2.75%	1.35%	1.55%	1.55%	1.00%	0.55%	1.10%
邮储银行存款利率	0.30%	1.35%	1.56%	1.78%	2.25%	2.75%	2.75%	1.35%	1.56%	1.56%	1.00%	0.55%	1.10%
浦发银行存款利率	0.30%	1.40%	1.65%	1.95%	2.40%	2.80%	2.80%	1.35%	1.55%	1.65%	--%	0.55%	1.10%
上海银行存款利率	0.35%	1.40%	1.65%	1.95%	2.40%	2.75%	2.75%	1.30%	1.40%	1.40%	--%	0.55%	1.10%
上海农商行存款利率	0.35%	1.50%	1.75%	2.00%	2.41%	3.13%	3.13%	1.50%	1.75%	2.00%	1.38%	0.96%	1.62%
兴业银行存款利率	0.30%	1.40%	1.65%	1.95%	2.70%	3.20%	3.20%	1.40%	1.65%	1.95%	--%	0.80%	1.35%
平安银行存款利率	0.30%	1.40%	1.65%	1.95%	2.50%	2.80%	2.80%	1.25%	1.45%	--%	--%	0.55%	1.10%
广发银行存款利率	0.30%	1.40%	1.65%	1.95%	2.40%	3.10%	3.20%	1.40%	1.55%	1.45%	1.00%	0.63%	1.24%
民生银行存款利率	0.30%	1.40%	1.65%	1.95%	2.45%	3.00%	3.00%	1.40%	1.65%	1.65%	--%	0.55%	1.10%
光大银行存款利率	0.30%	1.40%	1.65%	1.95%	2.41%	2.75%	3.00%	1.40%	1.65%	1.65%	--%	0.55%	1.10%
华夏银行存款利率	0.30%	1.40%	1.65%	1.95%	2.40%	3.10%	3.20%	1.40%	1.57%	1.75%	1.02%	0.63%	1.24%
渤海银行存款利率	0.35%	1.43%	1.69%	1.95%	2.65%	3.25%	3.00%	1.43%	1.69%	1.95%	--%	0.55%	1.10%
北京银行存款利率	0.30%	1.40%	1.65%	1.95%	2.50%	3.15%	3.15%	1.32%	1.56%	1.80%	--%	0.80%	1.35%
江苏银行存款利率	0.35%	1.40%	1.67%	1.92%	2.52%	3.10%	3.15%	1.40%	1.67%	1.92%	--%	0.88%	1.38%
宁波银行存款利率	0.30%	1.50%	1.75%	2.03%	2.60%	3.30%	3.30%	1.50%	1.75%	2.03%	--%	0.96%	1.35%
南京银行存款利率	0.30%	1.40%	1.65%	1.90%	2.52%	3.15%	3.30%	1.40%	1.65%	1.90%	1.10%	0.80%	1.10%
恒丰银行存款利率	0.35%	1.43%	1.69%	1.95%	2.50%	3.10%	3.10%	1.43%	1.69%	1.69%	1.10%	0.65%	1.20%

整存整取：指储户约定存期，一次性存入，介时一次性支取本息的一种个人存款方式。五十元起存，多存不限。存期分三个月、六个月、一年、二年、三年和五年。

零存整取：指定存期，每月固定存款，到期一次支取本息的一种储蓄。一般每月元元起存，存期分一年、三年和五年。开户手续与活期储蓄相同，只是每月要按开户时的金额进行续存。储户提前支取时的手续比照整存整取定期储蓄存款有关手续办理。一般五元起存，每月存入一次，中途如有漏存，应在次月补齐。

利息计算公式：利息=本金×存期×利率；例如存款为100元，存期为1年，一年定期存款利率为2%，利息=100×1年×2%=2元，本息=100+2=102元。

图 14-4　让数据有更好的展现方式、满足更好的用户体验

　　猪猪侠能敏锐地发现行业的需求点，并且有能力将这些需求点用体验最好的方式展现出来。去年他出售的一个农产品、香烟价格类型网站，权重做到了 7，每天流量有 60 000 IP。在没有出售之前，依靠百度联盟广告，这个网站每月的收益达到了 5 万元，网站最后以 120 万元出售。

　　据猪猪侠说，这个网站的前后调研、开发源码、运营总共花费了 3 个月的时间。我们深度分析过这个网站，其细致程度难以想象，基本上是做到了行业的标杆水准，有些以这些行业为赢利点的企业都没有如此高完成度的网站。这样的网站如果运用得当，吸引一些风投进来，完全可以为之成立一个企业运营。

这也就是将猪猪侠定义为全能型隐士高手的原因，他深度挖掘一个行业，不仅仅是做了一个该行业的流量站，而且是将它做到了一个行业的标杆水准，这样的网站不赚钱就是奇怪的事情了。

有了这样的模式，他能快速将这样的模式复制到很多行业，这也是我们需要学习的地方。我们常常是东一榔头西一棒子，在各个行业做尝试，但是每一个行业都做得不够精细、不够深入。这样我们就没有办法做到充分理解用户的需求，最后的结果就是做出来的网站没有什么价值，无论是内容还是内容的展现方式都和用户的需求大相径庭。

14.5.4　佛系型高手

接下来要为大家介绍的是佛系型隐士高手：虾子。虾子是一位 30 岁的男性，专职建设流量站。每年运营一个网站，基本都是句子、语录等类型。在本小节内容撰写之前，笔者专程联系到了虾子，问他为什么只选择句子、语录类型做流量站，他的回答是：“自己上学的时候本来就对美文、句子等感兴趣，也喜欢写文章，所以就选择了这个类型做流量站。”

笔者在 MADCon 中国互联网优化大会公开演讲的时候，曾建议小伙伴在建设流量站的初期应该首选自己熟悉的或者感兴趣的行业，这样更容易成功。因为任何一个行业都有它独特的用户需求，如果我们之前没有接触过这个行业，那么很难做到理解用户的需求。一旦我们在自己熟悉的行业里面摸索出来一套完整的实战体系，后续再把这种体系衍生到其他行业就非常容易了。

这样看来，虾子选择做句子、语录类型的流量站是他成功的条件之一就不难理解了。虾子建设的流量站内容全部来自纯手工组合发布，每天发布 20 ～ 50 篇内容，主要做聚合类型关键词，如“描写春天的句子”“伤感的句子”“爱情的句子”等。全程没有使用任何采集、发布软件，一年时间一个站发布 10 000 篇左右的内容，其中 3000 篇左右的内容会有关键词排名。

他的流量站的每一个关键词着陆页大概布局 3 个关键词，如要建设一个爱情的句子相关的着陆页，他第一步是使用 5118.com 工具分析相关的长尾关键词，如图 14-5 所示。

经过筛选，确定了“爱情的句子”“关于爱情的唯美句子”“表达爱情的句子”“有关爱情的句子”等关键词为一组，然后就是撰写 TDK 标签，将这些关键词融合起来，切记不要简单地堆砌，这样很容易被算法命中。然后全网检索用户最喜欢的、时下流量最大的该类型句子，精选出来 50 ～ 100 条，按照如下模式组合到一起。

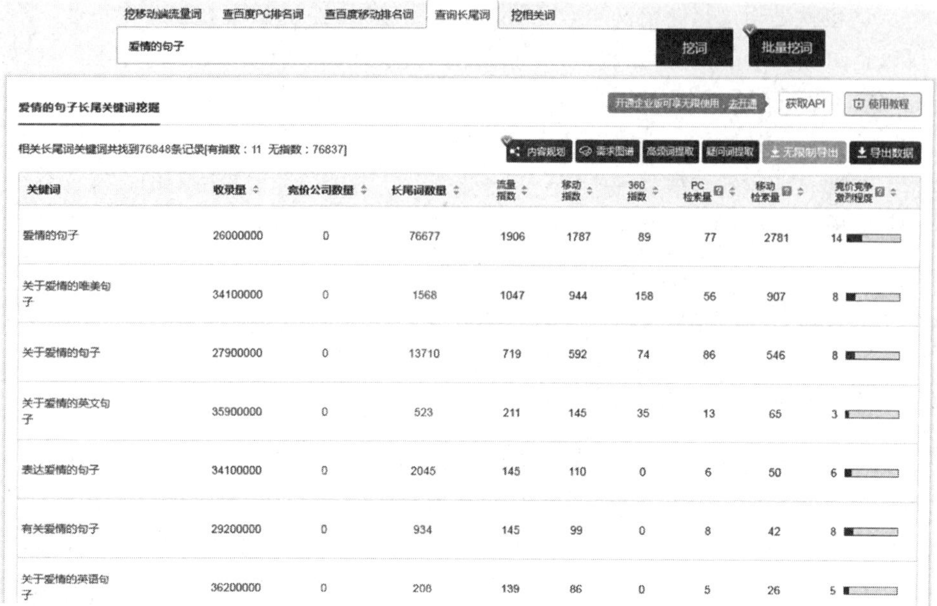

关键词	收录量	竞价公司数量	长尾词数量	流量指数	移动指数	360指数	PC检索量	移动检索量	竞价竞争激烈程度
爱情的句子	26000000	0	76677	1906	1787	89	77	2781	14
关于爱情的唯美句子	34100000	0	1568	1047	944	158	56	907	8
关于爱情的句子	27900000	0	13710	719	592	74	86	546	8
关于爱情的英文句子	35900000	0	523	211	145	35	13	65	3
表达爱情的句子	34100000	0	2045	145	110	0	6	50	6
有关爱情的句子	29200000	0	934	145	99	0	8	42	8
关于爱情的英语句子	36200000	0	208	139	86	0	5	26	5

图 14-5 使用 5118.com 工具分析相关长尾关键词

（1）与你一诺相许，是我素色年华里最永恒的风景。

（2）我还记得第一次看到你的场景，那时的我并没想到现在你对我是那么重要。

（3）希望当爱情褪去激情的外表，回归平淡的真身时，我们还能握着彼此的手，一直走下去，白头到老。

（4）我是唯一有伞，仍然淋湿的人吗？

……

适当地配合相关的图片效果会更好，配合的图片最好经过 MD5 修改工具修改图片参数。

使用这样的方法，1 年时间就能把一个站的爱站权重从 0 做到 5，并以 30 万～ 50 万元的价格出售。还有一点忘记说了，在聊天的过程中笔者了解到虾子不懂技术，也不懂 SEO。模板通常是在淘宝上花 500 元找人开发，一般是使用 DedeCMS 建站。

14.5.5 超能型高手

上一小节笔者为大家介绍了佛系型隐士高手虾子的故事，一些读者可能对故事中句子类型的流量站内容的来源感到迷茫，会有这样的疑问：百度搜索引擎不是一直强调原创吗，这样的内容没有原创怎么可能会有排名？为此笔者特意和多位流量站行业专家进行了深度探讨，最后一致认为：句子类型流量站内容的核心就是打标签。同样的一个句子，我们为其打的标签越细致，后期聚合的内容越多。如我们有 10 万量级的句子数据，如果我们为每一个句子打上 3 ～ 5 个的标签，就会衍生出百万甚至千万的内容。

接下来我们言归正传，为大家介绍本小节的主角：超能型隐士高手——风暴。风暴是一名 35 岁的全职站长，专做小说类型流量站。

他的具体操作模式是这样的：同时上线 50 ～ 100 个小说类型网站，全部使用小说采集、发布软件操作。新站上线 3 个月之前，采集、发布热度较低或者刚刚发布的小说，3 个月后观察新站的发展状态，发展不好的直接砍掉。一般情况下只能剩余 10 个左右发展好的网站，然后开始采集、发布热度高的小说（如果赶上之前采集、发布的热度低的小说突然火了起来，那就算是检漏了）。

这 10 个网站经过 1 ～ 2 年发展，会有 3 ～ 5 个非常突出，权重达到 5 以上，这样的网站每一个价值在 100 万元左右。去年他做了一个权重 8 的小说站，每天的流量有 50 万 IP，最后以 600 万元出售。

当然，我们看到的只是表象，他在背后的付出肯定非常多，或者在前期测试阶段的付出超出常人的想象。一般这些高手都喜欢说一句话：“我也不知道是怎样做起来的，好像没有那么难吧，我也没有花多少时间和精力。”大家千万不要被这种话语误导，认为成功这么容易就能获得。需要提醒大家的是，小说站版权问题非常严重，没有相关能力的小伙伴尽量不要尝试。

在这几个小节中笔者为大家介绍了五位 SEO 圈的高手，这些人或许是技术大咖，或许是技术小白，或许是专职 SEOer，或许是兼职在做。但是他们都有一个共性就是花费大量的时间和精力去研究一个行业，将这个行业的需要和内容做到极致，这是最为重要的一点。

笔者平时和诸多 SEOer 聊天的时候总会发现这样的问题，很多 SEOer 都是眼高手低，希望做最好的行业、获得最多的流量、收入最高等，但是又不肯静下心来去做。域名胡乱注册一个，服务器也是买最便宜的，源码是下载免费的，数据是采集的，试问这样的网站怎么可能获得排名和权重。

笔者希望大家在阅读完本章之后形成这样的思路：我选择一个自己熟悉或者感兴趣的行业，从关键词挖掘出发，深度分析用户的需求，然后再去思考如何满足这些用户的需求。通过一年以上的努力，当你觉得这个行业里面没有人比你更懂关键词背后的用户需求的时候再去上线网站，这个时候你会发现关键词排名原来如此简单轻松。

作为一个普通的 SEOer，我们唯有安安静静地做内容和数据，当这一切都到达一个阶段之后，排名、权重、赢利模式自然都会出现，到那个时候不用别人评价，你自然就有了故事，你自然就是传奇！

本 章 小 结

本章笔者介绍了互联网上发生过的或者正在发生的传奇，这些传奇是笔者一路前行的灯塔。每次遇到困难的时候，想到这些传奇总能让笔者充满动力。笔者也希望借此增加读者的兴趣和信心，用更多精力和热情投入到 SEO 学习中来。

本书内容到这里就全部结束了。虽然我们才刚刚认识，但以后我们就是朋友，是一起创造传奇的 SEOer! 读者可以扫描书籍封面勒口的二维码添加笔者微信或者访问 SEOER.CN 和笔者及万千 SEOer 在线交流。

各位 SEOer，我们互联网上见！

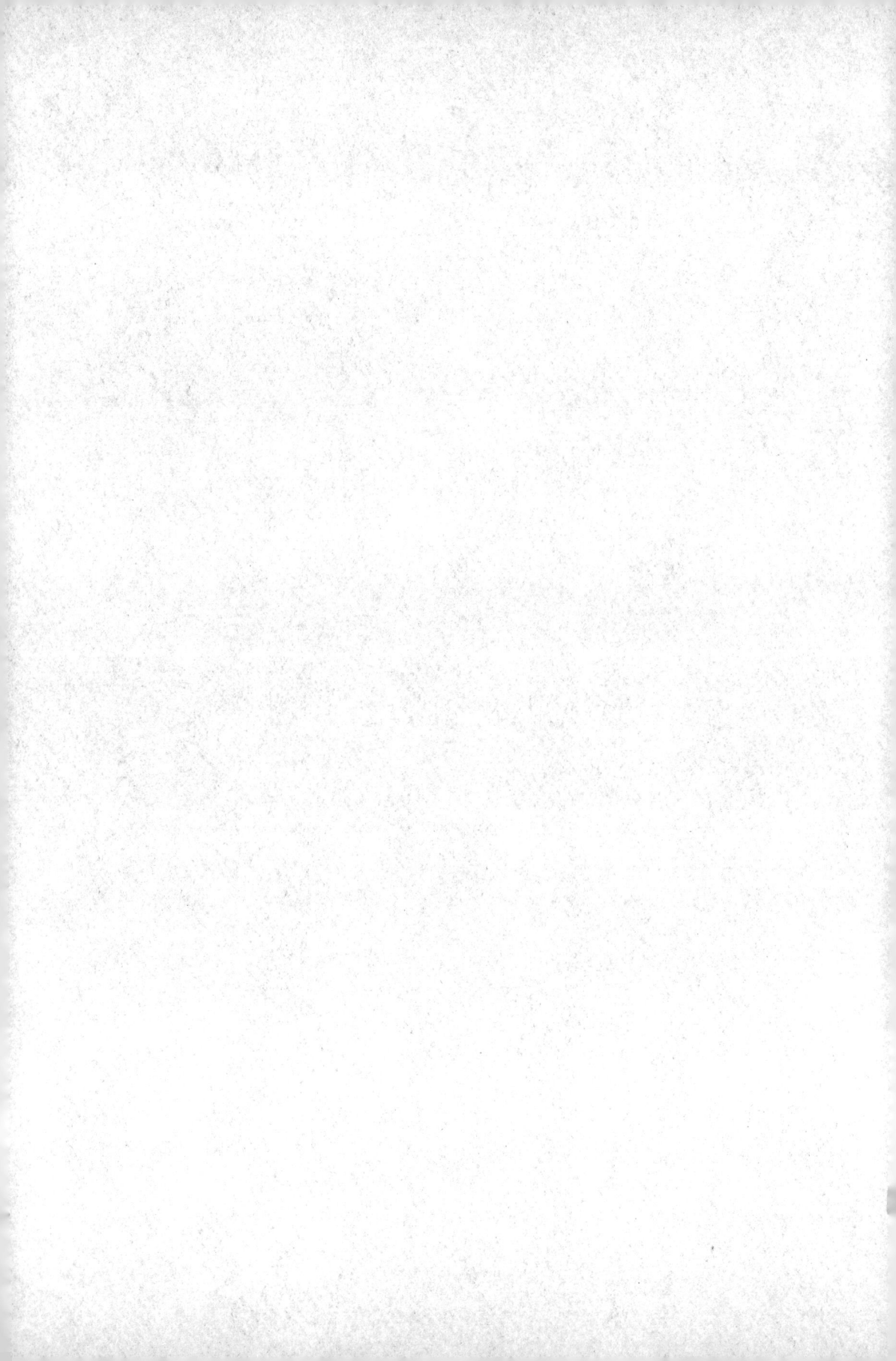